让 我 们 一 起 追 寻

The Wars of the Roses and
the Rise of the Tudors

空王冠

THE HOLLOW CROWN

玫瑰战争与　　〔英〕丹·琼斯　著　　陆大鹏　译
都铎王朝的崛起　DAN JONES

社会科学文献出版社
SOCIAL SCIENCES ACADEMIC PRESS (CHINA)

本书获誉

琼斯是天生的讲故事大师。在每一个恐怖的、充满不确定性的时刻，他都精彩纷呈地描绘了诸多有血有肉的人物，震撼人心地反映内战的残酷现实。他以扣人心弦的笔触，抒写了这场灾难性的冲突。

——《旗帜晚报》（伦敦）

说来也怪，丹·琼斯给他相当优秀的金雀花王朝大众历史著作所作的续篇，比前作甚至更为赏心悦目。当然从某种意义上讲，这也是必然的：兰开斯特家族与约克家族之间的争霸战，即所谓玫瑰战争，本身就充满戏剧性。要想写得差，真得需要非常蠢的作者。但这本《玫瑰战争》大获成功的更重要原因是琼斯本人的多才多艺：他是精明的研究者、笔调轻松活泼的作家，并且或许最重要的是，他还是一位严守客观的历史学家。

——《公开信月刊》

激动人心的史诗，血与玫瑰的历史。这里有暴风雪之中的鏖战，有斩首、比武大会、私定终身、伪造家谱、骑士风度，还有纯粹的恶毒……琼斯的材料很是惊险刺激，但要筛选材料并呈现精巧的结构与背景，就是非常了不起的工作了。从本书可见高水准的学术直觉和对宏大叙事的娴熟掌握。这是水平极高的叙述。

——《星期日电讯报》（伦敦）

一本书既有学术性，也让人手不释卷，这种情况是很稀罕的。但英国历史学家琼斯在两方面都大获成功，为他的《金雀花王朝》写了这本精彩纷呈的续篇……他为当前对都铎王朝历史的修正设定了一个新的高水平标杆。

——《出版商周刊》（星级评论）

琼斯承认，这个历史时期在有些部分让人无法理解，但他成功地给材料安排了足够的秩序，让他的书既有教育意义，也具有极强的可读性。颇有教育意义，可读性极强……琼斯令人喜悦的风趣和他所描写的那些恐怖暴力冲突一样令人难忘。

——《泰晤士报》（伦敦）

一部精彩的新史书……结构紧凑，文笔优雅，精巧地贴近那个时代的价值观与情感……可能是目前最好的对玫瑰战争的介绍。

——《星期日邮报》（英国）

作为历史作家，琼斯最了不起的本领是将复杂而混乱的历史时期（比如本书涉及的时期）编织成易读、易理解的作品；他很好地把握了应当讲述什么，应当省略什么，并且他还能给出一些非常有意思的逸闻趣事以及绘声绘色的段落。本书令人手不释卷，是对兰开斯特–约克斗争的十分有趣的介绍。

——《观察家报》（伦敦）

《玫瑰战争》在节奏感和情节性方面精彩如小说，但同时非常有学术性和深刻洞见，和琼斯的前一本书《金雀花王朝》

一样可读性极强……他讲述的是兰开斯特家族和约克家族之间扣人心弦且血腥的争斗与宿怨……这部大众历史作品里有很多惊心动魄、令人大吃一惊的情节和悬念，就像电视剧一样，并且和电视剧同样令人愉悦。

——《每日邮报》（伦敦）

琼斯用如此生动晓畅的文笔记述那些暴力冲突与背叛。所有情节，即便是非战斗情节，也具有极强的戏剧性，惊心动魄……快节奏、风趣、充满人道关怀。《玫瑰战争》是最高水准的叙述史。

——《文学评论》（伦敦）

献给乔（Jo）

谁说得准，此刻在世的人，
明年会在何方？

——佚名（1445）

为了上帝的缘故，让我们席地而坐，

来谈谈帝王之死的凄惨故事吧；

有的被废黜了，有的在战争中阵亡了，

有的被他们废黜的幽灵缠死了，

有的被他们的妻子毒死了，有的在睡梦中被杀死了，

全都是被害死的——因为死亡在箍住国王

太阳穴的空王冠里

建立了它的朝廷。

——威廉·莎士比亚，《理查二世》（约 1595）

目　录

第三部　空王冠（1455～1471）

第四部　都铎王朝的崛起（1471～1525）

1. 法兰西与低地国家

2. 15 世纪的英格兰与威尔士

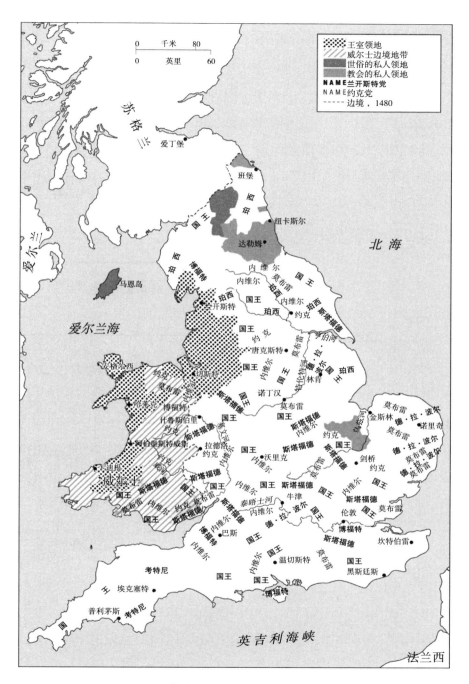

3. 英格兰和威尔士的贵族领地

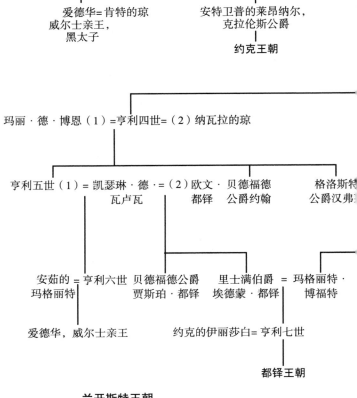

爱德华三世=埃诺的菲利帕

爱德华=肯特的琼
威尔士亲王,
黑太子

安特卫普的莱昂纳尔,
克拉伦斯公爵

约克王朝

玛丽·德·博恩(1)=亨利四世=(2)纳瓦拉的琼

亨利五世(1)=凯瑟琳·德·=(2)欧文·贝德福德   格洛斯特
        瓦卢瓦   都铎   公爵约翰   公爵汉弗

安茹的=亨利六世   贝德福德公爵   里士满伯爵=玛格丽特·
玛格丽特   贾斯珀·都铎   埃德蒙·都铎   博福特

爱德华,威尔士亲王   约克的伊丽莎白=亨利七世

                    都铎王朝

兰开斯特王朝

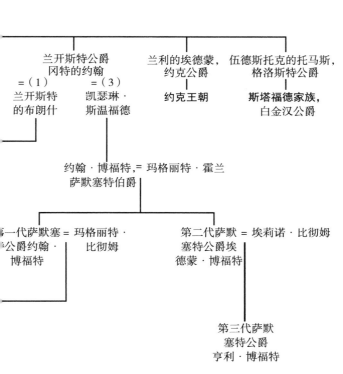

兰开斯特公爵
冈特的约翰
　＝（1）　　　＝（3）
兰开斯特　　　凯瑟琳·
的布朗什　　　斯温福德

兰利的埃德蒙，
约克公爵

约克王朝

伍德斯托克的托马斯，
格洛斯特公爵

斯塔福德家族，
白金汉公爵

约翰·博福特，＝玛格丽特·霍兰
萨默塞特伯爵

第一代萨默塞＝玛格丽特·
特公爵约翰·　　比彻姆
博福特

第二代萨默＝埃莉诺·比彻姆
塞特公爵埃
德蒙·博福特

第三代萨默
塞特公爵
亨利·博福特

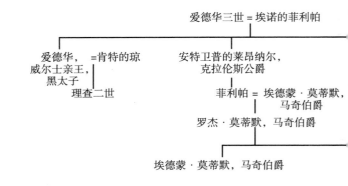

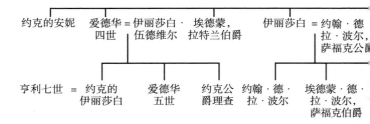

约克王朝

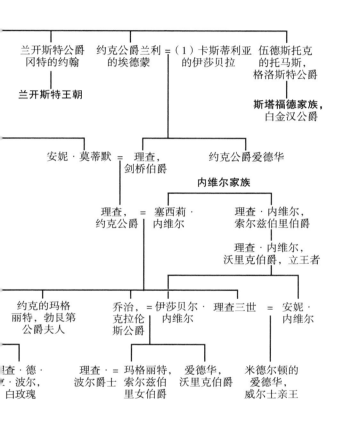

兰开斯特公爵
冈特的约翰

兰开斯特王朝

约克公爵兰利
的埃德蒙

＝（1）卡斯蒂利亚
的伊莎贝拉

伍德斯托克
的托马斯，
格洛斯特公爵

斯塔福德家族，
白金汉公爵

安妮·莫蒂默 ＝ 理查，
剑桥伯爵

约克公爵爱德华

内维尔家族

理查， ＝ 塞西莉·
约克公爵   内维尔

理查·内维尔，
索尔兹伯里伯爵

理查·内维尔，
沃里克伯爵，立王者

约克的玛格
丽特，勃艮第
公爵夫人

乔治，＝伊莎贝尔·
克拉伦   内维尔
斯公爵

理查三世 ＝ 安妮·
内维尔

查·德·
·波尔，
白玫瑰

理查·＝玛格丽特，
波尔爵士 索尔兹伯
里女伯爵

爱德华，
沃里克伯爵

米德尔顿的
爱德华，
威尔士亲王

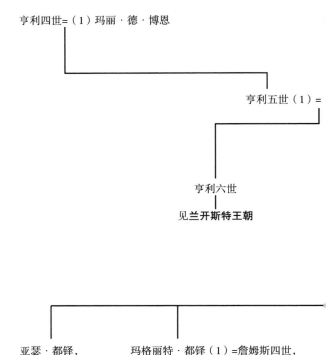

亨利四世=（1）玛丽·德·博恩

亨利五世（1）=

亨利六世

见兰开斯特王朝

亚瑟·都铎，
威尔士亲王

玛格丽特·都铎（1）=詹姆斯四世，
苏格兰国王

斯图亚特王朝

都铎王朝

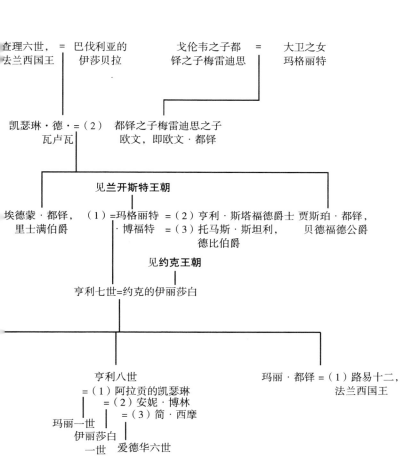

查理六世，　=　巴伐利亚的　　　　　戈伦韦之子都　=　大卫之女
法兰西国王　　　伊莎贝拉　　　　　铎之子梅雷迪思　　玛格丽特

凯瑟琳·德·=（2）　都铎之子梅雷迪思之子
瓦卢瓦　　　　　欧文，即欧文·都铎

见兰开斯特王朝

埃德蒙·都铎，　（1）=玛格丽特　=（2）亨利·斯塔福德爵士　贾斯珀·都铎，
里士满伯爵　　　　·博福特　=（3）托马斯·斯坦利，　　贝德福德公爵
　　　　　　　　　　　　　　　德比伯爵

见约克王朝

亨利七世=约克的伊丽莎白

亨利八世
=（1）阿拉贡的凯瑟琳　　　　　　玛丽·都铎=（1）路易十二，
=（2）安妮·博林　　　　　　　　　　　　　法兰西国王
=（3）简·西摩

玛丽一世
伊丽莎白
一世　爱德华六世

关于姓名、金钱和距离

本书中主要人物的姓名一般采用读者最熟悉的现代拼法，并保持前后一致。所以 Nevill 写作 Neville，Wydeville 写作 Woodville，Tudur 写作 Tudor，诸如此类。引用的拉丁文、法文和旧式英文史料大多被翻译或改写为现代英文，只有在极少数地方保留原先的拼法以解释具体的历史问题。

在特别有帮助的地方，我把金额转换成了现代货币，用的是 http：//www. nationalarchives. gov. uk/currency/的转换工具，它还有一个计算"购买力"的功能。但读者应当注意，转换不同历史时期的金钱数额，是一种精确度很差的科学；书中给出的数字只是要给读者一个粗略的概念。例如，1450 年的 100 英镑大约相当于今天的 5.5 万英镑（或 9 万美元）。这个数字相当于 15 世纪中期一个普通英格兰劳工的十年工资。

讲到两个地点之间的距离时，我一般用谷歌地图的步行指示来计算，所以这一般是在现代公路上走最便捷路线的距离。本书开头的族谱是为了解释正文描述的复杂的亲戚关系。为了节约空间和表达清楚，我对族谱做了简化。有的地方，兄弟姐妹不是按照长幼来排列的。

引言：玫瑰战争？

1541 年 5 月 27 日，星期五，早上 7 点。伦敦塔内，一位老妇人走进春季的阳光。她的名字是玛格丽特·波尔。她是英格兰出身和血统最高贵的女性之一。她的父亲克拉伦斯公爵乔治是一位国王的弟弟；她的母亲伊莎贝尔·内维尔曾是国内最强大、最富庶的伯爵领地之一的继承人。她的父母都早已不在人世，属于另一个时代和另一个世纪。

玛格丽特的人生漫长而激动人心。在二十五年时间里，她是索尔兹伯里女伯爵。在她那个时代，独立享有爵位的女性只有两人。直到前不久，她还是她那一代人中最富有的五位贵族之一，在十七个郡拥有土地。如今她六十七岁（按照都铎时期的标准算是高龄），看上去非常衰老，即便是聪明的观察者也会误以为她是八十岁或九十岁。[1]

和伦敦塔的许多居民一样，玛格丽特·波尔是一个囚犯。两年前，她被议会的一道法案褫夺土地和头衔。该法案指控她对她的亲戚亨利八世国王"犯下了形形色色的可憎而严重的叛逆罪行"。具体是什么叛逆罪行，议会语焉不详，因为事实上，玛格丽特对王室犯下的罪是泛泛的，而不是具体的。她的两桩主要大罪是：第一，她与国王是血亲；第二，国王接纳了基督教信仰的新形式与新教义（它们在近二十年内席卷欧洲），而她对此表示疑虑。就是因为这两个事实（第一是血统，第二是信仰问题），她在过去十八个月里一直被囚禁在伦敦这座固若金汤、据说无懈可击的河畔要塞内。伦敦塔刷成灰白色的中央塔楼上还部署了许多火炮。

玛格丽特的牢狱生活非常舒适。16 世纪贵族的囹圄生活主要是行动自由受限，但生活条件很体面，甚至奢侈，并且她还非常仔细地确保自己的监狱生活符合最高的标准。她期望自己能过得舒舒服服，但发现生活标准不合心意之后，就大发牢骚。[2] 在被转移到伦敦之前，她曾在西萨塞克斯的考德里府邸被软禁了一年，在那里负责看守她的是对自己的任务毫无热情的南安普敦伯爵威廉·菲茨威廉。她斗志昂扬、义愤填膺地反抗自己的囚徒命运，这让菲茨威廉伯爵和夫人感到厌烦，所以她被转移走让他们很高兴。

在伦敦塔内，玛格丽特可以给亲戚写信，并且有自己的仆人和昂贵的美食。她的高贵身份并没有受到怠慢。这年早些时候，凯瑟琳王后①的御用裁缝奉命给玛格丽特做了一套新衣服。就在几周前，国王亲自出资为她订制的更多衣服也送来了。亨利八世还给自己的亲戚送来一件皮毛镶边的睡衣和一件塞浦路斯缎子做的睡衣，以及衬裙、帽子和长筒袜，四双鞋和一双新拖鞋。区区六个月之内，在她的衣服上就花了超过 15 英镑（相当于当时一名普通劳工两年的工资）。所以，玛格丽特·波尔在早晨走到凉爽的室外时，尽管她今天上午要被斩首，但至少能穿着新鞋子赴死了。

她的死刑是匆匆安排的。仅仅几个小时之前，她才得知，国王已经下令处死她：要一位老太太在这么短的时间里让自己的精神和肉体做好上路的准备，实在太不像话了。根据消

---

① 这里是凯瑟琳·霍华德（1523~1542），亨利八世的第五任妻子。（本书所有脚注均为译者注。）

息灵通的神圣罗马帝国驻英格兰大使尤斯塔斯·沙皮接到的报告，女伯爵觉得"此事十分怪异"，因为她不知道"自己被指控犯了什么罪，也没有被判刑"。事实上，很少有人能够理解，这个羸弱的老太太能对亨利八世这样强大而自负的国王构成什么威胁。

前来见证行刑的人不多。他们站在一个小得可怜的垫头木旁。它是匆匆搭建起来的，所以仅仅是摆在地上，而不是照例放在一个高高的刑台上。据沙皮记载，玛格丽特走到垫头木前，将自己的灵魂托付给造物主，然后请求在场的人为亨利八世、凯瑟琳王后、国王的两岁儿子爱德华王子和二十五岁的玛丽公主（玛格丽特的教女）祈祷。但当老太太站定身子向稀稀落落的人群讲话时（沙皮说在场的有 150 人；法兰西大使夏尔·德·马里亚克说没有这么多），一种焦躁不安的情绪开始弥漫在现场。官员命令她快点讲完并把脖子搁到那一小块木头上。

伦敦塔的正刽子手这天上午没有当值，他在北方陪伴亨利八世。国王正在视察他的王国的最北端，消解针对他的统治的叛乱威胁。所以，伦敦塔的行刑斧子被托付给一名副刽子手。他很年轻，对斩首这门难以掌握的艺术经验不足。（沙皮描述他是个"可怜兮兮、笨手笨脚的青年"。）他要承担的任务，远远超出了他的能力范围。自诺曼征服以来，在玛格丽特·波尔之前只有一个女贵族被处决：亨利八世的第二任妻子安妮·博林。一个被专门请来的法兰西刽子手只一剑便干脆利落地将她处死。这一天的倒霉刽子手知道自己没那么大本事。斩首的指令发出之后，他挥动斧子向垫头木砍去。但是，他搞砸了。他的斧子没有利索地一下子斩断玛格丽特的脖子，而是砍在了老妇人的肩膀和脑袋之间。她还没死。于是他又砍了一斧子，不过又没中。连砍了好几次，她才断气。这是一场野蛮的虐杀，无能的刽子手将老妇人的上半身砍成了碎片。这是一场恶劣而残忍的屠戮，令所有得知此事的人震惊。"愿上帝仁慈地宽恕她的灵魂，"沙皮写道，"因为她肯定是一位高尚而可敬的贵妇人。"[3]

*

从某个角度看，玛格丽特·波尔只不过是主宰16世纪的宗教战争的又一个牺牲品。在宗教战争中，旧的罗马天主教信仰的追随者，与信仰新教的诸多群体，都试图通过暴力使对方屈服。宗教战争的形式有所不同。有时是不同信仰的国家之间的战争，但更通常的情况是，宗教战争表现为内乱和家族斗争，它们将国家撕扯得四分五裂。16世纪40年代的英格兰就是这样的。所以从这个层面看，玛格丽特被处决，代表着推行改革的国王对一个固守旧信仰的豪门世家刻意发起的打击。

然而，她的死亡，也可以被看作自将近一个世纪前开始的、漫长的、与宗教无关的贵族暴力冲突的一个不体面的终结。这些冲突是政治与个性的冲突。从15世纪40年代末开始，王权缓慢但灾难性地瓦解，此后发生了争夺霸权的斗争。通常认为，亨利·都铎于1485年登基成为亨利七世、1487年他在斯托克战役捍卫王权之后，上述冲突就结束了。但实际上在此之后，这场冲突还一直困扰着16世纪的政治。它肯定在玛格丽特·波尔之死中发挥了作用，因为这个老妇人是金雀花王朝最后一名存世的成员，也是如今我们所称的玫瑰战争的一个活生生的遗迹。

玛格丽特的许多近亲和远亲都在玫瑰战争中丧生。她的父亲克拉伦斯公爵乔治在因谋反而被其兄长爱德华四世国王下令处死时，只有二十八岁。据说乔治是被溺死在一桶马姆齐酒（一种甜味的希腊葡萄酒）中的。为了缅怀他，玛格丽特戴的手镯上总有一个小小的酒桶。[4]她的两个叔伯分别在 1460 年和 1485 年的正面交锋中丧命。她的祖父和外祖父也死在战场上，其中一位的首级被钉在约克城门上，戴着一顶纸王冠。玛格丽特的弟弟爱德华，自称沃里克伯爵（但没有得到官方承认），二十四年生命的大部分时间都被囚禁在伦敦塔。亨利七世于 1499 年 11 月下令将他处死，因为当时有传闻称，有人企图劫狱救他。玛格丽特的长子蒙泰古男爵亨利·波尔于 1539 年 1 月被处死；她的长孙，蒙泰古男爵的继承人，也叫亨利，被囚禁在伦敦塔，在 1542 年之后的某个时间死在狱中。波尔家族在 15 世纪 70 年代与 16 世纪 40 年代之间的整个历史，就是惨遭三代国王屠戮的历史。在这方面，波尔家族并非特例。他们只不过是在玫瑰战争期间遭迫害和镇压以致灭绝的许多大贵族家族中的最后一个而已。

英格兰早已习惯于杀戮自己的达官贵人，但玛格丽特·波尔被麻木不仁地杀害，还是震惊了全欧洲。6 月 13 日，消息传到安特卫普；一周后，传到神圣罗马帝国的宫廷。[5]8 月初，女伯爵的次子雷金纳德·波尔，一个变节的天主教教士（后攀升至红衣主教的高位），给布尔戈斯①的大主教兼红衣主教胡安·阿尔瓦雷斯·德·托莱多写了一封充满愤恨的信，说他的母亲"不是因自然法则而寿终正寝，而是死于非命。凶手

---

① 布尔戈斯为西班牙北部城市。

是最不应当杀她的人，因为他是她的亲戚"。雷金纳德对自己母亲惨死的唯一慰藉是，她是作为殉道士而死的。他写道："像基督、他的使徒和许许多多烈士与贞女一样牺牲，算是死得体面。"但雷金纳德·波尔还是把亨利八世说得比古代暴君希律王、尼禄和卡利古拉更为丑恶。"他们的残忍都远远比不上这个人的罪恶，他无视天理公道，处死了一个最无辜的女人，况且她还是他的亲人，并且年高德劭。"[6]

要把亨利八世描绘成一长串品格高洁的国王当中的唯一残暴杀手，就有些言不由衷了。亨利八世肯定能对自己的亲人做得出来凶残的事情，但那个时代就是这个样子。事实上，玛格丽特的死给15世纪50年代以来时断时续的流血惨剧画上了一个句号。她那可怜的、残缺不全的尸体终于倒下时，除了亨利八世和他的三个孩子血管内的血液之外，英格兰已经几乎不再有一滴金雀花王族的血液流淌了。近半个世纪的屠戮终于结束，不是因为有人决定要结束它，而是因为几乎所有的潜在受害者都已经死了。

*

有史可查最早使用"玫瑰战争"一词的作者之一，是19世纪的英国作家和王室教师玛丽亚·考尔科特夫人。她创作的童书《小亚瑟的英格兰历史》于1835年问世。在描述15世纪撼动英格兰的暴力动荡时，考尔科特写道："在此后三十多年里，英格兰的内战被称为玫瑰战争。"[7]她说的既对也错。"玫瑰战争"一词有书面记载的证据不早于19世纪最初二十五年，但国家被对立的兰开斯特家族与约克家族（红玫瑰和白玫瑰分别是他们的代表）撕扯得四分五裂的思想，在某种形式上可以追溯到15世纪。

在中世纪欧洲，玫瑰是受欢迎的符号。它们的颜色，无论用在政治、文学还是艺术中，都被认为具有重要的、往往是对立的含义。14世纪的意大利作家乔万尼·薄伽丘在他的《十日谈》中用红玫瑰和白玫瑰象征爱情与死亡这两个互相纠缠的主题。[8]人们在祈祷书的边缘和泥金装饰字母上、历书和科学文本中绘制玫瑰图案。[9]最晚到13世纪亨利三世时期，英格兰的贵族家庭就在他们的纹章徽记中运用玫瑰图案。[10]爱德华一世国王有时用金玫瑰作为王权的象征。但在15世纪末期的英格兰，人们开始将红白玫瑰与争夺王位的竞争者紧密联系起来。

王室最早使用的玫瑰徽记是白玫瑰，代表约克家族，即约克公爵理查的后裔。理查于1460年宣示了自己对王位的主张权。他的儿子爱德华于1461年成为爱德华四世国王之时，白玫瑰是他用来宣扬自己王权的符号之一。爱德华四世年轻的时候曾被称为"鲁昂的玫瑰"。他打胜仗的时候，他的支持者会唱"祝福那种花！"[11]在后来的几十年里，选择支持爱德华四世的很多人，尤其当他们希望借助自己与他的关系而获得显赫地位时，都会采用白玫瑰徽记。

红玫瑰起初比较少见，直到亨利·都铎（亨利七世）于15世纪80年代开始采用并大力宣传它。最早的带有近似王室意味的红玫瑰，是亨利·博林布罗克（后来的亨利四世）采用的。他在1398年著名的与托马斯·莫布雷的比武审判中用红玫瑰徽记装饰自己的营帐。[12]有（比较微弱的）证据表明，红玫瑰与亨利四世的孙子亨利六世也有联系。1485年的博斯沃斯战役之后，红玫瑰才成为较常见的王室徽记，代表亨利七世的王位继承权，因为他与旧时的兰开斯特公爵有血缘关系。

亨利七世将红玫瑰作为白玫瑰的对比，努力提高和吹嘘都铎家族作为统治者的合法性。（一位编年史家写道："为了向白玫瑰复仇，红玫瑰怒放吐艳。"他这是在一丝不苟地遵循博斯沃斯战役之后的政府路线。[13]）亨利七世在位的时候，他让书记员、画家和图书馆员在文件上添加红玫瑰徽记，甚至篡改之前多位国王拥有的书籍，好让它们的奢靡泥金装饰插图也包含玫瑰，并且是他自己偏爱的那种颜色。[14]

红玫瑰更多是在回顾历史时使用，因为 1485 年之后它的主要目的是为第三种玫瑰铺平道路，即所谓的"都铎玫瑰"，它是红白玫瑰的混合体，要么是二者叠加，要么是并置，要么干脆融为一体。朝廷发明了都铎玫瑰，以象征两大家族的联合，因为亨利七世于 1486 年迎娶了爱德华四世之女约克的伊丽莎白，将兰开斯特与约克这两个互相厮杀的家族联合起来。都铎玫瑰讲的故事既有政治史，也有浪漫史。它解释了两大家族的斗争造成的长达半个世纪的动荡与流血冲突，而婚姻将两个竞争对手联合起来，从而缔造和平。亨利七世的儿子亨利八世于 1509 年登基之时，宫廷诗人约翰·斯凯尔顿（他是在暴力冲突最严重的时期长大成人的）写道："白玫瑰与红玫瑰／如今融为一体。""玫瑰战争"的概念，以及更重要的，玫瑰战争与都铎王朝崛起之间的关系，到 16 世纪初已经人尽皆知。这种概念能够留存至今，因为它提供了一种简单的、强有力的叙述：这个故事把世界简化为非黑即白，或者说非红即白。它含蓄地为都铎王朝的王位主张权做了辩护。几个世纪以来的作家，包括都铎时期的历史学家爱德华·霍尔和拉斐尔·霍林斯赫德、伊丽莎白时期的戏剧家（如威廉·莎士比亚）、18 世纪的思想家（如丹尼尔·笛福和大卫·休谟），以及 19 世纪的小说家（如沃尔特·司各特），在描述这些战争时都运用了玫瑰的意象。"玫瑰战争"的概念是一个让人无法抵御的诱惑。但果真存在一场"玫瑰战争"吗？

遗憾的是，答案是否定的。现代历史学家渐渐开始明白，玫瑰战争的实际情况比这个好听的名字复杂得多，也不可预测得多。15世纪中叶到末期的几十年里，出现了若干零星的极端暴力、秩序混乱、战争与流血的时期；篡位的次数多得前所未有，王权土崩瓦解，英格兰贵族的权力政治被扰乱，发生大量谋杀、背叛、阴谋与政变；最后一位金雀花大族长爱德华三世国王的直系后裔遭到野蛮灭绝；一个新的王朝，即都铎王朝，夺权成功，尽管它通过血统继承王位的权利可以说微乎其微，甚至根本子虚乌有。这是一个危险而充满不确定性的时期，英格兰险象环生的政治生活被一群超乎寻常的人物把控，这些男人和女人有时会无所不用其极。暴力冲突的规模、战役的尺度和频率、竞争对手之间不断快速地改换门庭和变换动机，以及人们遇到的问题的特殊性质，都让很多同时代人深感困惑，并且此后也让许多历史学家抓耳挠腮。这是一个很好的理由，能够解释为什么"两大家族互相杀伐，然后融为一体"的简单叙述能够在16世纪扎根，并且维持了很长时间。但同时，我们要注意，这个版本的历史在16世纪受到了政府的刻意鼓励，为的是政府自己的目的。都铎王朝，尤其是亨利七世，大力推行红白玫瑰的神话，运用王朝的宣传工具，而这些工具的使用可以上溯到百年战争时期，当时英格兰朝廷就用这样的手段来宣传英格兰王室对英法两国的统治权。这些宣传手段的成功是显而易见的。时至今日，即便好几代历史学家已经通过研究中世纪晚期法律、经济、文化与政治思想来为"玫瑰战争"提出新的、高明的解释，简单化的兰开斯特/约克叙述仍然是公众最熟悉的。在今天，15世纪已经成了电视剧、通俗小说和媒体讨论的主题。这么看来，都铎王朝的确是胜利了。"玫瑰战争"这个概念继续反映着都铎王朝内在的自我神化的天赋。他们是这门艺术的大师。

本书讲述的是好几个互相重叠的故事。首先，本书试图对这个严酷而混乱的时期做一个贴近真实的描绘，尽可能避开16世纪和都铎时期历史编纂的扭曲视角，而从15世纪的视角来看15世纪。我们会看到，在亨利六世的统治下，王室权威几乎完全崩溃，导致了灾难性后果。亨利六世还是个哭鼻子的娃娃时就登上王座，最后变成了一个踉踉跄跄的傻瓜。他触发了一场大危机，而这场危机性质独特，与中世纪晚期英格兰经历过的任何一次政体危机都大不相同。这个故事讲的不是虚荣的贵族为了一己私利而企图推翻国王，不是"杂种封建制"①出了严重差错，也不是"骄横跋扈的贵族"阴谋败坏朝纲（这后两点都曾被当作玫瑰战争的解释），而是一个政体四面楚歌，遭遇接二连三的灾难，而领导者偏偏又昏庸无能。这个故事讲的是，尽管国内最强大的一些臣民努力去避免灾难，但它还是深陷内战无法自拔。

在差不多三十年里，一些优秀的人才（有男有女）勉力支撑亨利六世的无望统治。但他们的努力是有限度的。在本故

---

① "杂种封建制"是19世纪英国历史学家提出的一种概念，用来描述中世纪末期（主要在英格兰）的一种现象，即中等阶层的人用军事、政治、法律等方面的服务换取金钱、官职或影响力（而不是土地）。有的历史学家认为这是导致玫瑰战争时期混乱的主要原因。今天，这个概念在学术上已经受到了很大挑战。

事的第二部分，我们看到，有一个人决定要让这个风雨飘摇的国度好起来。最好的办法不是劝诱软弱无能的国王更努力地治理国家，而是将国王废黜，他自己取而代之。约克公爵理查篡位的手段是有先例的，但他的做法具有极大的破坏性。原本是王权的危机，如今又多了一场合法性的危机。"约克党人"开始主张，统治权不仅仅是能力问题，血统本身也能带来统治权。故事的第二部分记载了这场冲突，以及精明强干、力量充沛的爱德华四世国王如何最终解决了问题。他重建了王室的权力和威望。到他去世时，英格兰似乎已经回到正轨，得到妥善的治理。

故事的第三部分提出了一个简单的问题：从这时起，都铎家族是如何成为英格兰君主的？都铎家族的起源是15世纪20年代一位寡居的法兰西公主和她的威尔士仆人珠胎暗结。他们的后代原本不可能有一丝一毫的王位继承权。然而爱德华四世于1483年驾崩之后，他的弟弟理查三世篡位并杀害爱德华四世的两个儿子，在这个时候都铎家族突然间变得非常重要。本故事的第三条线追踪了都铎家族努力建立自己王朝的奋斗历程，他们将成为英格兰历史上最威严尊贵的王朝。只有从15世纪的屠戮和混乱中，这样一个家族才有可能最终取胜；而只有通过继续屠戮，他们才能稳固自己的地位。除了将玫瑰战争作为一个整体来审视之外，本书还要深挖都铎家族的早期历史，不是参照他们自己创造的神话来描绘他们，而是追本溯源，根据15世纪的史料来介绍他们。

最后，本书还会检视1485年之后都铎王朝为保住自己王位而做的斗争，以及他们版本的玫瑰战争历史如何得到确立：他们如何创造了大众对15世纪的观感；此观感是如此强有力而令人难忘，以至于它不仅主宰了 16 世纪的历史话语，并且一直延续到今天我们所在的时代。

本书的目标就是这些。我的上一本书《金雀花王朝》讲述的是英格兰最伟大的中世纪王朝建立的故事。而本书讲的是金雀花王朝的灭亡。两本书在时间上并不是严丝合缝的承接关系，但我希望读者可以将它们视作互为补充的著作，一起来阅读。在这两本书里，我的目标都是讲述一个非同小可的王朝的故事，并且我努力让我的故事有可靠的学术支撑、信息量大并且引人入胜。

像往常一样，我必须感谢我的文学经纪人 Georgina Capel，感谢她的智慧、耐心和鼓励。英国 Faber 出版社的编辑 Walter Donohue 和美国 Viking 出版社的编辑 Joy de Menil 都具有远见卓识，对我帮助极大，我欠他们很多。他们和他们的团队让这本书变得读之有趣。我还要感谢我在撰写本书过程中拜访过的图书馆、档案馆、城堡和战场遗址的工作人员，尤其是伦敦图书馆、大英图书馆和英国国家档案馆的工作人员，在过去几年里我的很多时间都是在这几个地方度过的。我将本书献给我太太 Jo Jones。她与我的女儿 Violet 和 Ivy 又一次带着爱和幽默，忍受了我的涂涂写写。

那么，现在就开始我们的故事吧。要想真正理解金雀花王朝灭亡、都铎王朝建立的过程，本书的开端不是 15 世纪 50 年代（那时国家已经四分五裂，陷入暴力冲突和战争），也不是 15 世纪 40 年代（那时出现了最早的严重政治动乱的迹象），甚至也不是 15 世纪 30 年代（那时都铎君主们的第一位"英格兰"祖先诞生了）。我们的故事从 1420 年开始，那时英格兰是西欧最强大的国家，它的国王是世界的精英，它的未来显然比以往任何时候都更光辉璀璨。在这个时候，如果说仅仅一代人之后英格兰就会成为欧洲最重疾缠身的国家，简直荒唐。和许多悲剧一样，我们的故事也从一个春风得意的胜利时刻开始。那么，请拉开大幕吧。

丹·琼斯

巴特锡，伦敦，2014 年 2 月

第一部

序曲
（1420～1437）

"我此时健康极佳。"

——亨利六世国王（年龄：十七个月）

1. 世界之王

她结婚的时候，举行的是军人风格的婚礼。1420年6月，圣三一主日①，将近正午，在特鲁瓦城雅致的圣约翰教堂内，一支大型乐队奏起了凯旋曲。教堂内人头攒动，挤满了衣着光鲜的领主、骑士和贵妇人，他们聚集于此，是为了见证两个长期互相杀伐的大家族的联姻。桑斯大主教遵照传统的法兰西习俗，引领肃穆的仪式。凯瑟琳·德·瓦卢瓦，疯癫的法兰西国王查理六世与他那长年饱受折磨的妻子巴伐利亚的伊莎贝拉之女，嫁给了英格兰国王亨利五世。

凯瑟琳时年十八，面容精致，小嘴庄重拘谨，高颧骨上方是圆圆的眼睛。她纤细的脖子微微向一侧倾斜，这是这位妙龄佳人身上唯一的瑕疵。她即将嫁给的男人，是一位久经战火考验的武士。他的嘴唇噘起，鼻梁很长，这都是他所在的金雀花王族的典型外貌特征。他那微微突出的黑眼睛很像他的父亲亨利四世。按照当时的时尚，他的头发剪得很短，面容有些疲惫，胡子刮得精光，脸上有伤疤。其中一处颜色较深的疤痕是他年仅十六岁时在一次战斗中留下的，当时箭镞刺入了他的脸颊，就在鼻子右侧，伤口很深，不得不请一位军医将箭剪断。三十五岁的亨利五世是他那个时代欧洲统治者中最优秀的武士。所以，他在自己大婚之日的披挂打扮也非常庄严豪华。出

---

① 圣三一主日是西方传统的基督教节日，旨在纪念和赞颂圣三位一体上帝的奥秘。圣三一主日的日期依复活节而定，在圣灵降临节之后的第一个星期日。

身高贵而人脉极广的法兰西编年史家昂盖朗·德·蒙斯特勒莱写道："他和他的公卿们展现出威风凛凛的恢宏气派，仿佛在这个时刻他就是世界之王。"[1]

特鲁瓦是法兰西的香槟伯爵领地的首府，在巴黎东南近100英里处。特鲁瓦周边饱受兵燹之苦的乡村在最近两周里挤满了英格兰士兵。亨利五世于5月20日抵达特鲁瓦，他三个弟弟中的两个，克拉伦斯公爵托马斯和贝德福德公爵约翰，陪他前来。此外，随行人员中还有一大群贵族将领与约1600名官兵，大多数是弓箭手。城里没地方安顿这么多人，所以亨利五世的大多数普通士兵都被安排住在附近的乡村中。国王自己住在特鲁瓦城西半部分，下榻在市集上一家叫"王冠"的小客栈。他以这里为基地，霸气十足地谈判，商讨英法两个交战国之间的最终和平。

他的父亲于1413年驾崩，在自那以后的七年里，亨利五世平定了一个焦躁不安的国度。他父亲在统治期间遇到许多危机，其中很多麻烦源于这样的事实：亨利四世在1399年废黜了当时的国王理查二世，随后有人企图营救被囚的理查二世，于是亨利四世派人将他谋杀。一段不稳定的统治就这样以暴力开端。

虽然理查二世在位时不得民心，但亨利四世的篡位触发了一场合法性危机。他长期受到财政问题的困扰；威尔士人在欧文·格兰道尔的领导下长期犯上作乱；英格兰北部也爆发了一系列反叛，在此期间约克大主教因谋反而被斩首。亨利四世在位期间长期病重，因此与儿子们，尤其是年轻的亨利，发生过矛盾。儿子们努力代表亨利四世去行使王室权威。亨利四世虽然竭尽全力去当一位强大的、权威显赫的国王，但他不得不依

1. 世界之王 / 019

赖那些当初帮他篡位的人，其中主要是来自兰开斯特公爵领地
（在他登基之前，这里是他的私人领地）的封臣。这导致英格
兰政治出现了一次长期的分裂，只有他的死亡才能够弥合这样
的分裂。在最后一场大病之后，1413 年 3 月 20 日，在威斯敏
斯特修道院院长宅邸的耶路撒冷室，他去世了。

亨利五世凭借血统而不是军事征服成为国王。他的登基将
英格兰团结在一位无可争议的领袖的旗下。他是一位精力充
沛、魅力十足、踌躇满志的国王，也是一位才华横溢的军事家
和睿智的政治家。统治期间，他在政府管理和对外战争的几乎
所有方面都取得成功。当政早期，他就做出致力于和解的姿
态，赦免曾反叛他父亲的人，并从赫特福德郡的兰利发掘出理
查二世的遗骸，将其转移到威斯敏斯特教堂内理查二世生前命
人建造的陵寝，让其得以与第一任妻子波西米亚的安妮一同长
眠。亨利五世统治时期的核心使命，是运用自己的近亲和主要
贵族，对法兰西作战。他在战争中取得了辉煌胜利：在不到两
年的作战中，亨利五世让英格兰势力在欧洲大陆大幅扩张，这
是自两个多世纪前的狮心王理查时代以来英格兰最兴盛的时期。

凯瑟琳嫁给这位干劲十足的年轻武士国王，代表了他大胆
的外交政策的巅峰。英格兰历代国王几百年来一直在和他们的
法兰西亲戚厮杀，但很少取得真正的成功。自 1337 年以来，
两国就打了一场特别残酷的战争，我们今天称之为百年战争。
这场复杂而漫长的争端当中融入了许多领土纷争和口角。其中
最重要的，是最早由亨利五世的曾祖父爱德华三世提出的主张
权，即他应当是英法两国的合法君主。爱德华三世是一位杰出
的军事家和狡黠的政治家，但即便是他，也无法实现自己的梦
想。不过，亨利五世娶了凯瑟琳，就距离成为英法两国统治者

只有咫尺之遥了。根据 5 月 21 日在特鲁瓦签订的《特鲁瓦条约》，亨利五世不仅为自己赢得了一位法兰西新娘，还成为"蒙上帝洪恩，英格兰国王、法兰西王储与摄政者、爱尔兰领主"（出自他口授的一封信）。[2]《特鲁瓦条约》修改了法兰西的王位继承安排，废掉了凯瑟琳那十七岁的弟弟查理（查理六世和伊莎贝拉王后仅剩的一个儿子）的太子地位，从而将法兰西王位继承权转移给亨利五世及其后代。法兰西王位将第一次落入英格兰人手中。

*

《特鲁瓦条约》和随后的王室大婚之所以能够发生，是因为法兰西王室的状况非常糟糕。近三十年来，查理六世一直受到迫害妄想狂、幻想、精神分裂和严重抑郁症的折磨，他的精神病每次发作都可能持续好几个月。第一次发作是在 1392 年 8 月的一个炎热日子他率军通过勒芒附近的乡村时。他因中暑而脱水，并且因为前不久一位密友遇刺而高度焦虑，加之一个当地的疯子对他大喊大叫，说前面路上有人要背叛他。这都让他害怕，精神病严重发作，导致他挥剑砍杀身边的人，在长达一个小时的横冲直撞中连杀五人。[3] 这一次他花了六周才恢复神志，此后他一生都受到精神病的折磨。

当时的医生认为，查理六世精神失常的病因是体内黑胆汁过多，它是"湿的"或者说忧郁的体液，据说会让人更容易受到压力与疾病的影响。也有人怀疑他的虚弱体质是遗传造成的：查理六世的母亲让娜·德·波旁，在产下自己第七个孩子伊莎贝尔之后精神完全崩溃。[4] 不管诊断结果是什么，查理六世的精神病造成了灾难性的政治后果。他差不多每年都会发作一次，让他在身体和精神上都十分羸弱。他会忘记自己的名字，也忘了自己是国王，忘了自己有妻儿。他以狐疑和敌意对待王后，企图毁掉带有她的纹章的餐具和窗户。他有时会浑身战栗并叫嚷，说他感觉有一千根尖利的铁刺穿透了他的肉体。他在位于巴黎的王宫圣波勒宫到处疯跑，直到累垮。他的仆人非常担心，于是封闭了王宫的大部分门，以防他跑出去到大街上出丑。他一连几个月不肯洗澡，不肯换衣服，也不肯睡觉。至少有一次，仆人闯入他的房间，企图给他洗澡换衣，发现他浑身都是疥癣和痘疮，满身涂满屎尿。他的精神病发作越来越频繁，于是朝廷建立了一个摄政会议来统治法兰西。但即便查理六世精神正常、似乎有能力治国理政的时候，他的权威也被大大削弱，因为他随时可能发起疯来。

查理六世的疯病在法兰西造成了权力真空。中世纪所有的王室都需要一个精神正常且稳定的君主，而查理六世造成了（或者说，至少是严重激化了）一场激烈的动乱和内战。1407年，法兰西的两群强大而冷酷无情的贵族及其支持者之间爆发内战。战事最初的主角是勃艮第公爵勇敢的腓力和奥尔良公爵路易·德·瓦卢瓦（御弟）。他们为了土地、个人分歧，尤其是他们对摄政会议的影响力而互相争吵。1407年11月23日，奥尔良公爵路易在巴黎街头被十五名蒙面歹徒刺杀。刺客是勇敢的腓力的儿子和继承人，即无畏的约翰的支持者。从此刻起，谋杀与背叛成为法兰西政治的主要特征。奥尔良公爵路易的长子查理与他的岳父阿马尼亚克伯爵贝尔纳结盟，于是法兰西迅速分化为两个互相争斗的阵营，国内的权贵纷纷站队。勃艮第党和阿马尼亚克党的僵持开始了。

亨利五世在法兰西内战中玩弄和操纵双方，取得了惊人的成功。1412年，他与阿马尼亚克党缔结条约，支持他们，换取他们承认英格兰对法兰西西南部几块重要领地（普瓦图、昂古莱姆和佩里戈尔，古时都曾是英格兰王室的属地）的宗主权。但是，这个条约并没有维持多久。1415 年，亨利五世提高了价码，要求将诺曼底、安茹、曼恩、图赖讷和布列塔尼都纳入英格兰主权之下。这些可不是随意挑选的土地。他索要的，是他 12 世纪时的金雀花祖先亨利二世与狮心王理查曾经控制的地区。阿马尼亚克党拒绝了他的要求，于是亨利五世入侵诺曼底，攻打并占领塞纳河河口的港口城镇阿夫勒尔。随后他一路烧杀抢掠，穿过法兰西乡村，最后于 1415 年 10 月 25 日（星期五，圣克里斯宾节）在阿金库尔与一支庞大的法军交锋。

两军相遇的战场是一块犁过的农田，他们脚下的泥土因为倾盆大雨而化为烂泥。尽管法军兵力强大（可能是亨利五世的六倍之多），但优越的战术和精彩的指挥使得英军大获全胜。亨利五世非常依赖长弓的运用，它们能对队形密集的敌人造成毁灭性打击。国王下令将削尖的木桩插入弓箭手周围的土地，以保护他们免遭敌人骑兵的冲杀。弓箭手给他送上一份大礼：他们向法军骑兵及其战马和企图徒步穿过战场的武士发出一轮轮齐射。箭如雨下的时候，数量优势没有意义，随后发生的是一场恐怖的屠戮。用一位目击者的话说："活人倒在死人身上，倒在活人身上的人也被残杀。"双方的损失非常悬殊：法军有超过 1 万人阵亡，英军的死亡人数可能只有 150 人。[5]

战斗结束之后，为了防止敌军重整旗鼓，亨利五世下令屠杀数千战俘和敌军伤员，只留下级别最高的敌人以换取赎金。尽管有这道缺乏骑士风度并且残酷无情的命令，但他毕竟赢得了一场惊人的大胜，因此被赞誉为英雄。阿金库尔大捷的消息传到英格兰，人们欣喜若狂，纵酒狂欢。亨利五世在战后返回伦敦时，被当作亚历山大大帝再世而受到热烈欢迎。打扮成小天使、脸上涂成金色的小男孩小女孩歌唱"万岁，英格兰之花，基督教世界的骑士！"大街上搭建了庞大的假城堡。一位编年史家仰慕地写道："史上从未有过一位英格兰国王在如此短的时间内取得如此辉煌的成就，并带着如此伟大与光荣的胜利回国。"[6]

在阿金库尔战役之后的几年里，亨利五世重返法兰西，取得了更加辉煌的战绩。1417 年，他发动了对诺曼底的系统性征服，在图克河口登陆，攻打并残暴地洗劫了卡昂，随后相继攻克了具有重大军事意义的城市艾姆、塞镇、阿朗松、法莱斯、阿夫朗什和瑟堡，以及这些城市之间的所有重要城镇与城堡。[7]1418 年 7 月至 1419 年 1 月，英军攻打并残忍地用饥饿迫使诺曼底公爵领地的首府鲁昂投降。在围城期间，守军将难民从城里赶出去，但英军不准难民通过己方战线，而是将难民困在两军之间的无人地带，任凭他们活活饿死。到夏末，亨利五世已经成为自 1204 年他的祖先约翰国王被法兰西国王腓力二世逐出诺曼底以来，第一位实际控制诺曼底的英格兰国王。巴黎近在咫尺。

在英军杀气腾腾地沿着塞纳河向法兰西首都进军之时，整个法兰西心惊胆寒，陷入混乱。若是勃艮第党与阿马尼亚克党能够不计前嫌、联手对抗亨利五世，国家也许还有希望，但两党之仇仍然不共戴天。1419 年 9 月 10 日，在蒙特罗的一座桥上，两党紧急会晤。勃艮第公爵无畏的约翰（他控制了国王、王后和宫廷）被阿马尼亚克党的一名党徒用斧子砍碎了脑袋和脸。（多年后，公爵的头骨被当作珍奇，保存在第戎的加尔都西会修道院。修道院院长向到访的国王弗朗索瓦一世解释，英格兰人就是通过这个颅骨上的洞入主法兰西的。）伊莎贝拉王后和勃艮第党现在主张，无论战争走向怎样的结局，他们都绝不与可憎且背信弃义的阿马尼亚克党议和。于是他们向亨利五世求和，把他们拥有的最贵重的礼物，即法兰西王冠送给他。[8]查理六世疯得厉害，无法参加关于自己王位的未来的谈判。英法和约于 1420 年 5 月 21 日在特鲁瓦大教堂缔结。和约的第一个条款就是凯瑟琳公主与英格兰国王亨利五世（如今是"法兰西的王储和摄政者"）结婚。

所以，对两国王室来讲，凯瑟琳的婚姻都事关重大。过去也曾有法兰西公主嫁给金雀花国王：正是英格兰国王爱德华二世于 1308 年迎娶法兰西的伊莎贝拉，使得两国王室血脉融合，并导致了百年战争的爆发。但英格兰和法兰西两国的王室从来没有专门为了将两顶王冠戴在一位国王头上而联合。一旦可怜、疯癫、五十一岁的查理六世得到解脱，亨利五世就将成为英法两国的国王。

婚礼非常隆重，气派十足。后世一位编年史家记载道，在订婚时，亨利五世送给凯瑟琳一枚精美而珍贵的戒指，作为定情信物。[9]他还慷慨地赠给他们婚礼所在的教堂 200 诺贝尔①的现金。婚礼遵照的是法兰西礼仪规矩，所以婚礼当夜应当会有一支队伍行进到新房，大主教在那里为新婚之夜的床祝福，并给新婚伉俪奉上汤和葡萄酒当作晚餐。[10]

亨利五世的英格兰宾客写信回家时，对婚礼的庆祝活动只

---

① 诺贝尔（Noble）是英格兰第一种量产的金币，于爱德华三世时期开始铸造。

是草草地一笔带过。因为手头有更要紧的大事。在结婚后，国王当即告诉他身边的骑士，他们将于次日离开特鲁瓦，去攻打桑斯（在特鲁瓦以西一天的路程之外），因为凯瑟琳的弟弟查理（现在是王位觊觎者）正和他的阿马尼亚克党支持者在那里顽抗，所以也就不会举行长枪比武来庆祝王室婚礼。根据当时巴黎一位日记作者的说法，亨利五世告诉部下，在桑斯的真实战斗比在比武场上的假战斗重要得多："我们都可以参加比武来证明自己的勇敢和价值，但世上没有比惩罚恶人、扶助穷人更高尚的英勇义举了。"[11]

亨利五世及其追随者继续进行漫长而血腥的作战，而凯瑟琳被允许和她父母一同旅行。这年冬季，她目睹丈夫的人马从一个城镇杀到另一个，围攻城镇，用饥饿或残杀迫使敌人屈服。1420 年 12 月 1 日，她见证自己的父亲陪同亨利五世第一次进入巴黎。在那里，《特鲁瓦条约》得到正式确认，废黜她弟弟（在英格兰的官方文书里被称为"自称太子的查理"）的正式程序也完成了。[12] 两个月后，凯瑟琳从加来乘船前往多佛，离开了她的故国，到大海彼岸开始新生活。她于 1421 年 2 月 1 日登陆，随即开始准备自己的加冕礼。

*

凯瑟琳于 1421 年年初抵达的英格兰，是一个国势强盛、太平兴隆的国度，在亨利五世领导下或许比以往任何时候都更为统一团结。[13] 在金雀花王朝统治的许多个世纪里，英格兰历代国王稳步扩张自己的权力，通过与权贵、诸侯、议会中的平民议员和教会协商（一般是富有成效的协商）来统治。英格兰无疑是一个战时国家，为了支付海外冒险的军费而征收重税，但在阿金库尔战役与其后的一连串胜利之后，国民受到胜利喜悦的振奋，甘愿承受税赋的重担。不过，托马斯·沃尔辛厄姆（赫特福德郡圣奥尔本斯的一位僧侣编年史家）写道，凯瑟琳抵达英格兰的前一年"经济困难，金钱匮乏……就连普通百姓也无钱储备足够的粮食"。他还写道，这一年"粮食与水果都大丰收"。[14]

中世纪对国家的最常见的比喻是"政治身体"，国王是头部。当时的诗人和道德家约翰·高尔写道："如果头患病，那么身体就不会健康。如果没有品格高尚的国王统治，那么人民就紊乱而缺乏道德。"[15] 在这方面，英格兰和法兰西形成了鲜明对比。亨利五世无疑是一位有德的国王，甚至是一位技艺高超的国王，所以他的国家繁荣昌盛。他少年时代就接受了全面透彻的政治教育，他成年之后的统治既强大又高效，并且他的统治自信满怀，以他的血统为基础。他具有领袖魅力，得到大贵族的喜爱和信任，并且他成功地创建了一个紧密的军事团体。他有三个忠诚而精明强干的弟弟：克拉伦斯公爵托马斯、贝德福德公爵约翰和格洛斯特公爵汉弗莱。三个弟弟在内政与外战中都发挥了重要作用，是他的得力干将。亨利五世积极镇压罗拉德派，赢得了英格兰教会的认可。罗拉德派是一个异端教派，遵循学者约翰·威克里夫的教导，对天主教会的教义与教会的教导持有非正统的观点。亨利五世对国民征收重税，但他的内廷相当节俭，他的财政部得到妥善管理，他的战争债务相对来说得到了不错的控制。他在英格兰各郡强硬但公正地创设王室法制，并消除他父亲在位时期的秩序混乱状况，以此赢得了各郡民众的好感。罪犯常常被强征入伍，让他们在法兰西乡村抢劫和纵火，以发挥他们的暴力本能。[16]

愿仁慈的上帝保佑吾王，

保佑他的人民和他的福祉；

让他生得伟大，死得光荣，

让我们欢乐地歌唱，

感谢上帝！[17]

这是当时的一首流行歌谣，唱得着实有道理，因为欣欣向荣的英格兰王国反映了它的强大统治者的所有美德。

凯瑟琳抵达之后，立刻在她的新国都确立了自己的地位。法兰西编年史家蒙斯特勒莱得知，她"受到热烈欢迎，仿佛她是上帝派来人间的天使"。[18]国王为十九岁的王后精心挑选了侍从人员。沃尔辛厄姆从宫廷得到的消息是，王后的内廷几乎全都是英格兰贵族女子。"她身边没有保留一个法兰西人，除了三个出身高贵的女人和两个女仆。"[19]2月24日，她在威斯敏斯特的圣彼得教堂加冕。随后参加庆祝宴会的有绝大多数英格兰贵族和苏格兰国王詹姆斯一世，后者在英格兰宫廷当俘虏已经很多年了。（詹姆斯一世于1406年在英格兰沿海被海盗俘虏，当时他只有十二岁，在当俘虏期间继承了苏格兰王位，此间接受了良好教育，被英格兰朝廷当作贵宾。）此次宴会展示了英格兰的美味佳肴。因为恰逢大斋期，没有肉食，但餐桌上还是摆满了鳗鱼、鲑鱼、七鳃鳗、大比目鱼、虾和对虾、大螃蟹和龙虾、蛾螺、用鸢尾花装饰的果冻、甜粥和奶油。每道菜上来的时候，还有供观赏的假菜，包括鹈鹕、黑豹和一个骑在老虎背上的人。在每道假菜中，新王后都被描绘为手执刑轮的圣凯瑟琳，捍卫教会的荣誉。[20]

加冕之后，凯瑟琳离开威斯敏斯特，与国王一起巡视中部各郡。她途经赫特福德、贝德福德和北安普顿，去了莱斯特，在那里与亨利五世一起过复活节。她发现英格兰是个富裕繁荣且热情好客的国家。编年史家约翰·斯特里奇写道："国王和王后每到一处，都会从各城镇的市民和高级教士那里收到金银的贵重礼物。"[21]但亨利五世没有在英格兰久留。复活节过后不久，有消息传来，他的二弟克拉伦斯公爵（他在法兰西的代表和副将）在诺曼底阵亡。战争不等人，国王与王后于1421年6月渡过海峡，又一次前往加来。此时凯瑟琳已经怀孕三个月。

*

因为怀孕，王后没有在法兰西待很久。亨利五世继续讨伐她的弟弟，而她返回英格兰，生下了法兰西王位的另一个继承人。为了生产顺利，求个福彩，凯瑟琳带走了一件珍贵的圣物，即圣婴的包皮，据说它能帮助产妇安全分娩。[22]在它的帮助下，她于12月6日（圣尼古拉瞻礼日）在温莎诞下麟儿。伦敦的所有大钟立刻敲响，以庆祝喜讯，城里各大教堂内唱起了《感恩赞》。[23]孩子也被取名为亨利。但是，亨利父子永远不会相见。

亨利五世的军事胜利使得他可以自称为两个国家的合法国王，但要把这种局面转化为政治现实，还是让这位令人生畏的君主耗尽心血。他对法兰西政治的干预加深了勃艮第党和阿马尼亚克党之间的仇隙，因为对后者来讲，战争已经变成了一场关乎生存的斗争。忠于法兰西太子的军队掘壕据守，尽其所能地盘踞城堡，决心不惜一切代价抵抗亨利五世。显而易见，征服法兰西将是一次缓慢并且越来越消耗力量的行动。

1421年，从10月到整个冬季，亨利五世率军攻打莫城

（巴黎东北几英里处的一座小镇）。莫城的城防工事固若金汤，守军进行了顽强抵抗。攻城战开始得较晚，持续了超过六个月，对双方来说都是一场痛苦煎熬：守军逐渐饿死，而城外的攻城者也因为冬季作战缺乏给养而遭到沉重打击。这是一种漫长而丑陋的战法，但亨利五世若想要整个法兰西尊重《特鲁瓦条约》赋予他的权利，他就必须粉碎最顽强的抵抗。

1422 年，在接近 5 月底时，凯瑟琳返回法兰西来看望丈夫，把孩子留在英格兰由保姆照料。她在丈夫身边陪了几周，她的父母也在那里。但随着夏季降临，国王显然身体有恙。在某个时间，或许是肮脏污秽的莫城攻城战期间，亨利五世染上了痢疾。"血痢疾"会造成非常痛苦的肠道损伤和严重脱水，并且常常是致命的。亨利五世知道这一点。他是个经验丰富的军人，肯定目睹过自己的许多士兵遭受这样的命运。随着病情加重，务实的亨利五世立下了详细的遗嘱，规定了自己死后英格兰和法兰西的政治安排。他于 8 月 31 日凌晨 2 点至 3 点时分在万塞讷的王室城堡驾崩，此时距离他三十六岁生日还有两周多一点。英格兰这位超乎寻常的武士国王在世时的每一个举动都无比神速，然而他走得也快。在家中，一个不到九个月大的婴儿注定要继承王位，他是历史上成为英格兰国王时年纪最小的一位。

如果新国王能够长大成人（没有人能担保这一点），英格兰将经历它历史上最漫长的幼主统治时期。类似的前例都不太好。自诺曼征服以来，有三位英格兰国王幼年继承大统，全都经历了极大的困难。亨利三世于 1216 年登基时只有九岁，他在位的早期被飞扬跋扈的大臣主宰，他们利用王权中饱私囊、结党营私。爱德华三世于 1327 年，也就是他十四岁时突然继承王位，因为他的父亲爱德华二世被迫退位了。在随后三年里，他的母亲法兰西的伊莎贝拉和她那懒散无能的情夫罗杰·莫蒂默专擅朝政，贪得无厌且杀人如麻，直到这对鸳鸯在一场血腥的宫廷政变中被推翻。理查二世是最近期的幼年登基的例子，他于1377年成为国王，当时只有十岁。朝中大臣曾努力尝试，假装这个少年国王已经是能干的成年人，但一败涂地。登基四年之后，英格兰朝廷差点被农民起义推翻（1381年的大规模农民起义），理查二世随后走向成年的路途亦被政治派系斗争和动荡所困扰。他一直到死都带着心理的创伤。[24]《传道书》能非常好地表达英格兰对幼主执政的体验："邦国阿，你的王若是孩童……你就有祸了。"[25]

1422年10月21日，局势更加复杂，因为查理六世驾崩了。他享年五十三岁，可能死于同他的长期疾病有关的原因。现在，婴儿"温莎的亨利"不仅仅是新任英格兰国王了。根据《特鲁瓦条约》的条款，他还是英格兰治下的法兰西王国的继承人，而这个政治实体此时还是激烈战争的主题。查理六世的遗体被安葬在圣德尼修道院教堂的陵墓内。他的王后伊莎贝拉将继续住在圣波勒宫，它所在的巴黎此时实际上已被英格兰人占领了。她曾在丈夫疯病发作期间领导国家，具有强大（尽管颇具争议）的影响力，但她干政的时代已经结束了。英格兰人到处传播关于她淫荡滥交的下流故事①（很可能是捏造的），并声称太子并不是查理六世的真正儿子。这种说法对英格兰人倒是很方便。在来自海峡对岸的征服者看来，疯王死

---

① 巴伐利亚的伊莎贝拉的历史声誉一度很坏，据说与奥尔良公爵路易·德·瓦卢瓦（查理六世的弟弟）有染，还曾被指责干预朝政、玩弄巫术等。不过现代历史学家一般认为，这些罪名多为敌对势力的诽谤。

后，他们才是法兰西的主人。在查理六世的葬礼上，亨利五世在世的最年长的弟弟贝德福德公爵约翰让人在他面前捧着国剑①。这个姿态是为了表明，现在他作为侄儿的代表，是国家的实际统治者。

尽管有着恢宏的排场和春风得意的胜利，但事实仍然是：两个王国的第一位联合君主，只是一个无助的小婴儿。随后将近二十年里那种史无前例、极端微妙的军事形势本必须得到稳妥处置，却没有一个能干的君主来领导此事。大祸临头只是时间问题。

---

① 国剑（Great Sword of State）是英王加冕礼所用的五把仪式用剑之一，另外四把分别是献纳之宝剑（The Jewelled Sword of Offering）、慈悲之剑（Curtana 或 Sword of Mercy）、天界正义之剑（Sword of Spiritual Justice）和俗界正义之剑（Sword of Temporal Justice）。

2. 我此时健康极佳

在 15 世纪时，幼主在位并非闻所未闻之事，但他们会给国家带来许多棘手的问题。一个婴儿、幼童，甚或少年，完全能够当君主，但他没有实际的治国能力。九个月大的亨利六世被无可争议地接受为合法君主。但在他成年之前，或者在表现出足够的理智、能够开始参政之前，需要有人代表他，为他的公共和私人生活做所有的决定。作为孩童，国王无法自己选择官员和仆人，也不能指挥战争或主持司法，也没有足够的能力对王位传承做出关键决定，但英格兰的安全依赖于这样的决定。然而在孩子长到十八岁成年之前，也不可能忽视上述所有问题。

他的父亲亨利五世至少是部分地预见到了这些问题。他于 1422 年 8 月临终之际将亲信召唤到病榻前，指示他们在他死后如何照料他的儿子和王国。他的遗嘱附录规定，年幼的亨利六世的人身由其叔祖父埃克塞特公爵托马斯·博福特①负责。埃克塞特公爵将全面负责照料幼主，并挑选仆人。奉命辅佐埃克塞特公爵的是两个对亨利五世忠心耿耿的亲信：沃尔特·亨格福德爵士（一个长期为王室内廷效力的管家）和菲茨休男爵亨利（一位备受信赖的宫廷总管）。这两人轮流侍奉在御前。（后来接替他们职责的，是另外两名对前一位国王忠心耿

---

① 埃克塞特公爵托马斯·博福特（1377～1427）为冈特的约翰与凯瑟琳·斯温福德的第三子。冈特的约翰的合法儿子是亨利四世（也就是亨利六世的祖父），所以亨利四世是托马斯·博福特的异母兄长。

耿的军人：蒂普托夫特男爵约翰和路易斯·德·罗伯斯阿特。）但在养育婴儿方面，最适合的当然是孩子的母亲。凯瑟琳·德·瓦卢瓦（她自己才刚刚脱离童年）在儿子的早期生活和成长中也发挥了同样重要的作用。

凯瑟琳的内廷在体制上与儿子的内廷分开，但实际上二者有不少重叠。王太后内廷的经费对她儿子的内廷提供补充，凯瑟琳在选择仆人方面也有影响力。在亨利六世还是个婴儿的时候，主要是女人侍奉他。他有一个保姆主管，叫琼·艾斯特利；一个日班保姆，叫玛蒂尔达·斯布罗克；一个室内女仆，叫阿格尼丝·杰克曼；一个洗衣妇，叫玛格丽特·布拉泽曼。我们对这些女人知之甚少，但凯瑟琳肯定对选择这些人员有决定权，因为她们和婴儿待在一起的时间比她的要长。亨利六世两岁时，凯瑟琳曾经的仆人爱丽丝·布蒂耶女爵士被任命为王室女教师，御前会议正式授权她在亨利六世违反纪律时教训他，而且不必害怕报复。即便国王渐渐长大，他身边的男性越来越多，凯瑟琳的影响力依然很显著。1428 年，沃里克伯爵理查·比彻姆开始负责亨利六世的教育，奉命给他培养出具有骑士风度的君主品质。但亨利六世的忏悔神父乔治·阿瑟顿，以及他的内廷首席骑士沃尔特·比彻姆爵士，都是王太后身边的老人。[1]

年轻的王太后在英格兰和威尔士拥有广袤的土地和丰厚的财产，包括威尔士的庞大城堡弗林特、里兹兰和博马里斯，约克郡巍峨雄伟的要塞纳尔斯伯勒，在南方还有赫特福德城堡、利兹城堡，以及肯特郡的普莱西和瓦灵福德，后者是一座历史悠久的王室城堡，专门为供她使用和占有而做了大规模翻修和装潢。她在自己最喜欢的几座府邸之间巡回，但大部分时间和儿子一起待在泰晤士河谷的几座美丽王宫中，尤其是温莎、威斯敏斯特和埃尔特姆。

埃尔特姆位于肯特郡，在一个多世纪里是深受喜爱的王室居所，在这里我们能瞥见幼年国王的早期生活。埃尔特姆宫宽敞、壮丽、奢华而舒适，因此受到凯瑟琳王太后的喜爱，而那些引人入胜的角落也适合蹒跚学步的儿童探索。埃尔特姆周围是好几英亩的园林，还有精心设计的花园，里面种着葡萄藤。优雅的拱形石桥横跨于宫殿的护城河之上，延伸向许多附属建筑。小国王可能会遇见在厨房与食品储藏室工作的厨师。清晨，面包房里会传出令人舒爽的香气，还有香料储藏室里飘出的更具有异国风情的味道。埃尔特姆宫于 1305 年成为王室财产，自 14 世纪 50 年代以来经历了三次大规模扩建。在亨利六世在位的早年岁月，王室在埃尔特姆投入更多资金，以确保它能提供养育幼主所需的所有清洁而现代化的设施。[2] 整洁优美、配备石制烟囱的木制套房由回廊与一座壮美的私人礼拜堂连接起来。晚上凯瑟琳可以在大厅和一个特制的舞厅招待客人。而国王的内廷人员都待在他的套房，其核心是国王的私人房间，那里有两座壁炉供暖，彩色玻璃窗提供光照，窗上画着鸟儿和怪物，以及亨利六世的祖父亨利四世的个人徽记。王室徽章和王冠图案环绕着亨利四世的箴言：soueignex vous de moy（铭记我）。[3] 在这个房间，以及英格兰各地宫殿的类似房间里，幼年亨利六世长大成人，成为一位真正的君主。他在这里玩玩具和作为新年礼物的珠宝，跟教师（牛津剑桥两所大学的学者和医生约翰·萨默塞特）学习文化，读祈祷书学习祷告，在瞻礼日观看杰克·特拉瓦耶等宫廷艺人或剧团"阿宾顿的犹太人"的表演并捧腹大笑，学习他拥有的两台风琴，并早早地学习武艺（穿着为他特制的"小铠甲"，挥舞长剑）。私下里，亨利六世过的不是一位国王的生活，而是一个小王子，和他之前的其他王家男孩一样，得到抚育、教导、挚爱和娱乐，有时也会受到惩罚。但在要求君主出现的公共场合，情况就复杂得多了。

在英格兰，政府就像车轮，围绕着国王这个轮轴而转动。英格兰政府体制的水平很高、成熟且复杂。国王受到自己加冕誓言的约束，必须在国家大事上征询高级贵族的意见，要么是通过一个正式的议事会，要么是借助更为非正式的途径，在自己觉得合适时听取显赫权贵的高见。需要征税的时候，国王必须召开议会，与参会的贵族和平民议员合作。执法者是越来越专业化的公务员，他们最终对大法官法庭负责。公共财政通过另一个古老而高度官僚化的机构——财政部来经营管理。

然而，英格兰王国政府尽管庞大而复杂，却不是一台能够自行运作的机器。这台机器的顺利运转，以及整个国家的福祉，仍然在根本上取决于国王的个人才干。使得王国政府正常运作的魔法成分，是君主意志的绝对自由。正是通过行使自己的君主意志，国王才能平息权贵之间的纷争，纠正体制内的弊端，铲除腐败，并赋予国民一种领导和方向感。所以，像亨利五世这样自信、果断、有说服力且有军人气概的国王，就能很好地统治一个统一而安宁的国家。而像理查二世那样优柔寡断、不值得信赖、没有可赢得军事胜利的好运气，或者没有军事才干、缺乏判断力的国王，很快就会把国家搞得如一盘散沙，最终四分五裂。[4]

显而易见，孩童无法履行这方面的君王义务，而这也就是"在位"和"统治"之间的本质区别。但从英格兰得知亨利五世死讯的那天起，几乎整个英格兰政界都团结一心、兢兢业业地代表幼主，负责任地、一丝不苟地行使王权。

亨利五世临终前留下指示，让他最年长的弟弟贝德福德公爵约翰执掌法兰西事务。[5]这是没有争议的：贝德福德公爵是法兰西王位的推定继承人，他为人审慎、虔诚、勤奋，是一位精明的政治家，也是不怒而威的领主，他的一举一动都反映了王公的恢宏气度。亨利五世给英格兰国内政府做的安排却比较有争议。他的遗嘱附录之一规定，他最小的弟弟格洛斯特公爵汉弗莱将在亨利六世成年之前担任"监护人"。这个词的意思或许仅仅是，格洛斯特公爵将负责新国王的教育和抚养。但这个词也可以解释为，格洛斯特公爵将享有英格兰的全部摄政权，只需对国王一人负责。

英格兰的很多人会赞成后一种理解，因为总的来讲，国民对格洛斯特公爵非常景仰。他识文断字，颇有文化素养，知识面和兴趣都非常广泛，从英语、法语和意大利语诗歌到意大利的人文主义学术，再到炼金术（当时在受过教育的圈子里很流行），他都有涉猎。他雇用外国学者担任自己的秘书，挥金如土地赞助和扶助艺术家与作家，收藏图书，在他自己的内廷培养出一种博学、典雅的气氛。另外，他是参加过阿金库尔战役的老将，而他于1423年迎娶的埃诺的杰奎琳，是一位真正得到英格兰人民爱戴的贵妇。他在外交政策方面的立场亦非常积极进取，不过很多贵族对他的立场不敢苟同。在伦敦，格洛斯特公爵被视为商业阶层利益的捍卫者，是能够为本国商人撑腰的人。

然而，尽管格洛斯特公爵有这些优秀的品质，并且无可否认地得到英格兰人民的爱戴，新国王身边却有些人不喜欢他。

虽然他有着很高的文化素养，但他有时傲慢自负、自私自利。在军事生涯中，他努力打造自己充满骑士风度的形象，但他的军事才干远远不及他的三个哥哥。亨利五世是一位无与伦比的军事家和极富吸引力的人，克拉伦斯公爵托马斯是个蛮勇的军人，贝德福德公爵约翰是个冷静的战略家，而格洛斯特公爵却常常不顾战术方面的考虑，没头没脑地只想着杀敌。他渴望得到民众的崇拜，而这一点疏远了其他也有资格获得权力的人，使他成为一个浅薄的领导人。另外，他的骑士风度到 1428 年就破产了，因为他没心没肺地抛弃了埃诺的杰奎琳，与她离婚，以便和她的侍女之一结婚。这个侍女是个男爵①的女儿，娇艳撩人，名叫埃莉诺·科巴姆。和他的哥哥贝德福德公爵一样，格洛斯特公爵汉弗莱也维护着自己高贵恢宏的形象，但他其实是个伪君子。

所以，当亨利五世的遗嘱公开之后，很多人联手阻止格洛斯特公爵占据他所渴望的在政府中的主宰地位，也就不足为奇了。反对他的群体以贝德福德公爵为首，还有御前会议的其他贵族。1422 年 12 月，在新王统治的第一届议会期间，格洛斯特公爵被传唤来。议会通知他，他被授予"英格兰王国与英格兰教会的守护者与捍卫者，及国王陛下主要谋臣"的头衔。即便这个头衔听起来很崇高，但其实际上受到严格约束，而且当地位更高的贝德福德公爵在英格兰期间，格洛斯特公爵的权力就受到他的节制。格洛斯特公爵本人以及其他任何人，都不会成为独揽大权的副王、御前教师、全国总督或摄政王。格洛斯特公爵仅仅是一个精心搭建起来的护国理事会中的显要者。

---

① 指的是雷金纳德·德·科巴姆，第三代斯特伯勒男爵（1381～1446?）。

这是英格兰历史上的第一次此类试验，并且它的运作有一个独特的前提：政府代表亨利六世治国，但也假装幼主是一个能够正常运作的公共人物。

格洛斯特公爵大失所望。即便他在这个新官职上领取的极高薪水也不能掩盖这样的事实：他被刻意架空了，就连他的亲哥哥（他们兄弟间的关系大体上还不错）也觉得他不适合独立治理英格兰。但我们要赞赏格洛斯特公爵的是，他并没有因此而退出政治，也没有开始考虑谋反。虽然他个人觉得受辱，但他似乎和其他所有人一样，认识到了这样的事实：亨利五世的死使得英格兰处于一个非常危险的境地，若大家不能齐心协力地辅佐幼主十年或更久，英格兰就可能像海峡对岸的邻国法兰西一样天下大乱。所以从这个角度看，不给格洛斯特公爵全部实权，而实施理事会形式的集体领导，并假装婴儿国王是一个真正统治者的决定，既是非常刻意地扭曲政体，也是天才之举。

*

亨利六世国王于 1423 年秋季，也就是他不到两岁的时候，第一次在威斯敏斯特主持议会。中世纪的英格兰议会没有自己的权力，它的一切权力来自君主，不管君主是个婴儿、成年人还是流口水的昏聩老朽。所以，在 11 月 12 日，凯瑟琳太后准备把儿子从温莎的育儿室带到威斯敏斯特（沿途经过泰晤士河北岸的多个富庶城镇与村庄），他将在那里按照历史悠久的方式接见臣民代表。温莎比埃尔特姆更雄伟，是一座童话般的城堡，随处可见英格兰王权的虔诚骑士精神的象征。温莎有护城河与高墙环绕的森林般的塔楼和角楼，有金碧辉煌的彩色房间和华丽的居住区，还有壮美的圣乔治礼拜堂，那里是嘉德骑士团的家。11 月的第二周，二十三个月大的国王（已经蹒跚学步，开始有了自己的意志）即将离开的温莎，就是这样一个宁静的地方。

亨利六世不喜欢旅行。尽管旅途开始的时候还很顺利，并且婴儿国王得到保姆和护士的照料，旅行还是让他不舒服。行程的第一晚，国王一行在斯坦斯过夜。随后，11 月 13 日，星期日，当保姆抱着亨利六世走向他的母亲（坐在马车内，准备取道金斯顿去威斯敏斯特）时，他大发脾气。"他大喊大闹，号啕大哭，不肯被抱着继续走，" 一位伦敦编年史家写道，"于是他被抱回客栈，在那里度过了整个星期日。"[6] 接受了一整天的安抚，二十四小时之后，孩子才肯继续向议会进发。最后，他于 11 月 18 日抵达，被母亲抱在怀里向全国代表展示，并（或许毫无兴趣地）聆听议长（律师和议员约翰·罗素）表达大家的感激之情，"非常欣慰而喜悦地看到陛下坐在议会的合法位置上"。[7]

如果这一切看上去只是尴尬而怪诞的政治舞蹈，它对所有参与其中的人却具有深刻的意义。国王是一个神圣且关键的位置。在 15 世纪 20 年代，人们竭尽全力地把幼年亨利六世拉进国王的象征性仪式中。日常的政府工作由一个御前会议执行，它有明确的规则和固定的成员。起初任命了十七名御前会议成员，他们开会的规则是约定好的。要让御前会议做出的决定有约束力，必须达到至少四人的法定人数。御前会议有详细的会议记录，包括做出决定的人的姓名，而且御前会议约束自己仅仅执行王权的核心职能。它卖官鬻爵只是为了王室的经济利益，而不是为了结党营私。它对王室财政拥有绝对但秘密的控制力。它非常接近一个公正无私的政治实体。

但只要有可能，还是尽量让国王参加政府的仪式。在亨利六世统治的第一个月里，在温莎举行了一次庄严肃穆的仪式，将英格兰的国玺（王国政府的核心工具）从前任国王的大法官①达勒姆主教托马斯·兰利手中移走。最显赫的贵族和主教们簇拥着国王，仔细地观看"大法官将前任国王的黄金国玺移交给亨利六世国王，国玺装在一个白色皮囊中，皮囊的开口封着大法官的印。国王将皮囊经由（格洛斯特公爵）的手转交给（文书官衙的文书管理官），后者则将其带往伦敦……"[8]次日，国玺被带到议会，被庄严地交给王室宝库的一名官吏保管。

这纯粹是作秀，但在国王柔嫩的小手转交精细的白色皮囊之时，英格兰政府的机制得到了维护。差不多两年后在赫特福德城堡，又重演了这出戏。国王再次被要求将国玺交给他的叔祖温切斯特主教亨利·博福特，后者当时已经被任命为大法官。[9]国王五岁时，御前会议的贵族们在他们的会议记录里写下了一段清晰得惊人的文字，概括了他们的立场："尽管国王

---

① 大法官（Chancellor）一职最早可上溯至法兰克王国的加洛林王朝，当时有一名官吏负责掌管王室印玺。至于在英格兰，此官职至少源于 1066 年开始的诺曼征服，或者更早。有部分学者认为，英格兰历史上首任大法官是埃格曼德斯（Angmendus），并认为他在 605 年获得委任。其他资料则推断，首位委任大法官的君主是忏悔者爱德华，据闻在其任内，他首先以印玺取代亲手签署文件。总而言之，自诺曼征服以后，大法官的官位一直存在。在中世纪，由于教士是王国中少有的受过教育的人，大法官一职几乎都是由神职人员担任。大法官曾有不少职责，包括保管国玺、担任首席王室神父，以及教会和世俗事务上的顾问。因此，大法官渐渐成为政府内最重要的职位之一。大法官在政府中的地位仅次于首席政法官（Justiciar），不过首席政法官这个职位现今已废除。作为君主的高级官吏，大法官出席御前会议。御前会议后来演化成议会，而大法官就成为上议院的议长。

目前年幼，但他已经享有王权，并且这种权威将永远维系在他身上。"[10]

这种假装国王在执政的企图，有时显得滑稽。留存至今的亨利六世在位最初几年的官方信函的措辞很有意思，看上去不是代表婴儿治国的长辈们发出的指示，而是假装婴儿自己是一个完全能够亲政的成年人，亲自发号施令。1423 年 5 月 15 日（国王此时离满十八个月还有几周）写给在法兰西的贝德福德公爵的信是这样开头的："我最信赖和爱戴的叔叔，我诚挚地向您问候，并告诉您，在写这封信时我健康极佳，并且愿上帝保佑您，让您也身体康乐……"[11]五年后，有人描述称，国王在议会表现出了准备好亲政的迹象："赞美上帝，国王……已经长大了，无论是智慧还是理解力均已成熟，很可能于几年内在上帝佑助下亲自执政。"[12]其实他还只有六岁。

事实上，理事会风格的政府在整个 15 世纪 20 年代一直处于运作状态。根据传统一般需要成年国王亲自干预的事情，比如裁决各郡大贵族之间的纠纷，就用互相宣誓的手段来维持和平。这种手段并不总是奏效，但一般能较好地维持秩序。直到 1425 年才浮现了一起严重的仇怨，威胁到整个政府。英格兰两个势力最强大也最具潜在危险性的人之间爆发了冲突，即心中郁闷的格洛斯特公爵汉弗莱，和国王那富有而影响力强大的叔祖、温切斯特主教亨利·博福特。

*

1425 年 10 月 29 日，伦敦城群情激奋。新任市长约翰·考文垂当选并就职了，但他在自己的官方宴会落座后，却收到了紧急消息。他奉命带领城内的闻达显贵去城里拜见格洛斯特公爵。他来到公爵面前后，公爵指示他尽快派人把守好伦敦城，防备夜间遭袭。公爵告诉他，一大群武装人员正在博福特的领导下，聚集在伦敦桥（在萨瑟克郊区）以南。弓箭手、武士和其他一大群忠于主教的人据说正在准备于次日入侵伦敦，一门心思要伤害所有忠于格洛斯特公爵的人，并在城里为非作歹。这将是一个漫长无眠的夜晚。市民们得到通知，要轮流守夜，并准备作战。

两人争吵的背景非常复杂。格洛斯特公爵和博福特都是精明强干且经验丰富的人，在幼主的政府里都占据关键位置。贝德福德公爵不在国内期间，他俩就承担了维持安定的很大一部分责任，但他们对外交与内政事务的看法常常有分歧，甚至针尖对麦芒，造成互相猜忌和敌视。

格洛斯特公爵一贯傲慢自负，这是世人皆知的，但博福特也是个令人生畏的角色。他是亨利六世的曾祖父冈特的约翰与第三任妻子凯瑟琳·斯温福德的次子，于1417年被教皇马丁五世任命为红衣主教和教皇使节。他的个人权势和财富来自他自己的主教辖区温切斯特，那是英格兰最富裕的一个主教辖区；而他的社会地位源于他毕生为国效力。他五十岁的时候，已经在英格兰担任高官二十多年，常常自掏腰包，用数额庞大且慷慨的贷款来支撑王室财政。1425年，他担任英格兰大法官，或许是理事会式政府体制的主要倡导者。天性保守的博福特很可能帮助协调御前会议的成员一起反对格洛斯特公爵大权独揽。按照一位编年史家的简练说法，这意味着他们两人"不是好友"。[13]

到1425年时，两人互相的敌意和猜疑已经非常强烈。这主要应当怪罪格洛斯特公爵，因为他在前一年领导了一次颇得民心但非常不明智的针对低地国家的远征，目的是帮助他的

（第一任）妻子夺取埃诺伯爵领地①。遗憾的是，此时占据格洛斯特公爵夫人领地的人，是她的第一任丈夫布拉班特的约翰，他得到勃艮第公爵的支持。而在英格兰与法兰西阿马尼亚克党的战争中，勃艮第公爵是英格兰的主要盟友，并且博福特花了大量时间和精力去拉拢勃艮第公爵。勃艮第对格洛斯特公爵轻率的入侵非常不悦。雪上加霜的是，此次远征一败涂地。这煽动了伦敦城内的反佛兰芒情绪，随后引发了排外的暴乱和大街上的骚乱。身为大法官的博福特不得不收拾烂摊子，努力安抚首都。作为预防性的治安措施，他给伦敦塔任命了新的司令官，一个叫理查·伍德维尔②的人。但市民将他的举动理解为企图恫吓市民，因为他把耸立于城市之上的要塞交给了一个政府鹰犬。于是民众更加恼火。到 1425 年，红衣主教博福特已经成了首都市民的头号公敌，市民指责他讨好外国人、敌对伦敦本地人。

　　于是，在 10 月 29 日晚上，紧张气氛终于激化成了公开冲突。博福特渐渐相信，他的亲戚格洛斯特公爵打算从伦敦去埃尔特姆并亲自掌控幼主，这是象征性的"挟天子以令诸侯"，相当于政变。格洛斯特公爵不大可能真的想要劫持国王，但博福特不打算冒险去信任他。他在萨瑟克派驻了军队。次日黎明，市民蜂拥来到河边，看到伦敦桥南侧已经筑起了街垒，大铁链封锁了大桥，全副武装的士兵守卫在窗口，"仿佛这是战区，仿佛他们要与国王的人民作战并扰乱安宁"。在大桥北

---

①　埃诺伯爵领地属于神圣罗马帝国，位于今天的比利时和法国北部。

②　这个理查·伍德维尔爵士（1385～1441）曾任贝德福德公爵约翰的管家、伦敦塔司令官、肯特郡郡长和加来司令官。他的长子理查·伍德维尔，就是后来爱德华四世的王后伊丽莎白·伍德维尔的父亲。

侧，格洛斯特公爵和伦敦的新市长已经紧闭城门。这是一场僵局，最有可能的结果是在大桥上发生致命的流血冲突。城里弥漫着恐慌情绪。一位编年史家用紧张的笔调写道："一个钟头内，伦敦的所有商店都关门了。"[14]

但双方并没有真打起来。泰晤士河两岸的人都情绪恶劣，足以让伦敦桥狭窄桥拱下的漩涡染成血红色，但幸运的是，英格兰还有一些人的头脑比国王那两个怒气冲冲的亲戚更冷静。其中最重要的是坎特伯雷大主教亨利·奇切利，还有葡萄牙王子、科英布拉公爵佩德罗①，此人是亨利六世国王的亲戚，游历甚广，此时是英格兰朝廷的贵宾。[15]10 月 30 日全天，奇切利和佩德罗领导了火急火燎的谈判，他们的信使在对垒的两个阵营之间来回八次，最终达成了停战协定。

不过，双方仍然满腹怨恨。次日，博福特给他的侄儿贝德福德公爵约翰写了一封义愤填膺的信，恳求他尽快从法兰西回国并掌管麻烦重重的政府。"为了我们的君主国王陛下和他的英格兰与法兰西王国的福祉，以及你自己的和我们的福祉，请尽快回来，"他写道，"因为假如你耽搁了时间，这个国家就可能发生战争。你这个弟弟真是了不得。愿上帝让他变成好人。"[16]贝德福德公爵于 1426 年 1 月回国，花了一年时间来恢复安宁。

这是一个意义重大的举动：从某种意义上讲，他专门回国

---

① 葡萄牙王子、科英布拉公爵佩德罗（1392～1449）为葡萄牙国王若昂一世与其妻兰开斯特的菲利帕之子。菲利帕是冈特的约翰的女儿，所以说佩德罗和亨利六世是亲戚。佩德罗有一个弟弟，就是著名的"航海家恩里克"，葡萄牙航海事业和地理大发现的早期推动者之一。佩德罗游历极广，去过匈牙利、波西米亚、君士坦丁堡、埃及和圣地，曾为神圣罗马帝国作战，拜见过奥斯曼苏丹穆拉德二世。

在互相争斗的亲戚之间调解，等于是在扮演代理国王的角色。他的努力奏效了。红衣主教博福特辞去了大法官之职，他的注意力很快被教皇的指示吸引了。教皇让他领导一场圣战去镇压胡斯派（波西米亚一个力图改革教会的异端派别）。但是，博福特的下台并不意味着格洛斯特公爵胜利了。根据贝德福德公爵的指示，建立1422～1424年理事会政府的规章制度得到重新确认；1427年1月，在威斯敏斯特宫的星室①和格洛斯特客栈分别举行了一次会议，贝德福德公爵和格洛斯特公爵当着在场的御前会议成员的面，手按《圣经》宣誓，他们会支持集体领导的政府形式。两人同意，他们将"接受御前会议诸位大人的辅佐、处置和治理，服从国王，并代表国王服从他们"。格洛斯特公爵的宣誓显然是不真诚的，因为之后不到一年时间，他就再次索取在国内政府中的更大权限，怒气冲冲地威胁要抵制未来所有的议会，除非他的心愿得到满足。但又一次，他遭到了毫不含糊的拒绝。议会请他满足于国家觉得适合给他的权力，并强硬地要求他确认"你不会想要更大的权力"。面对每一次权威危机，大多数权贵的普遍共识——保全和保卫王国政府，都获得了胜利。

然而，不管大家多么兢兢业业地遵守集体领导的规矩，没有国王的王国政府只能是临时性的，而现存秩序遭到的每一次挑战，都考验了坐在御前会议桌子周围的所有人的才干，看他

---

① 星室是威斯敏斯特宫的一个屋顶有星形图案装饰的大厅。从15世纪到17世纪中期，这里是一个法庭，称为星室法庭，旨在处理涉及显贵的案件（因为一般法庭不敢对这样的人定罪）。不过，星室法庭后来成为英国政府重要的专制机器，于是"星室法庭"成为一个贬义词，指秘密审判和专断（可能不合法）的法律程序。

们能不能保住在政体问题上达成的契约。1425～1427 年的危机准确地反映了大家那么热切地希望看到幼主"于几年内……亲自执政"的原因。将贝德福德公爵约翰从法兰西召回是一个无奈之举，今后若再这么做，就很不务实，也不妥当。简而言之，随着 15 世纪 20 年代的光阴流逝，局势越来越明显：亨利六世必须尽快长大，或者必须强迫他尽快长大。但推动亨利六世最显著进步的，不会是内政事务。海峡对岸的事件迫使英格兰的代理统治者往这个七岁男孩身上强加了王权的真正元素。

3. 生来为王

1424 年 8 月 17 日，在诺曼底东部的设防城镇韦尔纳伊之外的平原上，8000 名士兵排成密集的队形，准备迎接敌人的冲锋。在其对面的是一支庞大的军队，他们效忠于法兰西太子，或者按照他自己的说法，法兰西国王查理七世。他自己并不在场，但他的远亲欧马勒伯爵让（时年二十八岁，属于法兰西宗室，自少年时代就与英格兰人作战）指挥着 1.4 万至 1.6 万人的军队，他们全副武装，准备死战到底。在欧马勒伯爵军队上方飘扬的旗帜代表着不同来源的士兵：法兰西人与 6500 名苏格兰武士和弓箭手，以及一队西班牙人并肩作战；这些部队的两翼分别部署着一队杀气腾腾的伦巴底骑兵。伦巴底在意大利北部，以欧洲最精美的铠甲和最恐怖、防护力最强的骑兵而闻名遐迩。这些孔武有力、身披重甲的高头大马，再加上骑兵长枪和熠熠生辉的胸甲，足以让任何目睹他们的人魂飞魄散。法兰西军中这些风驰电掣的重骑兵可能多达 2000 人。韦尔纳伊宽广而无遮无挡的平原非常适合骑兵作战。这是一个令人生畏的景象。[1]

准备迎战这些威风凛凛的骑兵和数千步兵的 8000 人，是贝德福德公爵约翰指挥下的由英格兰人和诺曼人组成的军队。领兵作战的法兰西摄政者身披的罩袍上带有法兰西的白十字和英格兰的红十字，这是他所代表的双重王国的强有力象征。在罩袍之上他还穿着嘉德骑士团的蓝色天鹅绒袍子。他身旁站着索尔兹伯里伯爵托马斯·蒙塔古，此人是一位头发花白的沙场老将，三十六岁，是欧洲最著名的军人之一。他俩是将领中的绝佳搭档，尽管他们拥有崇高的荣誉感并且经验丰富，他们还是不能忽视战场的实际情况：形势似乎对敌人非常有利。

贝德福德公爵和索尔兹伯里伯爵的部下布成的阵势主要是为了对付骑兵的威胁。全速驰骋、全身披挂的战马与骑兵完全可能将敌人撞翻在地、踩成肉泥，也可能是骑兵用长枪将敌人戳死。而成百上千骑兵同时冲杀而至，足以让敌军心惊胆寒、作鸟兽散，根本没有机会展开白刃战。所以，就像在阿金库尔战役时那样，英格兰弓箭手将尖木桩插入地面，以保护自己的战线。这些尖木桩是非常凶险的障碍物，足以遏制敌人骑兵的冲击。大群英格兰和诺曼武士（下了马的骑士，身披铠甲，手执利剑、斧子或匕首）聚在一起，构成一个庞大的阵形。他们的战马被拴在辎重车上，位于他们背后，形成了更多的防御性障碍。除此之外，就只能祈求上帝保佑了。

果不其然，战斗以伦巴底骑兵的冲锋开始，他们冲向贝德福德公爵和索尔兹伯里伯爵的中路。骑兵的冲击力极强，一口气径直穿透了英格兰战线的中路，将英军一分为二，冲到他们后方，然后继续去攻击那些看守辎重的英军轻武装预备部队。这些预备兵跳上马背，惊慌失措地逃离战场。伦巴底人穷追不舍，大开杀戒。在他们背后，法兰西和苏格兰武士奔向已经破碎的英格兰步兵战线，于是一对一的混战开始了。

"战斗极其血腥，谁也说不清哪一方赢了。"一位巴黎的日记作者如此写道，他不是韦尔纳伊战役的现场目击者，但他用这一句话就捕捉到了中世纪许多战役的真谛。[2]据说，在敌人的骑兵冲锋结束后，贝德福德公爵告诫部下："不是为了赢得或保住财物而战斗，而是为了让世人尊重英格兰的权利。"[3] 随后他身先士卒，霸气十足地用长柄战斧厮杀。而索尔兹伯里伯爵也展现出了高超的武艺和莫大勇气，正是这些品质使他成为法兰西历次战争的英雄。这是一场绝望的鏖战，双方都无比凶悍。一时间，英格兰大纛（标示军队中央位置的大旗）倒下了。一般来讲，此事意味着这支军队被打败了，但一位诺曼骑士冲向法军战线，单枪匹马地将大纛夺了回来。

最后赢得此役的，就是这种无畏的勇气。贝德福德公爵的部下之所以得胜，不是因为遵照了什么军事天才的战术命令，而是靠死磕硬撑。贵族武士和农民弓箭手并肩作战，全都对同一个事业忠贞不贰。他们杀戮了足够多的法兰西人和苏格兰人，以至于伦巴底骑兵在击溃英军预备部队之后返回战场时，发现战役已经结束了，英格兰骑兵此时正在电闪雷鸣般践踏残兵败将，砍杀企图逃跑的法军。

这是一场极不寻常的胜利。此役的文字记载赞美了贝德福德公爵高超的指挥技艺和鼓舞人心的领导力。这一天，在诺曼底的田野上，法兰西人和苏格兰人中有超过 7000 人惨遭屠戮。法兰西太子麾下最优秀的一些将领战死，包括欧马勒伯爵和两位苏格兰领袖，即巴肯伯爵和道格拉斯伯爵。此外还有多位将领被俘。贝德福德公爵返回巴黎之后到巴黎圣母院为自己的胜利感恩，市民们全身穿红，到大街上迎接他。据一位作家说，他受到顶礼膜拜，"仿佛他是神"。[4]

韦尔纳伊战役是贝德福德公爵约翰在法兰西摄政期间军事生涯的巅峰，也是英格兰在欧洲大陆的国运的最高点。此役极大地提高了公爵的声望：他以少胜多，似乎纯粹凭借自己的荣誉、勇气和个人技艺而取胜。他最重要的目标一直是捍卫兄长亨利五世的遗产，所以这对他来讲是一场实至名归的胜利。韦尔纳伊战役与贝德福德公爵的另一个执念也十分吻合，即对圣乔治的崇拜。（他于1423年请人创作的配有精美插图的祈祷书《贝德福德时祷书》内有他的肖像，展现出他身穿精美的刺绣长袍，跪在他最喜爱的圣徒的庄严形象面前，而圣徒身穿全副甲胄和嘉德骑士团的袍服。[5]）韦尔纳伊大捷似乎说明上帝也支持双重王国的事业：这似乎表明，英格兰人为了追寻亨利五世及其金雀花先祖的梦想而花费的生命和金钱，都是值得的。

如果说韦尔纳伊战役代表了英格兰军事成就和贝德福德公爵本人军事指挥的巅峰，那么随后的岁月则是从荣耀、胜利和主宰权的巅峰跌落的缓慢而痛苦的过程。英格兰占领军努力向敌人，然后是向自己证明，英格兰人主宰法兰西王国是务实可行的。不过，这种努力越来越显得徒劳无益。

*

亨利五世临终前建议让自己的弟弟贝德福德公爵担任法兰西摄政者，这是不难理解的。公爵身材魁梧，肢体强健，外貌威风凛凛，长着大大的鹰钩鼻，头脑冷静稳健，对王兄忠心耿耿。他非常虔诚，虽然对冒犯他的人非常严酷，甚至残忍，但他真心实意地致力于妥善地治理和主持公道。他对占领法兰西的现实有着很好的把握。尤其在诺曼底，他努力借助当地的机构来治理，任命诺曼人到实权位置上，并确保有大批诺曼人加入保卫他们的领土、抵抗查理七世势力的军队之中。尽管贝德福德公爵在韦尔纳伊战役之前还没有赢得过一次大型的军事胜利，但久经沙场、坚忍不拔的英格兰老将，比如索尔兹伯里伯爵、约翰·法斯特尔夫爵士①、威廉·奥德霍尔爵士和约翰·塔尔伯特，都信任他，也竭尽全力地辅佐他。法兰西战争的更广泛政治也关系到贝德福德公爵个人的利益：他的妻子是勃艮第的安妮，她是英格兰最重要的外国盟友腓力公爵的妹妹。贝德福德公爵夫妇一起组建了一个金碧辉煌的宫廷，活动地点是贝德福德公爵在巴黎、鲁昂和其他地方的诸多房产，这些房产里都塞满了艺术品、图书、珍宝、壁毯和宗教服装，贝德福德公爵一直喜爱这种服装。如 15 世纪末的一位编年史家所写，公爵本人"代表着法兰西和英格兰国王"，他要确保自己的生活方式与自己的崇高地位相匹配。[6]

不过，他的地位并不简单。英格兰人治下的法兰西王国，可以说是自征服者威廉 1066 年入侵盎格鲁－撒克逊人的英格兰以来差不多四百年里最完整的一次外族军事占领。英格兰－勃艮第联盟控制着法兰西王国将近一半的土地，从北方的佛兰德伯爵领地到南方的加斯科涅公爵领地，西至布列塔尼边境，东到默兹河西岸。强有力的驻军政策让英格兰人牢牢控制了诺曼底公爵领地。这些驻军可以奉命开往前线，而在作战季节，还会有源源不断的雇佣兵（契约时间为半年或一年）充实英格兰军队。

二十一岁的法兰西太子被从他自己王国的神圣心脏地带放逐出去，而英格兰的旗帜飘扬在诺曼底首府鲁昂，以及法兰西最神圣的三座城市的上空。这三座城市是：兰斯，法兰西国王

---

① 约翰·法斯特尔夫爵士（1380～1459）是莎士比亚笔下著名戏剧人物福斯塔夫的原型之一。福斯塔夫是嗜酒成性又好斗的士兵和体形臃肿的牛皮大王，但真实的法斯特尔夫是相当优秀的军人、文艺赞助者、作家，可能还是早期的工业家。

得到加冕祝圣的地方；巴黎，法兰西国王实行统治的首都；圣德尼，法兰西国王安葬的地方。新铸造的法兰西钱币上有法兰西和英格兰两国的纹章，一位天使将双手分别摆在两国纹章上。同时，诺曼底颁布了法律，禁止将敌人称为法兰西人：反对英格兰占领军的人只能被称为阿马尼亚克党，即他们的派系名，而查理七世仅仅被描述为"自称法兰西太子的人"。违反这项新规定（无论在口头上还是在文字中违反）的人将受到严惩：犯法者若是贵族，初犯将被罚款 10 图尔里弗（583 英镑），平民初犯将被罚款 100 苏（292 英镑）；再犯的话罚款将是之前的十倍；第三次违法就要被没收所有财产。[7] 这些金额在当时都是巨款，相当于多年的收入；如果犯法者没钱，就会被刺穿舌头，或者前额被烙印。

英格兰在法兰西的统治虽然非常强势，但并不是一统江山。因为只要法兰西太子还在，法兰西就有另一个政治权力中心。若没有赢得一场压倒性的军事胜利，贝德福德公爵就不能为英格兰的统治提出完整的合法性主张。雪上加霜的是，教皇马丁五世坚决拒绝认可《特鲁瓦条约》，拒绝让教会在道义上完全支持亨利六世对法兰西王位的主张权。另外，诺曼人也在开展一场凶残而危险的抵抗运动：成群结队的土匪如入无人之境地游荡，绑架、抢劫、敲诈、掳掠、纵火、劫持人质，有时还对人质施加酷刑。这些反叛者，一方面抱着求生自助的伦理观，同时有着犯罪本能，另一方面也代表着被征服人民的义愤填膺。诺曼底有一群窃贼和强盗，由一个叫让·德·阿雷的土匪头子领导，他们甚至敢于绑架僧人和折磨女人，强迫她们喝下大量的水，一直到她们的胃和内脏爆裂。阿雷一伙的打家劫舍是为了一己私利，但他们也穿制服，并且宣誓要"尽一切努力攻击和伤害英格兰人"。[8]

所以，贝德福德公爵一边要南征北战地保卫英格兰的权威，安抚占领区人民，并努力将阿马尼亚克党继续向南驱赶到卢瓦尔河以南，另一边还在打一场宣传战，旨在争取所有法兰西人（他们生活在海峡对岸的小国王的名义统治之下）。作为法兰西国王，幼主的称号是亨利二世。贝德福德公爵想不到，在他离世几十年之后，他的宣传手段会在英格兰被人效仿。

*

1425 年，一位来自兰斯的教士在参观巴黎圣母院时污损了根据贝德福德公爵的命令挂在墙上的一幅大宣传画。为此他不得不寻求英格兰政权的宽恕。[9]被他损坏的图画是描述亨利六世国王身为英格兰和法兰西两国君主后代的谱系图。贝德福德公爵指示将这幅图挂在教堂内。他还命令在法兰西各地大规模生产和传播类似的宣传画，以劝服平民百姓相信，亨利六世（及其代表贝德福德公爵）之所以是法兰西统治者，不仅因为他们用武力征服了法兰西，还因为他们有法兰西王室的血统。在占领区各地，英格兰版本的谱系图以传单的形式传播，或者悬挂在教堂与主教座堂的墙上，吸引大家的注意力，并且（英格兰人希望）能激发平民的想象力。

从一份较晚的副本（什鲁斯伯里伯爵约翰·塔尔伯特于 15 世纪 40 年代下令制作了这个副本，见彩图）里，我们能知道巴黎圣母院内悬挂的谱系图大概是什么样子。[10]这幅谱系图既复杂，又非常误导人的简单。最顶端是一个圆形图，表现的是法兰西国王路易九世（他于 1297 年被封圣之后叫圣路易），他是卡佩王朝一位虔诚而辉煌的君主，在 13 世纪时统治法兰西。圆形图的背后是一大块泪滴形的背景，装饰着很小的鸢尾花。路易九世下面是他的后代腓力三世和腓力四世，再往下是腓力四世的四个儿女：路易十世、腓力五世、查理四世和伊莎贝拉，他们是卡佩王朝的最后一代。同时，在谱系图的两边，是另外两个家系。左边是瓦卢瓦家族，右边是英格兰王室金雀花家族，从爱德华一世开始。在英格兰的那一侧，图中可见腓力四世的女儿伊莎贝拉于 1308 年嫁给了英格兰国王爱德华二世。从他们的婚姻开始，伊莎贝拉的血脉一直传到亨利五世。而在与此对称的法兰西一侧，瓦卢瓦王朝的王位继承权从腓力六世传到凯瑟琳·德·瓦卢瓦。在这幅谱系图的底部，凯瑟琳与亨利五世相遇，他们根据《特鲁瓦条约》缔结的婚姻用清爽明晰的图示标出来。他俩分别是各自王室的后嗣，他们的孩子就是该图最下面的图像：亨利六世威风凛凛地坐在宝座上，天使飞下来，把两顶王冠戴在他头上。

这个谱系图要传达的信息非常清楚：亨利六世之所以是法兰西国王，是凭借他的血统，而不是他父亲的军队的战绩。血统带来的继承权更为恒久和神圣，而亨利六世出现在从圣路易圣洁形象开始的家系的末尾，暗示着他的存在本身就是团结而非分裂的源泉。他是法兰西最神圣的统治者的真正继承人，他的命运是复兴四分五裂的王朝。而这一切的实现，不是通过军事征服，而是合法的继承。谱系图和它讲述的历史故事的明晰与平衡，给了这幅图一种内在的、令人满意的美感。[11]

这样的宣传画一般会配有一首诗，此图中的诗是由贝德福德公爵的文书之一劳伦斯·卡洛写的。这首诗更为详细地解释了亨利六世的合法继承权。[12] 在英格兰，这首诗被宫廷诗人约翰·利德盖特翻译成英文，但内容几乎没有任何变化。根据利德盖特的版本，这首诗赞颂了"亨利六世，年方五岁／生来为王，统御两个伟大国度"。然后这首诗直接提到与之相伴的谱系图，并详细地宣称亨利六世是：

> 通过正当的继承，和平的继承人，
> 一清二楚，明明白白。
> ［……］
> 这位亨利，是圣路易的
> 第八代孙和继承人。
> ［……］
> 这位亨利，理当继承大位，
> 借助上帝之手和神圣佑助，
> 血统正当，毫无争议，
> 将成为英格兰与法兰西国王。

与配套的谱系图一样，这首诗（卡洛的版本和利德盖特的译文）确实相当优雅。但它也是纯粹的谎言，因为它扭曲了谱系的许多确凿细节，刻意无视法兰西的萨利克法原则，而根据萨利克法，王位永远不能通过女性血统来传承①。在一定程度上，这一点并不重要：来自兰斯的教士为自己的乱涂乱写受到惩罚，他被罚出钱制作两份新的亨利六世谱系图（当然是经

---

① 萨利克法（拉丁语：lex Salica）是中世纪西欧通行的法典。萨利克法发源于萨利克部族（法兰克人的一支）通行的习惯法，因此得名。英国君主允许女性继承，但汉诺威实行萨利克法，因此汉诺威王朝的维多利亚女王在继承英国王位时，不得不把汉诺威王位转让给其叔父恩斯特。此外，在唯一一仍由英国统治的原诺曼底公国领土——海峡群岛上，英国女王伊丽莎白二世的头衔是诺曼底公爵（Duke of Normandy），而非"女公爵"（Duchess）。

过窜改的版本）。但在更广泛的政治层面上，这一点非常重要。决定谁在法兰西称雄的，不是血统，而是在战场上所洒下的鲜血。

*

尽管贝德福德公爵不得不分散精力于英法两国，以便维持他弟弟和亲戚之间的秩序，在韦尔纳伊战役之后，战争总的来讲很成功，所以到1428年9月，法兰西太子的军队几乎全部被打退到了卢瓦尔河以南。在这个月，英军开始攻打奥尔良城。这原本应当是一次简单的战斗，然而从此役开始，整个英格兰事业开始走下坡路。这是由于一位名叫圣女贞德的年轻女子（绰号就是"少女"）极其出人意料的干预。她为法兰西太子及其盟友提供的政治自信与宣传，对法兰西事业的价值远远超过了不管多少数量的王朝谱系宣传单。

围攻奥尔良的英军由索尔兹伯里伯爵亲自指挥，他此时的权力大体上独立于贝德福德公爵。这个安排是格洛斯特公爵在英格兰做出的，因为他比御前会议的其他绝大多数成员，尤其是贝德福德公爵和博福特，都更加强烈地主张侵略性的对外政策。贝德福德公爵的战略较保守，仅仅是攻击防守相对较弱的昂热，但索尔兹伯里伯爵无视贝德福德公爵的建议，率领他那支兵多将广、装备精良并且军饷很高的军队，沿着卢瓦尔河前进150英里，去攻打更难对付、威望也更高的奥尔良。

奥尔良是一座大城市，得到卢瓦尔河天险的保护，还拥有一系列坚固的城墙、城门与防御塔。索尔兹伯里伯爵猛攻奥尔良周边的乡村，将奥尔良本身与邻近的定居点雅尔若、默恩和博让西分割开来。然后他打击城市，炮轰城墙，并指示他的坑道工兵在城市的防御工事底下挖掘坑道。

一切进展顺利，但很可能要开始一场冬季的漫长围城战，这时却有大祸降临。10 月 27 日，索尔兹伯里伯爵在查看城防设施时，河对岸奥尔良的防御塔上开了炮，石弹越过河面飞来，掀起的碎石击中了索尔兹伯里伯爵，他脸上的一半肌肉被碎石打落。这是致命伤，他痛苦挣扎了一周才死去。

索尔兹伯里伯爵的死是一场灾难。《布鲁图编年史》的作者写道："他是一位高尚的领主，是所有基督徒当中可敬的武士。"[13]英军从此刻起不得不开始漫长的围城战，却失去了唯一有能耐打下这座城池的指挥官。接替索尔兹伯里伯爵的是三十二岁的萨福克伯爵威廉·德·拉·波尔，他是一位勇敢且经验丰富的军人，但水平与他的前任相比还是差得远。英军努力在萨福克伯爵指挥下重整旗鼓，炮轰奥尔良城墙，同时在乡村设防，坚壁清野，以防止有援军赶来救援奥尔良市民。但英军兵力不足，他们没有足够的人手强攻这座防御巩固的城市，甚至不足以构建一个完整的包围圈。奥尔良城内的人们安顿下来，准备应对漫长的冬季围城战。城墙外的英军尽其所能地阻止城内的人出来或者城外的人进去。在冬季的几个月里，这场战役变成了一个枯燥且令人不安的僵局。

随后在 1429 年 2 月底，圣女贞德登场。这个十七岁的文盲农家姑娘从法兰西东南部的栋雷米来到希农，法兰西太子的宫廷就设在那里。她用土气的灰色男装和布丁碗一样的男孩发型来女扮男装。她后来说，自她十三岁起，就有神圣的声音指导她的行动。[14]她相信自己的使命是征集一支军队为奥尔良解围，随后护送法兰西太子去兰斯，以便他能加冕为法兰西国王。在希农和普瓦捷，她受到查理太子的教士们的多次审讯，他们对这个怪异、勇敢而坚定的乡下姑娘感到困惑。最后，他们决定，让她试试也无妨。贞德的心愿得到了满足。4 月底，她身穿男人的铠甲，骑着白马奔向奥尔良。她背后是数千人的军队，她身旁有一群教士。她腰间挂着古剑，后来传说是"铁锤"查理的剑。铁锤查理是 8 世纪的传奇式法兰克人国王①。他们于 4 月 29 日抵达，发现围城的英军很脆弱并且给养匮乏。

英军第一次听说贞德的时候，不禁哈哈大笑，并厌恶地扮鬼脸。蓄着短发、身穿男人铠甲并且骑马的女人，实在令人憎恶：《圣经》的律法禁止女人穿男装，而贞德的外表是法兰西人颓废堕落的又一个明证。贞德在抵达奥尔良的几周前就从法兰西太子的宫廷写信给英军，在信中警告萨福克伯爵及其部下，他们若不离开所占领的地区，她就要他们的性命。当时英军觉得这着实荒唐，贞德被认为只不过是阿马尼亚克党的一个娼妓而已。然而她真的来了：武装到牙齿，满脑子宗教狂热，并且得到相当强大的军队的支持。她打算率领这支军队将英军从奥尔良城墙下赶走，解救被围困了很长时间、处境凄惨的守军和市民。

贞德抵达之后，没有浪费时间，而是指示她的部下立刻攻击稀薄的英军战线上最脆弱的地方：城东。法军一次集中力量

---

① 严格地说，"铁锤"查理（约 686 ~ 741）是法兰克王国墨洛温王朝的宫相，并非国王。当然，他是实际掌权者。后来他的儿子"矮子"丕平成为加洛林王朝的第一位国王。查理是欧洲中世纪最重要的人物之一，其功绩包括奠定加洛林王朝的基础，确立采邑制，巩固与发扬当时的封建社会制度。他也是一位名将，最著名的一战便是于 732 年在图尔战役中阻挡了信奉伊斯兰教的倭马亚王朝派遣来侵袭法兰克王国的军队。此战制止了穆斯林势力对欧洲的入侵，许多历史学家认为"铁锤"查理的得胜拯救了欧洲基督教文明。在前后长达二十五年的从政生涯中，"铁锤"查理的领地跨越现今法国、德国、意大利北部等地区。

的进攻，就轻松占领了英军在那里的一座孤零零的小工事。就这样，法军轻而易举地在围城战线上打开了一个缺口，并且维持这个缺口足够长的时间，让兴高采烈的贞德纵马奔入城市，城内的人们欢呼雀跃。她手舞白旗，（至少对奥尔良市民来讲）仿佛天堂降下的神迹。市民给了她一座宅邸住宿，随后开始从长时间遭到摧残的奥尔良城墙之后开展营救行动。

贞德在城内，而城外的法军由迪努瓦伯爵让指挥（他的绰号"奥尔良的私生子"① 更为人熟知），为奥尔良解围的作战正式开始了。5 月 4 日，法军开始袭击和烧毁英军的攻城工事，从城东的最薄弱地点开始，也就是贞德之前冲入城的那个地点。在一天的作战中，"奥尔良的私生子"的部下就对敌人造成了足够沉重的打击，建立了城市与外界的一条永久性交通线。这对萨福克伯爵的攻城努力来说无疑是灭顶之灾：长达六个月的令人麻木的沉闷围城（其间英军试图用饥饿迫使敌人投降）在二十四小时内就宣告结束。次日，贞德又给敌军送去一封信，警告他们，这才只是开始而已。5 月 5 日时一名弓箭手将这封信射入英军军营："你们英格兰人在法兰西王国没有任何权利。天堂之王通过我，少女贞德，来命令你们放弃自己的要塞，回到你们自己的国家。如果你们不走，我会发出一声让人永志不忘的战斗口号。"英军又一次嘲笑她，但这一次他们的笑声没有先前那么淡定了。

5 月 6 日黎明，阿马尼亚克军队又一次发动进攻，他们受到了一种新的热情的激励，而人们似乎可以清楚地看到，这种热情直接来自少女贞德。英军的攻城阵地遭到猛攻，贞德骑马

① 因为他是奥尔良公爵路易一世的私生子。

在厮杀的核心位置驰骋，她周围鲜血四溅，她的白色大旗迎风招展。有一次，她自己也负了伤：从英军占据的一座塔楼上射出的一支箭穿透她的肩膀。但上帝对自己选择的代表微笑，贞德跌跌撞撞地继续行动，几乎对自己的伤置之不理，激励法军奋勇拼杀。法兰西援军和得到解放的市民如潮水般冲入英军阵地，将其一个一个俘虏，屠杀敌人，令活着的敌人惊慌失措。夜幕降临，奥尔良的各座教堂发出庆祝胜利的钟声，男女市民欢欣鼓舞地敲响大钟，他们知道自己将赢得自由。仅仅三天之内，法军就成功为奥尔良解围，英军不得不火速沿卢瓦尔河撤退，以至于在逃跑过程中丢弃了大炮和其他重型武器。

失去奥尔良，英军的处境开始严重恶化。他们派出增援部队，但卢瓦尔河沿线有更多要塞被法军攻占。1429 年 6 月 18日，英军稀里糊涂地在帕提（奥尔良以北不远处）与法军交战，这是一场英军完全没有做好准备的战斗。他们被法军前锋一举歼灭，超过 2000 名英军士兵战死，除了法斯特尔夫之外所有军官都被俘虏。仅仅几个月内，法兰西占领区的战局就发生了戏剧性逆转。法兰西太子的军队开进英格兰－勃艮第联盟的领地，许多城镇未经一战就开门献城。7 月 16 日，法兰西太子进入兰斯，于次日受膏，被加冕为查理七世，圣女贞德自豪地站在祭坛旁。自此，英格兰人的谱系宣传再也无法掩饰这样的事实：法兰西如今拥有一位正式受膏的国王，而他的名字不是亨利。

英格兰枢密院的会议记录里将法兰西传来的可怕消息描述为"形形色色的严重灾祸"。英格兰人必须给出紧急的对策。[15]有一个很显而易见的行动方案。在匆忙的准备工作之后，1429 年 11 月第一周，伦敦和威斯敏斯特欢迎了七岁的幼主，他被加冕为英格兰国王。

国王的加冕礼是英格兰政治生活中最重要的景观之一，并且在诺曼征服之后的几个世纪里，加冕礼变得越来越复杂。1423 年，贝德福德公爵得到了一本介绍法兰西国王加冕礼细节安排的书，于是英格兰的加冕礼又一次得到升级，以便给它赋予一种法兰西的威风排场。加冕礼要花几天时间。第一个步骤是亨利六世正式进入都城。"11 月 3 日，星期五，国王和诸侯……从金斯顿骑马走过伦敦桥，"《布鲁图编年史》的作者写道，"市长和市议会成员，都穿着鲜红色斗篷，骑马去迎接国王。"市民们陪他来到伦敦塔。在那里，次日晚上，亨利六世身穿全套华服，威风凛凛地坐着接见三十二名年轻贵族。他们根据仪式洗浴，然后被封为巴斯骑士。星期日，他离开伦敦塔，在臣民面前展示自己的风采，并前往威斯敏斯特教堂，参加正式的加冕礼。他不戴帽子，骑马走过人山人海的街道，权贵们陪在他身边，他们大多穿着金线华服。威斯敏斯特教堂内已经搭建了一个高台，以便让群众有更好的视野。亨利六世的母亲凯瑟琳和她的侍从女官坐在祭坛附近的贵宾席上，靠近国王的亲戚葡萄牙王子佩德罗。他几年前来过英格兰，最近又匆匆赶回，以便参加加冕礼。[16]

沃里克伯爵①将亨利六世抱进教堂，然后将他带到高台上正中央的御座。用《格雷戈里编年史》的话说，从御座上，国王"忧郁地、睿智地"俯视周围的群众。坎特伯雷大主教亨利·奇切利向聚集于此的人们发表讲话，告诉他们，亨利六世

---

① 即前文讲到的第十三代沃里克伯爵理查·比彻姆（1382～1439），名将，负责亨利六世的教育。

来到上帝和神圣教会的面前，"凭借他的正当血统索要英格兰王国的王冠"。在场的人们发出一声雷鸣般的欢呼，双手举起，喊道："同意，同意！"而小亨利六世走到大祭坛前，跪拜了很长时间。

随后的仪式要花好几个钟头。在整个加冕礼期间，主教们朗诵经文，在国王面前咏唱赞美诗，而他按照要求躺下、站起、躺下、再站起、脱衣、再穿衣，身穿最为复杂华丽的服装走来走去。他先配上武士的马刺和剑，然后换上主教的袍服和鞋，最后穿上闪闪发光的金线华服。他戴的是理查二世的王冠，因为传统的忏悔者爱德华的王冠对七岁孩童来说太重了。仪式的核心是受膏，这是王权最神秘也最永恒的部分，一旦执行，就永远不可能撤销。亨利六世穿着内衣站立，教士用一种神圣的油膏（据说是圣母马利亚送给圣托马斯·贝克特的）有条不紊地给他的小小身体涂油。教士从一个黄金的鹰形圣油瓶中倒出圣油，倒在亨利六世的前胸"以及后背的中央，他的头部、双肩、双肘和手掌心"。[17]然后用柔软的白色棉布擦去这些地方的圣油，并给他戴上一顶白色丝绸的贴头帽。这顶贴头帽要戴八天，结束之后一群主教遵照仪式用温热的白葡萄酒给亨利六世洗头。（这是加冕礼过程中最不舒服的步骤之一，亨利六世的祖父亨利四世自从1399年加冕以后就生了头虱。）经过了许多个钟头这样的肃穆仪式之后，最后做弥撒，新加冕的国王从威斯敏斯特教堂走到威斯敏斯特厅用膳，桌上的每道菜都传达了亨利六世双重王权的光辉。第一道菜是（可以吃的）带馅油炸面团，上面饰有鸢尾花和一个装饰性的"假菜"，表现亨利六世被英格兰的忏悔者圣爱德华和法兰西的圣路易（他的两个最神圣的王室祖先）抱着。第二道菜是饰有鸢尾花的果馅饼。在第三道菜的装饰性"假菜"上，圣乔治和圣德尼将亨利六世展示给圣母和圣婴。这道菜配有一首诗，赞颂小国王"生来拥有合法的血统与头衔／正当地统治英格兰与法兰西"。威斯敏斯特厅的庆祝活动刚一结束，宫廷就开始做准备，要将小国王带到他那受到大张旗鼓的宣扬的第二个王国。

1430 年 4 月 23 日，圣乔治瞻礼日，一支大型远航船队从桑威治和多佛港启程，开往加来。这实质上相当于一个流动的宫廷，有数百名仆人、厨师、教士、文员、士兵、医生、国王教师以及八位公爵或伯爵，当然还有国王本人。在加来短暂停留之后，宫廷缓缓前往鲁昂，等待沿着塞纳河到上游的巴黎的道路足够安全，可供国王旅行。

他们要等一年多时间。英军花费很大代价从英格兰调来大量士兵，然后经历一番鏖战，终于打通了道路。对英军的作战特别有贡献的是，1430 年 5 月 23 日，勃艮第军队在被围的贡比涅城外的一场小规模冲突中俘获了圣女贞德。尽管她多次试图越狱，但总是被抓回来。最后她被卖给英格兰人，被当作异端分子受到审判。这场审判当然是非常有倾向性的，占领军一心要报复这个羞辱了他们许多年的女人。在被俘一年多一点之后，贞德于 1431 年 5 月 31 日在鲁昂的市集广场被处以火刑。她的骨灰被收集起来，撒进塞纳河。

12 月初，亨利六世前往东北方向的巴黎。虽然没有办法到兰斯为他加冕，但加冕礼也可以在巴黎圣母院举行，英格兰－勃艮第联盟占领下的法兰西的达官显贵可以在那里摆开足够辉煌的排场。国王在一张巨大的饰有鸢尾花的天蓝色华盖之下入城，在脏兮兮的街道上骑行。出于卫生的考虑，街上铺了亚麻布。有一条街道被改装成葡萄酒的河，里面有许多美人鱼；室外舞台上演了恰逢时节的圣诞剧，演员都是当地市民，做了精心的化装打扮。一株庞大的百合花喷出牛奶和葡萄酒，供群众解渴。在夏特雷（位于塞纳河右岸，是政府所在地）为国王所做的露天历史剧表演中，舞台上装饰着黄金、壁毯和英法两国的纹章。在这场表演中，扮演亨利六世的演员坐在舞台中央，戴着鲜红色兜帽，而扮演贝德福德公爵和勃艮第公爵的演员向他呈上更多的英格兰和法兰西纹章，以及诸多文件，来宣扬国王的"正当性"。[18]即便对最具有怀疑精神的观众来说，这场表演也特别有趣和讨人喜欢。但节庆活动期间也有伤心的时刻：巴伐利亚的伊莎贝拉，也就是疯王查理六世的寡妇、小国王的外祖母和法兰西太子的母亲，此时也在城里，就住在圣波勒宫。一位目击者写道："当她看到小国王亨利六世，也就是她女儿的儿子，在她身边，他立刻摘下兜帽，向她问候。她立刻毕恭毕敬地向他鞠躬，然后泪流满面地转过脸去。"[19]

　　1431 年 12 月 16 日，星期六，天寒地冻，亨利六世的第二次加冕礼终于举行了。尽管有许多哗众取宠的排场，但观察者觉得这一次不如威斯敏斯特的加冕礼那样令人印象深刻。巴黎的加冕礼很仓促，主持仪式的是红衣主教博福特，而不是本地的主教，这让巴黎人很气恼。因为人群特别拥挤，扒手十分猖獗。宴会厅太小，据一位目击者说，菜肴也差得"令人震惊"。菜都是提前烧好的，但提前太久了，据说都不配当作残羹剩饭来送给城市贫民。[20]

　　宫廷人员在巴黎过圣诞节，但亨利六世于新年的第一周就被匆匆送回鲁昂，并于 1432 年 1 月 29 日离开加来，前往多佛。有人注意到，他在离开巴黎之前，没有照例以新国王的身份为民请愿，比如赦免囚犯、减税和推出司法改革。亨利六世是第一个受膏成为英法两国统治者的国王，但他更喜欢哪一个国家是显而易见的。

他在3月一个明媚多风的星期四返回伦敦，映入眼帘的是一幅如今已经熟悉的景象。一位编年史家写道："他来到伦敦，在那里受到身穿白袍与红斗篷的市民的恭敬接待。"[21]为了宣扬这孩子的霸权地位，英格兰举行了大量的公共演出以及景观展示，规模宏大，视觉效果令人眼花缭乱，技术先进程度让人肃然起敬，并且开销极大。这也说明了亨利六世在海峡两岸的国家是多么严肃认真地看待他对双重王国的主张权，以及它们多么热切地愿意保卫他父亲的遗产。但与此同时，这也表现出两顶王冠的空虚。英格兰人越是大嗓门地鼓吹亨利六世统治法兰西的合法世袭权利，他们缺乏安全感的基本事实就越是昭然若揭。法兰西太子只要还活着，就是一个受膏的竞争对手，拥有自己单独的政治中心和合法的王位主张权。那么，英格兰人的宣传就仅仅是一纸空文和作秀表演，被硬塞到惴惴不安的群众面前。

4. 欧文·都铎

　　一个威尔士人正穿过沃里克郡逃跑，奔向威尔士北部，这时御前会议派来的信使赶上了他。之前他是匆匆离开都城的，因为他非常清楚，自己的自由取决于尽快离开英格兰。他轻装急进，既因为他收拾行李时很匆忙，也因为他没有多少行李。他那小小队伍里的辎重车上的贵重财物是个大杂烩，有珍宝，也有小玩意儿，包括十二只昂贵的金杯和一些白银的小盐瓶、花瓶、一对蜡烛、香料碟、礼拜堂的饰物；另外特别引人注目的是两个盆，它们的底部装饰着玫瑰图案和纹章，边缘还有较小的镀金玫瑰。这批财物后来被估价为 137 英镑 10 先令 4 便士，这是个不错的价钱，但对这个前不久还生活奢侈如帝王的人来说，实在算不上什么。[1]信使告诉他，他应当迅速返回伦敦，朝廷已经授予他安全通行证，一路会安全无虞。他对这个承诺非常怀疑，于是告诉信使：“这所谓的通行证不足以保障他的安全。”[2]他对英格兰政治已经相当熟悉了，知道威尔士人若是冒险到了英威边境以东，他的安全永远不是完全有保障的。但信使坚持要他回去，于是他带着沉重的心情调头去往伦敦。

　　他的名字，至少在英语里，是欧文·都铎。他的祖先在他们的家乡格温内斯闻名遐迩。格温内斯是威尔士北部的一个古老国度，崎岖寒冷的斯诺多尼亚山区和土地肥沃的安格尔西岛都在格温内斯境内。欧文的祖先连续许多代都是官员、教士和军人，忠心耿耿地为本土的王公和英格兰国王效力。（13 世纪末，英格兰国王征服了格温内斯。）都铎在他家里是一个常见的男名：欧文的高祖父名叫都铎·汉；他的祖父叫戈伦韦之子都铎；他的父亲叫都铎之子梅雷迪思。所以，在威尔士，欧文的名字是"都铎之子梅雷迪思之子欧文"，对此摸不着头脑的英格兰人尝试把野蛮而怪异的凯尔特语名字变得更像英语，于是管他叫"欧文·菲茨梅雷迪思"或"欧文·梅雷迪思"，最后变成了"欧文·都铎"。

欧文·都铎所在的家族产生了许多代威尔士显贵，所以他们家在当地是颇有威望的大地主。但欧文的父亲和叔伯曾与他们的亲戚欧文·格兰道尔联手反叛亨利四世国王，因此失去了王室的恩宠。这场大规模的威尔士叛乱于 1400 年爆发，一直持续到 1415 年。欧文大约是在此次叛乱开始时出生的，所以在他幼年时，他的家族卷入了十多年的阴谋和暴力冲突中，而叛军开始没落的时候，他的家族也跟着倒霉。1409 ~ 1412 年，格兰道尔指挥着一场抗英的游击战，但到 1415 年 9 月，他藏匿起来，不再过问世事。他可能于次年去世。尽管他的儿子和继承人于 1417 年得到亨利五世的赦免，其他许多曾参与叛乱的人却遭到了严惩：被没收土地，被剥夺当官的资格，被保王党人鸠占鹊巢。都铎之子梅雷迪思因为起兵反叛国王而被没收土地，他的兄弟里斯因谋逆而于 1412 年在切斯特被处死。[3] 自从欧文出生，谋反和叛乱的污点就一直在他身上，深入他的血脉。

尽管蒙受这些耻辱，欧文·都铎在他那约三十七年的生命里做了一些不同寻常的事情。他不仅将自己提升到绅士的地位，重新获得他的祖先曾经享有的金雀花王朝宠臣的身份，并且走得更远，打入了英格兰王室的核心。在他人生的最后十年里，他是英格兰王太后凯瑟琳·德·瓦卢瓦的情人、丈夫和秘密伴侣。

*

凯瑟琳在英格兰的生活与她在特鲁瓦嫁给亨利五世之时的期许大相径庭。到这个陌生国度仅仅两年，她就成了一个二十岁的寡妇。在随后十年的大部分时间里，凯瑟琳主要扮演的是母亲的角色。她的生活是根据婴儿国王的需求，以及他偶尔的公共露面来安排的。她陪着国王旅行到各地，她的收入（来自议会慷慨地为她提供的"亡夫遗产"）对承担国王内廷的日常开销（每天开支 7 英镑）非常有帮助。在宗教节日和重大的正式场合（比如 1429 年亨利六世在英格兰加冕时，她坐在祭坛旁的贵宾席上），她都是个显要的人物。国王被带到法兰西的时候，她陪他一直走到鲁昂，不过在他于巴黎加冕的很久以前，她就返回英格兰了，如此一来她就不必经受下面的尴尬：目睹自己的儿子被加冕为法兰西国王，与她的兄弟查理七世分庭抗礼。但在国王回家之后，凯瑟琳的重要性就大大降低了。从 1430 年起，王太后不再与儿子同住。他们的内廷正式地、永久性地分割了，再也不会联合。她在书信中继续自称"凯瑟琳，英格兰王太后，法兰西国王查理六世之女，英格兰国王之母，爱尔兰女主"，但她按照自己的日程安排来旅行，只是偶尔才会参加宫廷的庆典仪式。[4] 除此之外，她过着独立自主的生活。

从当母亲的日常职责中解放出来之后，凯瑟琳太后的地位就显得很微妙了。英格兰的另一位王太后，亨利四世的寡妇纳瓦拉的琼，已经年过花甲，生命快到尽头了。她在贵族圈子里的影响力也越来越小，逐渐被边缘化。1419 年，她自己的忏悔神父诬告她搞巫术，这对她的名誉损害很大。而凯瑟琳年轻、富有，她的产业散布在英格兰和威尔士各地。在由土地所有权联结起来的世界里，她是个颇具吸引力的女人。根据一位英格兰编年史家写下的流言蜚语，她"不能完全遏制自己的肉体激情"。[5]这话里带有一种尖酸刻薄的厌女症情绪，凯瑟琳的母亲巴伐利亚的伊莎贝拉也曾遭到这样的攻击。但是，这句话表明了这样一个事实：由于她的性别和性吸引力，凯瑟琳如果再嫁，就可能拥有影响英格兰政治的潜在能力。果然，小亨利六世加冕之后，王太后的性生活就变成了让大家兴致盎然的话题。

根据英格兰传统，寡居的王太后如果再嫁，一般不会嫁给英格兰人，而是与外国人结婚，以便清楚明白地远离英格兰王室政治。[6]王太后如果嫁给英格兰贵族，那么她的新丈夫就会拥有价值无量的地位，因为他会非常接近并且能够随时接触国王。对强势、自信的成年国王来说，这不一定是个问题。但如果国王是个孩子，那就不一样了。熟悉英格兰王室历史的人会知道，在 14 世纪 20 年代的黑暗日子里，十四岁的爱德华三世登基之后，王太后法兰西的伊莎贝拉以儿子的名义统治了三年，而她的统治被她的情夫罗杰·莫蒂默爵士扭曲了。他利用自己接触权力核心的能力，暴虐地专擅朝政。莫蒂默曾利用自己的地位，下令谋杀了国王的父亲，并利用司法体系来谋杀国王的叔叔。他说服国王同意与苏格兰人签订丧权辱国的条约，然后用一个恢宏的新头衔"马奇伯爵"①来犒劳自己，对心怀不满的英格兰贵族的土地强取豪夺，其中不少人为了保住性命而被迫流亡。在年轻的国王下令发动一场血腥政变并夺取真正

---

① 马奇（March）的意思是边境，这里指英格兰与威尔士的边境，此爵位通常被授予居住在边境地区的大封建主。后来它逐渐演化成仅仅是个头衔，领有者不必真的在边境拥有领地。

的王权之时，莫蒂默才被除掉。一百年后，英格兰御前会议不能容许这样的事情重演。

然而在 15 世纪 20 年代中期，有传闻称，凯瑟琳与埃德蒙·博福特发生了关系。他是莫尔坦伯爵，还是红衣主教博福特的年轻侄儿。他比她年轻五岁，是一位雄心勃勃的军人，他的哥哥们曾在法兰西作战，也曾被法兰西人长期囚禁。他也有金雀花王朝的血统，是冈特的约翰的孙子，所以他对自己的高贵血统和骑士地位非常在意。尽管如此（或者说恰恰因为如此），他与王后有染的传闻在御前会议引起了人们的莫大警觉，尤其引起了格洛斯特公爵汉弗莱的警觉。对格洛斯特公爵来说，如果国王的母亲嫁入了他的竞争对手博福特家族，后果不堪设想。他觉得这不仅会损害国家的稳定性，对他个人也是个威胁。

格洛斯特公爵对凯瑟琳与埃德蒙·博福特可能结婚的担忧是非常有道理的，因为在 1426 年于莱斯特召开的议会上，有人请求大法官"允许国王的寡妇按照自己的心愿再嫁"。[7]这没有直接提到凯瑟琳，但指的不可能是别人。大法官暂缓处理这个请求，"以便做更多斟酌"。但在下一届议会，即 1427 年秋季在威斯敏斯特召开的议会上，大法官对这个问题做了毫不含糊的答复。议会颁布了法令，明确禁止王太后未经成年国王的"特别许可"而再嫁。该法令的宗旨据说是"保护英格兰王后最崇高地位之荣誉"，但实际目的是在至少十年内阻止凯瑟琳与英格兰人结婚。根据该法令文本的要求，显而易见，迎娶王太后的经济成本极高，无异于自寻破产。"违反本法令且被正式定罪者，将被褫夺所有土地与财产，终身不得返还。"

就这样，埃德蒙·博福特与凯瑟琳的调情骤然终止，被法律叫停。我们不知道埃德蒙和凯瑟琳后来是不是继续保持着肉体关系，也不知道他们究竟是否真的有过肉体关系。如果有的话，那么博福特尤其承担了极大的个人风险，而他后来是极力避免这么大的风险的。无论如何，到 1431 年，王太后通过另一种方式违抗了议会的法令。她没有嫁给博福特家的人，而是爱上了一个名叫欧文·都铎的魅力十足的威尔士侍从。

都铎究竟是如何认识凯瑟琳太后的，仍然是个谜。真相被埋藏在随后几个世纪里流传的一些浪漫和滑稽故事的背后，有的故事是为了赞颂欧文，有的对他挖苦中伤。凯瑟琳与欧文的家乡肯定有联系：亨利五世驾崩之后封给她的土地有很多就在威尔士北部，包括博马里斯、弗林特、蒙哥马利、比尔斯和哈登。欧文与太后的家乡可能也有联系。他二十岁上下的时候可能去法兰西打过仗。1421 年，亨利五世的总管沃尔特·亨格福德爵士手下有一个叫"欧文·梅雷迪思"的人，而亨格福德后来成为小亨利六世的内廷总管，所以很可能欧文就是通过亨格福德的渠道进入凯瑟琳的内廷圈子的。除此之外，就很难说得准了。15 世纪末和 16 世纪的各种恶毒故事有的说欧文是一个客栈老板或谋杀犯的儿子，说他曾在阿金库尔作战，或者他是太后的仆人或裁缝，说凯瑟琳目睹他裸体游过一条河后就爱上了他，或者他在一次舞会上喝醉了酒、人事不省地倒在她怀里，于是两人相爱。不管究竟是怎么回事，他们于 1430 年前后相遇。凯瑟琳决定，要把这个地位卑微、出身叛贼家庭的威尔士男人当作自己的第二任丈夫。

她的第二次婚姻与第一次实在天差地别。后来有位作家说，太后没有意识到自己是屈身下嫁："凯瑟琳太后是个法兰西女人，不懂得英格兰和威尔士民族之间的差别……"[8]但凯瑟琳在英格兰王室圈子里已经生活了十年，怎么可能不知道威尔士人地位卑贱了，即便都铎这样的威尔士人拥有尊贵的祖先。1402 年通过的刑法禁止威尔士人占有地产、担任王室官员、组织公开集会，甚至禁止他们在大路上穿铠甲。威尔士法律被搁置，只有纯血统的英格兰人才能驻守威尔士的城堡，法庭不能根据威尔士人的证词给英格兰人定罪。[9]这些刑法同等适用于威尔士男人和娶了威尔士女人的英格兰男人。法律早就明确规定，混血是不可接受的，而凯瑟琳不可能仅仅因为是外国人就不知道这些法律，只有傻瓜才会注意不到。

最有可能的解释是，凯瑟琳对御前会议和议会禁止她再婚感到恼火，于是决定选择一个政治上没有影响力的人当自己的丈夫。对一个原本就没有多少财产和头衔的男人，法律的压制也没意义。即便如此，他们也是秘密结婚的，可能是趁着英格兰宫廷的大多数人在巴黎参加国王加冕礼的时候。没过多久，他们的第一个儿子在赫特福德郡的马奇哈德姆庄园出生，这座庞大的木质结构的乡村宫殿属于伦敦主教。这个孩子被取名为埃德蒙。有人说这是因为孩子的真正父亲是凯瑟琳的老相好埃德蒙·博福特，暗示太后嫁给欧文·都铎是为了让他"接盘"，并防止法律的残酷制裁落到她真正的情人身上。这种说法不大可能是真的。[10]

凯瑟琳在世的时候，她的婚姻都被当作一个秘密，是宫廷少数人圈子里的八卦话题，公众是不知道的。但那些能见到太后的人，尤其是红衣主教博福特及其追随者（她和他们关系不错），对此肯定心知肚明。很快凯瑟琳又连续生了多个儿女：次子贾斯珀出生在赫特福德郡的主教哈特菲尔德镇；可能还有第三个儿子，欧文，他被托付给威斯敏斯特教堂的僧侣，后来出家，作为僧人度过了漫长而安宁的一生；还有一个女儿，名字是玛格丽特或塔辛娜，可能夭折了，因为我们对她没有什么确切的了解。[11]这几个孩子都是在 1436 年之前出生的，在五年多一点的时间里连续怀孕并生产四次，肯定是瞒不住的。如果孩子的父亲拥有独立的政治地位或野心，那么他的孩子作为国王的同母异父弟妹，将对国王构成威胁。但凯瑟琳和她新的小家庭过得相当安宁平静，而欧文也被英格兰王国正式接纳。1432 年的议会向他授予了居住权证书，给了"欧文·菲茨梅雷迪思"终身的忠实英格兰人的地位。[12]两年后，他被授予弗林特郡的太后领地上的一些权益，这反映了他的家族在威尔士北部那历史悠久的地位。但是，尽管欧文·都铎享受一定程度的法律保护，他的安全完全依赖于他的妻子。

1436 年，太后患上一种慢性病，她的身体和头脑逐渐受到越来越严重的损害。到这年年底，她搬进了博门希修道院。这是一家照料伤病员的本笃会修道院，位于泰晤士河南岸，就在伦敦塔对面。[13]她在那里卧床度过了一个寒冷的冬天，其间"一场严酷刺骨的霜冻……给人民造成极大痛苦"，把墙上的白垩冻成粉末，地里的药草也都被冻死了。[14]这样的生活条件让人难以承受。1437 年新年，凯瑟琳立了遗嘱，抱怨自己"身患重病，已经折磨我许久，现在还受它摧残，痛苦不堪"，并指名国王为自己的唯一遗嘱执行人。两天后她去世了，年仅三十五岁。

凯瑟琳·德·瓦卢瓦于 2 月 8 日被安葬在威斯敏斯特教堂的圣母礼拜堂，她的棺材在被搬运的时候，上方罩着一顶黑色天鹅绒华盖，周围一圈挂着铃铛，棺材顶端是一个精细的木制雕像，栩栩如生，今天还能看得到。但欧文·都铎没有多少时间来哀悼。他意识到，太后的死对他来讲不仅仅意味着爱妻的亡故，他的人身安全一下子也处于危险中。他违反了议会制定的法律，生了几个儿女，而他们是国王的同母异父的弟妹。他估计自己很可能会遭到追捕。他的敌人很快就张牙舞爪起来。凯瑟琳刚刚下葬，御前会议就在不知疲倦的格洛斯特公爵汉弗莱的驱使下，开始迫害欧文。就这样，从伦敦派出的信使在沃里克郡追上了正逃往威尔士的欧文。他不得不疲惫地赶往威斯敏斯特，听候裁决。

*

但抵达威斯敏斯特之后，欧文·都铎没有去向御前会议报到。相反，他恳求威斯敏斯特教堂的庇护，在那里避难，"待了很多天，不肯出来"。[15] 过了一段时间，朋友的帮助让欧文确信，躲在威斯敏斯特教堂的高墙之后只会对自己不利。据说小国王对他非常愤怒，但关于欧文被捕和受御前会议审判的档案给人的强烈印象是，国王的怒火是格洛斯特公爵诱导的，而亨利六世对自己继父逃亡的细节并不是很感兴趣。[16] 即便如此，欧文还是从威斯敏斯特教堂出来，被带到御前。他"证实和宣示了自己的清白与忠诚，说自己并没有做任何冒犯国王的事情……"他的这番表现足以为他赢得自由并获准返回威尔士。但他回到家乡之后，当即被再次逮捕，罪名是违反了王室颁发的安全通行证的条款。这是一个相当可疑的指控，因为他根本就没有接受过王室颁发的安全通行证。但这无关紧要。欧文的财物被扣押，纳入国库并交给王室的债权人。欧文自己则被囚禁在伦敦臭名昭著的新门监狱的严酷环境里，只有一名神父和一名仆人作陪。

虽然新门监狱在 15 世纪 20 年代和 30 年代初被彻底翻修，

并且有一套规章制度来保护犯人的权益，但这里毕竟不是一个舒服的地方。在押犯人有男有女，罪名从负债和异端邪说到偷窃、斗殴、反叛及谋杀不等。很多犯人在此受审，其中不少注定要被绞死，或者更惨。[17]有的犯人身披枷锁，有的遭到酷刑折磨。狱卒敲诈勒索犯人更是家常便饭，他们可以向犯人收费以提供一些特权，乃至基本的生活用品，如食物、被褥和蜡烛。狱卒常常能发一笔横财。监狱里有几个整洁体面的房间，配有盥洗室和烟囱，犯人们甚至能去一座小礼拜堂和主门之上的一个屋顶，在那里放风。但监狱的其余部分（被称为"不太舒适的房间"的地牢）就是光线阴暗、人满为患且疫病流行了。

好在新门监狱的管理人员足够腐败，越狱有非常现实的可能性，欧文·都铎决心越狱。1438 年 1 月，他的神父帮他做了一次重获自由的尝试。这次越狱起初取得了成功：欧文从监狱猛冲出去，极其凶暴，把看守他的狱卒"打成重伤"。但没跑多远。他和同谋是跑出了监狱，但几天后就再次被捕，立刻被送回。直到 7 月，欧文的朋友们（其代表不是别人，正是他已故妻子曾经的情人埃德蒙·博福特）打通关节，将他转往环境较为舒适的温莎城堡。在那里，负责看押他的是沃尔特·亨格福德。欧文可能于二十年前在法兰西时是亨格福德的下属。最后，在 1439 年 7 月，当局认为欧文已经为自己鲁莽地违抗议会吃够了苦头。他重获自由，并得到赦免。痛苦的两年结束了。

威尔士游吟诗人罗宾·德杜在一些年后创作了一首诗来哀叹这个富有冒险精神但运气不好的都铎的命运。"他不是窃贼，也不是强盗；没有欠债也不曾叛国，却成了不义怒火的牺牲品。"德杜写道，"他的唯一错误，是赢得了一位法兰西公主的爱。"[18]

然而，欧文·都铎的旅程还没有结束，因为他与凯瑟琳太后的婚姻产生的不仅仅是浮夸的故事和麻烦。在这个威尔士人出狱之时，他那两个年纪较长的儿子埃德蒙和贾斯珀正在他们自己的人生中迈出第一步。假以时日，他们的人生将和他们那颇具进取心的父亲一样令人惊叹。

*

巴金女修院院长凯瑟琳·德·拉·波尔很有理由为自己治理的女修院感到骄傲。若干雅致且装潢豪华的建筑围绕着圣马利亚与圣埃塞尔伯格教堂（规模庞大，正面有一扇主门，正面以主门为轴对称），构成英格兰最富裕、威望最高的女修院之一，大约有三十名修女在此生活，还有许多男性仆人和神父为其服务。[19]拥有头衔的贵族和上层士绅的富裕女儿和寡妇们来到巴金过隐修生活，尊重本笃会的规矩，将自己奉献给祈祷、慈善、高贵的伙伴和学术。多年来，极好的人脉关系给巴金女修院带来了金钱、财产、荣誉和名望：凯瑟琳作为院长，享有的特权和衔级与男性的男爵平起平坐，她掌管着十三处庄园和地产（分布在不同的郡），在巴金周边还有数百英亩土地。从修女宿舍的西窗眺望，就可以一瞥这家女修院的富庶：泰晤士河口湾广袤、平坦、翠绿的林地和乡村，延绵不绝地向广阔的天际线延伸。不到一天的骑行路程之外，就是伦敦城，英格兰财富与权力的中心。

1437 年春，凯瑟琳欢迎了两个从都城来的年轻访客：在档案里，这两个男孩的名字是佶屈聱牙的近似威尔士语："都铎之子梅雷迪思之子埃德蒙，和都铎之子梅雷迪思之子贾斯珀。"他们是已故太后和她那即将入狱的威尔士鳏夫欧文·都铎的儿子。[20]埃德蒙大约七岁，贾斯珀大概六岁。不管根据什么标准来看，这两个小男孩都经历了惊心动魄、风雨飘摇的一年。凯瑟琳的任务是给他们喘息之机和安身之所，帮助他们躲避突然降临的混乱，让他们在远离伦敦与宫廷的地方成长，因为伦敦与宫廷是危险且不可预测的环境。埃德蒙和贾斯珀骑马穿过巴金女修院的大门。进入女修院，在第一次看到教堂巍峨的尖塔、宁静的花园以及女修院周围的小型附属建筑之时，他们一定可以感到宽慰，他们来到了一个太平安稳的地方。随后五年，他们的家就在这儿。

巴金已经习惯了收容儿童。院长常常担任埃塞克斯富家子弟的教母，自 8 世纪比德①的时代，就有享受特权的富家儿女在女修院接受最早期阶段的教育。但国王的异父弟弟会带来特殊的要求。凯瑟琳奉命竭尽全力、不惜成本地抚养埃德蒙和贾斯珀。仅仅给两个男孩及其仆人提供饮食，女修院每周就要花费 13 镑 4 便士的巨款，此外还有住宿、教育、衣服与娱乐的开销。在随后几年里，院长多次写信给王室财政部，索要大笔金额以报销她抚养埃德蒙和贾斯珀的开支。[21]虽然财政部有时付账比较慢，但女修院绝不会玩忽职守。

巴金女修院富裕、高雅，在文化上非常进步，是成长和学习的绝佳场所。在这个时代，本土英语逐渐变成了交流和对话

---

① 比德（672～735），英国盎格鲁－撒克逊时期的编年史家及神学家，亦为本笃会修士，著有《盎格鲁人教会史》，被尊为"英国历史之父"。他的一生似乎都是在英格兰北部韦尔茅斯－雅罗的修道院中度过的。据盎格鲁－撒克逊人的文献记载，比德精通语言学，对天文学、地理学、神学甚至哲学都深有研究。传闻就是他发现地球是圆的这个事实，此事记载于他的作品《论计时》中。

的标准语言，但这里的修女除了英语之外还使用拉丁语和法语。图书馆里藏有亚里士多德、伊索、维吉尔和西塞罗的著作，圣徒传记选集，布道书，关于基督生平的研究著作，甚至还有一本英译《圣经》。修女们得到特别的许可，可以拥有这本《圣经》。14 世纪有一个叫玛丽·乔叟的修女在巴金，女修院拥有一部她的亲戚杰弗里·乔叟的《坎特伯雷故事集》。女修院的教堂内藏有第一任院长圣埃塞尔伯格的遗骨，小礼拜堂内还有一个特别精美的装饰性十字架，每逢瞻礼日就有大群忏悔者和朝圣者前来观赏膜拜。有一个著名的仪式是复活节剧表演：基督的地狱之旅①的重演，修女和神父手捧蜡烛在教堂内游行，两队轮流唱颂歌，然后象征性地解放先知与始祖②的灵魂，以免他们堕入地狱。

但埃德蒙和贾斯珀被安排到这里并且开销这么大，还有另一个原因，那就是凯瑟琳本人。她是个顽强、精明的女人，令人肃然起敬，年仅二十二岁或二十三岁时就被选举为院长。她还是第四代萨福克伯爵威廉·德·拉·波尔的妹妹，而威廉是御前会议成员、王室内廷总管，并且与小国王的关系越来越亲密。很可能就是威廉向国王建议把都铎兄弟安排到巴金，因为他的建议在宫廷和御前会议中非常有分量。埃德蒙和贾斯珀被送给他妹妹照料的时候，萨福克伯爵已经开始奠定自己的地位，成为年幼的亨利六世之政府的核心人物。在随后十年里，几乎所有重要的政治决定都会有他的参与。

---

① 根据基督教神学，基督在受难和复活之间的时间里曾进入地狱，给创世以来的所有义人带去救赎。这是许多基督教艺术作品的主题。
② 《圣经》里的"始祖"指的是亚伯拉罕、以撒和雅各（也叫以色列），或者亚当到亚伯拉罕之间的二十位男性始祖。

于是，由于这些慷慨大方的权贵的庇护，欧文·都铎的儿子们在巴金度过了太平的五年，尽管他们的父亲同时在努力躲避牢狱之灾。直到十多年后，都铎兄弟与国王的血缘关系才得到正式承认，他们才在宫廷获得重要的地位。在此期间，他们同母异父的兄长亨利六世逐渐呈现的个性成为英格兰政治的焦点，其结果极具灾难性，超出人们的预料。

第二部

国王是什么？

（1437～1455）

就这样，开始了一轮又一轮的哀愁与死亡……

—— 《布鲁图编年史》[1]

5. 萨福克大人的善政

　　亨利六世国王在成长的过程中，肩扛几乎令人无法忍受的极大期望。虽然不是他自己的功劳，但他是金雀花王朝第一个达成了许多君主曾为之奋斗的目标的国王：被加冕为英格兰国王和法兰西国王。[1]他的父亲曾是基督教世界最闻名遐迩的人之一，是深得上帝恩宠的英雄征服者，英格兰宣传家认为他"有资格跻身九位伟人之列"（指的是古代史上的九位伟人①），就连敌人也不得不承认，亨利五世是智慧、男性气概和勇气的楷模。[2]亨利六世幼年继位，使得老国王的声望愈发高涨。1436 年，威尼斯诗人与学者蒂托·利维奥·弗鲁洛维西受聘撰写了《亨利五世传》。弗鲁洛维西的赞助人是格洛斯特公爵汉弗莱，而格洛斯特公爵聘请这个意大利人的主要目的之一，是创作一部能够鼓励十六岁的亨利六世尊崇其父武德的著作。"在一切事务中效仿你的父亲，那位神圣的君主，"弗鲁洛维西写道，"用那种手段与尚武的勇气，为你的国家寻求太平与安宁。他正是用同样的手段与勇气，战胜了你们的共同敌人。"[3]对一个从来没有见过自己父亲如何统治英格兰的少年来说，或者对任何人来说，这样的要求都未免太苛刻了。

　　亨利六世是个面貌清纯无辜的少年。成年之后，他身高在

五英尺九英寸和五英尺十英寸之间。成熟之后，他的脸庞也一直圆嘟嘟的，稚气不脱。高高的前额和弯曲的眉毛之下，是一双间距较远的大眼睛、长鼻子和精细的小嘴（很像他母亲）。他最有名的一幅肖像是 16 世纪时创作的，但可能临摹了已经佚失的他在世时的肖像，画中他有着光滑、丰润的两颊，下巴后缩，带着略微惊奇的表情。[4]

亨利六世在少年时代似乎性情庄重严肃。他肯定受过良好的教育，能同样流畅地阅读和书写英语与法语。在他被加冕为英格兰国王时，有人目睹他"忧郁地、睿智地"俯视面前的群众，显得少年老成。在外国观察者眼中，他是个英俊少年，颇有帝王威仪。[5]到 1432 年秋末，即快到十一岁生日的时候，他已经适应了他的地位（受膏国王）的某些方面。11 月 29 日，亨利六世的教师沃里克伯爵理查·比彻姆（他负责国王的教养和教育）参加了御前会议的一系列会议，告诉大家，国王"已经长大成人，无论是身体还是思想，以及对自己崇高的王室权威与地位的认识。这自然会让他……越来越抱怨和怨恨所受到的惩戒"（根据会议记录）。[6]沃里克伯爵向御前会议索要更多权力，以保护自己，防止国王不肯学习的时候运用自己的君主特权来挑战或惩罚自己的老师。

这不是沃里克伯爵唯一的担忧。在同一次会议上，他请求御前会议授权他"将品行不端的奸佞小人"从国王身边赶走，并驱逐任何他觉得"有管理失当的嫌疑，不适合待在国王身边的人"。御前会议同意他的看法，承认若无谨慎认真的人监管，十一岁的男孩很容易被坏人引入歧途。在亨利六世后来的人生里显得非常严重的一个问题，就这样出现了第一个苗头：亨利六世始终是一个耳根子软、无主见、容易受影响的国王，始终喜欢让别人替他做决定，显得非常幼稚。他对某些事情可能特别热情，他酷爱阅读编年史和历史著作，并且喜欢宗教活动，比如他在1442年努力为伟大的撒克逊国王阿尔弗雷德争取圣徒地位。他对国家大事和大政方针却不温不火、消极被动，缺乏真正领导政府的本领，也无力指挥不可避免的对外战争。他不具备一位强大国王所需的品质。

对亨利六世最生动形象的描绘出自他的私人忏悔神父约翰·布莱克曼笔下，写作时间是亨利六世晚年。[7]考虑到作者的职业，布莱克曼的回忆录不惜笔墨地描写亨利六世的单纯、宗教热忱与他一贯的虔敬，也就不足为奇了。布莱克曼的记述有些部分显然是扭曲的，刻意表现国王的圣洁，避而不谈亨利六世对华贵服装、珠宝和王室奢靡排场的酷爱（他从少年时就喜欢这些浮华的东西）。"众所周知，从他少年时代起，他就一直穿农夫一般的圆头鞋和靴子，"布莱克曼写道，"他一般还穿带可折叠风帽的长袍，就像市民穿的那种，还有齐膝的外套。他的鞋靴等都是全黑的，他拒绝奇装异服。"做出这种描述，似乎主要是因为布莱克曼努力夸大国王的虔诚。不过也有许多其他记述说，亨利六世在重大场合穿着雍容华贵的衣服。

即便如此，布莱克曼记述的很多部分与其他对亨利六世（在15世纪30年代逐渐长大成人）的描述或批评相一致，包括官方档案中偶尔的提及，以及对英格兰外交政策冷嘲热讽的文章。年纪越大，他那不寻常的没精打采、心不在焉的个性就越是显著。面对自己的君王职责，他似乎被一种怠惰与漠然完全掌控了。他与人对话的时候常常心不在焉、心烦意乱。他讲话很简单，说的都是短句子；他似乎更喜欢研读神圣经文，而不是处理政事。在庄严恢宏的重大场合，他戴王冠的时候，还穿着一件刚毛衬衣①。据布莱克曼说，国王口中吐出的最难听的脏话就是"天哪，天哪"，他还会责备身边说脏话的人，因为"说脏话的人是在谴责自己"。[8]他的内心温和善良，易受影响，极其胆怯，不肯做任何重要决定，对人的肉体一面十分拘谨敏感，对冲突和战争感到痛苦，完全没有领导能力，尤其是领导作战的能力。他或许可以算贞洁、慷慨、虔诚和善良，但这些品质对国王来说没什么用，因为国王需要领导政府、维持权贵之间的安宁，并定期渡海去屠戮法兰西人。用王权的上述粗糙标准来衡量，亨利六世长大之后是一个悲剧性的失败国王。

*

但在 15 世纪 30 年代中期，亨利六世还没有完全呈现出上述性格，御前会议仍然可以希望，他很快就能亲政。毕竟历史先例是鼓舞人心的：1330 年，十七岁的爱德华三世领导了一场武装政变，推翻了他母亲的政府；1381 年，理查二世面对农民起义的时候只有十四岁；亨利六世的父亲十六岁时以威尔士亲王的身份领兵参加什鲁斯伯里战役②。但在 1435 年，亨利六世十四岁时，英格兰的对法政策遭遇两次沉重打击。这

---

① 刚毛衬衣是基督教的一些苦行者或忏悔者贴身穿的衣物，常常用粗糙的动物毛制成，穿着非常不舒服。

② 什鲁斯伯里战役发生在 1403 年 7 月 21 日，亨利四世打败反叛朝廷的亨利·珀西爵士（1364～1403，绰号"热刺"，第一代诺森伯兰伯爵亨利·珀西的长子，当时的英格兰名将，在与苏格兰的战争中屡建奇功。珀西家族支持亨利四世篡位，但后来他们又起兵反叛亨利四世。亨利·珀西爵士是莎士比亚名剧《亨利四世》的主要人物之一）。

什鲁斯伯里战役是第一场英格兰长弓手对战的战役，展现了长弓的可怕威力。亨利·珀西爵士阵亡，珀西家族对亨利四世的挑战被粉碎。此役中，威尔士亲王亨利（未来的亨利五世）面部中箭，身负重伤，但得到精心治疗（使用酒、蜜和特殊手术器材），得以幸存。

时，对亨利六世主政的含糊希望就变成了急迫的需求。

第一个打击与英格兰和勃艮第的长期盟约有关系。这项盟约是英格兰外交的基石，过去二十年的所有成功都建立在这块基石之上。正是勃艮第党与阿马尼亚克党之间的争吵使得法兰西国势动荡，英格兰才有机会去征服它；正是与勃艮第的盟约使得亨利五世能够谈成《特鲁瓦条约》，并对法兰西王位提出主张权。是勃艮第士兵抓获了圣女贞德，最终将她移交给英格兰人审判。只有与勃艮第保持友好，英格兰才有希望继续在诺曼底和法兰西的其他部分作为占领军支撑下去。然而在 1435 年，在繁华喧闹的佛兰芒城镇阿拉斯（这里生产的美丽编织壁毯闻名全欧）举行的和平会议上，英格兰 - 勃艮第联盟戏剧性地瓦解了。

阿拉斯会议于 1435 年 7 月至 9 月举行，原本是确定英法停战并商议亨利六世与一位法兰西公主的婚姻的好机会。然而，亨利六世的使团（由红衣主教博福特领导）被法兰西人精彩的外交攻势要得团团转。法兰西人的目的是搞垮这次谈判，并且让英格兰人背破坏和谈的黑锅。查理七世的大使提出了多项提议，它们全都看起来慷慨大方，但实际上是要求亨利六世放弃作为两国合法君主的主张权，将自阿金库尔战役以来英格兰赢得的所有土地归还，并仅仅占有诺曼底，而且还是作为法兰西王室的封建附庸。博福特竭尽全力地争取比较能接受的条件，但法兰西人巧妙地拒绝了他，并且还让英格兰人显得执拗和傲慢。最后，1435 年 9 月 6 日，博福特怒气冲冲地拂袖而去，让勃艮第人和法兰西人有机会直接对谈。博福特的侍从们在离开阿拉斯的路上遭遇暴风雨，他们的朱红色斗篷（衣袖上绣着"荣誉"这个词，以抗议法兰西人的欺骗手段）被淋得湿透。[9]

但更糟的还在后头。9月14日，也就是英格兰代表团离开会谈地的一周又一天之后，贝德福德公爵约翰（他身体有恙已经一段时间了）在鲁昂病逝。多年来他兢兢业业地守卫侄儿的第二个王国，如今油尽灯枯。他享年四十六岁。贝德福德公爵身后留下了一个庞大而光辉的内廷，有大量藏书、金银餐具、壁毯和宝物。[10]但是，再多的财富也不能弥补他个人影响力的丧失。在将近十五年的时间里，他是亨利五世的军事征服与当今局势的要求之间的活生生的链条。《布鲁图编年史》的作者写道："当时在诺曼底的英格兰人哀叹不已；因为只要他活着，法兰西人就害怕他、畏惧他。"[11]在法兰西，贝德福德公爵曾是一位威风凛凛的摄政者，也是一位能够激励士气的将领。他应召返回英格兰的时候，拥有独特的地位：他是一位价值无量的调停者，是一位超脱于各派系之上的大贵族，能够让所有人服从。只有他一个人能够维持他的叔叔红衣主教博福特和他的弟弟格洛斯特公爵汉弗莱之间的和平。在他去世之后，英格兰失去了最重要的有能力促成共识与稳定的权威人物，失去了最接近代理国王的领导人。

七天后，勃艮第公爵好人腓力来到圣瓦斯特修道院，签订了一项条约，法兰西内战的两派同意和解。勃艮第将承认查理七世为合法的法兰西国王；作为交换，查理七世承诺处罚在1419年杀害腓力父亲的凶手。仅仅几周之内，英格兰人在过去二十多年里苦心经营的整个外交体系就土崩瓦解了。他们最重要的盟友倒戈了。遭受这样的打击，英格兰的雄心再也不能恢复元气。

在阿拉斯会议之后的十八个月里，英格兰在法兰西的势力开始崩溃。春季，查理七世的军队和他的新盟友勃艮第公爵解放了巴黎。1436 年 4 月 17 日，最后一个英格兰人撤离巴黎，此后法兰西人开始攻击诺曼底公国，迫使英格兰人转入防御并收缩战线。与此同时，在英格兰国内，人们在刻意地、绝望地尝试让十四岁的亨利六世亲政。

1435 年 10 月 1 日，他被第一次带去参加御前会议，此后政府的命令就是以他的名义，而不是仅仅以御前会议成员的名义发出。这个事实被大肆宣扬：在发给外国政府和宫廷的书信中，刻意提到国王已经开始亲政。1436 年 5 月，沃里克伯爵被免去国王教师的职位，不再任命新人。这标志着亨利六世的受教育阶段已经结束，他开始承担全部的君主职责。两个月后，亨利六世开始亲笔在请愿书上签字，在他正式批准的请愿书下面批注 "R. H."① 和法文 "同意"。[12] 给外界传达的信息是再清楚不过的：国王的未成年阶段结束了。

果真如此吗？表面上看，亨利六世开始治国了，但他的治理有很多地方不能让人满意。御前会议的记录表明，国王批准的请愿书当中有的不仅不妥，甚至对王室有害。1438 年 2 月11 日的会议记录里有这么一条："记得与国王谈谈，请他注意，他签署赦免书或者指示修订某些文件时，对自己造成了很大损害。" 此处指的是亨利六世批准了一份请愿书，导致他自己损失 2000 马克②。[13] 次日，另一份内容几乎完全相同的记录

---

① 拉丁文缩写，意为"亨利国王"。

② 在英格兰历史上，马克（mark）只是财务计算时用的货币单位，从来没有实际发行和流通过。马克起初是流行于西欧的重量单位，专用于测量金银，1 马克最初相当于 8 盎司（249 克），但在中世纪不断浮动。据说是丹麦人把马克这个单位带到了英格兰。根据 19 世纪的资料，作为货币单位，起初 1 马克细分为 100 便士，但在 1066 年诺曼人征服英格兰之后，改成 1 马克分为 160 便士，1 马克相当于 2/3 镑或约 250 克白银。

提出，应当向国王解释，他漫不经心地将威尔士北部的彻克城堡的统辖权与管理权授予出去，让他自己又损失了 1000 马克。非常能说明问题的是，尽管贝德福德公爵之死与勃艮第的背叛使得形势十万火急，也没有人试图让亨利六世去诺曼底亲自指挥军队，或者哪怕仅仅是象征性地挂帅。很显然，这孩子与他父亲相去甚远。

*

贝德福德公爵的去世和年轻国王无力妥善治理英格兰，使得政府出现了一种真空。在 15 世纪 30 年代，第四代萨福克伯爵威廉·德·拉·波尔就占据了这个真空地带。

萨福克伯爵的人生到此时还主要是常规的贵族军人的生活。他的父亲迈克尔在阿夫勒尔围城战中死于痢疾；他的长兄，也叫迈克尔，死于阿金库尔战役，这对英格兰人来说是一种罕见而倒霉的死法。于是，威廉在十九岁时出乎意料地成为第四代萨福克伯爵。在随后十五年里，他积攒战争经验，对王室忠贞不贰。他是个能干的军人，在布列塔尼和诺曼底打得相当不错，于 1421 年获得嘉德勋位。后来他又获得了好几个要职，在占领区还得到了一些土地，并于 1425 年担任派驻低地国家的大使。

但他在法兰西最后的作战不是愉快的经历。1429 年奥尔良被圣女贞德及其军队占领的时候，他身居高位。奥尔良战役之后，他试图率领数百名英军沿着卢瓦尔河撤退。五六千法军在阿朗松公爵和圣女贞德指挥下穷追不舍，萨福克伯爵只能带领部队到雅尔若躲避。雅尔若是一座小镇，但有不错的防御，其位于奥尔良上游约 11 英里处，有城墙，河上桥梁的周围也有防御工事。萨福克伯爵率军抵达雅尔若之后，立刻命令部下和雅尔若市民在有城墙保护的部分设防，准备抵抗不可避免的围攻。果然，英军刚刚安顿下来，法军就"立刻从四面包围了他们，并开始猛烈攻击，在多处发动进攻"。[14]

萨福克伯爵两次企图与敌军谈判以做短暂的停战，两次都被拒绝，第一次是因为他与一个地位较低的军官，而不是与阿朗松公爵谈判，法兰西人认为他违反了骑士规则；第二次是因为阿朗松公爵说法军进攻的声响极大，他没听见从城里发出的要求谈判的呼声。法军动用了重炮（其中一门巨炮被命名为"牧羊女"，以纪念圣女贞德）来轰击桥梁和城镇本身的护墙，所以阿朗松公爵说的可能是实话。不管怎么说，法军的炮击极其猛烈，效果显著。尽管有一个进取心强的英格兰人从城墙上投掷石块，击中了贞德的头部，将她的头盔砸成两半，把她短暂地打倒在地，但她身处前线的激励作用就足以帮助法军获胜。雅尔若不到一天时间就被攻破，萨福克伯爵和他的弟弟约翰·德·拉·波尔都被俘虏。他的另一个弟弟亚历山大·德·拉·波尔以及 100 多名守军阵亡。这是一次惨败，对萨福克伯爵来说唯一的安慰是，他在正式投降之前封俘虏他的敌人（一个身份低贱的士兵，不是贵族）为骑士，于是避免了将自己的高贵身躯交给地位卑微之人的奇耻大辱。[15]

雅尔若战役之后，萨福克伯爵被押解到奥尔良，囚禁了几个月。他最后于 1430 年获释，他后来说自己的赎金是令人瞠目结舌的 2 万英镑，相当于他人生中最富裕阶段的岁入的大约 7 倍。回到英格兰之后，他开始为自己打造范围广大、盘根错节的权力基础。宫廷、乡村、御前会议之中都有他的势力，最终他掌控了大部分王室权力。

萨福克伯爵之所以能壮大自己的势力，靠的是勇气、幸

运、绝佳的人脉和旧式的阴险。他的出发点是与他的伯爵领地
有联系的土地，所以他在东安格利亚有了一个相当大的势力范
围：他是主宰萨福克郡和诺福克郡的贵族。[16]他娶了地位显
赫、倾国倾城且富甲天下的寡妇艾丽斯·乔叟（索尔兹伯里
伯爵夫人），于是在靠近王国政府中心的牛津郡和伯克郡得到
了更多土地。这还让萨福克伯爵进入了国家政治的圈子，因为
乔叟家族是红衣主教博福特和凯瑟琳·德·瓦卢瓦的亲信。这
些关系可能是萨福克伯爵于1431年被任命到御前会议的原因
之一，但他与幼主政府的另一个主要领导人格洛斯特公爵汉弗
莱的友好关系肯定也有帮助。很少有人能在博福特和格洛斯特
公爵这两个对立阵营之间左右逢源，而萨福克伯爵从其政治生
涯的早期就表现出他是个务实主义者，更喜欢跨越派系的鸿
沟，而不是明确地站队。他不是个特别有魅力或者威风凛凛的
人，不过他非常勤奋，并且能够讨互相敌视的同僚的喜欢，这
足以弥补他在人格方面的缺陷。

　　1431～1436年，萨福克伯爵逐渐为自己建立起孜孜不倦
为王室效劳的名声。他是御前会议里参会最勤的成员，在阿拉
斯会议的灾难性出使任务中与红衣主教博福特合作，在贝德福
德公爵死后甚至短暂地重掌军务，努力平定诺曼底的一些地
区。在这些军事行动中，他与年轻而野心勃勃的约克公爵理查
配合，理查在1436年夏末和秋季的作战季节中指挥一支军队。
但同样重要的是，从1433年起，萨福克伯爵担任王室内廷总
管。他执行纪律，监管内廷（包括数百名官员、仆人和助手）
的日常运作。因为担任内廷总管，他可以常规化地、非正式
地、大体上不受约束地在任何时间直接接触到国王。所以在王
宫，内廷总管是个要职，萨福克伯爵对这个位置非常珍视，以

至于在出征法兰西之前特意要求御前会议保障他的这个职位。到 15 世纪 30 年代下半期，他就确立了自己的地位：既是政府的坚定拥护者，也是国王内廷的核心人物。其他大人物，尤其是博福特和格洛斯特公爵，衔级仍然比他高，并且也能接触到亨利六世。但渐渐地，通过勤奋地参加御前会议，以及在宫廷维持显要的地位，萨福克伯爵事实上变成了官方与非官方的接触国王的主要渠道。在 15 世纪 30 年代，亨利六世的谋臣努力推动年轻的国王去亲政，而内廷与御前会议之间发生了一场权力拉锯战。实权在哪里，萨福克伯爵就在哪里。

但我们应当说的是，这并非单纯是萨福克伯爵自私的争权夺利。无疑他是个野心勃勃的人，后来他厚颜无耻地攫取官职和土地，以权谋私。萨福克伯爵之所以能成为操纵国王的木偶大师，是因为他的贵族同僚和宫廷中其他显赫人物达成了普遍共识，在国王的性格与能力足够成熟、能够亲政之前，必须有人在幕后协调政府工作。不过，萨福克伯爵的无所不知，使得他能够以多种方式对政府政策与国王行动的方方面面施加影响力，所以我们能察觉，1437 年埃德蒙和贾斯珀·都铎被送到他妹妹凯瑟琳·德·拉·波尔的巴金女修院，背后定有他在操纵。随着岁月流逝，萨福克伯爵将成为英格兰最炙手可热的权贵之一：东安格利亚那个以通信闻名的家族中德高望重的女士玛格丽特·帕斯顿[1]写道，若没有萨福克伯爵的支持，英格兰没有一个人能保住自己的财产，没有一个人能享受自己的生活，除非（按照她的说法），"你们得到萨福克大人的恩宠，

---

[1] 诺福克郡的士绅帕斯顿家族在 1422～1509 年留下大量书信、公文和其他重要文档，成为研究这段历史（约翰·凯德叛乱、玫瑰战争等）的重要史料。帕斯顿家族与约翰·法斯特尔夫爵士是朋友。

而世界就是这个样子，你们永远不能安享太平"。[17]

但是，随着萨福克伯爵积攒财富、行使权力，静悄悄地打着国王（踌躇不决且迟钝无能）的旗号来统治，他造成了一种危险的政治环境，尽管这并非他的本意。因为用偷偷摸摸的手段来行使王权，哪怕是为了最高尚的目的，也是在玩火自焚。随着时间流逝，操纵和玩弄国王的权柄变成一件越来越危险的事情。很快，萨福克伯爵"善政"的弊端将昭然于天下。

6. 代价昂贵的婚姻

在布莱克希思①，人们紧张地翘首以盼。这一天是 1445
年 5 月 28 日，星期五，泰晤士河南岸的大片公共草地（就在
萨瑟克下游不远处）挤满了伦敦最显赫的市民：市长，伦敦
市政议会成员，所有富裕的贸易同业会与行会的代表，所有前
任伦敦司法长官，以及一群游吟诗人。为了这一天，全城已经
准备了大半年，有身份的人都穿着同样的服装：定制的天蓝色
长袍、红色风帽，衣服上绣有表示职业的徽记。这些精美袍服
的设计曾是市民激烈争论的主题，在前一年 8 月的议事会大厅
里曾造成了持续好几周的激烈辩论。人们花费了相当多的政治
能量，才挫败了这样一种观点：市政议会成员应当穿橘黄色而
不是蓝色。这些口角并非无足轻重。伦敦最显要的市民必须把
伦敦最光彩夺目的一面展现出来，因为他们聚集于此是为了迎
接一位备受尊崇的贵客。[1]

她是安茹的玛格丽特，安茹公爵勒内的十五岁女儿。勒内
是法兰西中部的一位有名望但贫穷的贵族。他拥有一些听起来
非常高贵的头衔。理论上，他是西西里国王和耶路撒冷国王，
但他也是一个囊中羞涩、命途多舛的军人。在女儿青春年华的
大部分时间里，他要么被囚禁在敌人的监狱里，要么在意大利
半岛的战争中吃败仗。也正是因为这样，他家里的女眷才能以
他的名义掌握相对来说较大的政治权力和自主权。不管怎么

① 布莱克希思为伦敦东南部的一个地区，在格林尼治镇以南，有大片绿地。

说，勒内是法兰西王后的兄弟，所以玛格丽特是法兰西国王的侄女。她父亲或许是个穷鬼，但这个姑娘拥有非常高贵的血统，她的家族拥有极好的人脉，所以玛格丽特来到了英格兰，来扮演她自己的政治角色。她是亨利六世国王的新娘和王后。

玛格丽特与亨利六世的婚姻是萨福克伯爵一手撮合的。这姑娘的父亲很穷，所以她的嫁妆可怜兮兮：仅有 2 万法郎，以及一个空洞的承诺，即英格兰国王有朝一日将继承勒内的马略卡王位主张权。但让亨利六世与法兰西国王的侄女结婚，似乎能达成两个更重要的目标：在对法战争中让英格兰获得外交与军事上的停战，并让亨利六世和玛格丽特为不断萎缩的英格兰王室开枝散叶。

自 1435 年贝德福德公爵去世以来，英格兰的对法政策就一败涂地。1437 ~ 1440 年英格兰和诺曼底的农业歉收造成了饥馑，对海峡两岸的国度都造成了沉重的经济打击，英格兰王室债台高筑，军饷拖欠不发。历届议会被要求批准新的税收以支撑总也看不到尽头的战争，不由得高声诉苦。自亨利六世被加冕为法兰西国王以来，不曾有人认真打算让他去法兰西御驾亲征。（国王也从来没有被带去苏格兰或爱尔兰过。）的确，他的竞争对手查理七世也避免亲自指挥作战，但至少查理七世是个有才干的战略家。他的外甥就没这样的本事了。在 15 世纪 40 年代早期，亨利六世花费了大量精力来支持创办伊顿公学，这是一所文法中学，被奉献给圣母马利亚。他亲自研究伊顿公学的建造方案，并亲笔修改方案。同时，他还资助创建了剑桥大学国王学院，这是一所大规模的高等教育机构，创办的目的就是为了帮助"贫困学者和学生"。金雀花王朝很少有哪位国王像亨利六世这样对民众教育兴趣盎然，但也很少有哪位国王像他这样对战争毫无兴趣。于是，在英格兰，在政府里嗓门最大、势力最强的不同人士的领导下，政府执行的是一系列稀里糊涂、互相矛盾且事与愿违的政策。

1440 年，红衣主教博福特允许释放奥尔良公爵，这就等于是把英格兰最重要的外交筹码之一赌输掉了。奥尔良公爵在 1415 年的阿金库尔战役中被俘，随后二十五年在英格兰的城堡中当囚徒并创作罗曼司作品，包括最早的有史可查的情人节诗歌。（我已经为爱而生病/ 我甜蜜的情人。）奥尔良公爵的获释令格洛斯特公爵汉弗莱大怒，他最重要的愿望始终是全面进攻法兰西。格洛斯特公爵认为此事是对亨利五世遗产的侮辱，并公开地表达了自己的观点。不过，他很快就不得不将注意力转向自己的家事。

1441 年发生了一起丑闻，涉及公爵的第二任妻子埃莉诺·科巴姆，她活力四射，原本是个年轻侍女，他为她抛弃了自己的第一任妻子埃诺的杰奎琳。1428 年，他与杰奎琳的婚姻（没有孩子）被教皇授权终止。他与埃莉诺的婚姻比较有争议，因为她的社会地位相对卑微。但她是个庄重而聪明的女人，与丈夫一起在他们位于格林尼治的庄园里主持着一个奢华的文艺复兴风格的宫廷，在那里招待诗人、音乐家和戏剧家。

贝德福德公爵的辞世意味着格洛斯特公爵现在是推定继承人，所以埃莉诺就是潜在的下一任王后。这种想法显然让她心潮澎湃、把持不住。她开始咨询占星家和巫师，来预测国王的死期，也就是汉弗莱继位的时间。在这件事情上，她玩得太过火了。她咨询的占星家是相当有学术地位的人，因为在这个时代，科学和迷信在很大程度上还是重叠的。但她的占卜师虽然懂行，在政治上却很幼稚。他们预测，亨利六世将会在 1441

年夏季病死。埃莉诺，或者说她身边的人，守不住这个秘密，于是国王死期将至的谣言在都城和乡村传播开来。

丈夫的崇高地位也不足以保护埃莉诺。7 月，她被逮捕并受审。用一位编年史家的话说，她"被谴责为巫婆和异端分子，被判终身监禁"。她的同党被处死，但埃莉诺本人逃脱了火刑。她被勒令做非常公开和羞耻的忏悔：赤足行走，手捧蜡烛，11 月间三次在伦敦游街。她还被勒令与公爵离婚，并被判处监禁，刑期不定。她服刑的地点是肯特郡、柴郡和马恩岛的一个比一个偏僻的城堡，最后自 1449 年起被羁押在安格尔西岛上的博马里斯城堡。[2] 格洛斯特公爵因为失去妻子而受到极大撼动，他的公共地位再也不能从这起丑闻中恢复。他的公信力和政治影响力一下子就化为泡影。

格洛斯特公爵倒台之后，红衣主教博福特的影响力日渐增长。他早就是王室最大的债主，在御前会议也始终主张谨慎的政策。但在 1442 年，红衣主教放弃了自己长期坚持的遏制与和解的政策，而转向鲁莽的扩张。他说服御前会议和议会批准了一次针对法兰西的远征，由他的侄儿萨默塞特公爵约翰·博福特指挥。此次远征的目的表面上是征服曼恩周边地区，以便将英格兰的两个主要势力范围诺曼底与加斯科涅连接起来。萨默塞特公爵的远征于 1443 年夏末发动，却是一次漫无目的的惨败，让人觉得这是博福特家族企图攫取法兰西中部的战利品与土地。此举让约克公爵理查很恼火。他接替贝德福德公爵担任法兰西摄政者，却发现自己的权威遭到了削弱，因为约翰·博福特有独立的权力。萨默塞特公爵的远征也白白浪费了大笔金钱。他因为惨败而蒙羞，回国不久之后就去世了，很可能是自杀的。于是，红衣主教博福特和他的竞争对手格洛斯特公爵一样，实际上退出了政坛。

这一切都让英格兰急需和平。萨福克伯爵现在是英格兰政治的主导力量，他决心迎接挑战。他于 1444 年前往法兰西，目标是采取决定性的行动，促成停战。他与查理七世达成了为期两年的停战协定，条件之一就是玛格丽特与亨利六世结婚。在这两年里，两国将有机会谈判以促成更持久的和平。

按照通常的外交惯例，萨福克伯爵亲自代表亨利六世，与十四岁的玛格丽特举行了婚礼。在法兰西国王与王后和一大群法兰西贵族的见证下，他于 1444 年 5 月 24 日在图尔大教堂参加婚礼，拉着新娘的手，给她戴上婚戒。所有得知这门婚事的人的第一反应显然都是如释重负的喜悦。据说，在玛格丽特的代理婚礼之后的法兰西宴会上，平民百姓"喜气洋洋，高声歌唱，万岁！万岁！万岁！和平，和平，给我们和平！阿门！"[3]

英格兰名将什鲁斯伯里伯爵约翰·塔尔伯特为新王后订制了一部极为精美的时祷书，它保存至今，其中配有一幅王室谱系图（见彩图），就是 15 世纪 20 年代贝德福德公爵用来"轰炸"诺曼底的那种，表现亨利六世是法兰西王位的合法直系继承人。[4] 萨福克伯爵返回英格兰之后，被晋升为侯爵。（1448 年，他再次得到晋升，成为公爵。）次年，他渡过海峡，胜利地把国王的新娘接到她的新王国。在这次旅途中，他的随从当中有一个叫欧文·梅雷迪思的人，可能就是欧文·都铎，他此时大约四十五岁。

1445 年 4 月 9 日，玛格丽特在南安普敦登陆，她原本就长期患病，在乘坐"柯克约翰"号渡海的途中又因为遭遇猛烈风暴而晕船晕得厉害，所以身体十分虚弱。她一边恢复元气，一边缓慢地从南海岸去往都城。她途经汉普郡乡村，第一个歇脚点是蒂奇菲尔德修道院。这是一家普利孟特瑞会修道院，非常简朴，其中的僧人以艰苦朴素和投身学术闻名，而不是很热情好客。在这个僻静、克己的环境里，玛格丽特终于和亨利六世本人结婚。国王赠给她一枚精美的金戒指，上面镶着一颗红宝石，这枚戒指是用他在加冕为法兰西国王的典礼上戴过的神圣戒指改造而来的。[5] 随后夫妇俩一同前往伦敦。于是，在1445 年 5 月 28 日，英格兰的新王后骑马来到伦敦时，欢迎她的不仅有伦敦的拥有头衔、身穿天蓝色华服的达官贵人，而且全城都张灯结彩地欢庆她的驾临。

伦敦擅长组织浮华的排场。尽管伦敦城此时并非处于最佳状态（圣保罗大教堂的木制尖塔在冬季被雷电击中起火，城门也需要修理），但仍然能让人眼花缭乱、心醉神迷。为了恭候玛格丽特，市民清扫了街道，收拾了房舍。清理了阴沟；加固了屋顶，以支撑攀爬到屋顶的观众；加固了客栈的招牌，以防它们砸到参加盛会的客人的脑袋。市政议会拨款并公开募捐，筹措了数千英镑，用于安排一系列共八场表演。每一场都有人高声朗读本场表演的主题，每一场演出都以相同的方式呈现和赞颂玛格丽特：她是和平的使者，是亨利六世的两个王国的救星，是上天的馈赠。年轻的王后乘轿子穿过人山人海的街道，观看各种表演。有的表演将她比作给挪亚送来橄榄枝的鸽子，或者贞女圣玛格丽特，她驯服了"恶灵的力量"。[6] 她暂住在伦敦塔，在她正式入城的两天后乘马车去威斯敏斯特教堂接受加冕。她全身穿着贞女的洁白服装，头戴黄金与珍珠的冠冕。英格兰用三天的盛宴和比武大会来欢迎新王后。大家希望，玛格丽特很快能够运用她的人脉，给人们带来期盼已久的持久和平。

*

亨利六世和玛格丽特结婚的时候，英格兰王室血脉传承的未来仍然悬而未决。的确，亨利六世应当不大可能像他父亲那样死在外国疆场。但正如诗人约翰·利德盖特所写的："经验告诉我们，世事无常。"[7]人生苦短，死亡可能会骤然地、出乎意料地降临。上一次对于王位传承的正式规定还是1406年亨利四世在议会做出的，当时议会同意，王位将首先传给亨利五世及其儿孙，然后才轮得上亨利五世的三个弟弟克拉伦斯公爵托马斯、贝德福德公爵约翰和格洛斯特公爵汉弗莱及其继承人。到1445年时，克拉伦斯公爵和贝德福德公爵都已经去世并且无嗣，而格洛斯特公爵虽然结过两次婚，却只生了两个私生子，俩儿子的名字安提戈涅和亚瑟反映出他对古典文学和英格兰神话的兴趣。格洛斯特公爵此时五十五岁，他的两次婚姻没有为他留下一个合法继承人，而埃莉诺·科巴姆的垮台使得他大丢脸面，也严重削弱了他作为推定继承人的地位。所以，亨利六世是亨利四世唯一在世的合法孙辈，而且他极可能会一直拥有这个身份。假如他出乎意料地离世，谁会继承王位，很难说得清。当然，这本身不会对亨利六世的王权造成威胁，但这毕竟会给下一代的未来造成很大的不确定性。因为在亨利六世自己的家庭之外，有数量极多的拥有部分王室血统的男人。至少有四个家族，是亨利六世的高祖父爱德华三世的后代。

第一个家族的代表是约克公爵理查。他出生于1411年，父母两边都有王室血统。他的母亲是爱德华三世的次子莱昂内尔的后代；他的父亲是爱德华三世的第四子埃德蒙的后代（见约克家族的谱系图）。他的其他祖先包括英格兰近期历史上的许多豪门世家（莫蒂默、克莱尔、德斯潘塞、德·伯格和霍兰等家族）的成员。[8]不过在 15 世纪早期，他母亲那边的亲戚卷入了叛乱，他们被鼓吹为英格兰的合法国王。他的一个舅公埃德蒙·莫蒂默爵士曾加入欧文·格兰道尔反对亨利四世的叛乱，宣扬他（理查）的舅舅、第五代马奇伯爵埃德蒙为真正的王位继承人。约克公爵的父亲也持有这种观点，于1413 年图谋废黜亨利五世并推举马奇伯爵为国王，东窗事发后被斩首。

但如果说谋反和野心是代代相传的，那么在亨利六世亲政之前的漫长岁月里约克公爵理查没有受到自己亲戚昔日罪行的影响，可见英格兰还算相对稳定。在 1434 年之前的几年，他被允许继承自己家族的庞大地产。他拥有约克公爵领地、马奇伯爵领地、剑桥伯爵领地和阿尔斯特伯爵领地，所有这些领地在传统上都与莫蒂默家族，也就是他母亲那边的亲戚有联系。他的土地散布在英格兰、威尔士和爱尔兰，他的财产包括沿海地带和威尔士边疆（即英格兰与威尔士边境大片土地的统称，它在有些地方一直向西延伸到海岸）的许多雄伟城堡。和真正的王公一样，约克公爵还拥有光彩夺目、如同宫殿的要塞，如北安普顿郡的宁河之滨的福瑟灵黑，以及从约克郡到萨默塞特郡的多处农场与森林。[9]他的人脉甚至更广。1429 年，他迎娶了塞西莉·内维尔，北方最强大豪门之一的女儿。他十五岁受封为骑士，十八岁进宫，二十一岁就成为嘉德骑士。1436年，在贝德福德公爵去世后，二十五岁的约克公爵被任命为法兰西摄政者。他得到这个职位，不仅仅因为他是一个才华横溢的年轻将领，而且因为，正如他的委任状所说的，他是"朕的血脉至亲和高贵的王公"，"朕亲爱的亲戚"。[10]1444 年，朝廷授予他在诺曼底的大片土地，于是他一下子就成为诺曼底公爵领地境内最重要的英格兰地主。[11]简而言之，约克公爵理查是英格兰仅次于国王的最富有的俗家人士和最强大的地主。

但也仅此而已。15 世纪 40 年代早期，他在法兰西主政的时候，没有任何迹象表明他有窥伺王位的企图。当然，他是个野心勃勃的人，并且非常在意自己的崇高地位。他的妻子塞西莉生了许多孩子：他们的长女安妮出生于 1439 年；1441 年生了个叫亨利的儿子，不过夭折了；在随后十年里又有十一个孩子接踵而至。在世的儿子当中，爱德华和埃德蒙尤其受到荣宠。1445 年，不到三岁的爱德华被封为马奇伯爵；比他还小一岁的埃德蒙被封为拉特兰伯爵。朝廷将约克公爵年纪尚幼的儿子封为领主，主要目的似乎是让他们当中的一个与法兰西公主结亲。不过，如果说这是超乎寻常的荣耀，并没有证据表明年轻的约克公爵在幻想创建自己的王朝。他自己家族的历史非常充分地证明了，过于赤裸裸的野心必然会导致人头落地。国王与安茹的玛格丽特大婚的时期，约克公爵和其他贵族一样，致力于维护英格兰赖以蹒跚前行的那种统治形式：萨福克伯爵在内廷静悄悄地领导政府，权贵们对此默许并支持，因为他们不想让无能的国王丢掉他的两个王国。[12]

但是，只要国王还没有自己的孩子，他就必须考虑约克公爵这样的人的地位，他们与国王血统接近。在 15 世纪 40 年代，还有另外三个家族因为是爱德华三世的后人而得利。在国王大婚时期，这三个家族的地位都得到了提升，让人觉得他们是更广泛意义上的王室的一部分。

博福特家族，即红衣主教博福特的亲戚，是这个更广泛意义上的王室的最重要成员。他们的血统和国王一样，来自冈特的约翰和兰开斯特家族。冈特的约翰的第三任妻子凯瑟琳·斯温福德为他生了三个儿子。这三个儿子被认为是私生子，因为在他们出生的时候，凯瑟琳还不是约翰的妻子。尽管后来约翰与凯瑟琳结婚，并且议会颁布法令将这三个孩子合法化，但议会的法律也非常明确地规定，他们永远不能继承王位。

15世纪40年代，冈特的约翰和凯瑟琳·斯温福德的儿子们只有红衣主教博福特还在世，但博福特家族通过红衣主教的侄子们在延续。1443年，萨默塞特伯爵约翰被提升为公爵，并获得了超越诺福克公爵（英格兰最古老也最显赫的家族之一的族长）的地位。上文已经讲到，约翰·博福特没能尽情享受这次荣耀的提升，因为他于1443年远征法兰西惨败，后来悲凉地死去。博福特家族下一个参政的成员是约翰的弟弟埃德蒙·博福特，他于1448年继承了萨默塞特公爵的头衔，并生儿育女。最后还有琼·博福特，她嫁给了苏格兰国王詹姆斯一世，在北方有着激动人心的生涯，曾短暂担任摄政者，而她的儿子，苏格兰国王詹姆斯二世此时还是个孩子。

所以，博福特家族与英格兰王室有着紧密联系，尽管从技术上讲他们并没有王位继承权。其他一些家族也是这样。霍兰家族的王室血脉来自亨利四世的姐姐伊丽莎白。1444年，霍兰家族的族长亨廷顿伯爵约翰被提升为埃克塞特公爵，地位高于除了约克公爵之外的所有公爵。这个提升也是为了显示他与国王的血缘关系。约翰·霍兰于1447年8月去世，他的儿子亨利·霍兰继承了埃克塞特公爵的头衔。

最后还有斯塔福德家族，他们与金雀花王朝也有直接联系。斯塔福德家族是伍德斯托克的托马斯的后代，而托马斯是爱德华三世最小的儿子，曾是被废的国王理查二世的死敌。1444年，斯塔福德家族的族长汉弗莱·斯塔福德被封为白金汉公爵。三年后，他和约克公爵、萨默塞特公爵和埃克塞特公爵一样，得到了特别的优先地位：他的地位将高于未来所有非宗室的公爵。[13]

所以，在亨利六世大婚的时期，大致有一个粗略的继承方案，或者至少有一个贵族的等级体系，约克公爵、萨默塞特公爵、埃克塞特公爵和白金汉公爵都在其中，并且都知晓自己的位置。现在有了一位新王后，王室就有希望变得枝繁叶茂。终于有新一代人即将接管英格兰命运的领导权了吗？

*

亨利六世与玛格丽特王后之间的私人关系似乎很亲密，甚至可以说是温情脉脉。国王的忏悔神父约翰·布莱克曼在回忆录中写道："他与最高贵的女士玛格丽特结婚后……他真诚地信守自己的结婚誓言……从来没有和其他女人有过不贞洁的关系。"（这种贞洁主要是国王的天性使然，因为布莱克曼还记载道，国王看到裸体就羞赧不已，"习惯于尽量避免不小心看到裸体"。有一次圣诞节期间，"一位大贵族安排了一些少女袒胸露乳地为他表演艳舞……国王……非常恼火地转过头，拒绝观看，拂袖离去"。他在一次驾临巴斯的温泉浴场时，看到裸体男子也大惊小怪。）[14]

亨利六世有骑士风度，甚至还有浪漫情怀。玛格丽特抵达英格兰时，亨利六世遵照自己家族的传统，在去迎接新娘时隐去自己身份，打扮成一个侍从，后来才揭示了自己的真实身份。婚后，夫妻俩大部分时间都待在一起，在泰晤士河沿岸的王宫（温莎、西恩、埃尔特姆和格林尼治）相伴。亨利六世为妻子买来珠宝首饰和许多马匹，她特别喜欢马。他允许她于1448年在剑桥大学创办王后学院，和他七年前创建的国王学院搭配。[15]在给伦敦一位珠宝商的支付票据中，亨利六世描述玛格丽特为"我最亲爱、最挚爱的妻子，王后陛下"。[16]有一份简短的记述留存至今，描述这对新婚伉俪在新年节庆时一起躺在床上接受礼物，整个上午都在床上度过，显然非常享受相伴的乐趣。不过，他们享受床笫之欢，却没有开花结果。他们结婚八年后才生下了第一个孩子。

这本身就是个问题。雪上加霜的是，玛格丽特来到英格兰，并没有像大家满心期待的那样带来光荣的和平。1445 年 7 月，一个排场隆重的外交使团（包括玛格丽特的父亲安茹的勒内）从法兰西前来，到伦敦与英格兰人谈判。这是三十年里最盛大的一次和会。大家对和谈寄予厚望，国王也是如此，他似乎真诚地希望与法兰西达成和平，他在谈判开始时亲自接见法兰西大使，气氛温暖而友好。亨利六世亲自向法兰西外交官问候。尽管他穿着国王的红色金线华服，但还是向他们举帽致敬，亲热地拍他们的后背，似乎洋溢着兄弟情谊和喜悦。

亨利六世的大臣们在萨福克公爵的领导下，希望与法兰西改善邦交，并最终达成协议，让英格兰保住在已征服土地上的完全主权。但是，法兰西人不打算接受这样的条件。他们要求缔结最终和约，英格兰可以继续占有他们在加斯科涅及其周边的传统领地，以及加来和吉讷，但其他所有土地都要归还法兰西，并且英格兰要放弃对法兰西王位的主张权。亨利六世和他的谋臣不可能接受这样的条件。和谈过了充满希望的早期阶段之后就陷入僵局，双方仅仅同意将停战期延长七个月。亨利六世和玛格丽特计划于 1446 年去法兰西，与玛格丽特的姑父查理七世面谈。

但他们没去成。1445 年秋季，又一个法兰西代表团来到伦敦，随后查理七世与亨利六世和玛格丽特鸿雁传书。10 月，法兰西提出了新的条件：不签订最终和约，但停战二十年，条件是英格兰将曼恩伯爵领地交给玛格丽特的父亲勒内。或许，自玛格丽特与亨利六世的结婚谈判开始以来，法兰西人就一直是这个目的。萨福克公爵可能于 1444 年在图尔得到过这样的暗示，他甚至口头表示了同意。或者，亨利六世在 1445 年 7 月听到过这样的条件，也可能同意过。但在 1445 年圣诞节前不久，双方终于达成了这个协议。12 月 22 日，亨利六世写信给查理七世，声称，既然"你认为割让曼恩是在你我之间促成和平的最佳方案之一……并且对我最亲爱和挚爱的伴侣，王后，也有利，她曾多次请求我这么做……那么我真诚地以我的君主荣誉承诺……于明年 4 月最后一天交出曼恩……"或许这是缔结和平的必要步骤，但割让土地将会给英格兰和年轻王后的声誉造成灾难性影响。[17]

亨利六世同意割让曼恩及其首府勒芒，这就让他自己的政府陷入一个困窘的局面。停战条件对英格兰来说是丧权辱国的，当初苦战赢得的土地今天白白交出，换来的只是法兰西人空口白舌的承诺。这个协定必然会让约克公爵和埃德蒙·博福特（后成为第二代萨默塞特公爵）都火冒三丈。约克公爵在法兰西的权威又一次遭到釜底抽薪，而埃德蒙·博福特将失去许多土地和曼恩伯爵的头衔。最糟糕的是，交出曼恩，法兰西人就得到了一条全新的攻击在诺曼底和加斯科涅的英格兰人的路线。并且，大众更加相信，英格兰的战争努力纯粹是步步撤退、遭受不断的羞辱。

英格兰朝廷努力隐瞒这次协定。亨利六世原先提议的亲自去法兰西谈判的计划，现在看来非常不妥，他说不定还会做出更多灾难性的让步。萨福克公爵在 1446 年和 1447 年拼命拖延搪塞，阻挠国王出访并交割已经答应给法兰西人的土地。但这一切的努力都是徒劳。查理七世是个狡黠的谈判者和本领高强的国王。试图借助萨福克公爵来治理国家的那群英格兰权贵，在外交方面都不是法王的对手。

驻扎在曼恩和勒芒的英格兰军人对朝廷的妥协十分不满，几乎掀起哗变。朝廷命令他们合作，他们就出工不出力，想方设法地阻挠。所以，直到 1448 年春季，曼恩和勒芒才被移交给法兰西人，但它们毕竟是易手了。百年战争期间英格兰地位的最终瓦解，就这样开始了，而亨利五世最重要的遗产就是英格兰在法兰西的地位。拥有后见之明的编年史家在许多年后会写道，亨利六世的婚姻"对英格兰王国来说是一门代价昂贵的婚姻"。[18]

在自己的妻子于 1441 年闹出丑闻之后，格洛斯特公爵汉弗莱就一直被边缘化。对国家的危难，他变成了纯粹的旁观者。萨福克公爵当着法兰西大使的面公然嘲笑他。他也没有参加 1445 年的和谈，足见他的影响力已经多么微弱。然而，随着消息传来——割让曼恩就是长期停战的代价，格洛斯特公爵对法兰西的一贯敌视似乎终于被证明是英明的。那些参与割让土地协定的人很容易想到，一旦消息公开，格洛斯特公爵或许能重返政坛核心。那么，或许在衰老的汉弗莱周围能够出现一个新的派系，去反对萨福克公爵的妥协政策。如果国王（还有萨福克公爵，或许还有王后）真的离开英格兰去与查理七世谈判，那么格洛斯特公爵就很有可能趁国王不在，执掌起摄政权力。1446 年，萨福克公爵及其最亲密的盟友做出决定，要在格洛斯特公爵有机会对他们不利之前先让他闭嘴。

1447 年 2 月，议会召开了，但地点很不寻常，是贝里圣埃德蒙兹，位于萨福克公爵领地的核心，是个"安全"地点。根据议会的记录，天气"酷寒……寒风刺骨"。[19]格洛斯特公爵被传唤到议会。他肯定起了疑心，因为议会开幕十天后他才抵达贝里圣埃德蒙兹，并且带来了大队全副武装的威尔士士兵。他可能想讨价还价，争取把他的前妻埃莉诺从马恩岛的牢狱中释放出来。但很显然，他的生命处于危险之中。有传闻称，有人企图谋害国王。这种传闻可能是萨福克公爵的鹰犬炮制的，目的是诬陷格洛斯特公爵，并企图用谋逆罪名来打垮他。同时代的编年史家对此没有任何怀疑。据一位编年史家记载，本届议会"仅仅是为了杀害高贵的格洛斯特公爵"，而阴谋的幕后指使者就是萨福克公爵。[20]

格洛斯特公爵于 2 月 18 日（星期六）上午 11 点抵达贝里圣埃德蒙兹时，他的担忧得到了证实。议会不准他去觐见他的侄子（国王），而建议他"先安顿下来"，到城市北门外不远处的圣救世主医院（修道院的附属医院）住宿。[21]这趟旅程要穿过城市的马匹市场，并经过一条叫"死胡同"的小巷。这是一个具有预言性的名字。格洛斯特公爵用膳之后，一群贵族来了，以御前会议的名义逮捕他。他的主要侍从也被逮捕，而主要干体力活的仆人被勒令离开。英格兰最资深的法官，王座法庭和民事诉讼法庭的主审法官奉命暂缓他们手头的工作，赶来参加议会。看来庭审是不可避免的了，格洛斯特公爵很可能要遭受终极的耻辱。

然而，命运在此时加以干预。2 月 23 日星期四，下午 3 点左右，也就是格洛斯特公爵被捕的大概五天之后，他死了。"他是怎么死的，死因是什么，说不清楚，只有上帝知晓，"

一位编年史家写道，"有人说他死于伤心，有人说他被用两床羽绒被闷死；有人说，凶手用一根烧红的铁叉戳入他的腹部。"[22]事实上，他可能死于中风，因为他在死前就已经昏迷了三天。

格洛斯特公爵被安葬在圣奥尔本斯。为了防止有人说他是被谋杀的，他的遗体被公开展示了一段时间才下葬。在贝里圣埃德蒙兹的这届议会结束之后的几周里，格洛斯特公爵的几名家仆受审并被判有罪，罪名是蓄谋杀害国王并营救埃莉诺·科巴姆出狱。这几人在绞刑架前等候行刑时得到赦免，这说明针对他们的指控要么是捏造的，要么就是夸大其词；而敌对格洛斯特公爵的整个行动就是为了打击他的公信力，并压制任何对萨福克公爵与法兰西协议的批评。这些荒诞而露骨的策略会适得其反。在随后的岁月里，随着法兰西局势恶化，将会出现"好公爵"汉弗莱的传奇。这其实也是在歪曲事实。格洛斯特公爵在世的时候好斗成性，喜欢搞派系，自负，极其咄咄逼人，有时他才是对国家稳定的最大威胁。他最恒久的成就是在学术方面，他对意大利文艺复兴艺术家和学者的赞助引领了英格兰的世俗学术，他的图书馆是国内顶级的图书馆之一。但他的声望会很快超过事实。人们会越来越多地赞美"好公爵"，将他与萨福克公爵和国王亨利六世本人的负面形象对照，表达对后两者的蔑视和敌意。这种敌意将很快爆发并形成英格兰近七十年来最可怕的一次民变。

7. 滚开，叛徒，滚开！

1444年8月5日，星期三，在雷丁城，一匹马缓缓地走过拥挤的街道，拉着一辆车，上面载着一名犯人。囚车后面的游行队伍里有伯克郡郡长和其他人，他们紧跟着囚车。囚车隆隆作响、颠簸地慢慢驶向雷丁西郊，然后调转车头，从相反的方向再次缓缓地横穿城镇。这个犯人名叫托马斯·柯福尔，是当地一个小康之家的绅士，不久前担任雷丁修道院的经理人。他在这座城镇生活了一辈子，如今在这里游街，这是一种社会羞辱的仪式。这将是他最后一次游览雷丁，因为不久之后他会在梅登黑德附近的绞刑架上受死。[1]

柯福尔的囚车从通往伦敦的道路上离开了城镇，向东驶向开阔的乡村。走了几英里，囚车停下了。柯福尔被从囚车上带下来，然后被捆在一台远远没有囚车那么舒适的设备上，要么是一个木制囚笼，要么他被用绳子捆在马尾上。随后的几英里路程，他被拖在地上走，痛苦万分。路上的每一块石头、每一道车辙和每一个坑洞都擦着他的身体和脑袋。他浑身是血，再次被游街，这次是在梅登黑德和河畔村庄布雷，最后他的旅途抵达了终点，即王座法庭行刑的绞刑架所在地。柯福尔被从马的背后拉起来，脖子被套上绞索，然后被吊了起来。他没有立即死去，因为绞刑是为了折磨犯人，让他窒息，而不是为了快速折断他的脊柱从而让他死个痛快。围观的每一个人都知道接下来会发生什么：刽子手会用刀割破柯福尔的肚子，开膛并取出内脏；还会用这把刀割掉他的阳具，然后在他面前将其烧掉；最后他会被从绞索上解下，被斩首然后肢解。这就是所谓的"绞刑、开膛和肢解"，英格兰法律里最可怕的刑罚。

但在关键的时刻，柯福尔的受刑被打断了。刽子手没有用刀屠戮他，而是将他从绞索上解下。然后，郡长将他移交给一群观看行刑的人。这些人带着犯人快速消失，犯人浑身血污和瘀伤，昏昏沉沉，一定已经魂飞魄散了。

托马斯·柯福尔的这次濒死体验是因为王座法庭（国内最高法庭之一）判决他犯有叛国罪，"奸诈地、大逆不道地……搞阴谋诡计，幻想、谋划、希冀并渴望国王与他的英格兰王国毁灭，并用他的全部力量企图谋害国王"。据说，1444 年 4 月复活节过后的星期一和星期二，他企图招募其他人加入一起弑君阴谋。他问他们，国家是被一个国王统治，还是被一个小男孩统治；还轻蔑地暗示，国王不如法兰西太子伟大。他多次谴责英格兰王室在财政上的尴尬处境，声称"如果国王二十年前就死了，英格兰就等于赚了 10 万多英镑"。几个月后，柯福尔就被逮捕、囚禁在伦敦塔，并被陪审团判处有罪。

柯福尔在绞刑架上死里逃生，是因为御前会议在最后关头发出的一道秘密命令。会议决定代表虔诚的年轻国王对他开恩。这个情况很少有人知道，大多数人以为，柯福尔在梅登黑德获得缓刑，仅仅是为了（按照一位编年史家的想象）被"拉到泰伯恩①的绞刑架，绞死……然后砍掉他的脑袋，挂到伦敦桥上"。[2] 事实上，柯福尔被囚禁在瓦灵福德城堡，几年后被静悄悄地释放了。但朝廷已经是以儆效尤了，绝不会容忍针对国王的叛逆言辞。

————————————

① 泰伯恩是伦敦附近的一个村庄，为刑场所在地。

柯福尔的案子不寻常，有两个原因。他获得释放，表明了亨利六世个人的虔诚可能会影响刑事案件。但更引人注目的是，这个相对来讲无害的罪犯，遭到了法律最强力度的惩处，尽管他所谓的弑君阴谋从法律档案里看只不过是吹牛。此案值得注意之处在于，对于事实上不构成威胁，或威胁微不足道的言辞，司法机关也极其煞有介事、火力全开。

但我们也能理解，在这严酷镇压的背后，政府是怎么想的。因为在 15 世纪 40 年代，英格兰民间对国内外越来越多的问题怨声载道。缺乏安全感的政权可以感到自己正摇摇欲坠，所以它需要不时地猛烈反击。

*

对当局发牢骚的事情一点都不新鲜。即便历史上最伟大的帝王也知道，国内某地说不定就有个醉鬼正在对他破口大骂。但在 15 世纪 40 年代的英格兰，公开表达的不满特别普遍，因为国家遇到了越来越严重的政治问题。根据记载，1448 年，一个来自坎特伯雷的人抱怨玛格丽特王后"不配当英格兰王后"。他吹嘘道，如果他是贵族，他就把王后打倒在地，"因为她不生养，所以我们国家没有王子"。[3] 1450 年，萨塞克斯的农民约翰和威廉·默费尔德遭到法庭审判，因为他们说国王是个傻瓜，手里拿根棍子，棍子上站着一只鸟儿，他就像个小丑似的玩鸟儿，所以必须另寻他人当国王。[4] 还有很多歌谣哀叹王室和国王政府的贫穷与无能。理论上代表人民的议会平民代表于 1449 年 2 月抱怨道："谋杀、杀人、抢劫和盗窃……在这个国家一天天越来越猖獗和频繁。"[5] 这是程式化的抱怨，多年来许多届议会都发出过类似的哀怨之声，但在 1449 年春，法律与秩序的确开始力不从心。

中世纪的王权有两个基本职能。首先是主持司法，其次是打仗。在 15 世纪 40 年代，亨利六世显然没有能力履行任何一个职能。[6]近几年来，英格兰的治安状况越来越差。权贵之间的纠纷得不到解决。西部地区爆发了一场特别凶残的家族宿仇冲突，邦维尔家族和考特尼家族之间发生了一场私人战争。两家之间的宿仇是亨利六世直接造成的，他于 1437 年将一个威望很高且油水丰厚的职位（康沃尔公爵领地总管）同时授予两个人。该地区最重要的两个家族之间潜在的竞争就这样激化成了路边口角与暴力冲突，而国王及其官员似乎无力阻拦。在 15 世纪 40 年代，两家的冲突将会升级，导致谋杀、侵犯家宅、征集私人军队和围攻庄园等恶行。发生类似问题的地方，远远不止这一个。英格兰全境的秩序越来越混乱，比如在北方，互相竞争的权贵掌控着近乎自治的地方性权力，并坚决地守护自己的这种权力。在东安格利亚，萨福克公爵越来越难以平衡自己的两个身份：领主与王国政府意志的秘密执行者。

法兰西的问题更突出，割让曼恩之后英格兰的在法地位就从不稳定变成了岌岌可危。约克公爵理查的法兰西摄政者任期于 1445 年结束，他在 1447 年被调离法兰西战区，改任爱尔兰总督，拥有范围广泛的极大权力。爱尔兰地区在传统上与他家族的莫蒂默那一支有联系。他于 1449 年 6 月上任，与此同时，法兰西摄政者的职位被交给了凯瑟琳·德·瓦卢瓦王后的老廷臣埃德蒙·博福特，此人现在是博福特家族的族长，享有萨默塞特公爵的头衔。

事实证明，这次人事调整是非常不明智的。萨默塞特公爵尽管在 1446 年就得到任命，却直到 1448 年春季才渡过海峡去法兰西上任。他抵达的时候，刚好赶上目睹停战协定瓦解。近几个月内，英法双方都做出了明目张胆的违反停战协定的举动，但这些都不足以促使战火复燃。然而在 1449 年 3 月 24日，备受信赖的西班牙雇佣军将领弗朗索瓦·德·苏里安诺指挥下的英军攻击并占领了布列塔尼的城镇富热尔，抢劫了当地富裕商人的财产，并洗劫了市民的住宅。英格兰方面解释说，此次攻击仅仅是一个不服从指挥的将领自发做出的暴力活动，但事实上，是伦敦，而且是萨福克公爵本人，计划并命令发动了此次进攻。他原想借此拉拢一个可能对查理七世心怀不满的法兰西盟友，不料领土和权威受到侵犯的布列塔尼公爵向查理七世求助，于是萨福克公爵的狡猾计划适得其反。[7] 法兰西国王等的就是这样的机会，于是在 7 月，他宣布自己不再受到与英格兰停战协定的约束。他于 7 月 31 日对英宣战，向诺曼底发动了全面而迅猛的军事入侵。法军横扫诺曼底公爵领地，拖来了重型攻城器械和一些火炮。在很多情况下，这些兵器就足以劝服英格兰守军不战而降。在诺曼底的英军士气迅速瓦解，而且英格兰也没有快速调来援军，这导致士气更加低落。

1449 年 10 月 29 日，诺曼底首府鲁昂被法军攻陷。萨默塞特公爵为了自己逃命，用 5 万埃居的巨款（一年内付清）从查理七世那里买到安全通行权，自己可耻地、丧尽颜面地从鲁昂逃之夭夭。英格兰御前会议绝望地拼命守住诺曼底的残余部分，于是匆匆调集 2000 名援军赶往诺曼底。为了支付这笔军费，财政大臣塞伊男爵抵押了王室珠宝。但这些援军兵力太少，到得也太晚。鲁昂之后，阿夫勒尔、翁夫勒、弗雷努瓦和卡昂也很快失守。到 1450 年春季时，英军已经差不多被打退到海边。他们别无选择，只能拼死抵抗。4 月 14 日，他们在巴约附近的福尔米尼遭遇了一支法兰西 – 布列塔尼联军，与之交锋。在隆隆炮声中，英军惨遭屠戮，许多优秀将领不幸被俘。他们彻底丧失了诺曼底。这是一场弥天大祸。

英格兰在法兰西的王国虽然崩溃得很快，但仍然造成了人道灾难。一座又一座城镇被攻陷，潮水般的难民被迫逃亡。妇女肩扛尽可能多的财物艰难跋涉到乡村，用亚麻带子把孩子绑在自己身上。驻军城镇的全部男性居民都逃走了，曾经为了保卫诺曼底而奉献自己全部的军人和地主如今被驱逐，不得不进入敌境。有些人会留下，在新近被法兰西占领的地区讨生活，或者甚至加入查理七世的军队。但成百上千人，或许是成千上万人，将加入难民潮，哀鸿遍野地逃往英格兰。齐普赛大街（贯穿伦敦城的通衢大道）每天都挤满了可怜兮兮、拖家带口的难民，他们用手推车推着自己的毕生家财。用一位编年史家的话说，这景象"催人泪下"。[8]

输掉在诺曼底的战争不仅是军事上的耻辱，而且为英格兰王室触发了严重的财政危机。根据 1449 年 11 月议会的报告，王室已经负债 37.2 万英镑，而岁入仅有 5000 英镑。[9]这些债务不全是因为战争。仅仅王室内廷的日常经营费用每年就需要 2.4 万镑，这意味着（用议会曲折隐晦的话说），"陛下的内廷所需的开支，不算其他的普通开销……每年都超过您的生活经费"。[10]即便议会为了筹措军费而批准征收收入税，并举债借贷，再加上关税和羊毛特别税以及"无偿征发"的手段（王室旅行时就地无偿征收给养与货物），王室还是无力支撑自己的财务负担。约克公爵理查在法兰西担任摄政者的相对短暂时期，他每年的开支达到 2 万英镑，相当于他在英格兰和威尔士的广袤地产之岁入的 5 倍，并且他的这些开支很难报销。[11]朝廷拖欠加来驻军的军饷也差不多有 2 万英镑。

这一切都令人困惑，因为在理论上，亨利六世的私人资源应当比他的任何一位近期祖先都丰富得多，因为他需要供养的在世的宗室最少。他的三个叔叔（贝德福德公爵、克拉伦斯公爵和格洛斯特公爵）都已经去世。他的母亲和亨利四世的寡妇纳瓦拉的琼也都不在了。玛格丽特王后的内廷增加了王室的经营开支，但她绝不是英格兰历史上最奢侈浪费的王后（与之相比，爱德华三世的妻子埃诺的菲利帕则是一位花钱如流水的大贵妇）。除了王后之外，就没有在世的宗室需要从王室获得土地封授了。国王夫妇还没有孩子，所以国王还控制着威尔士亲王领地和康沃尔公爵领地。他的兰开斯特公爵领地是英格兰最大的私人地产，远远超过第二名。然而，亨利六世的财政还是破产了。

国王无力偿付债务，或甚至在技术上破产，不算稀罕事。在整个中世纪，英格兰王室几乎始终负债，不过亨利六世的财政问题严重得超乎寻常。[12]更严重的问题是人们的观感，因为在军事胜利、国内太平和国王领导有力的时期，王室债务能得到普遍容忍；而在朝纲与秩序紊乱的时期，债务就成了一个严重的政治问题。人们普遍的看法（在很多方面也反映了现实）是，原本应当为王室提供稳定收入（哪怕仅仅是承担王室的日常开销）的土地，被国王身边的奸臣为了一己私利瓜分了。"从未见过这样穷困的国王。"有一首颠覆性的民间歌谣这样唱道。[13]这么说不算非常准确，但人民的观感是最重要的。

公众不满情绪的最初表达，可能发生在酒馆与城镇的公共建筑中，由倒霉的托马斯·柯福尔那样的人发出。但在 1449 年 11 月，议会开会讨论诺曼底的严重局势时，英格兰各政治群体的愤怒得到了明确表达。议会在威斯敏斯特开幕，随后因为"空气不佳"而转移到伦敦黑修士区，开了几个星期的会。不过不管空气中有什么病菌，都远远比不上英格兰平民的怒火那样致命。

表面上，国王召开本届议会是为了处置"关于英格兰王国的治理和［防御］的若干困难且棘手的问题"。但很快议会就开始寻找替罪羊。鲁昂失陷的消息还很新鲜，大家还在为之激愤。每天都有新的失败的噩耗传来，大家担心一旦诺曼底失守，加来也保不住了。议会不可能直接攻击国王（直接批评国王在政治上是非常危险的，意味着严重的政体危机），所以他的主要大臣必须为自己的奸佞付出代价。

第一个遭到处罚的是掌玺大臣奇切斯特主教亚当·莫林斯，王室活动的几乎每个方面都有他的参与。十五年里，莫林斯曾担任高级大使和御前会议的文书（后成为御前会议正式成员）。他是萨福克公爵的亲密盟友，在国王的婚姻谈判中发挥了核心作用，也是谈判割让曼恩的外交使团的一员。他与约克公爵理查不和，公开指责约克公爵在法兰西主政期间腐败无能。莫林斯是个深思熟虑、才华横溢的人文主义学者，但他的政治生涯非常失败。与法兰西有关的几乎每一个灾难性决定，他都脱不了干系。他参加了本届议会的第一个议程，被国王允许辞去世俗职务并出国朝圣。但他没能走出英格兰。1450 年 1 月 9 日，在朴次茅斯，他遭到袭击和谋杀，凶手是一个名叫卡思伯特·科尔维尔的人。此人是个军官，正在等待登船去法兰西作战。

有一个流传很广的说法是，莫林斯死前控诉萨福克公爵是英格兰所有不幸的罪魁祸首。他有没有留下这样的遗言我们不得而知，但这种说法迅速在英格兰全境传播。国王的主要大臣萨福克公爵显然是下一个要面对国民怒火的人。

圣诞节期间，议会休会。1 月 22 日，议会重启之后，萨福克公爵立刻先发制人，以阻挡他知道自己必然会遭到的炮轰。在威斯敏斯特的彩室（这个房间的每一面墙壁都装饰华丽，绘有《旧约》故事的古代壁画），他在国王和议会面前谴责"在陛下的国土上，在几乎每一个平民口中流传的丑恶而可怕的言辞，可憎地对我污蔑构陷"。他说，德·拉·波尔家族素来对朝廷忠心耿耿，为王室几乎牺牲了一切：他的父亲在阿夫勒尔战死，"我的长兄后来……在阿金库尔战役中阵亡"。他还有三个兄弟在海外为国效力期间牺牲，他自己于 1429 年在雅尔若被俘之后缴纳了 2 万英镑赎金。他披坚执锐已经三十四年。他享有嘉德骑士的身份已经三十年。他说，从战场返回之后，他"持续不断地在陛下身边效力十五年之久，在此期间，从陛下这里得到了一个臣子能够从主公那里得到的所有恩宠与善意"。[14] 在亨利六世面前的这番激情洋溢的演说挽救了萨福克公爵的性命，但救不了他多久。

怎么会到这一步呢？自 15 世纪 30 年代以来，萨福克公爵就在英格兰政府中发挥着关键作用，维护王室、御前会议和贵族之间的关系。一般来讲，他的举措都得到了那些深知国王有多无能怠惰的人的赞同。然而在 1450 年冬季，萨福克公爵孤立无援。原本应当集合起来保卫诺曼底的贵族，却非常显眼地没有这么做。事实上，自 1447 年以来，很多贵族渐渐不再参加会议，并远离宫廷。他们实际上抛弃了政府，使得萨福克公爵及其越来越少的盟友构成的群体看上去越来越像是国王身边的奸臣小集团，为了私利而不断颠覆国王的权力，在此过程中毁掉了国家。[15] 萨福克公爵被其他贵族抛弃之后，他的统治手段（事无巨细地操控政府，但隐藏自己的手腕）就被暴露于光天化日之下了。因为在灾祸连连的时期他比莫林斯更加处于王国政府的核心，所以只能由他来承担罪责。

萨福克公爵的表忠心对平民议员没有起到任何作用。与贵族相比，下议院对贵族领导的政府的失败远远没有那么同情。萨福克公爵讲话的四天后，平民议员请求国王以"不确定"罪名将他囚禁。根据这个不具体的指控，朝廷可以将他一直羁押到有人向他提出详细的弹劾案。议会中弥漫着接近歇斯底里的情绪。为了给自己的要求辩解，平民议员的请愿书是这么写的："英格兰每个群体中都有谣言与传闻，说英格兰王国将被出卖给国王的敌人法兰西。"

1450 年 2 月 7 日，萨福克公爵遭到正式弹劾，罪名是"严重、重大、罪大恶极与可怖的谋逆"。他被指控邀请法兰西人入侵英格兰，煽动国王释放奥尔良公爵查理，出卖曼恩和勒芒，向法兰西人泄露外交与军事机密，卖官鬻爵，中饱私囊，诱骗国王封授他土地和头衔（包括彭布罗克伯爵的头衔，他从 1443 年开始享有这个头衔），以及向法兰西王后行贿，并唆使和帮助查理七世反对英格兰王室。正式的控诉里还有污言秽语，包括下面这种让人难以置信的暗示：萨福克公爵在雅尔若战役被俘前夜，"与一个修女同床共枕，他将这个修女从神圣的教会中掳走，蹂躏了她"。[16]一个月后，3 月 9 日，得到时间以准备自我辩护的萨福克公爵跪在国王和议会面前，逐条驳斥了自己受到的指控，"并当着尊贵国王的面表示，这些指控纯属子虚乌有和诬陷"。[17]

3 月 17 日，亨利六世传唤议会的所有贵族成员，包括萨福克公爵，到他的私人房间，它"位于威斯敏斯特宫内，在一条回廊的上方，有一扇山墙窗"。[18]萨福克公爵跪在聚集于此的贵族和国王面前，再次辩称自己是清白的，并指出，他被指控犯了这么多罪，单单一个人是根本不可能做到的。他放弃了由其他贵族审判的权利，而寄希望于国王的裁决。随后，亨利六世通过大法官通知在场的贵族，他并不认为萨福克公爵犯有任何谋逆罪行。不过，对几项较轻的罪行（所谓"失职罪"），公爵可能确实负有责任。国王没有将萨福克公爵视为叛徒而处死，而仅仅将他放逐五年。流放将从5月1日开始。

尽管没有正式的贵族庭审，但这个裁决很可能是贵族集体做出的。尽管他们渴望把国家所有灾祸的罪责都推给萨福克公爵一个人，但他们也不希望看到一名贵族受到平民的凌辱。没有史料表明这个裁决结果被通知给了平民议员，但我们可以推测，平民议员对这个裁决一定感到震惊和愤怒。

3月19日，在伸手不见五指的黑夜，萨福克公爵被从伦敦带走，送往他位于萨福克郡东索普的庄园。这趟旅行按说是秘密的，但约2000名愤怒的伦敦市民还是追击他们一行，一路对萨福克公爵的仆人推推搡搡、殴打辱骂。贵族将民众不满的对象转移走，却使得国民更加渴望让萨福克公爵付出血的代价。两天后伦敦发生暴乱，有人听到暴乱的领导人（名叫约翰·弗莱姆斯里，是一个葡萄酒商的仆人）喊道："就在这座城市，这座城市，国王将会为此丢掉王位。"[19]议会在3月30日复活节休会。到此时，显而易见，伦敦及其周边的局势十分危险，议会在休会结束之后也不能在这里继续开会。

于是，议会的最后一段议程于4月29日在都城以北100英里处的莱斯特召开。在新议程的第一天，有人向国王奉上了新的请愿书，这一次请求他发布"重新占有"的法令，将原属于王室的全部土地，或者原属于国王的私人地产兰开斯特公爵领地的土地，"在英格兰、威尔士及其边境地带的土地，在爱尔兰、吉讷、加来及其边境地带的土地，陛下自登基以来所有用诏书封授出去的土地"，一概收回，以支撑王室财政。换句话说，国王此前施恩封授给别人的土地，现在全要回归王室。很可能早就有人提出了这个要求，但如今这一呼声越来越高涨，越来越坚定。国王选择了保住自己的宠臣，所以政府必须用别的激进方式满足改革的要求。

在莱斯特阶段的议会商讨"重新占有"提案的同时，萨福克公爵到了英格兰东海岸的伊普斯威奇，准备开始流亡。他和仆人于 4 月 30 日搭乘两艘大船和一艘小船（我们今天称之为轻帆船）起航，驶往加来，他打算从那里转往勃艮第公爵的领地。动身之前，萨福克公爵以圣餐起誓，针对他的指控都是污蔑，他是清白无辜的。但其他人不是这么想的。

三艘船于次日抵达多佛海峡，小船先去与加来驻军取得联系。据一位书信作者称，这时，他们"遇见了一艘叫'塔楼的尼古拉斯'号的船，还有其他一些船只在等候他们。'塔楼的尼古拉斯'号的船长从小船上的人那里得知了萨福克公爵即将赶来"。萨福克公爵的两艘船随即遭到拦截，公爵被劝服或者命令登上"塔楼的尼古拉斯"号，"他上船后，船长对他说：'欢迎你，叛徒。'"根据同一位书信作者的说法，萨福克公爵被扣押在船上二十四小时，全体船员都同意这么做。这位书信作者听到一种传闻，船员组成了自己的法庭来重新审判萨福克公爵，罪名和他在议会受到的指控一样。我们能够确定的是，在"塔楼的尼古拉斯"号上待了一段时间之后，萨福克公爵被带上一艘较小的船，那里有一名神父听他告解，"还有一把斧子和一个刑台，船上最下流的人之一"——后来法庭上证明他是一个来自博泽姆的水手，名叫理查·莱纳德——"命令他把头放到刑台上……并用一支生锈的剑，砍了六七下才砍掉了他的脑袋"。萨福克公爵的仆人们被送上岸，遭到抢劫但没有受到伤害，他们可以把自己的经历传播出去。两天后，公爵的尸体被发现丢弃在多佛海滩，他的脑袋则被插在旁边的一根长竿上。[20]

*

萨福克公爵的死讯于 5 月 6 日传到莱斯特。这次冲击迫使王国政府通过了"重新占有"法令（不过有一长串豁免的清单，这就削弱了法令的效力）。到此时，黑云压城的全面危机感已经不再局限于议会。1450 年 5 月底，肯特郡西南部很多地方开始出现群众集会。肯特郡处于惊恐状态已经有大约六周时间了。诺曼底的军事崩溃令肯特人民害怕查理七世的军队会杀到法兰西海岸然后渡过海峡，攻击甚至入侵英格兰，那样的话肯特必然首当其冲。沿海的袭击作战是血腥而恐怖的经历。4 月 14 日，王国政府发布了征兵令，要求在肯特郡的每个百户邑（郡以下的行政区划单位）都组建民兵队伍，并评估每个社区保卫国家的战备程度。政府挑选人员组成预备的防御力量，为其提供被服、部分装备、金钱和甲胄。政府应当还组建了海岸夜巡队；或许最重要的是，为每个百户邑的民兵任命了指挥官。[21]

考虑到人们想象中的海峡对岸传来的威胁，这些措施都是非常明智的。但是，在肯特郡进入备战状态的同时，萨福克公爵的谋杀案激发了惊恐万状的谣言：国王要让整个肯特郡为这个宠臣的死负责。有人说，国王将派一个法庭来绞死普通肯特百姓，以儆效尤，并将整个郡夷为平地、改为王室森林。所以，肯特人民全副武装并组织起来，怒气冲冲又心怀畏惧，准备用武力保卫国家，抵抗敌人。

不幸的是，他们眼中的敌人并不是乘船登陆、前来掳掠的法兰西人。和议会的平民议员一样，他们开始相信，王国受到的真正威胁来自国王周围的奸臣集团：他的大臣和内廷人员，如财政大臣塞伊男爵、重要的谋臣和国王的忏悔神父索尔兹伯里主教威廉·艾斯库、外交官达德利男爵约翰和另外几个人。6月6日，这些人以及聚集在莱斯特参加议会的其他人得到消息，肯特爆发了叛乱，武装人员正在莱斯特东南方的阿什福德周边集结。据说，叛军选举一个名叫杰克·凯德的人为领袖和"肯特统领"，他采纳了非常有暗示意义的贵族名字"约翰·莫蒂默"。他之所以用这个名字，可能是为了暗示他与约克公爵的家族有亲缘关系，而莫蒂默家族过去的几代人曾是叛乱与王朝阴谋的煽动者。但这只不过是胡扯：凯德与约克公爵没有任何接触或联系，后者此时还在爱尔兰，忠心耿耿地为王室效力。

凯德是一个非常有能耐的指挥官和领导人，能够清晰地表达出足以吸引相当有地位的人的复杂改革计划。他的副将包括萨塞克斯的绅士罗伯特·波伊宁斯，此人是个贵族的儿子，同意担任凯德的捧剑官。有一首留存至今的歌谣非常清楚地表达了叛军的宏伟目标（除奸臣、清君侧）：

> 上帝指引我们，
>
> 我们快速挺进。
>
> 否认我们的人，都在撒谎，

　　因为他们的金钱统治着国家！

　　真相会驳倒他们的故事！

　　愿上帝给我们好日子！

　　滚开，叛徒，滚开！[22]

　　亨利六世被送回伦敦。两个单独的贵族代表团奉命前往肯特，试图镇压叛乱。一个代表团由国王的亲戚白金汉公爵汉弗莱·斯塔福德带领；另一个代表团由功勋卓著的老将组成，领导人是英格兰司厩长①博蒙特子爵。

　　在他们骑马南下的时候，叛军已经转向西方。6月11日，叛军在伦敦下游不远处的布莱克希思扎营。1381年夏季农民起义的起义军也曾在这里宿营。6月13日，国王待在克拉肯韦尔的圣约翰修道院，而大多数重要的贵族与主教都在伦敦。杰克·凯德的人马在距离都城只有几英里的地方已经驻扎好几天了。

　　6月16日，紧张的僵局之后，政府的谈判代表在布莱克希思与叛军会谈，希望摸清让他们解散的条件。国王不肯亲自来。在两天徒劳的谈判之后，6月17日夜间，叛军从布莱克希思撤回肯特。但叛乱并没有就此衰弱。白金汉公爵的两个亲戚，汉弗莱·斯塔福德爵士和威廉·斯塔福德，率领约400名士兵去肯特教训叛军。然而他们在汤布里奇与叛军交战时，遭到伏击，惨遭屠戮。两个斯塔福德都被杀了。

　　政府三心二意地试图镇压肯特，但没有什么效果。许多原

---

①　司厩长（constable）的官职起源于罗马帝国，最初是管理马匹的官员，后来在中世纪欧洲演变成负责国王的军械保管及维护的官员，再后来变为军队的重要指挥官。

本忠于国王及其权贵的官兵丧了胆，威胁要倒戈到叛军那边。国王自己的军队里也有人呼吁审判所谓的叛徒：塞伊、达德利和艾斯库等人。6 月 19 日，伦敦再次发生暴乱。为了应对暴乱，亨利六世批准逮捕塞伊男爵，将他作为叛徒囚禁在伦敦塔。次日，朝廷放出风声，称将会逮捕更多叛徒。

6 月 25 日，亨利六世及御前会议放弃了伦敦，将城防交给市长。国王的内庭弥漫着深切的不安气氛。亨利六世及其侍从骑马向北，来到沃里克郡的凯尼尔沃思，在这座雄伟的宫殿要塞中避难，躲在护城河和厚厚的石墙背后，并给附近各郡发去紧急消息，下令招募士兵以保护亨利六世的人身安全。

凯德得知国王逃走之后，立刻率领人马返回布莱克希思。他们于 7 月 1 日至 2 日，也就是星期三到星期四抵达那里，然后前往上游的萨瑟克，占领了当地的客栈和酒馆，事实上控制了伦敦桥脚下的郊区。与此同时，埃塞克斯也发生了叛乱，叛军从乡村开往泰晤士河北岸，在阿尔德门周边的城墙下呈扇形展开队伍。就像 1381 年的农民起义一样，伦敦城被包围了。

但 1381 年起义军的要求有些模糊而混乱，而凯德的人对自己的政治诉求有着非常清晰的把握。16 世纪的文物学者约翰·斯托收集并抄录了与凯德叛乱有关的一些原始文档，其中之一就是凯德的宣言书。[23]

首先，"肯特平民"重复了这样的传闻："有人公开说，国王将彻底摧毁肯特，并将其改为荒野森林，以便为萨福克公爵的死报仇。但肯特平民绝没有杀害他。"宣言随后谴责了政府形形色色的可憎恶行，抱怨国王听信奸臣谗言，"只靠剥削平民来过活，让其他人攫取了王室的收入，导致陛下贫穷、人民受到极大的压榨"。宣言书里还说，"血脉宗室被从御前赶走，而身份卑贱、天性败坏的人攀升到高位，被任命为御前会议的主要大臣"；无偿征发（为支持王室内廷运转而强行从平民百姓手中征收物资）"毁掉了""这个国度的平民"；保护土地与货物以及在王室法庭争取公道的法律程序被"国王的奴仆"歪曲；要求调查在法兰西的王室土地丧失的原因；肯特议员不是通过自由选举选出来的；收税官的职务是通过贿赂买来的；还有其他一些各式各样的地区性的哀叹与抱怨。

凯德在叛乱的每一个阶段，都努力证明他不仅仅是个简单的、随心所欲的粗鄙之人，恰恰相反，他能够对肯特和全国的"可怜的平民"发声，也有资格代表他们。他的使命很不容易，因为就像所有有原则性的民众起义一样，凯德叛乱也吸引了大量肆无忌惮的罪犯，他们利用普遍的混乱来恣意烧杀抢掠。不仅伦敦是这样：随着骚乱的消息传遍英格兰，形形色色受到憎恨的地方官和权贵遭到暴力攻击，最令人震惊的是，索尔兹伯里主教艾斯库于 6 月 29 日在威尔特郡遭到暴民抢劫和谋杀。即便如此，在伦敦，也就是叛乱的中心，凯德竭尽全力地领导他的部下构建一定程度的军事秩序。在布莱克希思，他还将一名不服从纪律的部将斩首。

但即便这种杀鸡给猴看的司法也不能控制住所有叛军。心惊胆寒地躲在凯尼尔沃思的亨利六世的举动正中凯德的下怀。叛军领导人来到萨瑟克时，收到了国王内廷的信。国王允许他组建一个"王家"法庭来审判卖国贼。国王如此麻痹和怯懦，居然允许任何敢于起来争夺王权的人来行使王权。7 月 3 日，凯德及其人马从萨瑟克开往伦敦。虽遭到伦敦民兵的抵抗，但他们还是杀过了伦敦桥，砍断了吊桥的绳索，以确保他们进城之后吊桥还能畅通。凯德在全城发表演讲，下令维持秩序，处死抢劫犯，然后前往市政厅，去组建他的法庭来镇压卖国贼。

大约二十名犯人被带到法庭，市长和市政议会成员被迫参加庭审。倒霉的受害者中为首的是财政大臣塞伊男爵，他被从伦敦塔拖出来接受命运的裁决。塞伊哀求由贵族来审判他，但凯德拒绝了。暴民非要见血不可。塞伊仅仅被允许与一名神父会见，然后就被拖到齐普赛大街，在大街中央被斩首。随后，他的女婿、肯特郡郡长威廉·克罗莫被从弗利特监狱拉出来，带出城门，来到麦尔安德，在那里被砍死。塞伊的尸体被拴到凯德的坐骑上，拖着到处游街。财政大臣的首级被插在枪尖上，在城里不同地方示众，被拿去"亲吻"克罗莫的首级（也被插在枪尖），这是一场荒诞而病态的木偶戏。

还有其他一些人在凯德的短暂统治下被屠杀。可以预见的是，他的人马留在城里越久，他就越没有办法维持秩序。到7月5日晚上时，市长和市政议会成员已经组织起了一支军队，由斯凯尔斯男爵和马修·高夫指挥，他俩都是法兰西战争的老将。他们准备向占领城市的叛军发动反击。夜里10点，伦敦桥上爆发了一场战斗，鏖战了一整夜，直到次日早上天亮很久之后才结束。数百人挤到泰晤士河上的狭窄堤道，借助火把厮杀。凯德绝望之下打开了萨瑟克的马歇尔希监狱，许多获释的犯人加入了他的队伍，但他无力突破斯凯尔斯男爵和高夫的防线。叛军做出了最后的狂怒之举，纵火焚烧木制吊桥，使得战场浓烟滚滚，激战的人们从桥上跌落，溺死在冰冷的河水中。最后，在混乱的屠戮之中，伦敦一侧的城门被封死了。几百具血淋淋的和烧焦的尸体被丢在城外，包括高夫和市政议会成员约翰·萨顿的尸体。叛军被打退回了萨瑟克。

次日，即7月7日，根据王后（她非常勇敢、非常了不起地在叛乱期间留在位于格林尼治的庄园）的建议，朝廷给了肯特叛军一个机会，让他们领取赦免状并自行散去。很多人欢迎这样的机会，但凯德拒绝投降，宁愿再次撤回肯特，并带走掳掠来的物资和宝物（这与他自己对别人的命令相矛盾）。但他的好运气耗尽了。7 月 10 日，凯德被正式谴责为叛贼，朝廷悬赏 1000 马克要他的人头。亡命好几天之后，他在萨塞克斯郡希思菲尔德"一处花园内"被亚历山大·伊登抓获。伊登接替倒霉的克罗莫，担任肯特郡郡长。[24] 凯德死战到底，不过他虽然被生擒，但在押送途中伤重不治身亡。所以，对他的处罚只能是象征性的：7 月 16 日，在新门，凯德的尸体被斩首，送到全城各地、远至萨瑟克的地方示众，然后送回新门肢解。他的首级被插在一根长竿上，高悬于伦敦桥之上，没了生气的眼睛向下瞪着非同寻常的城市战场上的烧焦残骸。

凯德叛乱结束了，但整个夏季的气氛依然紧张。国王、内廷和到凯尼尔沃思加入他的贵族在 7 月底溜回伦敦方向。7 月 28 日，圣保罗大教堂举行了感恩仪式。一个月后，一个级别很高的听证与裁判委员会（包括白金汉公爵汉弗莱、坎特伯雷大主教、约克大主教和温切斯特主教）奉命到乡村去调查叛军宣言书里讲到的种种弊端。

英格兰东南部的很多城镇与村庄依然动荡不安：秋季，还有好几个人企图煽动肯特、埃塞克斯和萨塞克斯起事，成群结队的强盗在乡村游荡、抢劫和杀人，伦敦的不满情绪仍然在酝酿。从诺曼底返回的士兵使得城市人口猛增，老兵对塞伊男爵的纹章犯下了好几起罪行，包括破坏位于灰修士区的标示他埋葬地的石头。8 月，有人闯入伦敦塔，抢走了军械库内的很多兵器。秋季，新市长的选举引发了一些骚乱，全城到处张贴着抨击政府的海报；一次，新门监狱一名心怀不满的狱卒释放了所有犯人，引发了一场暴乱。

在所有层面上，1450 年都是一个充满纷争、暴力、混乱与恐怖的年份，这些都是逐渐累积的政府危机的后果，而危机的根源是二十八岁国王的脑袋空虚。多年来，亨利六世心不在焉的王权得到一系列修修补补：首先是幼主的摄政议事会，它努力将他叔叔们那互相矛盾的立场与贵族的集体意志平衡起来；然后是萨福克公爵的统治，他对政府的领导是通过他在御前会议、王室内廷与乡村的私人关系来构建的。这些都不是令人满意的解决方案，而萨福克公爵的统治以血腥的混乱与民变告终，他自己就是第一个牺牲品。但是，抗议者尽管成功摧毁了所谓的奸臣集团，却完全没有去解决国家所有弊端的根源。萨福克公爵死亡和凯德叛乱之后，亨利六世个人的昏聩无能仍然像过去一样，是个紧迫的难题。没过多久，将会有另一个人强行占据政治舞台的中央位置，并尝试解决这个问题。9 月，约克公爵理查从爱尔兰返回，试图挽救英格兰于令人眩晕的衰败之中。

8. 那么，请约克公爵来

一小队舰船驶向博马里斯。那是安格尔西岛东南角的一座港口城镇，位于一座庞大的、拥有塔楼的石质要塞的阴影之中。博马里斯城堡配有很深的外层护城河、高达 30 多英尺的防御墙，还有 22 座巩固的圆形塔楼，上面遍布射箭孔。这座城堡是爱德华一世在威尔士建造的庞大要塞圈当中造价最昂贵的一座。它如此庞大，设计又是如此雄心勃勃，以至于花了150 多年也没能完全竣工。它已经建成的部分，是英格兰王权在王国边缘的一个令人胆寒的象征。博马里斯是一个令人生畏的地方。

1450 年 9 月初，此地的人们等待上述船队已经有些时日了。船上载着约克公爵理查，国王的亲戚和爱尔兰总督，以及他的部下。约克公爵于 8 月 28 日离开都柏林，他即将到来的消息令亨利六世及其谋臣不禁战栗。朝廷命令博马里斯城严加戒备。博马里斯城堡的指挥官托马斯·诺里斯带着其他几名当地的王室官员，等待约克公爵驾临。朝廷非常坚决地命令他们阻滞约克公爵的行程，于是他们向仍然在海上的公爵发去一条信息（正如他后来的抱怨），"说我不可以在那里登陆，也不可以在那里获取粮食，也不能让我自己和我的部下在那里稍事休息……他们拒绝为我提供人员、马匹或其他帮助"。[1]约克公爵得知，这些命令来自亨利六世内廷的礼仪官威廉·塞伊，因为他坚信，约克公爵未受邀请而来，是要"谋逆"。约克公爵被禁止上岸，他的船只被迫留在海上，去寻找一个较为友好的登陆地点。[2]

约克公爵的船只最终在威尔士北部的克卢伊德河口附近登陆，距离博马里斯约 25 英里。9 月 7 日，公爵及其侍从已经抵达他自己那位于登比的城堡。从那里，他们骑马去拉德洛，然后从那里穿过了英格兰中部各郡。约克公爵在行进过程中集结了许多追随者：威尔士和英格兰各地都有他的广袤领地，这些领地上的武装人员都追随他而来。9 月 23 日，北安普顿郡斯托尼斯特拉特福德的一位作家目睹约克公爵威风凛凛、排场隆重地出现："身穿红色天鹅绒服装，骑着一匹黑色的爱尔兰霍比马。"当夜，他住在城门外一家叫"红狮"的客栈。[3]他没有在那里久留。9 月 27 日，他抵达伦敦，带着他旗下的 3000 ~ 5000 人进城，穿过大街，然后出了城门，踏上从伦敦去威斯敏斯特的较短路程，在那里与他那四面楚歌的亲戚——国王短暂会晤。

约克公爵未经许可从爱尔兰返回，令王国政府的核心大为恐慌，这是很容易理解的。在整个夏季，杰克·凯德叛乱让全国大乱，他曾自称"约翰·莫蒂默"，刻意暗示他与约克公爵有亲戚关系。凯德的申诉书发出警告，除非实施改革，英格兰平民将"首先消灭国王的朋友，然后是他自己，接着请约克公爵来当国王"。[4]其他许多势力较小的反叛者也曾使用约克公爵的名义来反对王国政府。

1449 年，亨利六世在去往莱斯特参加议会的途中，曾骑马经过斯托尼斯特拉特福德。据当地一位作家记载，国王的队伍经过大街的时候，"一个叫约翰·哈里斯的人，曾是水手，家住约克"，挥舞连枷（一种木制农具，有时可用作临时武器，有长柄，一端用铁链拴着一根较短的棍子），冲向国王。在城里其他人的煽动下，哈里斯用连枷击打亨利六世面前的地面，并喊道，他认为，"当时正在爱尔兰的约克公爵也应当这样在莱斯特议会打击卖国贼，就像他击打地上的土块一样猛击那些卖国贼"。[5]因为这次放肆，哈里斯被逮捕并关入北安普顿城堡的地牢，后来被绞杀、开膛并肢解。但他的信息已经传达了出去。英格兰人民憎恶亨利六世身边的政府，于是他们将自己民族复兴的梦想寄托在爱尔兰海彼岸的约克公爵身上。

我们没有理由相信约克公爵迎合了民众的这些期望。毫无疑问，他是英格兰最强大的贵族，是宗室成员，拥有广袤的土地，实力极强，他的地位和过去的贝德福德公爵约翰与格洛斯特公爵汉弗莱差不多。相对来讲，之前三年的各种政治失败并没有影响到他的声誉。他担任法兰西摄政者是在诺曼底戏剧性地失陷之前，而诺曼底的丧失发生在萨默塞特公爵主政时期；而约克公爵担任爱尔兰总督，恰恰又在萨福克公爵的政权血腥地、悲惨地瓦解的时候远离政治核心。

但这并不是说约克公爵早就蓄谋造反。他一直说，自己从爱尔兰返回，是为了服侍国王。他的目的是向国王表忠心，"反驳很多人在尊贵陛下面前对我的种种诽谤……"换句话说，这是为了证明——不管旁人怎么解释他的野心——他其实是个忠诚的臣子。可能在从爱尔兰返回的最初几周里，他起草了书信并发给国王，信中写道，他来到英格兰，是为了向国王保证自己的忠诚，并"宣示我是您的忠实臣民，因为这是我的职责"。[6]但是，率领数千武装人员在英格兰和威尔士巡游，如此咄咄逼人的行为，很难说是在表忠心。那么，他为什么要回来呢？

*

约克公爵离开爱尔兰，可能是出于家族野心，但这种可能性极小。肯特叛军注意到了他的"正统王室血统"，但这并不是什么新发现。国王没有孩子，也没有正式谈到他的推定继承人的问题，但萨默塞特公爵、埃克塞特公爵或白金汉公爵的荣升也没有对约克公爵的家系构成直接威胁。在埃克塞特公爵方面，第一代埃克塞特公爵获得封授的诏书里明确表示，约克公爵的地位优先于他。第一代埃克塞特公爵死于 1447 年，但他的继承人，即年轻的亨利·霍兰，与约克公爵家族的关系更加亲密：他娶了约克公爵的女儿安妮，并且幼年曾受约克公爵的监护。而在 1448 年，约克公爵和萨默塞特公爵曾被共同封授土地，联合管理，这说明当时两人之间还没有明显的分歧。[7]白金汉公爵汉弗莱对王室兢兢业业、忠贞不贰。简而言之，约克公爵回国并不是因为家族危机。尽管政局动荡，而且凯德发表了疯狂的言论，但国王身体健康，并没有即将死亡的迹象，他仅仅是一贯无能而已。[8]

1451 年，布里斯托尔的议员托马斯·扬，约克公爵的法律顾问之一，在议会提出，出于国家安全考虑，国王应当指定自己的推定继承人。不足为奇的是，扬提名约克公爵，然后果然因为自己的放肆而被捕。这样的主张其实严重损害了约克公爵的政治地位。不管肯特叛军、酒肆八卦或者议会里的暴发户律师怎么想，约克公爵其实完全没有即刻或在不远的将来篡位的企图。

他为自己设想的角色，是王室与国家的拯救者。约克公爵和他的妻子塞西莉最初于 1449 年 6 月 22 日在爱尔兰安顿下来。他在海外待了十四个月，在这期间，英格兰遭受了一代人以来，或可以说是自 13 世纪初以来最严重的政府垮台、外交政策瓦解、公共秩序崩坏的危机。诺曼底丢掉了，议会兴风作浪，萨福克公爵被谋杀，一场血腥而持续很久的民变淹没了整个英格兰东南部。约克公爵其实是这些危机的责任人之一，他是允许，或者至少默许萨福克公爵和内廷绕过昏庸无能的国王来实施统治的显赫贵族之一。但他运气很好，在恰当的时间被调离法兰西、调往爱尔兰，所以避开了严重的责难。他不仅不觉得自己对国家的败坏负有责任，恰恰相反，他在爱尔兰收到的所有消息都让他相信，自己的命运和职责就是挽狂澜于既倒。他的王室血统给了他这样的特权。他能够调遣的数千人马给了他这么做的条件。约克公爵曾在法兰西，如今在爱尔兰担任封疆大吏；眼下，符合逻辑的下一步行动就是，在英格兰国内扮演同样的角色。

但约克公爵或许没有预想到的是，他这么热情地响应民众希望他回国主政的呼吁，在国王身边的人眼里，不是公忠体国的自告奋勇，而是严重的威胁。首先，他的船只被禁止在博马里斯登陆。随后，在约克公爵骑马穿过威尔士北部期间，他得知了一些传闻，称一些与王室内廷有联系的骑士打算俘虏他，将他囚禁在康维城堡，并"砍掉他的一些仆人的脑袋"，包括他的总管、老将威廉·奥德霍尔爵士。最后，他得知，一些尚不明了的司法委员会已经打算以叛国罪起诉他，"用这种手段毁掉我、我的后代和我的血统"。[9]他返回英格兰时，希望获得国王的主要改革家的地位，抵达之后却发现自己被视为政府最危险的敌人。

*

约克公爵 9 月 27 日在伦敦的武装游行令这座情绪狂热的

城市比往常更加兴奋。在威斯敏斯特与亨利六世短暂会晤之后，约克公爵在索尔兹伯里主教位于伦敦的府邸借住了两周。从那里，他开始索取在政府内的核心地位，他就是为了这个目的才离开爱尔兰的。

抵达英格兰之后，约克公爵就与国王通信多次。他第一封书信是在他于威尔士登陆不久之后发出的，抱怨自己在博马里斯被当作叛徒和罪犯来对待。亨利六世在回信中实事求是地讲到此事，耐心地解释称，"因为很长时间以来，人民用奇怪的言辞说你……说应当让你带着几千人回来"攫取王位，所以朝廷命令海岸严加防备。也就是说，亨利六世的意思是，他的部下反应过激了，而"我宣布、宣告并承认你为我真正忠实的臣民和我挚爱的亲戚"。

约克公爵仍然觉得自己受到了侮辱。在威斯敏斯特会晤国王之后的某个时间，他给亨利六世发去了第二封信，无视国王的好言抚慰，指出英格兰的法律与秩序正在瓦解，"我，约克公爵理查，作为您的卑微臣民和封臣……提议……由我来执行您的命令"。也就是说，他要在英格兰的危机时期接管政府。这封信与前一封不同，在伦敦市民当中得到广泛宣扬。它介于公开信和宣言书之间。[10] 他又一次遭到了礼貌的拒绝。亨利六世说，他不会将政府移交给约克公爵，因为他打算"组建一个职权重大的议事会……任命你为其中一员"。[11] 这显然不是约克公爵希望得到的那种答复。他于 10 月 9 日离开伦敦，先去了东安格利亚，然后巡视自己在中部各郡的领地。在他身后，伦敦的骚动已经几乎无法遏制。大街上挤满士兵，他们在 10 月 29 日的市长选举期间哗变。约克公爵的支持者与反对者之间经常发生冲突。全城各处的王室纹章被扯下，换上约克公爵的纹章，接着又被换回去，然后又被撕下。如果说英格兰都城能够反映全国的气氛，那么它在近期是不可能太平了。

约克公爵取得政府核心位置的主要障碍之一，是已经有人占据了这个位置。萨默塞特公爵埃德蒙·博福特在诺曼底遭受灾难性失败并回国之后，没有受到批评或惩罚，反而多多少少地获得了约克公爵本人想要的那种职位。[12] 萨默塞特公爵于1450 年 8 月从法兰西返回的两周之内，就开始参加御前会议。9 月 8 日，他奉命镇压肯特和东南部叛乱的余孽。9 月 11 日，他被任命为司厩长，这是英格兰的最高军职。

和约克公爵一样，萨默塞特公爵也是宗室成员。但与约克公爵不同的是，他与玛格丽特王后有紧密联系，正如他曾与亨利六世的已故母亲凯瑟琳·德·瓦卢瓦有联系一样。他是博福特红衣主教的侄子，对亨利六世来说是个熟悉且能够带来宽慰的人物，而约克公爵是个陌生的外来者。萨默塞特公爵还有一个优势，那就是他没有大规模的地产需要经营。他能将自己的全部注意力集中于政府事务，执行曾属于萨福克公爵职权范围内的任务：掩饰国王的无能，协调内廷、御前会议和贵族的不同利益，并设法处置平民议员的义愤。而承担这些任务，就让萨默塞特公爵与约克公爵发生了直接冲突。他俩之间的冲突将会主导随后五年的政局。

1450 年 11 月 6 日，议会在威斯敏斯特开会，两位公爵及其支持者立刻发生了激烈对抗。为了约束大法官约翰·坎普（红衣主教、约克大主教）所说的"惹是生非的刁民"[13] 的过激行为，伦敦街头拉起了许多铁链来封路。人们很难不这么想：都城局势一触即发，英格兰的命运取决于约克公爵的下一步行动。

他于 11 月 23 日抵达威斯敏斯特，比诺福克公爵约翰·莫布雷（他从爱尔兰返回之后的主要盟友）早到一天。他俩，以及所有参加 11 月议会的贵族，都带来了大量的武装随从。该时期一部编年史的作者描述称看到约克公爵"骑马穿过城市，前面有人捧着他的剑"，这是隆重排场与权威的象征。[14] 杀气腾腾，气氛高度紧张。约克公爵打出改革旗号的一个重要因素是，他激烈地抨击那些导致诺曼底失陷的"卖国贼"。大家都清楚，他指的就是萨默塞特公爵。11 月 30 日，在威斯敏斯特厅的议会议政厅，发生了一系列恶毒的争吵。好几位议员要求惩治那些把国王在法兰西的领地搞得一团糟乃至丢失殆尽的人。

议会开会期间，萨默塞特公爵待在黑修士修道院，这是一所舒适宜人的多明我会机构，位于拉德盖特附近的城墙西段之内，在弗利特河注入泰晤士河的地方。12 月 1 日，星期二，在萨默塞特公爵用餐时，一大队士兵企图闯入修道院并逮捕他。萨默塞特公爵的生命处于极度危险中，于是他偷偷从河畔码头溜出修道院，然后乘船到下游。而暴民留在黑修士修道院，大肆抢劫。有意思的是，搭救萨默塞特公爵的人是伦敦市市长和另一个与约克公爵关系越来越紧密的人，德文伯爵托马斯·考特尼，据说他是遵照约克公爵的命令来营救萨默塞特公爵的。

当天早些时候，这同一群人授权公开处决一名暴民。伦敦街头的抗议与不满情绪在沸腾，约克公爵试图一人分饰两角，既是具有煽动性的改革家，也是秩序的维护者。就像已故的格洛斯特公爵汉弗莱一样（约克公爵似乎越来越注重捍卫和珍视他的精神遗产），约克公爵希望将自己在平民当中的威望当作一个平台，来扰乱政治进程，索要超群的地位。事实上，他这是在制造麻烦。

最终让伦敦城恢复一点秩序的，不是约克公爵的行动，而是英格兰全体贵族联合起来，于12月3日在伦敦骑马游行。据一位编年史家写道："次日，星期四，全体贵族骑马跟随国王，全副武装地穿过城市，大街两侧的市民也全副武装，这是那些日子里人们见得到的最光荣的景象。"[15]

伦敦市民的情绪开始冷静。约克公爵讨好民众的行为没有为他赢得绝大多数贵族的好感。他与诺福克公爵的关系还很亲密，但圣诞节时，议会休会，街头不再有群情激奋的场面，约克公爵发现自己的支持者在渐渐散去。在新的一年，他被任命到一个司法委员会，惩治肯特叛军，于是他与那些最热情地呼吁支持他的人也有隔阂了。

在新的一年，萨默塞特公爵从伦敦塔获释（他之前被保护性拘禁在那里），再度掌控政府，这一次取得了一些成功。他带领国王去各郡平定另一次叛乱，这次叛乱的领导人名叫斯蒂芬·克里斯马斯。随后，政府对叛军施加了更多杀鸡儆猴的惩罚。为了让更多地租回归王室，萨默塞特公爵允许议会通过一个新的"重新占有"法案，并开始尝试募集资金来保卫加斯科涅，即英属法兰西的另一块土地，也是查理七世决心要征服的地盘。萨默塞特公爵甚至在一定程度上遏制住了考特尼家族与邦维尔家族之间的私人战争，他们的凶残仇杀在西部郡里持续造成混乱。[16]与此同时，约克公爵越来越像是个暴民煽动者，而不是秩序与和平的维护者。他的门客与顾问托马斯·扬在1451年5月的议会上要求确立约克公爵为推定继承人，使得议会差不多可以算是即刻解散，而约克公爵被彻底排挤出政府。看来，他的把戏——强行争夺国王得力助手的地位，从而挽救王室——是白费功夫。这年余下的时间，他都待在自己的庄园，闷闷不乐。

*

伦敦城西北部的大圣马丁牧者团教堂①，一侧是灰修士区，另一侧是金匠行会大厅，其独立性具有悠久的历史。任何人走进这座教堂并要求避难，只要得到批准，就可以躲在教堂区域内，得到这座教堂在很久以前获得的特权诏书的保护。所以，这座教堂多年来一直是罪犯、懒汉和逃犯最喜爱的藏身之地，他们在这里躲避法律的制裁。[17]

1452 年 1 月，在这里避难的人当中包括威廉·奥德霍尔爵士，他是约克公爵的总管，也是重要的政治家，曾在 1450 年 11 月的议会担任议长。奥德霍尔于 1451 年 11 月 23 日黎明前躲进了大圣马丁教堂，用教长的话说，他是因为"害怕牢狱之灾并为自己的性命担忧"[18]才逃到此地的。对他最直接的指控是，他参与了 1450 年对黑修士区萨默塞特公爵财产的抢劫。但也有一些比较耸人听闻的指控在流传，说他代表约克公爵企图发动政变、劫持国王。这样的阴谋应当不可能是真的，但奥德霍尔为自己生命安全的担忧是真真切切的。

萨默塞特公爵一心要惩罚他。1 月 18 日夜间，沃尔特·

---

① 牧者团教堂（Collegiate church）是由非住院僧侣的神职人员（即所谓牧者，canon）维持的教堂，其组织架构类似于主教座堂（Cathedral），但没有主教常驻，也没有教区管理的职责。在宗教改革之前的英格兰，每个教区一般都有几座牧者团教堂，全国有数百座，大多在 1547 年爱德华六世在位期间推动宗教改革时被解散，只有少数牧者团教堂（如牛津大学、剑桥大学和伊顿公学的）维持至今。今天，牧者团教堂主要在大学落脚，因此常被误译为"学院教堂"。

德·伯格，也就是指控奥德霍尔抢劫萨默塞特公爵财产的那个人，在大街上遭到三个陌生人的袭击，被打得奄奄一息然后丢下等死。作为回应，萨默塞特公爵派遣了一个高级代表团去大圣马丁教堂。索尔兹伯里伯爵、威尔特郡伯爵和伍斯特伯爵，以及两位男爵、伦敦司法官之一和一群仆人，在午夜前不久闯入了教堂。借用教长的虔诚话语，这些人"武装到牙齿，完全不敬畏面前的上帝"，"打碎了能看得见的所有门和箱子"，寻找奥德霍尔的藏身之处。他们最后找到了他，发现他藏匿在教堂的中殿。奥德霍尔被拖了出去，推上一匹马，然后被押往威斯敏斯特宫，听候审问。

侵犯教堂的避难权是非常严重的事情。这是违法行为，而且也冒犯了上帝。果然，奥德霍尔被劫持在大圣马丁教堂引发了莫大的义愤和抗议，以至于四十八小时之后他就被送回，并得到教会的保护，他在那里待了三年多。这是他人生的一个凄惨低潮。但更重要的是，奥德霍尔被从教堂劫持，标志着约克公爵与政府（其代表为萨默塞特公爵埃德蒙）的仇怨的一次升级。

约克公爵当前的位置是不可能维持下去的。他是地位极高的贵族，不可能与政府隔绝，并且国王的昏庸要求权贵们必须合作。不管怎么说，疏远约克公爵是一回事，直接攻击约克公爵的忠仆是另一回事。这样严重的冒犯，是不可以置之不理的。约克公爵显然对萨默塞特公爵恨得咬牙切齿，于是向英格兰南部各城镇发信，要求他们派人加入一场有秩序的进军伦敦的行动，推翻萨默塞特公爵，并恢复妥善的政府。约克公爵大肆宣传这样的事实：查理七世的军队几乎已经完全占领了英格兰在加斯科涅的土地，并占领了关键城市波尔多。他提醒英格兰人民，在法兰西已经发生了"毁坏、损失财产的祸事，荣誉受到践踏，以及种种丑行"，并坚持说，关键的贸易港口和英格兰在法的最后立足点加来也即将失守。约克公爵一口咬定自己是"国王的忠实臣子和仆人，并将永远忠诚，直到我的生命终结"。他悲愤地抱怨萨默塞特公爵对他的"嫉妒、恶意和欺骗"。他说，萨默塞特公爵"不断在国王陛下身边攻击污蔑我，要毁了我，消灭我的血统，剥夺我和我的继承人及我身边人的权益"。

约克公爵希望把他的争吵提升到私人层面之上：他强调公众福祉或全国人民利益的重要性，并将他对萨默塞特公爵的私怨置于英格兰生死存亡斗争的背景之下。他写道："看到这位公爵始终在国王身边发号施令、占据上风，因此国家可能被毁掉，［我］决心尽快在我的亲戚和朋友的帮助下对他采取行动；从而促进安定、和平、宁静，并保卫这个国度。"[19]他的书信传播出去之后，约克公爵命令他那散布很广的领地上的居民拿起武器，再一次与他一起向伦敦进军。

2月底，约克公爵向南进军。萨默塞特公爵带着国王和一队武装侍从去迎战他。约克公爵带着自己的私人武装和重要盟友德文伯爵和科巴姆男爵①，而国王的阵营有大群主教和至少十六名其他贵族，包括三位最资深的公爵：埃克塞特公爵、白金汉公爵和诺福克公爵（后者一度是约克公爵的盟友）。差不多所有贵族都站在国王那边。

王军在布莱克希思扎营，而约克公爵的数千人马在王军以

---

① 这里指的是托马斯·科巴姆，第五代科巴姆男爵（？ ~1471）。他的妹妹埃莉诺·科巴姆就是格洛斯特公爵汉弗莱的情妇和第二任妻子，因女巫罪被囚禁。

东约 8 英里处的达特福德安营扎寨。约克军拥有火炮，还有好几艘船载着辎重与物资，停泊在泰晤士河上。3 月 1 日和 2 日，双方进行谈判。约克公爵提出了一长串的抱怨，说是"为了全民的福祉和陛下的利益，以及陛下的高贵国家的利益"。他的大多数指控都是针对萨默塞特公爵的，斥责他丢失了诺曼底，在富热尔煽动破坏与法兰西的停战协定，未能保护英格兰驻军，阴谋将加来出卖给勃艮第公爵并在割让曼恩之时贪污公款。[20]

约克公爵的抱怨不足以说服国王，或者更重要的是，不足以说服聚集在国王身边的贵族们，他们决心要捍卫英格兰脆弱的和平。约克公爵没有得到政府主宰权和萨默塞特公爵的首级，而是被带回伦敦，实质上就是个囚徒。很快就有消息传出，国王在达特福德诱骗约克公爵屈服了，他假装自己会同意约克公爵的条件（实施改革、囚禁萨默塞特公爵），条件是约克公爵解散自己的军队，结果国王食言了。[21]如果这种说法是真的，那么国王及其谋臣做出这样严重而卑劣的欺骗行为，实在不值。

不管国王有没有欺骗对方，在达特福德相遇的两周之后，约克公爵遭到公开羞辱。在圣保罗大教堂的仪式上，他被迫向王室发出一个冗长的效忠誓言。他宣布自己是亨利六世的"卑微臣民与封臣"，并承诺对他"忠贞不贰，因为他是我的主公和君主；并对他永远忠诚，直到我的生命终结……我从今往后永远不会再组织暴乱，不会在未经陛下许可或授权的情况下集合陛下的臣民，除非是为了合法自卫"。约克公爵一边宣誓，一边先将手放在神圣福音书上，然后放在祭坛十字架上；最后他领了圣餐，以确认"以我主的恩典起誓，我永远不会再受到恐惧或其他东西的驱使，去反对陛下的威严，也不会违背对陛下的服从，因为这是我的义务"。[22]

在伦敦之外，英格兰依旧风雨飘摇：萨福克、肯特、沃里克、林肯、诺福克等各郡和其他地方不断发生零星的叛乱，这揭示了在缺少一位强大而耿直的国王的情况下，高层要安定政局是多么困难。德比郡、格洛斯特郡和东安格利亚的贵族世家之间不断发生单独的武装冲突，而西部各郡继续因为考特尼和邦维尔两家的纠纷而动荡不安。在沃里克郡，来了一位新领主沃里克伯爵理查·内维尔①，引发了好几场严重的骚乱。在约克郡，内维尔的亲戚与珀西家族之间发生了一起非常严重的冲突：从 15 世纪 50 年代中叶开始的内维尔与珀西两家的纠纷将会发展成一场北方内战。英格兰权贵之间的稳定关系瓦解了，这逐渐削弱了他们联合行动的能力，就像 1452 年 3 月在达特福德那样的联合行动。但在短期内，政界信任的对象是萨默塞特公爵埃德蒙，而不是约克公爵理查。在十八个月内，约克公爵以公众福祉的名义强行争夺政府领导权的努力第二次失败。

*

约克公爵的失败给了萨默塞特公爵无可争议的权力，他开始在政府中施展拳脚。于是，亨利六世突然一下子显得像是个精力充沛且强劲有力的国王了。法律和秩序依旧是个问题，但在其他方面，政府开始有起色。什鲁斯伯里伯爵奉命到肯特继续

---

① 著名的"立王者"，第十六代沃里克伯爵理查·内维尔通过妻子安妮得到了沃里克伯爵的头衔。安妮的父亲是第十三代沃里克伯爵理查·比彻姆（1382～1439），名将，负责亨利六世的教育。安妮的哥哥亨利（第十四代伯爵）及其女儿死后，安妮成为沃里克伯爵领地的继承人，她的丈夫成为伯爵。

镇压该郡的叛乱。那些在流产的达特福德反叛中支持约克公爵的人遭到起诉。威廉·奥德霍尔爵士遭到彻底的镇压，他在大圣马丁教堂避难的生活一天比一天凄惨，他的绝大多数财产被法律剥夺，还被冠以不法之徒的可耻身份。约克公爵的爱尔兰总督职位被交给年轻的奥尔蒙德与威尔特郡伯爵詹姆斯·巴特勒，此人在 1451 年与约克公爵很亲近，但现在坚决地倒戈到萨默塞特公爵的圈子。宫廷还踌躇满志地巡视了威尔士边境地带和英格兰东部（这些地区有约克公爵的大片土地），主持司法，并让人民有机会见到国王。

甚至在海峡彼岸也取得了一些有限的成功。1452 年年初，政府开始提议（并且显然是非常认真地提议）国王御驾亲征，去挽救英格兰在加斯科涅领地的残余部分。此事没有下文，不过在 1452 年 10 月，消息传来，由名将什鲁斯伯里伯爵约翰·塔尔伯特指挥的先遣部队赢得了好几场精彩的胜利。他轻松地从法军手中夺回了波尔多，该城周边的许多地区回到英格兰旗下。这是许多个月来从法兰西传来的最好消息。议会于 1453 年 3 月在雷丁开会时，做出了慷慨的回应，投票决定征收 1/15 和 1/10 的财产税作为军费，并对羊毛出口征税，此税种于国王在世期间每年征收一次。

议会还听取了关于两个年轻人的请愿，他们在 15 世纪 50 年代的所有动荡与危险期间相对安宁地长大成人：埃德蒙和贾斯珀·都铎。1452 年 11 月，为了增加王室的人丁，这两个接近二十岁的都铎男孩被提升为贵族。埃德蒙被封为里士满伯爵，贾斯珀被封为彭布罗克伯爵。1453 年的议会宣布他们为国王的合法同母异父弟弟。拉丁文的请愿书在开头赞颂了凯瑟琳·德·瓦卢瓦太后的"著名事迹"，然后呼吁议会"高度尊崇太后陛下的子宫的所有果实"，也就是"两位高贵而辉煌的王子，哈德姆的埃德蒙和哈特菲尔德的贾斯珀，即最尊贵的太后陛下的合法儿子"。

这样的赞颂高调得不寻常："他们的个性极其高贵，天性特别高尚，"请愿书这样写道；他们还因为"其他的天赋、才华、绝妙的与超群的美德和其他值得歌颂的品质"而受到赞扬。尽管他们的血统一半是威尔士人，一半是法兰西人，没有一滴英格兰人的血，他们和他们的继承人占有土地和头衔的权利得到了确认。都铎兄弟自 15 世纪 30 年代末和 40 年代初在巴金修道院受教育以来，在历史档案中几乎没有留下任何印迹，如今突然被提升到贵族的前列，他们的高贵血统和与王室的亲缘关系得到大肆宣扬。为了刺痛约克公爵，从已经被彻底搞垮的威廉·奥德霍尔爵士那里没收的土地如今被封给彭布罗克伯爵贾斯珀，作为他的新地产的一部分。

差不多在同一时间，传来了更多喜讯。1453 年初春，因为不生育而长期遭到公众嘲笑的玛格丽特王后终于怀孕了。尽管分娩有困难而且当时的婴儿死亡率极高，现在有了真正的希望，很快会有一位直系王储为英格兰带来一个新的聚焦点，而任何关于贵族优先顺序的问题都会最终消散。王后很高兴，发现自己怀孕后立刻前往诺福克郡的沃尔辛厄姆，到当地著名的圣所向圣母马利亚感恩。亨利六世赏赐给他送来喜讯的仆人一块名叫"半百"的珠宝。整个英格兰喜气洋洋：就连约克公爵的妻子塞西莉（她与王后的关系比她丈夫和国王的关系更为亲近）也写信给玛格丽特祝贺，说她腹中的孩子是"这个国家及其人民能够得到的最珍贵、最可喜、最宜人的人间宝贝"。终于，经历了这么多痛苦、这么多纷争，上帝似乎终于开始对亨利六世国王的统治微笑了。

随后，1453 年 7 月 17 日，在卡斯蒂永（多尔多涅河畔的一座城镇，在波尔多以东仅 26 英里处）附近的原野，塔尔伯特率领的一支英军被让·比罗指挥的法军用大炮和骑兵歼灭。塔尔伯特是经历了半个世纪鏖战的高明老将，人称"英格兰的阿喀琉斯"和"法兰西人的克星"，他径直冲向法军暴风雨般的炮火，和数千部下一同战死。英军溃败，三个月后波尔多再度被法兰西人控制。对英格兰来说，这是自 1337 年开始的百年战争的最终且无可争议的失败。英格兰人知道这是一场灾难。对这个噩耗反应最强烈的是亨利六世本人。8 月，宫廷在西部各郡巡视时，亨利六世陷入一种神志不清的状态，人虽然醒着，却如昏迷一般没有意识，这是一种危害极大、令人恍惚麻痹的紧张性精神症，他这次发病一共持续了十五个月。英格兰一下子又没了国王。很快，疯狂不仅会淹没国王，还会吞噬他的王国。

9. 陷入疯狂

亨利六世疯病发作的时候，正待在索尔兹伯里附近的克拉伦登猎苑。这疯病来得非常突然、极其猛烈，尽管他的身体状况被隐瞒了好几周，但他总是不能恢复神志，所以最后就没有办法掩盖他病情极重的事实了。他身边的人对他的疾病没有具体的名字；他们只能描述其症状。其中一人写道："国王……突然陷入一种疯狂，他的神志和理智都消失了。"在另一人看来，他仅仅是"病了"。他变得生活完全无法自理，既没有理解力，也与周围的世界彻底隔绝，脑袋一片空白。他谁都不认识。他不能说话，也不能以任何方式对问题做出回答。他不能自己吃饭，不能自己洗澡，因为他控制不了自己的四肢，甚至不能自己抬头。他对时间没有概念。没有一个医生能让他动弹一下。没有一种药物能刺激他。[1] 他的外祖父法兰西国王查理六世也多次疯病发作，但查理的疯病让其痛苦尖叫、用屎尿涂抹自己，并疯疯癫癫地在王宫乱跑，而亨利六世却完全聋哑，如木雕泥塑。他是个完全虚无的国王。

即便神志正常的时候，亨利六世在政府当中也是个相当软弱无能的人。但现在他如此明显地病重，萨默塞特公爵和其余谋臣不得不面对一个严重问题。国王健康的时候，他就是一个虽然无用但毕竟活生生的傀儡，可以让一小群大臣借助他来合法地操纵政府。而如今国王完全没有理智和意志，这些大臣就没有办法以他的名义来统治了。国王的意志和本领就像个初生婴儿，这意味着又出现了类似亨利六世漫长的未成年时期的状

况。他可以说是在位，但没有任何能力理政。就像在 15 世纪
20 年代一样，现在需要的是一种集体对策。

　　尽管英格兰国内动荡不安，而且英属法兰西所剩不多的残
余部分需要不断打理，政府却一拖再拖，迟迟不从政治层面对
亨利六世的疾病做出回应。这可能有双重原因，一方面是希望
（尽管这希望很渺茫）他能恢复，另一方面是在等待王后生
产。1453 年 10 月 13 日，忏悔者爱德华（英格兰最神圣、最
受崇拜的圣徒之一，对王室也有特殊意义）的瞻礼日，在威
斯敏斯特宫的一个房间，安茹的玛格丽特生下了她的第一个孩
子，是个男孩。这孩子被取名为爱德华，这个帝王的名字不仅
与他出生的吉日有关，也追忆了往昔的光荣，即他的远祖爱德
华三世的时代。"于是，每一座教堂都响起钟声，唱起《感恩
赞》。"一位观察者如此写道。[2] 在爱德华王子的洗礼仪式上，
萨默塞特公爵担任他的教父。[3]

　　王子的出生是大喜之事，但也意味着不能再假装不知道孩
子父亲的恍惚状态了。现在必须建立一个行之有效的政府，而
且这个政府必须真正海纳百川。国王的精神崩溃与暴力冲突的
升级（尤其是在英格兰北部）发生在同一时间，并且后者很
可能是前者的促进因素。在约克郡、坎布里亚郡和诺森伯兰
郡，内维尔和珀西两家是争权夺利的竞争对手，他们之间长期
的敌对已经演化成差不多公开的战争。1454 年 8 月 24 日，埃
格勒蒙特男爵托马斯·珀西率领约 1000 人的军队伏击了托马
斯·内维尔爵士与莫德·斯坦诺普的婚礼宾客。冲突的直接原
因是继承方面的争议：美丽的莱索庄园和城堡曾属于珀西家
族，但托马斯爵士与斯坦诺普家族的女继承人结婚，会让莱索
转手到内维尔家族。但这只是大战中的一次小交锋：珀西家族

（颇有道理地）感到，内维尔家族在逐渐排挤他们，夺取北方第一大家族的地位。而这对中央政府来说也是个紧迫的问题。英格兰北部似乎处于内战边缘，萨默塞特公爵政府发出的停战恳求与指示都被双方置之不理。因为这起家族仇杀涉及该地区最强大的两个家族，除了国王之外没有任何权威能够阻止大规模的、灾难性的流血冲突。

爱德华王子出生之后，朝廷就召集所有高级贵族和教士尽快开会商议。起初想把约克公爵排除在外，但10月24日政府还是给他送去了一封信，"由国王"写给他"值得信赖、深受挚爱的亲戚"，请他从他的庄园尽快赶来伦敦开会。我们不确定谁写了这封信，因为它签的是亨利六世的名字。但是，送信的信使奉命请约克公爵暂时搁置他与萨默塞特公爵之间的"分歧"，并"和平地来参会，不要带太多随从"，因为此次会议的目的是确保"国内贵族之间的安定团结"。[4]

约克公爵于11月12日抵达威斯敏斯特，但他来的时候并不打算息事宁人。他的第一个举动是让他曾经的盟友诺福克公爵在会上猛烈炮轰萨默塞特公爵，又一次指控他丢失了在法领地，斥责他是卖国贼。诺福克公爵要求将萨默塞特公爵囚禁。在当前的混乱和危机之中，在他咄咄逼人的要求与威吓之下，在场的多数贵族表示同意。萨默塞特公爵被逮捕并送往伦敦塔候审。几天后，贵族们又一次在星室磋商，并分别"手按《圣经》"起誓，他们将"对国王忠贞不贰"。[5]受挫好几年之后，约克公爵终于占据了政府的中心。

不过他也受到了挑战。1454年1月，王后在生下爱德华王子之后身体恢复，开始夺权。玛格丽特长期以来和萨默塞特公爵与王室内廷联系紧密，政府的很多工作就是通过他们运作的，她的目的似乎是想尽一切办法与约克公爵争夺主导地位。玛格丽特和白金汉公爵汉弗莱把婴儿带到温莎城堡去见他父亲，但精神恍惚的亨利六世国王看到自己的儿子没有任何反应，"他们的努力全都白费了，因为没有得到国王的任何回答或认可，除了他看到王子又垂下眼帘，再也没有其他动作"。但很显然，玛格丽特拥有小王子就有机会建立自己的势力，与约克公爵分庭抗礼。在新的一年，她发表了"一份宣言，共五条"，要求"获得全国的统治权"，以及任命所有朝廷要员、郡长、主教的权力，并"给她提供足够的生活费，以维持国王、王子和她本人的生活"。[6]

玛格丽特的举动很大胆，但并非没有先例。尽管在 15 世纪女性统治者不常见，但也不是闻所未闻。英格兰历史上就有一些例子：1327～1330 年，伊莎贝拉太后为儿子爱德华三世摄政；在她之前，阿基坦的埃莉诺在丈夫亨利二世和儿子狮心王理查在位期间曾获得非常广泛的统治权。或许更有关联的是，玛格丽特早年曾目睹自己的母亲和祖母在勒内公爵被囚禁期间接管安茹和那不勒斯①的统治权。[7] 但在 1453 年的危机中，英格兰诸侯（以及平民议员）最不希望的，就是试验一种新的女性统治模式。玛格丽特的宣言书被礼貌地拒绝。为了安抚她，1454 年 3 月 15 日，五个月大的爱德华王子被封为威尔士亲王和切斯特伯爵。权贵们只愿意向王后妥协这么多。

① 此处那不勒斯不仅仅是指那不勒斯这座城市，而且还指那不勒斯王国（今日意大利的南半部分）。当时，那不勒斯女王让娜二世膝下无子，先认阿拉贡国王阿方索五世为义子，立他为继承人；后来又立安茹公爵路易三世（勒内的哥哥）为继承人。路易三世去世后，弟弟勒内继承了对那不勒斯王位的主张权。勒内作为那不勒斯国王的在位时间是 1435～1442 年，后被阿方索五世驱逐。

一周后，玛格丽特的亲密盟友坎普红衣主教（坎特伯雷大主教和英格兰大法官）去世了。绝望之下，诸侯向国王派去一个新的代表团，看能否请他对新大主教的人选做出指示。议会对国王的身体状况关心备至，而诸侯给议会的报告仍然是，他们"从国王那里得不到任何回答或示意"。诸侯离开时"心情悲怆"。[8]政权危机愈发严重。3月27日，议会的贵族们同意选举约克公爵理查为护国主和主要谋臣。他攀升到了权力峰顶。

很多人对约克公爵是否适合担任护国主持有很大的保留意见。他们害怕的事情并没有成真。尽管他任命索尔兹伯里伯爵理查·内维尔（内维尔家族的族长，他们家族与珀西家族的仇杀正将北方撕裂）为新任大法官，但约克公爵的政府总体来讲努力做到严苛、一视同仁和公正。约克公爵亲自去北方，认真调解内维尔家族和珀西家族之间的纷争。在此期间，他将自己的女婿，凶狠而无能的埃克塞特公爵亨利·霍兰囚禁在庞蒂弗拉克特城堡，以惩罚他参与北方的内战、直接违背了维护并尊重"王室权威"的誓言。所有诸侯在国王患病期间都发过这个誓言。

约克公爵任命自己为加来总司令并继续担任爱尔兰总督，但这些举动是非常自然的，并且有利于强有力的领导，而不是他在争权夺利。他向其他一些人做了不论党派、一视同仁的小规模封授：王后、白金汉公爵、贾斯珀和埃德蒙·都铎在约克公爵担任护国主期间都得到了土地或官职，而与他更亲近的人，比如索尔兹伯里伯爵的长子沃里克伯爵（也叫理查·内维尔）却什么也没得到。[9]但约克公爵的安定团结政策在某一个重要方面失败了：他没能将自己与萨默塞特公爵埃德蒙·博福特的关系正常化。整个 1454 年，萨默塞特公爵仍然被囚禁在伦敦塔。他通过一个卧底间谍的网络密切追踪外面的局势："间谍进入国内每一个领主的家宅：有的冒充修士，有的乔装打扮为水手……还有其他的伪装；他们向他报告自己的所见所闻。"[10]如果杀掉萨默塞特公爵，那就是个灾难性的无法挽回的举动。所以他能在狱中研究形势并等待时机，希望命运之轮很快会翻转。

＊

1454 年圣诞节，亨利六世在疯病发作一年多之后，终于清醒了。他的理智迅速恢复，就像当初一下子就消失一样。圣诞节两天后，他命令自己的慈善活动官员向坎特伯雷圣所馈赠感恩礼物。12 月 30 日，星期一，玛格丽特王后把十四个月大的王子带来见父亲。亨利六世"问王子的名字是什么，王后告诉他是爱德华；然后他举起双手，感谢上帝"。他对自己神志不清期间的任何话、任何事情都记不得。但他恢复了健康，似乎特别高兴。大臣们发现他又一次能"像过去一样"正常地与他们谈话了，他们"喜极而泣"。[11]

约克公爵并不为此感到高兴。亨利六世的恢复不仅仅意味着约克公爵的护国主任期结束，还直接导致他在过去一年里的几乎所有举措都被逆转。1455 年 1 月 26 日，萨默塞特公爵获释；3 月 4 日，针对他的叛国指控被撤销。约克公爵于 2 月 9 日被正式免去护国主职位。为了彻底驳斥约克公爵对萨默塞特公爵的主要指控——后者在与法兰西打交道时玩忽职守、卖国求荣，约克公爵还被免去加来总司令的职位。这个位置被交给萨默塞特公爵。约克公爵的盟友索尔兹伯里伯爵理查被迫辞去大法官职务。3 月中旬，索尔兹伯里伯爵的儿子沃里克伯爵被勒令将亨利·霍兰（喜好搞阴谋诡计且好斗成性的埃克塞特公爵）从庞蒂弗拉克特的监狱（他被囚禁在这里纯属罪有应得）释放。

随着萨默塞特公爵及其盟友迅速返回自己在政府和国王身边的旧位置，约克公爵和内维尔家族不得不离开宫廷。尽管护国主在国王疯病发作期间真心实意地努力维持政府，他如今却被剥夺了职位、权威和尊严，仿佛他是个篡位者。约克公爵能够从中得出的唯一结论就是，只要萨默塞特公爵在国王身边，他（约克公爵）就会永远被视为王室的敌人；他会永远得不到自己应得的地位，仿佛他只不过是个流氓和叛贼。国王和诸侯议事会命令约克公爵与萨默塞特公爵在 6 月之前保持和平，否则罚款 2 万马克。但和平已经不可能维持了。现在，约克公爵和内维尔家族一起北上，去采取现在他唯一能采取的行动：他开始集结一支军队。

约克公爵和内维尔家族（领导人是索尔兹伯里伯爵和他的儿子沃里克伯爵）现在开始缔结并肩作战的友谊。他们三人加在一起，就控制了英格兰北部的很大一部分，而且因为内维尔家族和珀西家族长期斗争、处于战备状态，他们的盟友轻松地在 1455 年春季集结了一支小规模军队。按照他们自己的说法，他们"在各郡拥有强大兵力、许多甲胄和作战装备"。[12] 值得注意的是，约克公爵集结军队的目的是铲除萨默塞特公爵和国王身边的"卖国贼"；在他脑子里，他绝没有反叛亨利六世本人，更谈不上代表自己的家族与亨利六世争霸了。但为他效力的很多人能不能理解这种微妙的差别，就值得怀疑了。无论如何，他们在 4 月和 5 月匆匆集结，而约克公爵和内维尔家族动员的消息很快传到了位于威斯敏斯特的宫廷和御前会议，不过他们可能还不知道动员的规模有多大。

在这关头，萨默塞特公爵惊慌失措，优柔寡断。尽管伦敦市民普遍更喜欢约克公爵而不是他，他此时显而易见的行动方案应当是组建一支王军，准备保卫都城，并让 1452 年达特福德的冲突重演。然而，他却决定将国王内廷和侍奉国王的贵族转移到北方。朝廷在莱斯特（在国王的私人领地——兰开斯特公爵领地的核心位置）召开一次大会，这算不上议会，不过开会的传唤书被发给英格兰很大范围内的许多贵族，以及一些精心挑选的估计会支持萨默塞特公爵政权的骑士。[13] 约克公爵及其盟友也受到邀请，所以达特福德事件的至少一个方面可能会重演：政府希望迫使萨默塞特公爵与约克公爵达成新的和解，并极有可能让约克公爵再次尴尬地公开宣誓效忠，就像当初他在圣保罗大教堂被迫宣誓那样。[14] 这可不是约克公爵愿意接受的。他可能还想到了格洛斯特公爵汉弗莱的命运，汉弗莱于 1447 年奉命去参加贝里圣埃德蒙兹的议会，然后就再也回不来了。

在莱斯特完全有可能发生武装对抗。5 月中旬，国王及其支持者在开始北上的时候，向沿途的贵族和市民发出了指示，要求他们十万火急地给国王送来武装人员，"不管我身在何处"。[15] 兵力集结地点是赫特福德郡的圣奥尔本斯镇，它在伦敦与莱斯特之间的道路之侧，去那非常方便。5 月 20 日，星期二，早晨，国王及其随从从威斯敏斯特出发，沿着这条道路行进。先于他们出发的信使奉命给约克公爵、索尔兹伯里伯爵和沃里克伯爵送信，要求他们立即解散自己的军队并前来拜见国王，内维尔父子带的随从不得超过 160 人，约克公爵带的随从不得超过 200 人。

约克公爵和内维尔父子收到信的时候，他们已经抵达罗伊斯顿（剑桥西南几英里处的一个城镇），这里距离圣奥尔本斯不到一天的骑马路程。他们对解散军队的命令的回应，是给取代索尔兹伯里伯爵的新任大法官（坎特伯雷大主教托马斯·鲍彻，四十四岁）写了一封信。他们写道："我们听说，关于我们的前来，关于我们对最尊贵的国王陛下的立场，出现了很多谣言和疑惑。"约克公爵及其盟友必须把自己宣示为全民福祉的真正捍卫者，他们反对的是萨默塞特公爵的奸诈政府（而不是国王），所以他们又补充道："在上帝的佑助与怜悯之下，我们的唯一目的是达成我们的君主及其土地与人民的愉悦、荣誉、繁荣和福祉。"听起来更为阴森的是，约克党人向大法官承诺，为了王国的利益，他们将做一切"与我们的责任相符的事情，以保卫国王的高贵人身。为了这个目标，我们不惜奉献我们的生命和财产"。

当这封信送到大法官鲍彻手里时，国王一行已经离开了威斯敏斯特。亨利六世身边的人其实算不上一个统一的派系：侍奉国王的人政治立场五花八门，那些人包括他忠诚的同母异父弟弟彭布罗克伯爵贾斯珀·都铎，诺森伯兰伯爵亨利·珀西（珀西家族的族长），立场较为独立的白金汉公爵汉弗莱，约克公爵曾经的盟友德文伯爵托马斯·考特尼和索尔兹伯里伯爵的兄弟福肯贝格男爵威廉·内维尔。其他的大贵族包括威尔特郡伯爵、克利福德男爵、卢斯男爵、休德利男爵、达德利男爵和伯纳斯男爵。或许是考虑到可能发生冲突，玛格丽特王后被留在都城，而且只有一名主教与国王同行，不过有好几位主教可能在后面保持着安全距离跟随着。国王一行人出了伦敦，5月21日（星期三）黄昏在圣奥尔本斯以南7英里处的沃特福德借宿。第二天拂晓，他们起床，继续行进，打算早点进入圣奥尔本斯城，以便安顿下来，在当地雄伟的修道院用午餐。但天亮之后，来了一名信使，送来了令人警觉的消息：约克公爵及其军队就在附近，他们前一夜在韦尔镇扎营，不仅在通往圣奥尔本斯之路上走在国王前面，而且据说有约 3000 人之众。国王的队伍则接近 2000 人。

国王一行人感到可能会发生武装摊牌或者正面对垒，于是立刻开始行动。他们急需促成和解。22 日（星期四）清晨，萨默塞特公爵突然被免去英格兰司厩长职务，他原本是通过这个职务来指挥国王的军队的。接替者是白金汉公爵汉弗莱，他是国王身边最资深的公爵，有资格代表王室利益，但远远不像萨默塞特公爵那样招约克公爵和内维尔父子讨厌。白金汉公爵似乎相信自己能够避免流血并通过谈判达成妥协。

国王的队伍骑马前往圣奥尔本斯，于大约上午 9 点抵达。约克党人比他们早到两个小时，驻扎在城镇中心以东不远处的吉费尔德。"他们的队伍中有许多骑士和骑士侍从"，他们在圣奥尔本斯市中心的圣彼得大街（在修道院教堂的巍峨剪影之下）时，国王一行人可以清楚地看见他们。[16] 市民们意识到自己的生命和家宅处于危险中，于是做了防御准备，在这个没有城墙的城镇周围设置了街垒。一些忠于国王的骑士赶来增援市民。上午 9 点到 10 点之间，信使在两个阵营之间穿梭，试图谈判并和解。

国王那边的谈判代表是白金汉公爵和萨默塞特公爵，他们声称自己直接代表国王。亨利六世不大可能非常清楚当时在发生什么：他没有读到约克公爵原先的请愿书，而谈判的第一阶段就是，约克公爵要求将他之前发来的信送给国王御览。亨利六世可能已经从疯病中恢复，但他在圣奥尔本斯扮演的角色仍然是消极被动和象征性的。

自达特福德事件以来，约克公爵的主要要求没有变，而且更加坚决。他想要抓住萨默塞特公爵，并打算使用一切手段来抓捕他。白金汉公爵对此没有对策，只能拖延时间，等待王室队伍后方的主教们赶来，并等待之前从周边地区征调的增援部队抵达。他请求约克公爵将其部下转移到附近的城镇过夜，同时派合适的代表继续谈判。他还坚决拒绝交出萨默塞特公爵。

我们永远不能知道约克公爵是否愿意继续谈判到第二天了。上午 10 点左右，在谈判还尚未结束时，沃里克伯爵的部下厌倦了等待，开始攻击城镇边缘的街垒。在圣奥尔本斯城内，王旗在王军头顶上升起。谈判结束。战斗开始。

街垒的防御指挥官是克利福德男爵托马斯，他是一位经验丰富的军人，曾在北方服役，在边境地带与苏格兰人作战。根据后来的推测，他在圣奥尔本斯的街垒部署了"强大兵力"，可能守卫了城外防线大约一个小时。[17]但约克公爵拥有兵力优势，到 11 点战局就变得有利于进攻者。沃里克伯爵率领一支队伍从侧翼推进到一条叫圣井大街的主要街道上，它通向国王一行人所在的圣彼得大街。沃里克伯爵的队伍推倒了栅栏，拆毁了房屋墙壁，最后在"钥匙客栈"和"跳棋客栈"之间取得突破。他们的人马从这个突破口拥入城镇，奏响号角，扯着嗓子呐喊"沃里克！沃里克！沃里克！"他们一看到王军，就"勇敢地猛扑过去"。[18]

圣奥尔本斯很快就被约克军占领。令人惊讶的是，白金汉公爵和萨默塞特公爵似乎都没有料到街垒会如此迅速地失陷，因为当城镇的警报钟声急促响起、战斗从一条街蔓延到另一条街时，守军大多还在手忙脚乱地穿上铠甲。他们毫无防备，被打得措手不及。约克公爵的盟友之一罗伯特·奥格尔爵士率领数百士兵杀入集市，刀光剑影，箭矢嗖嗖，短暂的战斗很快就以约克军的胜利告终。从突破街垒开始，战斗仅仅持续了半个小时。但这仍然是一种震撼人心的体验。

国王本人处于混战的中心，他那苍白的圆脸上写满恐惧，因为亨利五世的儿子到三十三岁时还从来没有经历过围城或战斗的混乱。和他手下最优秀的贵族一样，他的甲胄也没有准备好，一支流矢擦伤了他的脖子，不过他幸运地逃得性命。（"天哪，天哪，"据说国王这样发话，用了他最喜欢的也是唯一一句脏话，"你们竟敢这样攻击一位受膏的国王。"）[19]为了保护他的生命（哪怕不是为了维护他的君主尊严），亨利六世被塞进附近一座鞣革匠小屋，他就藏在那里，等待战斗结束。他离开的时候，他的旗帜（在每一场战斗中，官兵都要誓死捍卫王旗）被轻松地掀翻在地，守卫王旗的士兵作鸟兽散。

在这个臭气熏天的藏身处只待了一会儿，亨利六世就被俘虏并被带到修道院的安全地带。约克公爵的部下没有丝毫要伤害他的兴趣，因为公爵的政治运动的一个关键元素就是，他是在为国王而战，而不是在敌对国王。但亨利六世的伙伴就没有这么幸运了。约克公爵和内维尔父子来到圣奥尔本斯，就是为了消灭他们的敌人。在他们制造的混乱中，他们终于能达到目的了。到正午战斗结束的时候，大街上躺满了满身血污、呻吟不停的伤员。双方作战人员很多，加起来可能有约5000人，所以只有不到60人死亡还挺让人吃惊的。但死者中有三个重要人物。首先是克利福德男爵托马斯，在战斗的第一个小时里，他曾勇敢地防守城镇。第二个是诺森伯兰伯爵亨利，他是珀西家族的族长，所以也是内维尔家族的主要敌人。第三个死者是他们当中最令约克公爵憎恨的人：萨默塞特公爵埃德蒙·博福特。

萨默塞特公爵参加了圣奥尔本斯战役的全程。尽管他可能是个倒霉的将领，但他至少在法兰西长期作战，见惯了军事行动。记载此役的好几部编年史说，在国王被带往修道院、圣彼得大街上的战斗快要结束的时候，萨默塞特公爵被打退到一家挂着城堡图案招牌的酒馆。他的儿子亨利·博福特（十九岁，已经是一个勇敢的武士）在他身旁。威尔特郡伯爵怯懦地（不过也可以说是务实地）乔装打扮为僧人逃离了战场，而博福特父子死战到底。年轻的亨利·博福特在战斗中身负重伤，被人用大车载着拖走，离开了圣奥尔本斯，奄奄一息。但他的父亲没有这么幸运。整个冲突就是因他而起，他从一开始就成为重点的攻击目标。最后他被敌人打败并被拖出酒馆，在大街上被乱剑砍死。他死了，战斗也就结束了。杀红了眼的约克军士兵仍然在大街上横冲直撞，但这已经是一场武装的发飙，而不是有目的的战斗了。在修道院教堂高高的穹顶之下，约克公爵、索尔兹伯里伯爵和沃里克伯爵恭恭敬敬地将亨利六世带到圣奥尔本的圣龛前，然后请求他接受他们为忠实的臣民和谋士。国王当然别无选择，承认这些贵族"保护了他的安全……并同意接受他们的节制"。[20] 随后，约克公爵立即下令停止修道院外的一切暴力活动。他的命令最终得到服从。但过了一段时间之后，才有人大着胆子将萨默塞特公爵和圣奥尔本斯大街上其他死者的尸体收走。这个凶暴而动荡的日子，将在随后两代人时间里给英格兰留下污点。

*

亨利六世于 5 月 23 日（星期五）被约克党人送回伦敦并安顿在威斯敏斯特宫的国王套房内，随后又被转移到主教宫殿。次日，他被带去伦敦城游行，"备受尊崇……约克公爵骑马走在他右侧，索尔兹伯里伯爵在他左侧，沃里克伯爵捧着御剑"。5 月 25 日，星期日，在圣保罗大教堂的一次仪式中，国王隆重地落座，约克公爵为他奉上王冠。[21]这一切都展示出威严和帝王权威，但这比过去更虚假了。因为即便可以用隆重的排场向公众展示他，说他是"国王，不是囚徒"，在圣奥尔本斯得胜的三位贵族陪在他身旁，但很显然，亨利六世比以往更加是个傀儡。[22]

与此同时，约克公爵努力第二次建立自己的权威，担任国王的主要谋臣和英格兰的实际统治者。圣奥尔本斯战役的故事开始传播。这些故事在英格兰口口相传，也越过了海峡：几天后，这场冲突就成了全欧洲外交界谈论的话题。1455 年 5 月31 日，米兰大使（他在这个月早些时候离开了伦敦）从布鲁日写信给拉文纳大主教，报告了"不愉快"的消息，即在英格兰，"许多贵族卷入了冲突"。"是约克公爵及其追随者造成的"，大使这样写道，并记述了萨默塞特公爵及其盟友的死伤。但如果说这场暴力冲突令人震惊，大使的报告里也有一种老到的务实。他写道，约克公爵"现在会再度执掌政府，有些人认为这个王国的事务现在会好转。如果是这样，我们可以忍耐这些不方便之处"。三天后，大使发来新的报告，证实了他之前的说法。"和平降临，"他写道，"约克公爵控制政府，人民对此非常高兴。"[23]

即便果真如此，这种局面也维持不了多久。

第三部

空王冠

（1455～1471）

我悄悄与国王陛下谈了英格兰局势……

他叹气道，没有办法抵抗命运。

——佛罗伦萨的斯福尔扎·德·贝蒂尼，

米兰驻路易十一宫廷的大使[1]

10. 最高贵的公主

1456 年时，考文垂是英格兰最富裕、人口最稠密的城市之一。除了伦敦之外，只有布里斯托尔和诺里奇比考文垂更大、更繁荣。考文垂繁忙的布匹市场是一个自豪而欣欣向荣的社区的心脏，该社区的成员有的生活在最近翻修过的城墙之内，有的居住在城墙之外。城墙外有一条护城河，城市的三面有装饰华丽的古老城门。舍伯恩河蜿蜒地从南侧城墙下流过，英格兰三条交通最繁忙的道路在以考文垂为圆心的 20 英里范围内通过。考文垂拥有繁华的城市中心的所有特征：优雅的教堂和一所文法学校；供游客与旅行者歇脚的客栈，挂着"天鹅"和"熊"的招牌；一座雄伟的市政厅，建在三百年前被毁的一座城堡的地基上；两家医院和一家隐修院；属于当地权贵与商人的市区豪宅；还有四家宗教机构，其中一个是唱诗班修道院，它发出的声音规定了日常生活的宗教节律。在市区的东南角，有一片难得的开阔地：曾属于城堡的葡萄园。人口密集的郊区从城墙脚下延伸出去，该地区好几条水道经常淹没的沼泽地当中零星点缀着一些房舍。这是一个活力四射的贸易与权力中心，与境外也有紧密联系。[1] 这是一个适合国王居住的地方，更重要的是，适合王后居住。

1456 年 9 月 14 日，安茹的玛格丽特隆重进入考文垂。她带来了年幼的爱德华王子，此时距离他三岁生日还有一个月。亨利六世（丈夫、父亲，并且还是英格兰国王，尽管他的存在感很弱）于几天前在家人的前头来到了这座城市。他此时的模样很难让人肃然起敬。疾病让他比以往更加羸弱：他仍然虔诚，很容易被掌控着他的任何人影响，现在身体还很虚弱，容易疲劳。亨利六世只有三十四岁，但十多年的批评和失望已经让他变得可怜兮兮。他已经开始在威斯敏斯特为自己准备陵寝，有时他仿佛已经准备好要爬进去了。从远方观察英格兰的教皇庇护二世后来描述这个阶段的亨利六世是"比女人更胆怯的男人，完全没有理智和精气神，把一应事务都交给妻子打理"。[2]

所以，亨利六世到考文垂的时候没有什么排场，而玛格丽特抵达时却大摆排场、极尽炫耀。这座城市的神秘剧①很有名，市民使出了浑身解数来庆祝王后驾临。自丈夫的健康严重衰败之后，她已经成为英格兰政治舞台上最令人生畏的角色之一。她进城的时候，打扮成以赛亚、耶利米、圣爱德华、圣约翰和亚历山大大帝的演员，以及扮演七美德②和九位伟人的伶人，用诗歌（水平一般）欢迎她。她被赞颂为"拥有王室血统的最高贵的公主"和"崇高的皇后、王后与公主三位一体"。（扮演以色列人国王约书亚的演员歌颂她为"我能想象得到的最崇高的女士"。）她的儿子爱德华也得到了类似的讴歌：忏悔者圣爱德华的扮演者称自己年幼的同名人为"我的灵魂之子，我挚爱的孩子"，而圣约翰的扮演者感恩称"爱德华王子有德的声音将越来越洪亮"，亚历山大大帝（历史上最

---

① 神秘剧（mystery play）是中世纪欧洲最早期的戏剧形式之一，一般讲述圣经故事，有伴唱。

② 在天主教里，七美德是七种高尚的德行：谦卑、宽容、耐心、勤勉、慷慨、节制、贞洁。与七宗罪（傲慢、嫉妒、愤怒、怠惰、贪婪、暴食及色欲）相对应。

伟大的军事家国王之一）的扮演者则给亨利六世奉上了令人难以置信的头衔"世上有过的最高贵君主，命运赞颂你……君主亨利，皇帝与国王"。这只不过是个象征性的表达，因为这场盛大演出主要赞颂王后的威严。表演的最后一段是圣玛格丽特登上舞台，用"一个奇迹"斩杀巨龙。[3]玛格丽特对自己看到的景象显然很满意。她会和国王、王子与内廷一起在考文垂停留随后一年的大部分时间，在之后的十年里还经常回来。尽管英格兰的官僚机器留在威斯敏斯特，实际上统治国家的场所在中部地区。

圣奥尔本斯战役之后，玛格丽特的权力与日俱增。她时年二十六岁，已经是一位成熟而有经验的公共人物，自信、能干，并且与庞大的支持者和盟友的圈子联系紧密。最重要的是，她控制着王储爱德华。正是通过她自己作为王后的影响力和小王子监护人的身份，她开始将自己打造为一个权力核心，与约克公爵理查对抗。

在15世纪时，女性往往不能直接行使政治权力。当时的政治思想认为女性软弱、歇斯底里并且从体质上就无法承担王权的基本职责，如不能骑马上战场、挥舞战斧、向敌人开战。女性统治被认为是牝鸡司晨的非自然现象，而女性单方面攫取权力的事例很少，通常也以失败告终。但玛格丽特可不是这么想的。她在安茹长大，亲眼看见自己的母亲和祖母在她父亲长期被囚期间管理他的领地，以男人的名义统治，行使"他的"权威，但事实上是她们自行决断。那么，她在英格兰为什么不能这么做呢？要么是以她丈夫的名义，要么是通过她儿子。

约克公爵在圣奥尔本斯得胜之后的政策是建立第二个护国主政府，与国王疯病发作期间的那个类似。他于1455年11月

15 日被正式任命为护国主，随后四个月的时间里竭尽全力地行使王室权威，维护贵族团结，妥善治理国家。但是，约克公爵第一次担任护国主期间，国王显然完全没有治国能力；而在他第二次担任护国主期间，他却是在没有紧迫需求的情况下代行王权。

他必须重赏他的内维尔盟友，是他们帮助他除掉了萨默塞特公爵。沃里克伯爵理查获得了加来总司令职位和威尔士的大片土地，萨默塞特公爵曾在那里拥有土地和头衔。鲍彻家族也得到了高官厚禄，但其他家族就很少获益，所以给人的印象就是，第二个护国主政府是一个小圈子，而不是约克公爵真诚地幻想自己能够创建的那种国民事业。在约克公爵挑起暴力冲突之后，政治变得更加紧张和充满派系斗争。尽管他取得了一些成功（镇压了考特尼和邦维尔家族的一些最过分的恶行，恢复了西南部的秩序），但这还不足以让全国人民相信，打着亨利六世旗号的约克党政府就是解决问题的良方。

1456 年年初，约克公爵遇到了很大困难。议会要求实施一次新的全面的"重新占有"行动，将之前封授出去的王室土地收回，以改善国王的财政。既然约克公爵的使命是给王国政府带来秩序与稳定，那么他就要支持"重新占有"政策，并尽力劝说其他贵族也支持。但在这方面，他发现自己的支持者群体极小。大家对他的护国主政府十分冷漠，他肯定也没有办法在全国范围内劝说那些曾经从王室封赏的土地中获利的人心甘情愿地放弃这些土地，并且他们还没有希望得到补偿。很多英格兰诸侯拒绝支持该法案，约克公爵觉得自己别无办法，只能于 1456 年 2 月 25 日辞去护国主的职务。这年夏季，他继续努力参政，在苏格兰国王袭掠北方边境时组织军事防御，并努力处置威尔士的若干骚乱地区。但他的权威在迅速流失。在公共场合，他遭到嘲笑：9月，有人在伦敦的弗利特街悬挂五个狗头，每张狗嘴里都叼着一首针对约克公爵的讽刺诗，"那个人人仇恨的家伙"。到秋季时，显而易见，他的统治结束了。他的盟友和支持者开始被免职，并被忠于玛格丽特王后的人取代。[4]

从1456年年底开始，王后开始干政。一个在约克公爵第二次担任护国主的末期观察伦敦局势的人给东安格利亚的骑士约翰·法斯特尔夫爵士写信称："王后是个伟大的女人，收到很多请愿，因为她不遗余力地为了自己的权力而奋斗。"[5]一位在多年后写作的编年史家称："国家治理主要由王后及其议事会承担。"一个约克党人则认为，王后"随心所欲地统治国家，积累了不计其数的财富"。[6]有传闻声称，她企图劝丈夫退位、让位给年幼的儿子，然后她就可以更加牢固地控制傀儡国王。

玛格丽特反对约克公爵的部分原因是私怨。约克公爵在1455年的举动深深冒犯了王后。不管约克公爵的主张在法律上多么精妙，玛格丽特不能忘却的事实是：他征集了一支军队，把两位贵族（其中之一是她的朋友萨默塞特公爵）杀死在圣奥尔本斯大街上，并把国王当作俘虏抓回伦敦。约克公爵则怨恨王后的干政和夺权。一个女人，而且是法兰西女人，居然夺走一位宗室公爵的天然地位，这是完全无法接受的。何况，这个女人似乎对他恨不能寝皮食肉，并且一心要破坏他掌握政权的努力。两个阵营的关系这么紧张，丝毫不奇怪。

1457年，玛格丽特在中部各郡扩充自己的势力，把忠诚的内廷人员任命到儿子的议事会，并竭尽全力地用官职和其他方式（如婚姻）来提携自己信赖的盟友。于是，1457 年，亨利六世的同母异父弟弟彭布罗克伯爵贾斯珀·都铎被任命为卡马森和阿伯里斯特威斯的司厩长，这些威尔士官职前不久还在约克公爵自己手里。同时，贾斯珀的兄长里士满伯爵埃德蒙·都铎成为王后在威尔士南部的利益的代言人，他忙着与约克公爵的亲信威廉·赫伯特爵士和沃尔特·德弗罗爵士厮杀。

埃德蒙·都铎通过婚姻得到了很大的提升，他在 1455 年秋季娶了玛格丽特·博福特，已故第二代萨默塞特公爵的十二岁侄女，也就是蒙羞而死的（可能是自杀的）第一代萨默塞特公爵约翰·博福特的女儿。约翰死时，女儿才一岁。玛格丽特·博福特是英格兰最富有的女继承人，她嫁给埃德蒙·都铎给后者带来了巨大的财富和权力。到 1456 年时，玛格丽特怀孕了，但埃德蒙·都铎永远不会见到自己的孩子。他被约克公爵的亲信囚禁在卡马森城堡一个短暂时期之后，于 1456 年 11 月 1 日死于瘟疫。将近三个月后的 1457 年 1 月 28 日，在彭布罗克城堡，十三岁的玛格丽特吃尽苦头才生下了一个儿子，取名为亨利·都铎。即便在女孩结婚和生育很早的年代，十三岁的年纪当母亲也是太早了。分娩可能给玛格丽特的身体和精神都造成了很大创伤，她以后再也没有生育过。

与此同时，玛格丽特王后并非仅仅恩宠那些亲近王室阵营的人。约克公爵及其盟友被排挤出御前会议，并被坚决阻拦在宫廷之外，但他们在第二次护国主政府垮台之后并没有被完全孤立。约克公爵再次被任命为爱尔兰总督，任期十年。而且他的一些土地和官职被移交给都铎兄弟等人之后，他的损失得到了金钱补偿。1457 年夏季，朝廷担心法兰西人图谋进攻英格兰沿海地带，约克公爵及其朋友奉命召集步兵和弓箭手去保卫国家。约克公爵的女儿伊丽莎白嫁给了十五岁的萨福克公爵约翰·德·拉·波尔，也就是被谋杀的威廉·德·拉·波尔的独生子。同样，王室慎重地给了内维尔家族一些好处。索尔兹伯里伯爵被任命为国王的兰开斯特公爵领地北部某些地区的总管，他还获准参加针对苏格兰的防务。索尔兹伯里伯爵的儿子沃里克伯爵被允许继续担任加来总司令，控制着那里的大批驻军。考虑到法兰西的微妙局势，这是个关键的职位。所以，玛格丽特王后排挤约克公爵产生了一些紧张气氛，但也有希望达成谨慎的和解，这种希望可能来自国王的努力，他在政府里唯一明显的作用就是虔诚地、头脑简单地希望大家一团和气。1458 年 3 月 25 日，在伦敦，王室举行了一次奇怪的游行活动，叫作"友爱之日"。

*

圣奥尔本斯战役中保王党阵营的那些死者，是不会被轻易淡忘的。萨默塞特公爵埃德蒙·博福特和诺森伯兰伯爵亨利·珀西都有儿子和继承人，他们满腹怨恨地决心为自己家族的损失复仇。第三代萨默塞特公爵亨利·博福特在 1456 年二十岁，曾在圣奥尔本斯战役中与父亲并肩作战，身负重伤，侥幸逃生。第三代诺森伯兰伯爵小亨利·珀西三十六岁，他和弟弟埃格勒蒙特男爵托马斯一道，对内维尔家族恨之入骨。众所周知，这些年轻人和他们的朋友对约克党人抱有"憎恨和愤怒"，这种局面对王国未来的稳定非常不利。[7] 亨利六世，或者说他身边的人决定，不能允许血仇和私人仇隙演化成更多的凶残暴力冲突，两边应当携手共铸和平，并在国王的祝福下缔结友谊。

宫廷于 1457 年秋天从考文垂搬回东南部，并于次年年初在伦敦召开了一次大会。到 1458 年 1 月底，城里最大的客栈已经住满了贵族和他们的大群武装侍从。约克公爵带来了 400 人，住在自己位于城内的宅邸贝纳德城堡。索尔兹伯里伯爵带来 500 人，他的儿子沃里克伯爵从加来带来 600 名追随者，全都穿"红衣，绣有边缘参差不齐的木杖图案"，那是沃里克伯爵的私人徽记。[8] 他们的竞争对手带来的人马更多：萨默塞特公爵亨利和埃克塞特公爵一起带了 800 人来伦敦，随后还有珀西家族的人——诺森伯兰伯爵、埃格勒蒙特男爵、拉尔夫·珀西爵士，以及克利福德男爵约翰，他的父亲托马斯也在圣奥尔本斯战役中为国王战斗而阵亡。这些北方诸侯带来了 1500 人的强大队伍。3 月初，国王和王后来到威斯敏斯特为会议开幕的时候，伦敦活像个战区。市政当局安排了彻夜警卫，禁止公开携带武器，并派遣武士到大街小巷巡逻，努力维持和平，而数千名王军弓箭手在城内外驻扎，守卫着从萨瑟克到豪恩斯洛的整个泰晤士河走廊。

杀气腾腾，气氛紧张，不过好在大会安宁地开幕了。在冗长的讨论之后，约克党人和他们的年轻一代竞争对手达成了协议。约克公爵和沃里克伯爵同意为失去亲人的家庭提供相当数额的赔偿金，并付钱给圣奥尔本斯修道院，让僧人为死者举办安魂弥撒，这种仪式据说能加快死者灵魂通过炼狱的速度。内维尔和珀西两家都同意接受一项契约，双方和平相处十年，一旦违反，罚金为 4000 马克。这个契约正式签订之后，3 月 25 日（一般被称为圣母日，即圣母领报日①），达成和解的诸侯公开展示了他们之间新缔结的友谊。

---

① 圣母领报日就是大天使加百列告诉圣母马利亚，她将生下上帝之子。

在伦敦高度军事化的大街上，他们用相当让人吃惊的方式游行，每位诸侯都挽着他最仇恨的人的手。游行队伍的最前方是朝气蓬勃的萨默塞特公爵，他与老索尔兹伯里伯爵手挽手。他们后面是埃克塞特公爵，他与沃里克伯爵带着和谐的兄弟情谊一同前进。后面是最怪异的一对：玛格丽特王后和她的不共戴天之敌约克公爵理查。在他们所有人的背后是略显滑稽的亨利六世国王，他没有挽任何人的手。他是"友爱之日"的主持人，也是他那分裂王国的所谓的和解促成者。游行队伍威风堂堂地走向圣保罗大教堂令人目眩的尖塔，这一天教堂内"摩肩接踵"，举行了感恩礼拜，因为和平终于降临到英格兰。随后还在伦敦塔和位于格林尼治的属于王后的城堡举办了一系列比武大会以庆祝和平。但如果"友爱之日"的目的是让观察者觉得两群贵族现在缔结了友谊，目光敏锐的人会注意到，贵族之间的分歧（在圣奥尔本斯，分歧被血染红）事实上被这所谓的和解（他们被迫重新体验之前的悲剧，然后排好队伍，在群众面前游行，仿佛是两个体育竞赛队）变得更加犀利和极端。

1458 年，政府仍然因为财政困难而举步维艰。"友爱之日"过后，玛格丽特王后将国王和王子带回考文垂，而把伦敦弄得挤满士兵的大多数贵族则回到各自的庄园。但城里仍然躁动不安，西南部、威尔士和英威边境以及东安格利亚北部也是这样。国家在骚动，而王后和约克党人继续互相较量。秋季，玛格丽特开始免去约克公爵和内维尔家族支持者的职务，并接管了王室收入和官职任命权，以加固自己的地位。

但有一个职务是她不能解除的，那就是沃里克伯爵理查的加来总司令之职。在 15 世纪 50 年代末的政治动荡期间，沃里克伯爵一直担任加来总司令，所以他掌握了那里的驻军，那是一支强大的常备军。他拥有相当多的军事资源，而这些部队对他忠心耿耿，所以王后很难把他撤职。这演化成了一个严重问题，因为沃里克伯爵利用自己的官职做了一些越来越让海峡对岸的政府窘困的事情。加来驻军的财政一直处于破产状态，士兵的军饷长期被拖欠。为了解决这个问题，也为了打造自己勇于冒险的英雄形象，沃里克伯爵开始以加来为基地，从事海盗活动。从加来出发的英格兰舰船袭击了来自低地国家和意大利的商船，以及一队属于汉萨同盟（北海和波罗的海沿岸一些贸易城市组成的行业同盟）的运送食盐的船只。货物被抢走，水手被残忍屠杀。1458 年夏季，一支由 28 艘船组成的西班牙船队遭遇类似命运，遭到与沃里克伯爵有联系的船只的攻击。用一位编年史家轻描淡写的话说，这是水手"发生口角"。而事实上，这是一场大规模海战，200 多名西班牙人和 80 多名加来人丧生，200 多人"负重伤"。[9]

1459 年年初，沃里克伯爵被召回威斯敏斯特，参加讨论一些问题（包括新的传闻，称法兰西人计划进攻英格兰南海岸）的会议。他很不愿意来，因为他强烈地感到，他会被很快免去加来总司令职务。果不其然。他在宫廷期间，他的部下和国王内廷的几个人发生斗殴，"以至于他们想要杀了伯爵"。不管这场斗殴是不是刻意设计来除掉沃里克伯爵的，对他自己来说答案是肯定的。之后他又听到一个传闻称他将被囚禁在伦敦塔，于是乘坐自己的游艇逃离伦敦，返回加来。他虽没有被撤职，但非常烦恼，相信自己侥幸躲过了暗杀。约克党人与宫廷之间的关系在急剧恶化。

1459 年春末，双方又一次开始磨刀霍霍。玛格丽特假借自己儿子的权威来行动。5月，宫廷再次转移到考文垂，并发信给附近各郡，要求大家派兵勤王，不肯服从的人将被起诉。在中部各郡和西北部，朝廷在私下里招兵买马，向这些人发放小型的效忠徽章，用的是爱德华王子的纹章图案：脖子上戴着王冠的天鹅。朝廷计划在6月召开大会。约克公爵和内维尔家族担心不妙，拒绝参会，他们的一些同情者也不肯去开会，包括坎特伯雷大主教托马斯·鲍彻。玛格丽特王后公开谴责约克党人不来开会。下一步很可能是王室宣布约克党人为叛徒，然后起诉他们：议会将颁布法令，永久性褫夺约克党人的土地和头衔，彻底毁掉他们的家族。对约克公爵来讲，这意味着他会被剥夺宗室地位，永远丧失王位主张权。这是最后的挑衅。

9月20日，沃里克伯爵从加来返回，集结了数百人，然后骑马取道沃里克城堡，到威尔士边境地带的拉德洛（约克公爵的基地）与约克公爵和索尔兹伯里伯爵会合。索尔兹伯里伯爵已经征集了一支军队：在他从约克郡的家族基地米德勒姆南下的时候，旗下可能有5000人。当时的编年史家明确表明，索尔兹伯里伯爵招募这些人马，不是为了炫耀武力，而是为了实战，"他畏惧他的敌人，尤其是王后及其党羽的恶意，这些人非常恨他"。[10]他猜得不错。他的军队开拔的消息传到考文垂，朝廷派遣第五代奥德利男爵詹姆斯·塔切特尝试拦截并抓捕这个犯上作乱的伯爵。

奥德利男爵已经上了年纪。他此时六十一岁，自从二十八年前最后一次在法兰西打仗以来就没有过实战经验。尽管如此，他在中部各郡仍是个强大的领主，有能力在他位于柴郡、斯塔福德郡和什罗普郡的土地招募大批人马，并沿着索尔兹伯里伯爵的行进路线部署兵力。几天之内，他就集结了有

8000～12000 人的军队，其骨干是一支杀气腾腾的骑兵：骑着高头大马的骑士，人马都披着叮当作响的沉重板甲和胸甲，戴着头盔，这些甲胄在阳光照射下发出咄咄逼人的光芒。奥德利男爵雄壮的骑兵部队显然是为了震慑索尔兹伯里伯爵，并告诉约克党人，与王室及其忠仆比拼军事实力，可不是好玩的事情。

9 月 23 日，奥德利男爵率军沿着莱姆河畔纽卡斯尔与什罗普郡的马基特德雷顿之间的道路前进。侦察兵很快发现了索尔兹伯里伯爵军队的踪迹。为了拦住索尔兹伯里伯爵的去路，奥德利男爵在布洛希思排兵布阵。布洛希思是一块开阔的斜坡，其边界是一片稀疏树林和一条叫作汉普米尔溪的小溪流。奥德利男爵的军队就在这条小溪背后，他们的正面大概有 1 英里长，部分地段得到一些浓密的灌木树篱的防护。[11]索尔兹伯里伯爵的人马在他们对面的斜坡上，战线正面只有他们的三分之二长，但战线的防护很严密。他们背后是一条深沟，在战线前方，索尔兹伯里伯爵的弓箭手得到插入地面的尖木桩的保护，这是阻挡和屠杀猛冲过来的骑兵的经典障碍物。骑兵若不下马徒步作战，而是骑马冲锋的话，战马就会被尖木桩戳死。在两翼，索尔兹伯里伯爵及其部下得到树林和大车阵（用铁链将很多大车连接起来，构成障碍物）的保护。虽然防御很严密，但伯爵还是认识到战局对自己不利：不仅他的兵力只有敌人的一半，而且王后在不到 10 英里外的埃克尔肖尔带着第二支军队在等候，并且斯坦利兄弟（斯坦利男爵托马斯和威廉·斯坦利爵士）还指挥着第三支军队在稍近一些的地方，据说在等待王后命令他们去支援奥德利男爵。

敌对两军都摆开了牢固的防御阵势，索尔兹伯里伯爵以一次佯动抢占主动权：正午前后，他的部下开始重新将马套到大车上，仿佛在准备撤离布洛希思。奥德利男爵中计，派骑兵去追击。不幸的是，骑兵要追击敌人就必须先穿过面前的小溪。蹚水减缓了他们的速度，使得他们成为索尔兹伯里伯爵的弓箭手的活靶子。暴风骤雨般的箭矢从天而降，向前进中的战马与骑手倾泻死亡。骑兵从垂死的坐骑背上摔下，又被敌方步兵砍倒。幸存的骑兵不得不逃出弓箭手的射程，回到小溪另一侧的己方战线。奥德利男爵发动了第二次越过小溪的骑兵冲锋，但也被索尔兹伯里伯爵的弓箭手用一阵猛烈的箭雨打退。

此时，斯坦利兄弟的军队近在咫尺，原本可以加入厮杀。但斯坦利兄弟是绝对的务实主义者，始终不肯参加任何结局不是百分之百确定的战斗。斯坦利男爵托马斯控制着自己的部队，不准部下进攻，而威廉·斯坦利爵士甚至派人去增援索尔兹伯里伯爵那边。最后，奥德利男爵别无选择，只能改换战术。他放弃了骑兵冲锋，率领约 4000 人，包括大量下马的骑士，徒步发动进攻。一场激烈的肉搏战开始了，钢铁撕咬人肉，人们在近距离厮杀。尽管奥德利男爵年事已高，而且他的战术非常幼稚，但他并不缺乏个人勇气。他身先士卒，奋勇拼杀。但在混战中，他被约克公爵的亲信霍德利的罗杰·基纳斯顿爵士盯上。基纳斯顿在索尔兹伯里伯爵的骑士当中。在开阔地上地面缓缓倾斜的地方，奥德利男爵最终英勇战死。他被砍倒并被杀死，他的副将达德利男爵约翰·萨顿被俘。王军失去了指挥官，很快就放弃了战斗。这场战役一共持续了大约四个钟头，最后有约 2000 人死亡，他们的鲜血渗入温暖的秋季泥土。奥德利男爵被安葬在德比郡的达利修道院。在布洛希思他阵亡的地点还竖立了一个石制十字架，至今尚存。后来，当地人把这个战场称为"死人坑"。[12]

*

布洛希思战役之后，索尔兹伯里伯爵率领他的大部分人马继续南下，与儿子沃里克伯爵以及约克公爵会合。这场胜利让他付出了相当大的代价，他还让自己两个儿子托马斯·内维尔爵士和约翰·内维尔爵士分兵北上，这就进一步削弱了自己的实力。内维尔兄弟在行军途中被俘虏，都被关押在切斯特城堡。与此同时，索尔兹伯里伯爵的剩余部队被王军主力追击到英威边境，此时王军阵营中已经包括大约二十位贵族。索尔兹伯里伯爵与沃里克伯爵和约克公爵成功会师，但他们此时的兵力很薄弱，令人失望，而敌人的兵力是他们的大约三倍。绝望之下，约克党的三位权贵一起来到伍斯特大教堂，举行肃穆的仪式，宣誓互相保卫。随后他们撤到约克公爵在附近的城堡拉德洛。10 月 10 日，他们从那里联名写信给亨利六世，宣示他们对国王的"谦卑恭顺和尊崇"，然后谴责朝政的败坏、法律的荒疏和在全国肆虐的暴力活动。他们还抱怨"某些人企图在陛下的尊贵影子之下，急不可耐地、凶残歹毒地要毁掉我们"。[13]

他们的书信或许送到了国王及其谋臣那里，但在布洛希思战役之后，他们肯定没有心情去同情地倾听。就像在圣奥尔本斯一样，一支约克军队集结起来，破坏国内和平并造成流血冲突，而且死者当中包括贵族。朝廷的回信穿过中部各郡送抵叛乱诸侯那里：他们必须在六天内放下武器并恳求国王的宽恕。他们拒绝了，于是又一场武装对抗不可避免。奥德利男爵及其人马可能死了、败了，但第二支强大的王军在步步紧逼。

10 月第二周，约克军在拉德洛以南的原野安营扎寨。他们上方的高地上屹立着拉德洛城堡，那里有高耸的塔楼和防御塔、庞大的拱形大门和狭窗，以及固若金汤的城墙，上方飘扬着约克公爵的纹章旗帜。在拉德洛城前方，蒂姆河的冰冷河水在湍急地流淌，过河并进城的唯一道路是前不久才建造的拉德福德大桥，这是一条石制的通衢大道。在蒂姆河南岸、大桥之下，叛军在排兵布阵。

10月12日，王军终于出现，约克党人的斗志此时已经在瓦解。王军阵营包括一大群令人肃然起敬的英格兰诸侯：指挥官是萨默塞特公爵亨利、白金汉公爵汉弗莱和诺森伯兰伯爵亨利，还包括埃克塞特公爵、阿伦德尔伯爵、德文伯爵、什鲁斯伯里伯爵和威尔特郡伯爵。王旗在他们头顶上迎风招展，尽管约克党人在绝望之下大肆宣传，散布亨利六世已死的谣言，但他显然没死。他和玛格丽特王后都在军中，可能在安全的后方。越来越明显的是，尽管约克党人抱怨自己受到王后的冤屈和虐待，但他们只是一个派系，而与他们敌对的诸侯却代表着最接近全国统一的主流政治立场。大家或许都知道，11月议会发出了召唤，当时约克公爵及其盟友若是服从召唤去开会，几乎一定会被剥夺爵位。

黄昏将近，约克军开始向王军战线开炮。这是战斗的最初交火，正式的交锋要在次日——10月13日，圣爱德华瞻礼日，威尔士亲王的生日，也是对英格兰王权来说一年中最吉利的一天——开始。对约克公爵和内维尔父子来说，第二天似乎只可能有一个结局：他们的军队溃散，他们的生命受到威胁，他们的家族彻底毁灭。约克公爵自己的家人就在附近的拉德洛：他那十七岁的儿子马奇伯爵爱德华在他身旁，十六岁的次子拉特兰伯爵埃德蒙也在。他们背后的城堡里住着塞西莉公爵夫人和她的两个幼子，九岁的乔治和刚过七岁生日的理查。如果约克公爵战败，那么国王在睚眦必报的王后怂恿下，不大可能会饶恕他们。

约克军中弥漫着失败主义情绪。当晚的某个时间，在零星的隆隆炮声从蒂姆河的黑暗水面之上回荡时，沃里克伯爵麾下的将领之一，一个名叫安德鲁·特罗洛普的加来军人，带领一群久经沙场的官兵脱离了约克军阵营，投奔国王，并带去了宝贵的兵员和价值无量的军事情报。如今面对几乎是必然的失败，约克公爵和一些最显赫的盟友趁深夜溜出军营，返回拉德洛城堡。他们快速骑马离开战场的时候，他们的部下还茫然不知。临阵脱逃是非常不体面的事情，但这是他们拯救自己性命的唯一办法。从什罗普郡，他们"分散成若干队伍……逃往海外，以保全自己的性命"。[14] 约克公爵和儿子拉特兰伯爵逃往威尔士海岸，一路摧毁桥梁，最后渡海前往爱尔兰。内维尔家族则冒着极大的风险逃往西部，带走了年轻的马奇伯爵爱德华。他们从德文乘船去根西①，然后返回到沃里克伯爵在加来的避难所。

他们救了自己的性命，但声望和荣誉受到极大损害。他们的士兵在第二天早上起来准备作战时，不得不向国王投降并哀求饶命。在王军战线后方的玛格丽特王后无疑对此心满意足。在圣奥尔本斯惨败的四年之后，她终于让她的敌人像魂飞魄散的耗子一样从王旗下逃走。一位编年史家写道："当时英格兰的任何一位诸侯都不敢违抗王后。"[15] 余下要做的，就是返回考文垂，为 11 月的议会做准备，到那时就要完成对叛贼的法

---

① 根西是英国的王权属地之一，位于英吉利海峡靠近法国海岸线的海峡群岛之中，同周围一些小岛组成了"根西行政区"。

律制裁、毁灭他们的家族。

在拉德洛城堡，另一位贵妇在越来越惊恐地观察局势。约克公爵夫人塞西莉·内维尔看到自己的丈夫和次子往一个方向走，而她的兄弟、侄子和长子（索尔兹伯里伯爵、沃里克伯爵和马奇伯爵）往另一个方向逃跑。10月13日，她从城堡观看王军闯入城镇，开始劫掠。在接下来的几个月里，这样的景象将在全国各地重演，约克党人的财产被掳掠，他们的佃农遭到骚扰。塞西莉在结婚之后看够了诺曼底、爱尔兰和英格兰的凶残政治，她知道自己处于极大的危险中。最紧迫的是，她必须考虑两个没有逃走的男性亲人的安全：她的幼子乔治和理查。拉德洛城镇被洗劫一空之后，她带着两个孩子走出了城堡大门。在这恐怖而混乱的一天里，有士兵醉醺醺地在大街上跌跌撞撞地行走，他们已经把酒馆里的"成桶葡萄酒"都抢走，而其他人在盗窃"被褥、衣服和其他东西，并玷污了许多女人"。[16] 被打败的公爵的高贵妻子带着孩子走过惨遭蹂躏的城镇街道，他们一直走到被翻得底朝天的集市（就在城堡高墙的影子之内），然后停下脚步。一个伟大家族的残余成员，拜倒在国王面前哀求饶命。在拉德洛"被掳掠到只剩下光秃秃的墙"的同时，塞西莉、乔治和理查只能在那里等待自己的命运裁决。[17]

11. 王冠突然坠落

1460年6月底，一个夏日，近2000人拥入即将从加来起航的船只。他们要去肯特海岸的桑威治，那是一个良港，就在多佛以北几英里处，那里长长的沙滩很适合大量人员和装备登陆。他们很快就穿过了海峡。挤在这些入侵舰船上的，是一支精锐部队，用一位编年史家的话说，是"一支强大而精干的海军"。[1]他们的领袖和指挥官是沃里克伯爵。

从拉德福德大桥逃跑之后的近十一个月里，沃里克伯爵把加来变成了英格兰异见分子和反对玛格丽特王后的人士的强大要塞。这样的人很多。正如大家的预料，在1459年年末，王后咬牙切齿、凶狠歹毒地镇压了她的敌人。圣诞节前，在考文垂圣马利亚修道院举行的议会（这次议会后来被称为"魔鬼的议会"）通过了法律制裁案，试图在法律和经济层面彻底摧毁约克公爵及其儿子们以及他们的一大群朋友、仆人、熟人和盟友。该制裁案附有一篇满是荒唐的宣传口吻的序言，将约克公爵描绘成满脑子阴谋诡计、忘恩负义的怪物，"他那虚伪的、背信弃义的想象、阴谋、行为和孜孜不倦的活动，都是谎言造成的"，是"臣民对君主犯下的最大逆不道的罪行"。而亨利六世被描绘为不仅是慷慨大方的君主，他对约克公爵的信任被辜负，他的生命受到威胁（在圣奥尔本斯），而且他还被说成是一位精神抖擞的战士，在战场上勇敢地对抗敌人，他对臣民的讲话可以说是"如此睿智，如此富有骑士风度，如此具有男子气概"。[2]

这种类型的制裁等同于法律上的死亡。被制裁者将被剥夺"在英格兰王国、威尔士和爱尔兰享有的一切财产、荣誉和尊严",包括"一切荣誉、城堡、领主头衔、采邑、土地、房舍、租地、财产继承权、年金、官职、俸禄、教会领地的主张权、租赁农场、继承权和其他财产"。制裁对象不仅有约克公爵及其儿子马奇伯爵爱德华、拉特兰伯爵埃德蒙,还有索尔兹伯里伯爵、沃里克伯爵及其贵族支持者克林顿男爵约翰。此外还有一大群约克党人的仆人、臣属和朋友遭到镇压,包括沃尔特·德弗罗爵士、威廉·奥德霍尔爵士和索尔兹伯里伯爵的妻子艾丽斯伯爵夫人。继承了父亲的萨福克公爵头衔的约翰·德·拉·波尔,因娶了约克公爵的女儿伊丽莎白的"罪行"而被贬为伯爵。[3]

尽管少数罪人逃脱了惩罚,比如斯坦利男爵托马斯在布洛希思拒绝支援王军,却得到了原谅,但总的来讲,王后对约克公爵的所有亲信发动了严酷而睚眦必报的镇压。他们的土地和头衔被收归王室,他们的官职被撤换,没收来的土地的管理权被交给长期对王室与宫廷忠贞不贰的人。最大的受益者当中就有宗室成员。欧文·都铎得到100英镑的终身年金,来自从克林顿男爵手中没收的采邑的产出。过去四年里,贾斯珀·都铎在威尔士南部代表王权,现在得到了原属于约克公爵的登比领地(富饶而具有关键的战略意义)的司厩长、总管和主要林务官的权利,以及在几乎整个威尔士征兵的权利,这样他就能从心怀不满的约克党人手中夺取登比城堡。

王后及其政府虽然决心要用法律手段消灭约克党人,但没有办法直接伤害到他们的人身。约克公爵及其次子埃德蒙安全地躲在爱尔兰。尽管威尔特郡伯爵詹姆斯(王后最无骨气的亲信，是约克党人最仇恨的对象之一）被任命为爱尔兰总督，但因为约克公爵在爱尔兰得到普遍支持，威尔特郡伯爵没有办法真正去上任。加来的情况也差不多，沃里克伯爵在那里享有主宰地位，丝毫不怕英格兰那些一心要害他的人。

沃里克伯爵时年三十一岁，他来加来不是为了担惊受怕地过流亡生活。他是一位老将，一位受尊重、颇得人心的领袖，也是一位精明的政治家。他利用自己在欧洲大陆的贵族亲戚关系来招募盟友，从勃艮第公爵到派驻教廷的使臣都是他的朋友。沃里克伯爵和父亲索尔兹伯里伯爵与表弟马奇伯爵爱德华一起，在这一年里重整旗鼓、整顿军队。

萨默塞特公爵亨利·博福特奉王后玛格丽特之命去驱逐加来叛军并自己占据加来总司令之位，但萨默塞特公爵只能前进到加来附近的吉讷，从那里多次进攻加来的行动都被轻松打退。与此同时，约克党那类似海盗的袭击队伍就像维京海盗一样来到肯特沿海，攻击城镇，绑架或谋杀王军指挥官。有两次，沃里克伯爵的部下在肯特海滩偷窃并摧毁了朝廷集结在那里的准备用来对付他的舰船。保王党的里弗斯男爵理查·伍德维尔及其儿子安东尼·伍德维尔奉命去桑威治，从那里进攻加来。在一次特别大胆的袭击中，沃里克伯爵的部下劫持了他们父子，将其作为俘虏押回加来。除了这种大胆的游击战之外，沃里克伯爵还勇敢地与身在爱尔兰的约克公爵和拉特兰伯爵保持联系：1460 年 3 月，沃里克伯爵还乘船沿着整个英格兰南部与威尔士海岸航行，到爱尔兰南海岸的沃特福德与约克公爵商议重返英格兰的大业。

沃里克伯爵、马奇伯爵和索尔兹伯里伯爵于 6 月 26 日在桑威治登陆，发现这座城镇在迎接他们。索尔兹伯里伯爵的弟弟福肯贝格男爵指挥的先遣队于前一日猛攻了此地的王军防御阵地，抢走了城里储存的武器，并草草地将倒霉的王军指挥官奥斯贝特·蒙德福德斩首。约克军事先就已经发出了他们惯常的宣言书，自称对国王绝对忠诚，并再次谴责王室糟糕的财政、司法紊乱和国王内廷不能"自食其力"（指的是用国王的私产来维持，而不依赖税收）。他们还增加了一条指控：自格洛斯特公爵汉弗莱于 1447 年在贝里圣埃德蒙兹"被谋杀"以来，就有人"阴谋杀害约克公爵"及其"拥有王室血统的后人"。约克党人没有直接攻击国王或王后，而是尖刻地抨击威尔特郡伯爵、什鲁斯伯里伯爵和博蒙特子爵，他们取代了之前的老萨默塞特公爵，成为约克党人冷嘲热讽的主要对象。[4] 宣言书无论在内容还是语调上都没有新发展。约克党人正确地判断出，中部各郡、西北部和威尔士最为忠君；而在杰克·凯德叛乱兴盛期间导致肯特和东南部揭竿而起的那种民怨始终没有完全消退，所以很容易用支持约克公爵事业的煽动性宣传来争取那里的人民。

7 月 2 日，沃里克伯爵及其部下到了伦敦，成千上万的支持者从英格兰南部蜂拥而来，加入他的队伍。伦敦的市长和市政议会成员曾多次目睹横冲直撞的叛军把城市搞得乌烟瘴气，如今令他们如释重负的是，约克军在首都只待了大约四十八小时，就兵分两路：第一路由福肯贝格男爵指挥，第二路由马奇伯爵爱德华和沃里克伯爵带领。他们快速北上，去面对国王。

福肯贝格男爵身边带着一个身份显赫但傲慢自负且略显滑稽的教士：特尔尼①主教弗朗切斯科·考皮尼。他被任命为

---

① 特尔尼为意大利中部城镇。

派驻亨利六世身边的教廷使节，使命是招募英格兰参加反对土耳其人的十字军东征。但他在加来遇到沃里克伯爵之后，就变成了一个热情洋溢的约克党人和宣传家。在离开伦敦北上前不久，考皮尼在圣保罗大教堂发表了一封颇有意思的公开信给亨利六世，强调约克党人的所谓"忠顺"，并谴责其敌人为"魔鬼的走狗和臣子"。他向国王和政府发出最严正的警告，预言如果他们不和沃里克伯爵及其盟友达成妥协，"你们的国家将遭遇危险和毁灭"。"那些如同耳聋的毒蛇一样闭耳不听的人，以及国王陛下，必将遭到大祸，"考皮尼写道，"危险迫在眉睫，不容耽搁。"他说的一点没错。

到 7 月 7 日时，约克军的两路大军已经逼近中部各郡。他们进军的神速令宫廷（在考文垂）大吃一惊。亨利六世和玛格丽特王后别无选择，只得出阵面对叛军。他们骑马南下，心烦意乱，兵力不足。诺森伯兰伯爵亨利和克利福德男爵约翰都没有时间带领他们的部下与王军会合。国王和王后身边的大贵族虽有白金汉公爵汉弗莱、什鲁斯伯里伯爵、博蒙特子爵和珀西家族的一大群人，但此次约克党人比之前任何一次作战时都吸引到了更多的贵族支持。他们的阵营里有诺福克公爵约翰·莫布雷，他多年来一直倾向于支持约克公爵，但没有完全投入军事行动。沃里克伯爵的队伍里有第六代奥德利男爵约翰，就是在布洛希思被索尔兹伯里伯爵斩杀的那个奥德利男爵的儿子和继承人①。此外还有许多国内显赫的教士在约克军中，如坎特伯雷大主教托马斯·鲍彻、教皇使节考皮尼、伦敦主教、埃

---

① 第六代奥德利男爵约翰（1423～1490）与约克党有杀父之仇，但 1461 年讨伐加来时被沃里克伯爵俘虏，见到了马奇伯爵爱德华（未来的爱德华四世），被说服加入了约克党，后来一直为约克家族效力。

克塞特主教、林肯主教、索尔兹伯里主教、伊利主教和罗切斯特主教。

两军于 7 月 10 日在北安普顿城外的草地（在宁河南岸）相遇。这天的天气极其糟糕和潮湿，大雨倾盆，草皮被成千上万的靴子和马蹄践踏，又被大雨掀翻。这是非常不适合作战的天气，原因之一是雨水使得王军的大炮失效。即便如此，奉命指挥王军的白金汉公爵也拒绝进行谈判。（国王和王后待在后方。）白金汉公爵在宁河一个略微弯曲的地方和附近的德拉普雷修道院之间的地域排兵布阵，准备作战。主教们撤到安全距离观战。

他们目睹的不是一场特别血腥的战役。但在最初交锋的半个小时之后，王军就遭到了一次沉重的、毁灭性的打击。他们分成三路：白金汉公爵指挥左翼，什鲁斯伯里伯爵和博蒙特子爵在中路，里辛男爵格雷在右翼。在战役初期，格雷决定倒戈，把他的人马带去了约克军那边，就是福肯贝格男爵、沃里克伯爵和马奇伯爵指挥的地段。这导致王军阵脚大乱。在瓢泼大雨的打击下，他们的纪律瓦解，士兵开始临阵脱逃，逃往北安普顿，有好几个人因为身上的给养和甲胄的重量而溺死在宁河之中。在王军陷入恐慌和混乱后，沃里克伯爵的部下就采纳了六年前在圣奥尔本斯对他们帮助很大的那种无情战术。沃里克伯爵在战场上呼喊："任何人都不准伤害国王，也不准伤害平民，只准杀贵族、骑士和骑士侍从。"[5] 于是，王军的普通士兵得到饶恕，而约克军的杀戮小组在战场上游荡，砍倒敌方军官。最后，死在战场上的只有约 300 人，而参战者共超过 1 万人。死者当中有白金汉公爵、博蒙特子爵、什鲁斯伯里伯爵和埃格勒蒙特男爵托马斯·珀西，他们全都遭到猎杀。整场行动不超过半个小时。在贵族惨遭屠戮的同时，国王被俘房了，他就像 1455 年那样在战场上完全无助。他被带到德拉普雷修道院，然后被送往伦敦。他再也不是妻子的傀儡，而成了沃里克伯爵及其盟友的俘虏。

*

约克公爵夫人塞西莉·内维尔在拉德福德大桥战役之后被王军从拉德洛城堡带走，和她的儿子乔治与理查一起被带到一个相对温和的监禁地点：他们被送到塞西莉的姐姐安妮（白金汉公爵汉弗莱之妻）那里。严格来讲，塞西莉没有资格得到这样的善待。她曾得到 1000 马克的年金，以来补偿她丈夫收入的丧失，并维持"她和孩子们的生计，因为他们不曾冒犯国王"。[6] 她的监禁生活或许并不温暖，一位作者说，安妮对自己的妹妹"严加看管，经常训斥"，但在当时的情况下，塞西莉还算得到了不错的待遇。1460 年夏季，噩耗传来，白金汉公爵被沃里克伯爵（他是安妮和塞西莉姐妹的侄子）杀死，这时塞西莉还住在安妮家。从某种意义上讲，这种亲戚反目的事情是不可避免的，因为内维尔家族枝繁叶茂，姻亲关系极广，他们的血脉横跨英格兰政治的鸿沟。但这对年龄只相差一岁的姐妹一定还是感觉到，她们的家族正在将自己撕裂，也将英格兰撕裂。

北安普顿战役之后，塞西莉和她的儿子们被从软禁中解放出来。国王如今在沃里克伯爵手中，约克公爵理查能够再次从爱尔兰返回了。之前的夏季，因为朝廷控制着威尔士、英威边境西北部，约克公爵很难回国。他于 9 月 8 日在切斯特附近的雷德班克登陆。但他来的时候，很显然他已经换了个人。他不在英格兰期间，他的盟友取得了成功，再次控制住了国王。他们可以期望公爵（他们的旗帜和名义上的领导人）再次尝试以主要谋臣或护国主的身份来统治英格兰。然而，他如今想要的是完全不同的另一个位置。

塞西莉于 10 月初在阿宾顿和丈夫团圆。这是一次隆重的团聚。约克公爵指示妻子来见他的时候要坐在"覆盖蓝色天鹅绒"的椅子上，用四对骏马拉着这宝座。他自己来的时候穿着蓝白两色的服装，上面有精美刺绣，图案是用来拴住马腿的 D 形铁制镣铐。这个符号最初属于冈特的约翰，即亨利六世的直系祖先，但诺里奇的爱德华也用过，他是第二代约克公爵，理查的叔父，与亨利五世在阿金库尔作战时阵亡。毋庸置疑，这个镣铐徽记象征着金雀花血统。[7]公爵夫妇一起去了伦敦，一路都有喇叭和号角在他们前方奏乐。带有英格兰纹章的旗帜在游行队伍上方迎风招展。为了让自己的排场更完整，约克公爵"命人将他的剑捧在他前方"。[8]约克公爵第二次从爱尔兰回来，不是为了当谋臣。他回到英格兰，是要当国王。

他的贵族同僚震惊了。约克党人对亨利六世统治的反对（事实上，对亨利六世统治的任何反对）的主要信条就是：国王身边的奸臣是敌人，是叛徒。的确，自亨利五世驾崩以来英格兰发生的一切都是为了维护国王与王室的权力和权威，不管国王是个婴儿、容易被操纵的少年、稚气未脱的年轻人、流口水的疯子，还是个心力交瘁、厌倦世界而早衰的空壳。维护国王是国家的首要政治原则。这位国王并不是暴君（不是爱德华二世和理查二世那样的暴君），要废黜和取代他不仅是错误的，也简直是不可想象的。亨利六世确实有许多缺陷，但他简直就是暴君的反面。

当了十五年的反对派之后，约克公爵逾越了界线。他的盟友没有公开赞同他的做法（不过沃里克伯爵可能猜到了他的意图），而他的敌人张口结舌地瞪着他。

对他如此举动的最接近真相的解释可能是，他还有一个敌人：王后。萨默塞特公爵埃德蒙、白金汉公爵汉弗莱、老诺森伯兰伯爵、年轻的什鲁斯伯里伯爵和博蒙特子爵都死了。威尔特郡伯爵詹姆斯、彭布罗克伯爵贾斯珀·都铎和其他人还活着，但他们对约克公爵不是主要的威胁。主要威胁仍然是玛格丽特王后，她通过七岁的威尔士亲王爱德华来获取实权。约克公爵不能杀掉王后和一个小男孩，但只要她还活着一天，玛格丽特对约克公爵的仇恨就会与日俱增。只要她的儿子仍然是王储，她和她的儿子就永远会与约克公爵为敌，威胁他的生命，阻挠他的野心。约克公爵唯一的办法就是自己当国王，或者像他的堂兄亨利五世1420年在法兰西通过《特鲁瓦条约》做的那样，自己成为王储。这两条路都会剥夺爱德华王子的继承权，从而消灭王后的力量。从残酷的权力政治的角度看，约克公爵的这个决定是有道理的。但从务实的角度看，这是一次灾难性的判断失误。

约克公爵在阿宾顿见到塞西莉之前的一段时间就决定不再对亨利六世效忠。捧在他前方的剑是一个很明显的迹象，表明了他的这个决心。他还停止使用亨利六世的在位年份作为自己文书的日期。[9] 他似乎很自信，既然这么多年来英格兰平民（不过不是所有贵族）赞颂他为有权坐王座的人，那么他的登基一定会得到万众欢庆。

他将大失所望。10 月 10 日，星期五，上午 10 点，约克公爵带着数百名骑手抵达威斯敏斯特宫，议会正在那里开会。一位侍从捧着他的剑走在他前方，他就这样进入宫殿，大踏步

穿过大厅。在配有托臂梁的天花板的木制拱顶上，出自亨利·
伊夫利①之手的著名的十五位英格兰国王雕像无动于衷地俯视
着这个用暴力手段索取他们所戴过的王冠的人。约克公爵雄赳
赳地上前，径直闯进彩室，发现贵族议员聚在空荡荡的王座
前。他站在贵族们面前，他的仆人将华盖举在他头顶，他
"告诉大家，他不打算放下自己的剑，而是要索取自己的合法
权利"。[10]他索取王位的法理根据是他的血统，因为他的父母
两边，即约克家族和莫蒂默家族，都是爱德华三世的直系后
代；他的血统优于国王和威尔士亲王，所以"任何人都不能
拒绝他对王位的主张权"。[11]大厅内鸦雀无声。随后他退下，
去王后的房间住下。好在王后已经逃往威尔士，不在现场抗
议。

如果在约克公爵宣布自己的计划之前，议会对这计划有过
兴趣的话，那么在他宣布之后，大家都沉默了。贵族和平民议
员都被废黜国王的尴尬现实震惊了。议会要求约克公爵以书面
形式提出自己的王位主张。他于10月16日通过大法官（他的
侄子，埃克塞特主教乔治·内维尔②）提出了声明。乔治·内
维尔向议会提交了一份很大的谱系图，详细解释了约克公爵从
亨利三世到爱德华三世再往下的谱系，并描述莫蒂默家族和约
克家族如何联姻而生下他，"理查·金雀花，一般称为约克公
爵"。[12]约克公爵宣称，这就让他的王位继承优先权高于亨利
六世，因为亨利六世是爱德华三世第三子冈特的约翰的后代。

---

① 亨利·伊夫利（约1320~1400）是中世纪晚期英格兰最多产也最成功的
石匠大师。
② 乔治·内维尔是沃里克伯爵理查·内维尔的弟弟，他们的父亲第五代索
尔兹伯里伯爵是约克公爵理查之妻塞西莉的兄弟。

而冈特的约翰的儿子亨利四世在 1399 年是非法篡位的，所以“英格兰与法兰西两个王国的权益、头衔、王室尊严和财产，以及爱尔兰的主权和土地，根据血统正当性、法律和风俗，理应属于”约克公爵理查。

议会不得不商议此事。但他们究竟在辩论什么呢？如果允许女性血统传承王位的话（约克公爵就是这么主张的，所以他才鼓吹自己的莫蒂默祖先），那么从血统上讲，约克公爵的确拥有更高的优先权。但很显然，血统的主张权只是解决更深层次争端的手段之一。如果约克公爵的动机真的是他确信自己的事业纯粹是王位传承的正义的话，那么他肯定在之前二十年里的某个时间早就提出来了。但他没有。1460 年的英格兰王位之争就像 15 世纪 20 年代英格兰对法兰西王位提出主张一样，只是遮盖实际问题——有效的王权——的烟幕弹。血统的优先权不是约克公爵索取王位的真正理由。他的真正理由是，再也不能忍受亨利六世的昏庸无能再加上玛格丽特王后的暴虐本能了，并且他很不明智地自视过高。公爵之前修补和纠正王国政府的一切努力都失败了。通过血统来主张王位，是他的最后一招。现在议会必须表态，他们能不能接受。

辩论了两个星期之后总算达成了妥协。考虑到废黜国王会造成丑陋的纷争，最后拟定了类似《特鲁瓦条约》的协议。[13] 首先，1459 年的“魔鬼的议会”所通过的法案都被废除。其次，关于王位继承，双方同意，国王将继续在位直到去世，但约克公爵会“从今往后拥有正当合法的王位继承权，并被称为王储，享有其地位、尊严和头衔”。于是，年幼的爱德华王子一下子丧失了王位继承权，被约克公爵及其子马奇伯爵和拉特兰伯爵取代。这个协定于 1460 年 10 月 31 日公布，并得到高效得令人惊讶的约克党宣传机器的巩固，这些宣传机器在夏季就开始大力传播完全虚假的谣言：爱德华王子是私生子，所以"绝对不是国王的儿子"。[14]

现在，命运似乎站在约克公爵那边。平民议员在威斯敏斯特教堂的餐厅辩论："当讨论约克公爵的头衔的时候，挂在房屋正中央的王冠突然间坠落在地……这被认为是一个征兆或象征，即亨利六世国王的统治结束了"。[15]但事情不会这么简单。因为即便平躺不动的国王愿意将自己的头衔让给一个好斗的亲戚，也还有一个人永远不会接受自己的家庭丧失君主地位。玛格丽特王后还在自由地活动。

*

1460年圣诞节将至，王后及其党羽分散在全国各地。11月末，约克公爵在威斯敏斯特企图摧毁她家族的未来时，玛格丽特和自己的小叔子彭布罗克伯爵贾斯珀一起，住在哈莱克城堡。乡村危机四伏，她经常收到假的国王书信，有人模仿亨利六世国王的笔迹，恳求她把爱德华王子带到南方。玛格丽特事先和亨利六世约定过，如果他被俘且被强迫写信，那么就在信中添加暗号，但玛格丽特收到的信里没有暗号。所以，王后对这些信"不予理睬"。即便如此，约克党人很快就会来抓捕她和她的儿子，因为她将是反对势力的焦点。借用一位编年史家的简练表达，全国人民都很清楚，"她比国王聪明多了"。[16]玛格丽特对自己的聪明才智善加运用，决定冒险从冰冷的西方大海逃离威尔士。11月底一个寒冷的日子，她带着爱德华王子乘船去了苏格兰。他们于12月3日前后抵达了这个北方王国，住在林克卢登气氛阴森的哥特式牧者团教堂，它坐落在尼思河的一个河湾处，就在邓弗里斯城外。他们得到高尔登的玛丽的保护，她是前不久驾崩的苏格兰国王詹姆斯二世的遗孀、九岁的新国王詹姆斯三世的摄政者。这两个女人发现她们有很多共同点。

玛格丽特抵达林克卢登不久之后，得知她的盟友诺森伯兰伯爵亨利正在英格兰北部招募一支军队，用剑与火扫荡他们敌人的庄园，尽其所能地杀戮破坏，同时散播关于约克公爵的谣言，并煽动平民起来造反。玛格丽特意识到，可以借助这支力量来反击篡位者。她从苏格兰联系到萨默塞特公爵亨利、德文伯爵托马斯和他们精明强干的军事支持者亚历山大·霍迪（此人是一名来自西部的老将）。这几人的基地都在玛格丽特以南数百英里之外，但她指示他们想办法去赫尔集结，准备反攻。他们的队伍当中包括安德鲁·特罗洛普，就是那个加来军官，他的倒戈导致约克军在拉德福德大桥惨败。王后以爱德华王子的名义写信给伦敦城，谴责约克公爵为"丑恶的、发伪誓的叛徒……是我的父王、我的母后的致命死敌"，"企图篡位"，并请求伦敦市民帮助将亨利六世国王从约克公爵的魔爪下解放出来。[17]

在隆冬时节组建一支军队，更不要说让它沿着潮湿而冰冷的烂泥道路穿过十几个郡，这实在是雄心勃勃到了发狂的地步。所以，当诺森伯兰伯爵动员军队的消息传到伦敦的约克公爵圈子的时候，他们都吃了一惊。第三次失去政府控制权的前景足以促使约克公爵紧急武装起来。玛格丽特行动的更多细节传来之后，约克公爵和索尔兹伯里伯爵就从东南部出征，去镇压叛乱，并"逮捕王后"。[18]马奇伯爵爱德华则去威尔士对付贾斯珀·都铎指挥的正在肆虐的军队。

12月21日，约克公爵抵达了约克郡西部韦克菲尔德附近的桑德尔城堡。这是一座大型石制要塞，配有塔楼的幕墙环绕着一座令人生畏的主楼（建在一个大土堆之上），俯视着科尔德山谷。因为天气的缘故，以及他们出发去保卫北方时行动过于仓促，约克公爵和索尔兹伯里伯爵的兵力比敌人少得多，王后的党羽也在快速集结。约克公爵及其支持者在桑德尔城堡内度过了一个节衣缩食的圣诞节，给养匮乏。他们的敌人占领了周边地区，有的在城墙外扎营，有的从附近庞蒂弗拉克特城堡的基地出发，四处劫掠。

12 月 30 日，约克公爵的一支搜粮队遭到萨默塞特公爵和德文伯爵人马的攻击，他决定发动反击。他为什么要这么做，我们不得而知。可能是他的旧部安德鲁·特罗洛普设计了一条奸计诱他出城，也可能是他相信可能达成一次圣诞节停战。他可能还相信自己将得到内维尔男爵约翰（索尔兹伯里伯爵的一个继兄）的 8000 人的支援。不过，这个内维尔男爵此前一直是王后的坚定支持者，不大可能在此时变节。不管他的动机如何，约克公爵从桑德尔城堡骑马出去时，似乎相信自己能打退敌人相当强大的兵力。事实并非如此。他刚出城堡就遭到四面围攻：萨默塞特公爵、诺森伯兰伯爵和内维尔男爵迎头猛冲上来，埃克塞特公爵和卢斯男爵从两翼包抄，克利福德男爵则封闭了包围圈，阻止他撤回城堡。约克公爵寡不敌众，兵力差不多只有敌人的五分之一，而且这些敌人不仅反对他的政治野心，而且大多数都真心实意地憎恶他。正如多年后的一位作家所说的，他"被团团围住，就像入网的鱼儿，或者被囚的鹿"。[19]

激战一个小时之后，约克公爵被制服。他看到局势已经无望，就让儿子拉特兰伯爵逃跑。拉特兰伯爵逃向韦克菲尔德大桥，这座拥有九个桥洞的雄伟石桥横跨科尔德河。河对岸就是圣母圣马利亚小教堂。十七岁的拉特兰伯爵或许想去小教堂避难。但可惜的是，他只差一点儿。克利福德男爵从战场赶来追他，在桥上，或者在大桥附近堵住了他。他被包围了。克利福德男爵走上前来，咒骂这个年轻人，让他准备受死，"正如你父亲杀害了我父亲一样"。周围很多人为拉特兰伯爵求情，后来有人说求情的人包括男孩的教师和神父罗伯特·艾斯波尔，他就在伯爵身旁。但克利福德男爵拔出匕首，刺入他的心脏。[20] 圣奥尔本斯的血债得到了偿还。的确，这个男孩是为了自己父亲的罪孽而死的。

但父亲的命运也好不了多少。约克公爵四面受敌，企图杀出一条血路逃回城堡，但太迟了。他在混战中被抓住并被拖走。后来的说法是，俘获他的是德文郡的詹姆斯·勒特雷尔爵士。约克公爵的头盔被摘掉，一顶粗糙的纸王冠被戴在他头上。随后，约克公爵理查（他想要拥有很多东西，包括当国王）被押在满脸鄙夷的敌军士兵面前游行，并被斩首。

这一天还有很多约克党人阵亡。除了约克公爵和拉特兰伯爵，索尔兹伯里伯爵的儿子托马斯·内维尔爵士也被俘虏并遭杀害。索尔兹伯里伯爵自己从桑德尔城堡逃走，企图逃往北方，但他走得比拉特兰伯爵远不了多少。当夜，六十岁的索尔兹伯里伯爵被俘并被带回庞蒂弗拉克特城堡的敌军大本营。次日，他被带出去公开处决。没过多久，就有四个约克党人的首级被送到约克城，在米克尔盖特大街示众。约克公爵僵死的眼睛盯着从下方经过的市民，纸王冠还塞在他染血的前额上。

多年的派系斗争和与日俱增的仇恨导致了这样的结局。教皇使节和约克党支持者考皮尼主教在给一位身在王后阵营的朋友的信中写道："双方都极力报复。"[21]玛格丽特、爱德华王子及其盟友终于战胜了他们的头号敌人。但是，国王还在沃里克伯爵和马奇伯爵爱德华手中。

现在国家真正一分为二了：王后的阵营和约克党人一样，只是个派系而已。（从此时起，我们可以真正称前者为"兰开斯特党"，得名自亨利六世国王的私人领地兰开斯特。自从他的祖父亨利四世在位以来，兰开斯特公爵领地就属于国王本人。这个领地是亨利六世的私人权力，而非公共权威的来源。他的公共权威早已烟消云散。）两个阵营都不够强大，不能一举打败对方。拉特兰伯爵在韦克菲尔德战役中的死亡让克利福德男爵报仇雪恨，但其余的残杀只是让血仇更加激化，让英格兰权贵们更加对立。他们全副武装、杀气腾腾且心怀绝望：他们在一场凶残的死亡之舞中旋转。

12. 灾祸

伦敦的十九岁大学生克莱门特·帕斯顿焦虑地写信给哥哥约翰。克莱门特是个聪明且头脑稳健的年轻人，曾在剑桥大学读书，后来于 15 世纪 50 年代末来到伦敦，接受专业培训。他是在风雨飘摇的时代长大成人的，他的家庭（在东安格利亚）的命运也随着国家政治的沉浮以及他们的恩主在宫廷的成功与否而兴衰。即便年纪还轻，他已经看惯了命运之轮的旋转。但在 1461 年 1 月 23 日，克莱门特坐下来匆匆给在乡村的亲人写信的时候，向哥哥承认，他写得"很匆忙"，"心情烦乱"。[1]

在之前十年里，伦敦街头发生骚乱已经是家常便饭，但即便从这个标准来看，1460 ~ 1461 年冬季也是特别动荡和危险的时期。约克公爵在韦克菲尔德的失败在英格兰已经妇孺皆知。但即便他死了，国家也没有因此安定下来。在西部，他那怒气冲冲的儿子爱德华（年仅十八岁，但已经身高六英尺四英寸，孔武有力，有着战士的暴脾气）在率军与亨利六世的同母异父弟弟贾斯珀·都铎厮杀。与此同时，沃里克伯爵仍然控制着亨利六世，阻止"正常的"王国政府理论上的回归。最让人烦恼的是，玛格丽特王后仍然在北方活动，受到盟友军事胜利的鼓舞，据说她即将南下夺回都城并报仇雪耻。平民百姓当中各种谣言在沸沸扬扬地传播，克莱门特·帕斯顿写了几条他听到的传闻：他提及他们家认识的一些骑士"被俘或死亡"；他描述了伦敦市民显然更喜欢约克党人而不是王后；他还表达了自己的担忧，法兰西和苏格兰雇佣兵以及北方诸侯的英格兰士兵（他们占到王后军队的很大一部分）被允许在他们经过的城镇"抢劫和盗窃"，伦敦人都不愿意忍受这样的命运。克莱门特建议哥哥在东安格利亚招募军队，"步兵和骑兵"，准备随时参战；为了家族的荣誉，要确保招募来的士兵外表整洁有序。这个年轻人在信的末尾写道："上帝保佑你。"这不仅仅是书信的套话。

英格兰正处于内战之中。1455 年以来的历次战役都是零星的、偶尔的暴力冲突。但如今英格兰和威尔士有大军在正面对垒，他们都运用了外国雇佣兵、训练有素的贵族私人武装和杂乱无章地征募的当地佃农。1461 年 2 月 2 日，爱德华的军队在莫蒂默十字（位于威尔士边疆地区的威格莫尔城堡附近，在伦敦与阿伯里斯特威斯之间的道路上）与贾斯珀·都铎、欧文·都铎和威尔特郡伯爵詹姆斯·巴特勒指挥的军队交锋。这一天将让十八岁的爱德华扬名立威，奠定他的传奇。约克党人给他的绰号是"鲁昂的玫瑰"。与他联合指挥军队的是来自他已故父亲的威尔士领地的好几位坚定拥护者，包括沃尔特·德弗罗爵士和赫伯特兄弟——拉格兰的威廉·赫伯特爵士和理查·赫伯特。他们的敌人得到了强大的增援，因为威尔特郡伯爵带来了大量布列塔尼和法兰西雇佣兵，以及他自己的爱尔兰庄园的臣属。但他们从彭布罗克横穿威尔士强行军而来，抵达战场的时候已经疲惫不堪。而爱德华作为军事统帅，正在学习如何用近似宗教虔诚的热情来激励将士。

战斗开始这天早上，冬季的天空中充满了一种刺眼而令人困惑的景象：三个太阳一同在天际线升起，然后融为一体，成为单一的熊熊燃烧的火球。[2] 爱德华对此的诠释是，这是神圣的征兆，预言了他的胜利。他的军队果然猛扑向威尔特郡伯爵和都铎的军队，很快就将其击溃。贾斯珀·都铎和威尔特郡伯爵逃离了战场，但已经过了花甲之年的欧文·都铎不幸被俘。其他俘虏还有约翰·思罗克莫顿爵士与另外七名兰开斯特军指挥官。他们被带到附近的城镇赫里福德，那里的市集上已经准备好了杀人的刑台。当时的一份记述称，欧文·都铎以为敌人会对他开恩，但韦克菲尔德战役之后的恐怖屠杀才刚刚过了不到六周，他这么想就是太幼稚了。"当他看见斧子和刑台"，就丧失了剩余的信心。这位老人被剥去衣服，只剩下他的红色天鹅绒紧身上衣。他站在聚集于此的赫里福德市民面前，哀求"宽恕和怜悯"。然后他的紧身上衣的衣领被粗暴地撕掉，人被带到刽子手面前。

一位编年史家写道，欧文·都铎的最后话语是回忆他的妻子，法兰西公主和英格兰太后，她愿意嫁给他这个卑微的威尔士人，为他生儿育女。他说："惯于躺在凯瑟琳太后怀中的那颗脑袋，现在竟然要躺在刑台上。"然后他"将自己的心灵和思想全部交给上帝，非常谦卑地迎接死亡"。[3]

欧文·都铎那血淋淋的首级被挂在市集十字架的最高点。过了一段时间，有人看见一个女人，或许是欧文的情妇和他尚在襁褓中的私生子婴儿大卫·欧文的母亲，在清洗残缺首级上的血，给它梳头发，然后在它周围点了一百多支蜡烛。围观群众如果注意到了她，也猜测她是个疯子。[4]

约克党人在莫蒂默十字的胜利维持的时间比它之前三轮旭日的光辉长不了多少。贾斯珀·都铎和威尔特郡伯爵逃走了，最后躲到了苏格兰，但他们的军队并非唯一在行军的兰开斯特军队。爱德华在赫里福德重组部队的时候，玛格丽特王后在调集她的其他盟友，包括萨默塞特公爵、埃克塞特公爵、诺森伯兰伯爵、什鲁斯伯里伯爵、一大群北方诸侯，以及简直无所不在的加来变节者安德鲁·特罗洛普。这支由久经沙场的北方人和外国雇佣兵组成的杀气腾腾的军队一路烧杀抢掠，到2月10日已经抵达剑桥郡。2月16日，他们突破了贝德福德郡邓斯特布尔的防御，伦敦近在咫尺。控制着亨利六世国王和英格兰政府的沃里克伯爵不得不采取行动。这年早些时候，他写信给教皇庇护二世，告诉他："您如果得知英格兰的事件，以及我的一些亲戚在与敌人作战时丧命，也不必担忧。有了上帝和国王的帮助，一切都会有圆满结局。国王健康极佳。"[5] 现在他的信心和自信将受到考验。

沃里克伯爵率领一支强大的军队离开了伦敦，辅佐他的有诺福克公爵约翰·莫布雷、萨福克公爵约翰·德·拉·波尔、阿伦德尔伯爵威廉·菲茨艾伦，还有他自己的一大群贵族，包括他的弟弟约翰·内维尔、他的叔父福肯贝格男爵和财政大臣邦维尔男爵。伦敦市民战战兢兢。大战一触即发，用一位书信作者的话说："不可能避免大规模流血，不管谁胜利，英格兰王室都是输家，这是莫大的遗憾。"[6]

在不到六年时间里，两军第二次在圣奥尔本斯城相遇。1455年的时候仅仅有小规模交锋和巷战，而1461年2月17日忏悔星期二①发生的却是一场惊天动地的大战。成千上万的士兵在此鏖战。米兰驻法兰西大使听说，王后和萨默塞特公爵各自指挥3万人。[7]这实在太夸张了，但毋庸置疑的是，庞大的军队给圣奥尔本斯的普通百姓带来了莫大恐惧。修道院院长约

① 忏悔星期二是基督教传统的耶稣受难节前的大斋期前夕，传统上这天称为薄饼日。

翰·惠瑟姆斯泰德在自己的官方档案中记载了北方人的野蛮、渎神和毁灭欲望。在他看来，这些北方人似乎觉得，到特伦特河以南就得到了上帝的许可，可以随意掳掠偷窃。[8]

事实上，北方军队远远不止是一群满脑子只想着抢劫的乌合之众。正如他们在韦克菲尔德表现出的，他们的指挥官执行着严格的纪律，并且足智多谋、兵不厌诈；他们还拥有统一的身份，每个士兵都佩戴着威尔士亲王爱德华的徽章，即带有鸵鸟羽毛的红黑两色袖标。下午1点左右，王军从西北方，而不是东北方，蜂拥杀入圣奥尔本斯，令沃里克伯爵的人马措手不及。激战之后，约克军前锋被打散，向四面八方逃窜，兰开斯特军的骑兵追杀他们，马蹄如雷鸣。修道院院长惠瑟姆斯泰德记载道，兰开斯特军将敌人围堵起来，用长枪戳死。直到晚上6点，冬季的天空已经漆黑，无法继续追击，这才作罢。[9]在约克军士兵逃命的同时，沃里克伯爵及其大部分指挥官和军官也各自散去，直到最后只有一个拥有贵族尊严的人还留在战场上。

亨利六世国王坐在一棵树下，目睹周围杀得天昏地暗，自己却在哈哈大笑和唱歌。国王的卫士邦维尔男爵和托马斯·基里尔爵士都被俘虏，根据王后的命令被草草地处死。王后特意让八岁的王子宣布对他们的死刑令。亨利六世与家人团聚，他就像个玩偶，再次易手。修道院院长惠瑟姆斯泰德在修道院内觐见国王，恳求他下令禁止抢劫。亨利六世和平素一样，别人让他干什么，他就干什么。他自己的军队对他不闻不问，惠瑟姆斯泰德心爱的圣奥尔本斯城遭到烧杀奸淫，据修道院院长说，仿佛这座城市被一群发疯的野兽入侵了。[10]

*

两派之间的命运像拉锯一样来回大逆转，英格兰深陷于一种绝望的只求自保的情绪。圣奥尔本斯战役之后，王后决定继续向伦敦推进，但伦敦城却坚决抵抗她。玛格丽特向伦敦索要粮草，市长紧张地做了正面的答复。但载满给养的大车通过市区、驶向克里普尔门和北上的道路时，一群市民上街阻挡。一位编年史家写道："城里的平民从大车上卸下粮食，不准它们通过。"他们坚持要求市政官员派遣一个代表团去告诉王后，只要令人胆寒的"北方人"还在她的队伍里，她就不能进入伦敦城。克莱门特·帕斯顿告诉兄长的那种谣言显然深入人心：大家都相信，如果允许兰开斯特军进城，伦敦会像圣奥尔本斯一样遭到"掳掠和蹂躏"。[11]玛格丽特没有选择，只能带着丈夫与儿子又一次返回北方。她的这次转移，以及伦敦市民的决定（他们相信，站在失败的约克党人那边，比站在胜利的王后那边更安全），将被事实证明是命运攸关的。

沃里克伯爵从圣奥尔本斯逃回，得以与马奇伯爵爱德华会合。2月底，他们在科茨沃尔德①集结了军队，然后他们做了一个大胆的决定。沃里克伯爵已经失去了对亨利六世的控制权，而没有他，他们就没有合法性。但根据亨利六世与已故的约克公爵理查达成的友好协议，马奇伯爵现在是王储。而既然忠于亨利六世的军队在韦克菲尔德战役中杀死了约克公爵，那么马奇伯爵可以主张，他有理由认为友好协议已经被撕毁。他再也不需要等待亨利六世去世才主张王位了。约克党人的论点本来就是，凭借血统，他们原本就拥有王位继承权，所以他夺取

---

① 科茨沃尔德是英格兰中南部一个地区，跨越牛津郡、格洛斯特郡等地，历史悠久，在中古时期就已经因与羊毛相关的商业活动而蓬勃发展。此地出过不少名人，如作家简·奥斯丁、艺术家威廉·莫里斯等。该地区风景优美，古色古香，是旅游胜地。

王位是完全正当合法的。

至少理论上是这样。2 月 26 日，星期四，马奇伯爵骑马进入伦敦，沃里克伯爵和他们的贵族盟友陪着他。[12]此时正是大斋节初期，但如果我们相信（有些偏颇的）编年史家的说法，那么伦敦市民对他的到来万众欢庆。有很多歌谣庆祝他的驾临，其中一首用约克的白玫瑰的意象赞颂他，白玫瑰是约克家族使用的好几种徽记与符号之一。这首歌唱道：“让我们在新葡萄园漫步，让我们在 3 月打造一个快乐的花园，用这美丽的白玫瑰，马奇伯爵。”[13]

3 月 1 日，星期日，沃里克伯爵的兄弟乔治·内维尔（埃克塞特主教、英格兰大法官）在城墙外的圣约翰原野向数千名士兵与市民发表讲话。内维尔详细解释了对亨利六世的反对立场，并询问群众，他们是否愿意继续接受亨利六世为国王。据一位编年史家记载，“人民喊道：‘不要！不要！’然后他们问，可否让马奇伯爵当他们的国王；他们说：‘要！要！’”[14]星期日早上，伦敦已经贴满了宣传爱德华的王位主张权的海报。3 月 3 日，星期二，爱德华在约克家族位于伦敦的住所贝纳德城堡召开会议。几位主教和贵族表示支持他夺取王位。3月 4 日，圣保罗大教堂内唱起了《感恩赞》，内维尔主教在教堂外的十字架旁做了一次政治布道，而爱德华在游行队伍里骑马前往威斯敏斯特宫。随后，在大法官法庭（根据传统，这里是国王行使司法权力的场所，所以是国王意志施行的终极表现），“他在坎特伯雷大主教和英格兰大法官与诸侯面前宣誓，要忠诚地、公正地守卫国家和法律，成为一位真正的、公正的国王”。[15]他穿上君主的袍服，戴上帽子，不过没有戴王冠，因为加冕礼要过一段时间才能举行。随后爱德华在仪式中端坐在"法庭王座"（国内两个最高级的普通法法庭之一的大理石椅子）上，这象征着国王作为裁判者的个人权威。最后，他去威斯敏斯特教堂向他的同名人物忏悔者圣爱德华献祭。不过，他还没有加冕和受膏。但在他的支持者眼里，他现在已经是爱德华四世国王，"英格兰和法兰西王冠与爱尔兰领主地位的真正继承者"。[16]

*

爱德华四世坐在伦敦的大理石王座上时，兰开斯特军正在撤往北方。王室在行进途中，绝望地向沿途的各大家族求援，请他们派兵支持。这样的一封信送到了威廉·普朗普顿爵士手中，他五十五岁，是诺森伯兰的珀西家族的追随者，自己也是个富裕且有影响力的绅士，在约克郡、德比郡和诺丁汉郡都有自己的土地与庄园。他收到的信是 1461 年 3 月 13 日从约克发出的，盖着亨利六世的小印章。信里说，"大叛贼"马奇伯爵"聚集了大量歹徒暴民……并在其宣言中扬言要毁灭我们所有忠实的臣民及其妻儿和财产"。威廉爵士接到的指示是"征集兵员，配备甲胄"，"尽快来我们身边……抵抗叛贼的歹意和图谋，不得有误"。[17] 威廉爵士是一个忠实的臣民和老将，他没有耽搁。

在玛格丽特王后及其盟友动员英格兰北部的同时，爱德华四世的部下则在动员特伦特河以南地区。他们给南方三十多个郡的郡长发去指示，谴责"那个自称为亨利六世的人"，并"命令所有十六至六十岁的男子携带武器装备，尽快赶来侍奉国王"。[18] 准备武器装备不是一件轻松的事情，对极可能要在第一线厮杀的骑士、成千上万负责保护骑士的弓箭手和轻装的普通士兵（他们聚集起来，他们所在地的领主支持哪一方，他们也就支持哪一方）来说都不容易。铠甲、武器和物资五花八门，从最富裕贵族和将领穿的极其昂贵的量身打造的板甲，到普通士兵挥舞的木棒、刀和棍。即便普朗普顿这种级别的人，在战前穿铠甲的时候也需要好几个人帮忙。一份 15 世纪的手稿这样描述武士的侍从帮助他穿甲的过程。武士不应穿衬衫，而是穿一件缎子镶边的斜纹布紧身上衣，上面有透气孔。"紧身上衣……的腋下必须缝有护腋甲片。"这很重要，是为了防止敌人的匕首刺入脆弱部分，因为巧妙地用匕首刺入板甲连接部分就可能切断主动脉或者刺伤关键器官，所以连接护腋甲片与紧身上衣的线和弩的弦一样坚韧耐久。更多的厚内衣，包括防止膝盖磨伤的一小块垫片，都用粗绳圈缝起来，在绳圈上可以加挂经过热处理的、擦得锃亮的金属片。从咽喉到脚趾都有金属保护，头戴配有面甲的沉重头盔。头盔上有地方贴个人徽章，用来识别身份；还有一个小孔，可以透过它来观察屠戮的惨景。[19]

骑士的战马可能会像骑士一样全副武装。骑士如果在骑兵队伍中前进的话，可以用长枪刺死敌人。其他的武器长、重或锋利，有时三者都有。在近距离可以用歹毒的圆柄小匕首刺入敌人的心脏、眼睛或大脑。战场上最富裕、最为训练有素的人用双手挥舞的四十英寸长的重型阔剑可以提供更大的回旋余地。杀伤力最强的手持武器或许是长柄战斧：一根长木柄，长度可达六英尺，末端的一侧是沉重而锋利的弯刀，另一侧是较短的、爪子形的尖钩，最末端是一个薄薄的尖钉。用力挥舞时，长柄战斧可以击碎铠甲、打伤铠甲之下的人肉和骨头；可以将敌人绊倒，而武士一旦跌倒就很脆弱，因为甲胄的重量会让他很难爬起来。长柄战斧的厚刃足以砍断防护较弱的敌人的肢体，或者将脱掉头盔的骑士（脱盔可能是为了更好地观察，或与人交谈，或喝水）的脑袋打碎。

整个 3 月，成千上万的携带这些武器的人在英格兰全境与海外集结起来。他们来自从威尔士到东安格利亚，从苏格兰到肯特的每一个角落。因为沃里克伯爵与海外诸侯的关系很好，爱德华四世的军队还包括勃艮第公爵腓力派来的一队士兵，他们打的是法兰西太子路易（查理七世的长子）的旗帜。兰开斯特军旗下的英格兰诸侯数量远远多于约克军：除了萨默塞特公爵和埃克塞特公爵之外，还有诺森伯兰伯爵、威尔特郡伯爵和德文伯爵，里弗斯男爵及其儿子安东尼·伍德维尔，安德鲁·特罗洛普爵士（在第二次圣奥尔本斯战役之后被王后封为骑士），以及其他十二三名贵族。约克军从伦敦缓缓北上，开往庞蒂弗拉克特，一路上不断有人前来投奔。多年后，据约克军的军饷发放官员计算，到这年 3 月底，他们的兵力达到48660 人。[20]但兰开斯特军可能多达 6 万人。即便我们考虑到统计时惯有的夸大其词，这也算是两支庞大的军队。

两军第一次交战是在 3 月 28 日，星期六，地点是在约克郡的费里布里奇，这是北方大道①上的一个十字路口，就在庞蒂弗拉克特西北几英里处。兰开斯特军在陶顿村附近扎营，也可能是在塔德卡斯特村，在艾尔河北岸 9 英里处。[21]他们收到情报，约克军的诸侯萨福克公爵约翰和菲茨沃尔特男爵奉命重建艾尔河上破损的桥梁，于是派遣克利福德男爵的一队轻骑兵去打退他们。在随后的血战中，菲茨沃尔特男爵阵亡。爱德华四世从自己的主力部队抽调越来越多的人马增援桥梁，兰开斯特军调头撤

---

① 北方大道是伦敦到约克和爱丁堡的主要通衢。

退。他们落入了一个陷阱：爱德华四世还派了福肯贝格男爵和一小队人马在费里布里奇上游 3 英里处过河。福肯贝格男爵率领着一支杀伤力强大的骑射手部队，跟踪克利福德男爵的人马，最终于黄昏时在丁廷代尔村附近伏击了他们。克利福德男爵脱下自己的金属脖甲以便喝葡萄酒时，一支箭射穿了他的咽喉，他当场死亡。随后约克军向剩余的敌人猛扑过去，将其屠戮殆尽。争夺英格兰王位的大摊牌就这样开始了。

当夜寒冷刺骨，次日是棕枝主日①，黎明时分天色昏暗而酷寒。约克郡的乡村天寒地冻，下着雨夹雪，到早晨时雪越来越大。即便如此，两支大军还是开始在陶顿摆开阵势，到 9 点已经做好了战斗准备。两军分别构成一条庞大的战线，隔着一道低矮的山脊对峙。暴风雪席卷他们，雪花径直刮向兰开斯特军士兵的脸庞，将战场化为一个湿滑、令人半盲的噩梦。人们冷得直跺脚，瑟瑟发抖，等待开战的命令。有些人能看得见旗帜在部队头顶上飘着，显示两边有数十位贵族在场：蓝、白、红、金等色的纹章图案标示出指挥官与贵族将领的所在位置。但是，只有约克军那边有英格兰国王的旗帜。爱德华四世亲临战场，而玛格丽特和亨利六世待在战线后方的约克城，焦急地等待战役的结局。

最终，呐喊开启了战役，暴风雪般的箭矢射穿了湿漉漉的雪花。福肯贝格男爵指挥的约克军弓箭手射出的箭雨在顺风的加持之下，射得更远、更猛。大炮也交火了，炮兵操纵原始的

---

① 棕枝主日是庆祝耶稣胜利进入耶路撒冷的节日，日期是复活节前的星期日。根据基督教多个教派的传统，信徒在这一天要手捧棕榈枝，举行宗教游行，以纪念耶稣进入耶路撒冷时群众在他面前抛撒棕榈枝。在有些国家，因为难以获得棕榈枝，也可以用本土其他树的树枝代替。

火炮，发射直径超过一英寸的铁与铅铸成的实心弹。即便风声很大，这些手炮的声响也一定令人胆寒，而偶尔手炮在士兵手里炸膛令他们发出的惨叫更是让人恐惧。[22]

萨默塞特公爵看到在交火中的风向对约克军有利，所以不愿意站在暴风雪里眼睁睁地看着部下被射死，于是下令前进。兰开斯特军下山走向敌军，撞上了约克军的庞大战线，开始了一场漫长而特别激烈的战斗。这是在英格兰土地上打过的最血腥的一场战役。白雪皑皑、连绵起伏的陶顿平原上，长柄战斧和利剑刺入铠甲与肉体，受伤的战马与垂死的士兵在嘶鸣，汗流浃背的肉体互相冲撞，人们倒下、挥舞四肢，尸体一具压着一具、堆积如山。爱德华四世下令杀死对方的贵族，不必俘虏他们，但普通士兵和贵族的死亡率同样惊人。随着两军扭打、厮杀，战线不断移动，转了四十五度，所以战役伊始战线呈东西向，到下午就变成了兰开斯特军战线呈东北—西南轴线，他们背对一片水淹的草地，它被一条叫考克河的很深的水道淹没了。他们的右翼受到约克军弓箭手的威胁，他们的左翼正在一座山的山脚下战斗，压力很大，因为诺福克公爵加入了约克军右翼的激战。简而言之，兰开斯特军被驱赶向一片湿地，那里很快变成一个血腥的池沼：他们唯一的逃生道路是从左翼上山，并逃往陶顿和塔德卡斯特。但这样的话，他们就需要爬上湿漉漉的、满地烂泥的小山，而暴风雪从他们背后刮来。他们在企图逃跑的时候，被约克军骑兵砍倒。约克军骑兵横扫开阔地带，恣意劈砍戳刺敌人。即便逃过了陶顿的兰开斯特军也突然发现自己再次落入陷阱：战前，兰开斯特军摧毁了考克河以北的木桥，他们现在被困在战场的最远端。约克军骑兵逼近过来，兰开斯特军丢盔弃甲，企图蹚水或游过湍急的河流。他们精疲力竭、负伤或冻得半死，许多人被溺死，直到最后河里塞满了死尸，活人才能够踩着死人逃往安全地带。后来这个地方被称为"死人桥"。

兰开斯特军有成千上万人死亡，他们的战线到下午三四点钟就瓦解了，将领各自逃命。威尔特郡伯爵或许是他那一代人当中最窝囊的懦夫，他在第一次圣奥尔本斯战役和莫蒂默十字战役中就曾临阵脱逃。他在陶顿第三次逃跑，但这一次他的好运气耗尽了。他逃到了纽卡斯尔，但还是被俘虏并遭斩首。安德鲁·特罗洛普和诺森伯兰伯爵都在战场上被砍死。萨默塞特公爵和埃克塞特公爵逃走了。德文伯爵也逃走了，但伤得太重，无法从约克城继续逃命，后来被抓获并遭处死。将领的逃窜将失败变成了灾难性的溃散。根据爱德华四世的命令，胜利者对战败的敌人没有一丝怜悯。后来在战场上发现的骷髅头上有极恐怖的伤痕：面部被劈裂，脑袋被砍成两半，前额被刺出一个窟窿。有的人头上的伤口多达二十多处，这证明士兵们已经被野蛮的嗜血激情驱使，实施了疯狂屠杀。有些受害者遭到摧残：他们的鼻子和耳朵被割掉，手指被折断（胜利者抢劫死尸上的财物时，会偷走死人手指上的戒指和珠宝）。陶顿战场被称为"血草地"是恰如其分的。1461 年 4 月 7 日，埃克塞特主教内维尔给身在佛兰德的泰拉莫①主教写信，记述了前六周的事件，包括圣奥尔本斯、费里布里奇和陶顿的残杀，并估计在陶顿战役中有 2.8 万人死亡。（同一天，索尔兹伯里主教比彻姆的一封信里也说是这个数字。）"呜呼哀哉！"他写道，"连法兰西人都要怜悯我们这个民族了！"[23]

---

① 泰拉莫为意大利中部城市。

的确，对 1461 年的很多人来说，一代人以前法兰西遭遇的全部噩运（阿马尼亚克党与勃艮第党争斗，王冠被扔来扔去、激烈争夺，导致国家危亡）如今降临到海峡彼岸的英格兰人身上了。英格兰被野蛮行径所主宰，北方的土地浸透鲜血。最让人悲哀的是，如今有两位国王分庭抗礼。玛格丽特王后不让亨利六世和爱德华王子亲临陶顿战场的决定很明智，因为即便兰开斯特军遭到决定性的失败，他们作为一个王朝家系也还没有灭亡。他们和不多的几位幸存的盟友——萨默塞特公爵、埃克塞特公爵、卢斯男爵和法官约翰·福蒂斯丘爵士——一同撤往苏格兰。其他一些忠实的兰开斯特党诸侯，如彭布罗克伯爵贾斯珀·都铎，也很快赶去与他们会合。但是，他们的宫廷折损大半：军事上瓦解，财政上拮据，精疲力竭。

爱德华四世国王在北方待了一个月，扫荡残敌，然后于 5 月凯旋伦敦，参加加冕礼，让自己的登基得到上帝的确认。现在，他不仅通过血统来主张王位，还在战场上用鲜血证明了自己的地位。1461 年 11 月在威斯敏斯特召开了他的第一届议会，重复了反对亨利六世占有王位的法律根据，并为他自己的主张权提出了正义凛然的辩护。此时，议会仅仅是在将政治的既成事实合法化而已。6 月 26 日，星期五，爱德华四世正式进入长期以来支持他的都城，两天后，他被加冕为金雀花王朝的第十三位和约克王朝的第一位英格兰国王。

13. 贵与贱

爱德华四世不是登上英格兰王座的最年轻君主，但他可能是准备最仓促的一位。他时年十九岁，之前被当作一位大贵族的长子来抚养。他勤奋地学习，虔诚地祈祷，学习作战和跳舞、礼貌地讲话，并关注管理大庄园的生意。但为了成为公爵而做准备，和突然成为加冕与受膏的英格兰国王，毕竟还是两码事。不过他已经登基了：乘着他已故父亲的野心的浪潮登上王位，他的双手沾满敌人之血。

幸运的是，爱德华四世自然而然就掌握了君主的大部分外在的活动。他很年轻，身高超过六英尺，即便不俊俏也算得上英俊。留存至今的肖像描绘了他的细眼、噘起的嘴唇和突出的前额。爱德华四世酷爱在勃艮第和欧洲大陆其他地方流行的奢华服装、礼节和优雅习惯。除了外表好看，新国王还拥有彬彬有礼的魅力和军人的霸气。尽管他受刺激的时候脾气暴躁，但根据一位同时代人的说法，他一般来讲"性情温和快活"，并且"向人打招呼时非常和蔼可亲，如果发现新来者目睹他的王室威仪和英俊外貌而不敢说话，就会亲切地将一只手放到对方肩膀上，以此鼓励他"。[1]他思维敏捷，记忆力超群：长篇英格兰史书《克罗兰编年史续编》①的作者经常仰慕爱德华四世的"高瞻远瞩"和政治上的精明，并惊叹他能记得"分散在全国各郡几乎所有人的地位和行当……仿佛他们就在眼前"。爱德华

---

① 《克罗兰编年史》为英格兰中世纪历史的重要的第一手史料，在林肯郡的克罗兰修道院编写，从655年断断续续地写到1486年，有多个"续编"。

四世对自己的判断力和激励谋臣的忠诚的能力高度自信（这些谋臣都是他自己挑选的）。和他之前的许多伟大的金雀花国王（从狮心王理查到亨利五世）一样，他在很年轻的时候就在战场上证明了自己。

很多同时代（或接近同时代）的作家，都很难在爱德华四世身上和他的治国理政当中找到缺陷。他只有一个弱点。常有人说，新国王贪恋女色。他非常喜欢女人，而且不管美丑都照单全收。有很多这方面的流言蜚语。意大利教士、人文主义者和学者多梅尼科·曼奇尼为了写一部当代历史而访问英格兰，他亲眼观察到了自己的一些研究对象。他说爱德华四世"极其放荡"，并说这位新国王"不加区分地追逐有夫之妇和未婚少女，也不管贵与贱"。《克罗兰编年史续编》的作者（在爱德华四世登基二十年之后写作）悲哀地写道，如此才华横溢且自信满怀的君主"竟然如此粗俗不堪，贪图享乐、浮华、酗酒、奢侈和肉欲"。[2] 即便我们考虑到这些作家的假正经，以及这些评价更适合爱德华四世晚年而不是他刚夺取王冠的危险的早期岁月，他给人留下的好色印象是一以贯之的。

爱德华四世在位的最初三年里，他的主要关注对象不是女色，而是生存。1461 年，上帝对他微笑，支持他夺权，给了他战场上的胜利。但上帝还没有给他对全国的控制权。爱德华四世最初戴上王冠的时候，他实际上还只是个派系领导人，是一个私人领主。他需要建立自己的公共权威，以争取臣民的完全忠诚。正如亨利·博林布罗克于 1399 年废黜理查二世、自己登基成为亨利四世时所发现的那样，篡位者不得不奉行两种表面上互相冲突的策略。他必须证明自己是个不偏不倚的公正统治者，有能力保卫国家并为所有臣民主持公道。但与此同时，他必须奖掖和恩宠那些帮助他登上王位的人。即便在最有利的时期，这也不是轻松的使命。而且这还不是爱德华四世面对的唯一问题。他还有一些非常紧迫的难题：十多年断断续续的叛乱、阴谋和内战使得公共秩序极其紊乱；外国势力企图利用英格兰破败荒芜的时期来发动进攻。法兰西的查理七世于 1461 年 7 月 22 日，也就是爱德华四世登基不到一个月之后，死于腿部和下颌的长期感染。但他那脾气火爆且好斗的儿子路易十一，肯定会竭尽全力地给新任英格兰国王制造麻烦。除此之外，爱德华四世还必须白手起家，建立一个行之有效的政府，任用不仅值得信赖而且能干的人来管理政府。最后，他还必须考虑自己的家族职责：生育足够多的孩子，确保未来安然无虞，防止有人图谋不轨。有的人目睹他的崛起，或许会觉得王冠是个玩具，任何人只要有一星半点儿王室血统就可以去争夺王冠。事实上，他的任务十分艰巨，令人生畏。

爱德华四世从兰开斯特党下手。兰开斯特党的很多领导人在陶顿战役被消灭了，但还有一些死硬分子活了下来。诺森伯兰的好几座沿海城堡还在兰开斯特党将领手中，需要一场漫长而协调有力的攻城战将其肃清。玛格丽特王后把亨利六世和爱德华王子带回了苏格兰，在随后两年里她努力争取支持，组织一场新的入侵，先与詹姆斯三世政府结盟，后来又向路易十一寻求财政和军事援助。她在 1463 年春夏向英格兰北部发动了一次海陆并进的入侵，与北方一些城堡的守军取得联系，但最终被打退，彻底逃离英格兰。亨利六世留在苏格兰，玛格丽特和爱德华王子不得不在随后十年里在欧洲大陆流亡。亨利六世

亨利五世，"世界之王"，法兰西人的克星。

凯瑟琳·德·瓦卢瓦，她与欧文·都铎的秘密婚姻无意中建立了一个伟大的王朝。

约克公爵理查，一位伟大的军人，却是蹩脚的政治家，不过他有两个儿子成为国王。

安茹的玛格丽特，被理想化为圣母（她实际上没有那么圣洁）。

亨利六世，头脑简单、虔诚而软弱，他的统治是一场灾难。

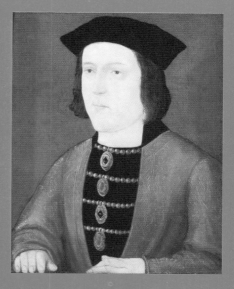

爱德华四世，富有领袖魅力、风流倜傥且精明强干，但后来变得肥胖、声名狼藉且好色成性。

爱德华五世，从来没有戴过英格兰王冠。

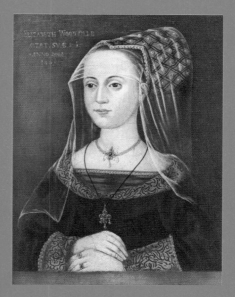

伊丽莎白·伍德维尔，出人意料地成为王后，性感、野心勃勃且精明务实。

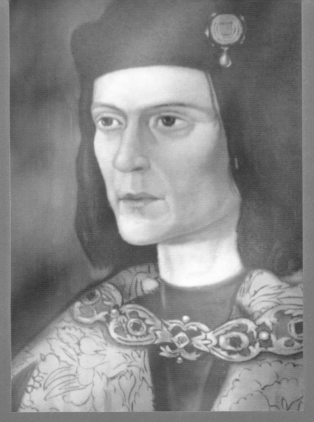

理查三世其貌不扬，在兄长爱德华四世去世后成功篡位。据后世对其遗骨和牙齿的分析，他脊柱有畸形，臼齿也有磨损。

珀金·沃贝克，他冒充了理查·金雀花。

亨利七世的死亡面具看上去满腹忧愁和烦恼。

不知疲倦、精明聪慧的玛格丽特·博福特,极其擅长生存的艺术。

法兰西国王查理六世在通过勒芒附近的乡村时疯病发作。

在 1424 年 8 月的韦尔纳伊战役中，贝德福德公爵约翰指挥的英格兰军队以少胜多，这是他在法兰西摄政期间军事生涯的巅峰，也是英格兰在欧洲大陆的国运的最高点。

格洛斯特公爵汉弗莱为幼主亨利六世对法兰西王位的主张权辩护，将亨利六世的血统追溯至法王路易九世。

在1461年2月的莫蒂默十字战役中，马奇伯爵爱德华（后来的爱德华四世）在天空中出现三轮旭日的异象的鼓舞下，指挥军队取得大胜，杀死了欧文·都铎。

陶顿战场被称为"血草地",因为有2.8万人在此役中死亡。这场战役是英格兰土地上打过的最血腥的一场。

1471 年的巴尼特战役是在浓雾中展开的。

萨默塞特公爵埃德蒙在蒂克斯伯里战役之后被斩首，爱德华四世在一旁漠然地观看。

沃里克城堡中陈列的全副武装的骑士像，其胯下的战马也披挂了护甲。在当时，骑士在战斗前穿上盔甲是个特别费力的过程，需要侍从协助。

这幅创作于 1835 年的画作展现了"塔楼内的王子"爱德华五世和约克公爵理查被谋杀的场景。

1485 年，理查三世的倒霉军队曾高举这支"博斯沃斯十字架"。

在 1485 年 8 月的博斯沃斯战役中，亨利·都铎取得决定性的胜利，杀死了理查三世。斯坦利男爵将理查三世的王冠献给亨利·都铎。

家史被用于宣传。
贝德福德公爵在法兰西到处张贴宣扬亨利六世有权获得法兰西王位的宣传画。

威风凛凛的爱德华四世，
这是一幅赞颂他王室血统的谱系图。

两名天使手扶王家纹章，装饰物就有红白两色玫瑰。

都铎王朝是宣传的大师：玫瑰、谱系图和新史书向全世界宣讲"他们的"15世纪。

亨利七世于1486年迎娶爱德华四世之女约克的伊丽莎白，将兰开斯特与约克这两个相互厮杀的家族联合起来。图画中亨利七世手持象征兰开斯特家族的红玫瑰，伊丽莎白则手持象征约克家族的白玫瑰，装饰性的红白两色玫瑰枝条缠绕在一起托着王冠。

骑在战马上的骑士身着蓝色和深红色的衣服，胯下战马披挂的布上装饰着典型的都铎玫瑰。

莎士比亚《亨利六世》中著名的"玫瑰园"场景，由 Henry Arthur Payne 于 1908 年创作。

彭布罗克城堡遗址，亨利七世的出生地。

的同母异父弟弟贾斯珀·都铎被爱德华四世政府剥夺了彭布罗克伯爵头衔，他作为中间人，在法兰西和苏格兰之间穿梭，同时试图征集一支入侵舰队，并集中力量骚扰威尔士沿海地带。其他一小群死硬的兰开斯特党人，包括埃克塞特公爵亨利和约翰·福蒂斯丘爵士，与王后一起，过着经济拮据的流亡生活。但他们重返英格兰的努力最终受到了坚决的抵制，因为在1463年10月，爱德华四世与法兰西达成停战协定，路易十一被禁止参与兰开斯特党的阴谋，于是他们在近期回国的希望破灭了。

与此同时，英格兰境内仍然桀骜不驯地反对爱德华四世的兰开斯特党同情者都被接连铲除。尽管因为1455～1461年的战事而被议会夺爵的人不多，政府还是采取了新的行动来粉碎最冥顽不灵的兰开斯特分子。大规模的司法委员会视察了全国各地的叛乱城镇，杀一儆百地惩治市民。在有些地方，叛徒和反贼的首级被挂在长杆上达六个月之久。很多被处死的人是出身低微的倒霉蛋，但也有一些贵族，包括年老且患病的牛津伯爵约翰·德·维尔，他在到目前为止的所有武装冲突中都严守中立。但在1462年2月，牛津伯爵和他的长子奥布里被以叛国罪逮捕，罪名是他们企图谋害爱德华四世。父子俩在不到一周时间里相继在塔山①被处死，"在四英尺高的刑台上被处决……好让所有人都看得见"。[3]

爱德华四世镇压兰开斯特党反叛的早期行动主要由沃里克伯爵和内维尔家族来执行。沃里克伯爵被托付以保卫北方的重任。他花了差不多三年时间，打了一场令人疲惫的边境战争，

---

① 塔山为伦敦塔附近的一座山丘。

平定了北方。在他的军事行动里，阿尼克、诺勒姆和班堡等大城堡被用"重型武器和大炮"摧毁，叛军及其苏格兰盟友的抵抗被缓慢但不可逆转地粉碎。为了奖赏沃里克伯爵的这些工作和长期的、危险性很高的效力，爱德华四世将从战败的兰开斯特党人手中夺得的大量土地和官职交给他。他被任命为英格兰大总管、英格兰海军司令和五港①与多佛城堡的终身总管；他还保留了加来总司令的极重要职务。在北方，他成为东部边疆与西部边疆的总管，所以他就是仅次于国王的最高军事领导人。他成为整个兰开斯特公爵领地的总管。他的母亲于1462年去世，他继承了母亲的全部土地。他是广袤国土（尤其在北方，他得到了之前属于珀西家族的地产）的领导人。简而言之，他成了全国最富裕、最显赫的贵族。

他的家族也分得一杯羹。沃里克伯爵的叔父福肯贝格男爵威廉被提升为肯特伯爵，约翰·内维尔被封为蒙泰古男爵（后被提升为诺森伯兰伯爵，这个古老头衔原属于珀西家族）。忠诚的埃克塞特主教乔治·内维尔（他于1461年在圣保罗大教堂为爱德华四世登基做宣传鼓动）也得到报偿，被任命为大法官，并被晋升为约克大主教。他在约克郡的卡伍德城堡举办了一次令人眼花缭乱的奢华宴会来庆祝自己的晋升，宴会宾客多达6000人，饕餮嬉戏了好几天，据说享用了100多头牛和2.5万加仑葡萄酒，国王最小的弟弟格洛斯特公爵理查也光临宴会。内维尔家族从一开始就支持约克家族，一直到后者夺得王位，所以得到了丰厚的报答。

---

① 五港是英格兰东南沿海的五座城镇黑斯廷斯、桑威治、新罗姆尼、海斯和多佛尔的集体名称。

当然，随着爱德华四世扩大自己的政治基础，其他贵族世家也得到了好处。鲍彻家族的忠诚也得到回报，坎特伯雷大主教托马斯·鲍彻的兄长亨利被封为埃塞克斯伯爵。在爱德华四世自己家里，从约克党胜利中获益最大的是他的弟弟和继承人乔治。乔治被封为克拉伦斯公爵，得到了原属于兰开斯特党人的大片土地，包括已故埃德蒙·都铎的里士满伯爵领地。在威尔士，赫伯特男爵威廉得到了贾斯珀·都铎被没收的大部分土地，成为埃德蒙·都铎的儿子和继承人亨利·都铎的监护人，在威尔士几乎无人可以与赫伯特男爵竞争。在内廷，主要受益人是内廷总管威廉·黑斯廷斯，他成为黑斯廷斯男爵，控制着接近国王的渠道，行使国王的意志。还有一些新人得到栽培：西部的地主汉弗莱·斯塔福德成为一个重要盟友，贝德福德郡的骑士约翰·文洛克爵士也是，他俩都因为友谊和效劳而被提升为男爵。但享有威望最高、最得圣宠的还是内维尔家族。

或者说表面看上去是这样。然而，1464 年，发生了一桩有如晴天霹雳的大意外。在这些支持约克王朝的新老家族当中，突然挤进来另一个家族，他们飞黄腾达，威望和权力几乎超过了其他所有诸侯，尽管他们的出身非常卑微。他们就是伍德维尔家族，在随后二十年里，他们的命运将和约克家族紧紧捆绑在一起。

*

金秋时节，米迦勒节快到了：这个节日恰好在收割结束的时节，全英格兰都欢天喜地，宴饮作乐来表示庆祝。1464 年 9 月中旬，英格兰诸侯们聚集在雷丁修道院，与国王磋商。他们在光辉灿烂的修道院礼拜堂相见，这是一个与英格兰王室的悠久历史有紧密联系的场所，原因之一是，伟大的诺曼国王和立法者亨利一世及其第二任妻子鲁汶的阿德丽莎就长眠于此。[4] 与会者有好几件事情要讨论，其中之一是颇有争议的重新铸造钱币的计划，英格兰货币将会因此贬值大约四分之一，而王室可以通过重铸英格兰货币获得丰厚利润。但最紧迫的大事，还是私人方面的。诸侯们聚集于此，商讨爱德华四世的婚姻。

爱德华四世年轻、精力旺盛，是个黄金单身汉，他的妻子人选是让很多人兴致勃勃的话题。有希望通过他的婚姻与海峡彼岸的某个强国缔结长期联盟。爱德华四世可以得到儿子与继承人，这个需求比以往更加紧迫了。当然，结婚还能昭告天下，国王已经长大了，可以严肃对待自己的职责，因为据一位编年史家说："人们感到惊异，我们的君主居然这么久没有妻子，甚至担心他过着童贞生活。"[5]

可供考虑的潜在新娘有很多，每一个都代表着英格兰在欧洲大陆的政策的不同路线。早在 1461 年，勃艮第公爵好人腓力就曾建议爱德华四世娶他的外甥女——波旁公爵的一个女儿，据说她是个美少女。1464 年，勃艮第方面暗示这个提议仍然有效。与勃艮第结盟能给英格兰带来贸易上的很大好处，并且肯定会受到伦敦城巨商的欢迎，他们一直是约克党的坚定支持者。卡斯蒂利亚国王恩里克四世国王（人称"无能的恩里克"①）也试探性地提议了自己的妹妹和继承人伊莎贝拉。卡斯蒂利亚王国与英格兰王室和金雀花家族有历史悠久的联系，可以追溯到 12 世纪。或者爱德华四世可以将目光转向北方。在他统治早期最为困难的某个时间，他曾考虑迎娶高尔登

---

① 既指他在政治上昏庸无能，也指性无能。

的玛丽，即苏格兰摄政者和詹姆斯三世的母亲，尽管这个女人比爱德华四世更风流。最后，或许最有希望的是，与法兰西国王路易十一谈判，建立英法联盟，将瓦卢瓦王朝的某个公主嫁给爱德华四世。

对那些自认为是英格兰国王宠臣的人来说，与法兰西联姻是最有吸引力的方案。沃里克伯爵和文洛克男爵至少从1464年春季开始与法兰西秘密谈判，甚至可能在前一年秋季就开始了。到1464年9月时，沃里克伯爵感到已经差不多谈成了，可以将法兰西国王路易十一的小姨子萨伏依的博娜嫁给爱德华四世。与路易十一联姻的最明显好处是可以最终消灭兰开斯特党余孽，因为没有法兰西及其盟友的支持，安茹的玛格丽特就永远不能入侵英格兰、扶植她的白痴丈夫重返王位。此外还有贸易上的好处，足以弥补放弃与勃艮第联姻可能造成的损失。对沃里克伯爵来说，对法谈判关系到他的个人威望：因为欧洲各国朝廷都在说他才是英格兰王室背后的真正力量，是他扶年轻的国王上台，也是他推动着年轻的国王，对此他也扬扬得意。大使和权贵们打趣说（如路易十一收到的一封信里所写），英格兰"有两个统治者，一个是沃里克大人，另一个的名字我忘了"。[6]这种想法让沃里克伯爵忘乎所以。他所拥有的土地带来的权力极大，同时他也酷爱奢靡、排场和个人的辉煌。但他于1464年9月在雷丁修道院突然发现，他作为英格兰政策主要驱动者的地位并不像他自以为的那样固若金汤。

沃里克伯爵到雷丁的时候，坚信自己和文洛克男爵会被指示去圣奥梅尔（距离加来不远的一座城镇）与路易十一面谈，以敲定爱德华四世和萨伏依的博娜的婚姻。而参会者大多希望听听，与法兰西联姻必然带来的英法联盟是个什么情况。然而，爱德华四世在修道院教堂接见他们的时候，告诉他们一个令全国震惊的消息。他宣布，他不会娶萨伏依的博娜，也不会娶任何外国公主。因为他已经结婚了，并且已经结婚好几个月了。他的妻子，英格兰的新王后，是一个二十多岁的寡妇，带着两个拖油瓶孩子，孩子的父亲是一个前不久去世的小贵族。她的名字是伊丽莎白·伍德维尔。

她皮肤白皙，眼睛黑亮，发色红褐，天庭饱满（这在当时很时髦），细长而鼻梁坚挺的鼻子末端是一个小球形，与她那光洁圆润的下巴相得益彰。[7] 她二十六岁或二十七岁，肯定仍然青春美丽。她虽然不是高级贵族，但因她父亲里弗斯男爵理查·伍德维尔而相当有名。里弗斯男爵曾是肯特郡和北安普顿郡的一个小地主，但在 1437 年娶了卢森堡的杰奎塔①，此女是亨利六世的强大叔父贝德福德公爵约翰的寡妇。这场辉煌的婚姻让到当时为止还无足轻重的伍德维尔家族一下子进入高级贵族之列，与兰开斯特王族和欧洲的许多豪门（包括卢森堡的圣波勒伯爵和勃艮第公爵）都有了亲戚关系。里弗斯男爵在这门绝佳的婚事之后，给自己的亲人安排了非常稳妥的贵族联姻。他的儿子安东尼·伍德维尔娶了斯凯尔斯男爵的女继承人。伊丽莎白·伍德维尔还是少女的时候嫁给了格鲁比的费勒斯男爵的继承人约翰·格雷爵士，为他生了两个孩子，托马斯和理查·格雷。

里弗斯男爵既然和亨利六世有如此紧密的关系，那么伍德维尔家族当然是兰开斯特党人，并积极参与了针对约克党的战

---

① 卢森堡的杰奎塔是卢森堡的圣波勒伯爵皮埃尔一世的长女。

争。里弗斯男爵是 1460 年 1 月在桑威治为亨利六世集结舰队的人之一，当时他和同僚在沃里克伯爵的一次闪电式袭击中被俘并被抓到加来受审问。在加来，里弗斯男爵第一次见到了未来的爱德华四世。在一次令里弗斯男爵汗颜的火炬照耀下的仪式中，当着约克党人的面，沃里克伯爵和爱德华四世（当时是马奇伯爵）"训斥和责骂"被俘的里弗斯男爵的卑微出身，"骂他是无赖的儿子"，并耻笑他的卑贱血统。[8] 从这次磨难中获释之后，里弗斯男爵和他的儿子安东尼都参加了陶顿战役，但站在输家那一边。他们在血腥的陶顿战场幸存，后来得到爱德华四世的赦免，但伊丽莎白·伍德维尔的丈夫约翰·格雷爵士在作战中没有那么好的运气：他在第二次圣奥尔本斯战役中为兰开斯特军作战，不幸战死。

伊丽莎白与国王是如何结婚的是个非常有意思的问题。据说他们于 1464 年五旬节这个浪漫时节在"一个隐秘地点秘密结婚"，很可能是在北安普顿郡格拉夫顿的里弗斯男爵家中。[9] 随后，他们的婚姻被隐瞒了将近五个月的时间。有一个流传甚广的故事（每讲一次都被添油加醋）说，国王为了和伊丽莎白上床，承诺娶她；伊丽莎白曾试图用一把匕首威胁爱德华四世，以保卫自己的贞操，但最后屈从于他的青春魅力。[10] 这个活色生香的故事被写在意大利文的宫廷诗歌《论美女》中，作者安东尼奥·科尔纳扎诺在 1468 年 10 月以前用三行诗节隔句押韵法写下了这首诗，所以很显然这个故事在全欧洲都有浪漫的吸引力。科尔纳扎诺的记述里可能主要是诗人的幻想，而不是纪实。我们从直接与事件相关的史料里能够得知的是，爱德华四世与伊丽莎白·伍德维尔结婚的消息公开不到一周时间，外交渠道就在传播这样的新闻：国王"决心迎娶里弗斯男爵的女儿，一位有两个孩子的寡妇，因为他似乎早就爱上了她"。[11]

新国王是为了爱情而结婚，而不是为了冷酷无情的政治利益，这一定能让欧洲各国宫廷的大感惊愕的外交官们比较容易接受。否则，还能怎么解释伊丽莎白·伍德维尔令人震惊的平步青云呢？她是英格兰历史上最出人意料的一位王后。她的弱点之一，就是她是英格兰人。自诺曼征服以来的四个世纪里，没有一位英格兰国王与自己的臣民结婚。最后一个与本国人结婚的国王是忏悔者爱德华，他于 1045 年娶了极为高贵、白璧无瑕的处女韦塞克斯的伊迪丝。[12]伊丽莎白是英格兰子民，所以带不来明显的外交利益和有价值的外国盟友。恰恰相反：她的家族已经有一定程度的臭名，因为他们具有攀龙附凤的野心，赤裸裸地渴望通过与有头衔和财富的家族联姻来提升自己。伊丽莎白有两个儿子、一位父亲和十几个兄弟姐妹，她肩负着为亲人谋求国王欢心和恩赐的使命。要满足她的家人，就不得不动用王室的宝贵资源。她能够给王室带来的，比 1445 年嫁给亨利六世的安茹的玛格丽特还要少。

的确，爱德华四世的突然结婚很可能给英格兰在国内外的利益都带来损害。伊丽莎白嫁给爱德华四世的消息让法兰西国王措手不及。他第一次得知此事，是沃里克伯爵和文洛克男爵爽约未到圣奥梅尔开会以商讨萨伏依的博娜之事的时候。卡斯蒂利亚女王伊莎贝拉多年后抱怨道："英格兰国王拒绝了她，而娶了一个英格兰寡妇，这……对她［伊莎贝拉］极不友善，让她心里开始敌对英格兰国王。"[13]沃里克伯爵和其他绝大多数英格兰贵族一样，也完全没有想到事情会这么发展。用一位编年史家的话说，他很有理由为了自己那年轻弟子在热恋中的怪诞选择而"发发牢骚"。[14]一些大感困惑的观察家写道，国王的婚姻"给很多伟大的贵族带来了莫大的不愉快"，并"严重冒犯了英格兰人民"。[15]

对于国王和伍德维尔的婚姻，如果完全排除爱情（这是当时最常见的解释），是很愚蠢的。[16]但我们借助后见之明也可能会发现一种政治思维，它很可能让爱德华四世相信，他的婚姻既是为了爱，也可以是公共政策的有价值工具。那些对国王不知节制的性欲喋喋不休的言情作家和散布流言蜚语的使者们，是不是忽视了伍德维尔婚姻的更广泛的政治因素？

毋庸置疑，1464 年的爱德华四世是一个魅力十足、极其任性的二十二岁青年，他没有经历过当国王的培训和教育，所以实质上是在边学边做，一边当国王一边塑造自己的角色。但他并非完全鲁莽无忌，也不是完全不理睬传统，而且他的王冠的代价比他之前的任何一位金雀花国王都更沉重。或许，他选择伊丽莎白·伍德维尔，很符合一种大胆的、用意良好的即便偶尔非常幼稚的王权风格，而这种风格就是爱德华四世在位最初至少五年里的风格。

*

1464 年春季，爱德华四世还在为自己的王位而奋斗。这种努力一部分是军事上的，一部分是一种集中力量的劝服：呼吁国民忠于他。尤其是，他尽其所能地向被流放、被打败的兰开斯特党人伸出和解之手，这是他重建国家的努力的一部分。

爱德华四世去努力争取和解的兰开斯特党人当中最重要的，然而也是最忘恩负义的一位，是萨默塞特公爵亨利·博福特，他是兰开斯特军在陶顿战役中的主要指挥官之一，他对约克党人的敌对主要是受仇恨与畏惧的驱动。萨默塞特公爵于

1461 年逃离英格兰，在海外期间被褫夺头衔与财产，但他参与了 1462 年诺森布里亚城堡攻防战，在班堡被俘，后向国王投降。

爱德华四世没有处决、羞辱或用其他手段惩罚萨默塞特公爵（如果玛格丽特王后在陶顿取胜，而相当于亨利·博福特地位的约克党人落入她手中，她一定会疯狂地报复），而是以惊人的亲热和宽恕来对待这位二十八岁的公爵。一位编年史家惊异地写道，萨默塞特公爵"好多个夜晚与国王同床安眠，有时与国王一同打猎。国王的卫队里萨默塞特公爵的亲信和爱德华四世的人一样多"。"国王非常爱他"是编年史家的评价，这是相当准确的。[17]萨默塞特公爵在班堡被俘不到六个月后，他的头衔就被恢复，他的财产也被归还。他被允许在沃里克伯爵身边效力，还受邀去南方参加比武大会。他就这样闪电般恢复了政治地位。不过，不是所有人都为此高兴，一个叫约翰·伯尼的人从诺福克写信给约翰·帕斯顿，抱怨称，当地的约克党人大发牢骚，他们觉得"国王的大敌和平民的压迫者"没有受罚，反而得到赏赐，同时"那些曾经帮助国王陛下的人"却没有分得多少战利品。[18]但爱德华四世心意已决：他要把萨默塞特公爵当作一个活生生的证明，他可以当一个公正的国王，把全国人民，而不仅仅是他自己的党羽吸引到身边来。

不幸的是，萨默塞特公爵迅速恢复地位之后又迅速失宠。在享受爱德华四世的热情好客的同时，"公爵笑里藏刀，有谋逆之心"。[19]1463 年 11 月，萨默塞特公爵骑马到诺森伯兰与羸弱的亨利六世会面，再次煽动叛乱。朝廷在北方打了两场战役——1464 年 4 月 25 日的赫奇利沼泽战役和 5 月 15 日的赫克瑟姆战役——才把叛乱镇压下去，彻底扑灭了兰开斯特党反叛的最后余烬。在这两场战役中，蒙泰古男爵指挥王军。萨默塞特公爵在赫克瑟姆被俘，次日与其他数十名兰开斯特叛贼一起被处死。

我们必须在这些事件的背景之下来审视爱德华四世与伊丽莎白·伍德维尔的婚姻，而不是听信很多后世的编年史家与诗人捏造的故事（国王爱他的新妻子，是出于浪漫的爱情）。[20]他在非常努力地（也许是绝望地）一边赏赐新老盟友土地、权力和君主的信任来保障自己的王国，一边向内战中的失败者伸出友谊之手。他在集中力量拉拢较资深的兰开斯特党家族（除了争取萨默塞特公爵却遭背叛之外，爱德华四世还曾试图与拉尔夫·珀西爵士和解，但也失败了，他的好心被当作驴肝肺）方面不怎么成功。恰恰在他秘密与伊丽莎白·伍德维尔结婚的同一时期，内维尔家族又一次出征北方，保卫他的王位，他的其他盟友也在用攻城大炮来迫使北方若干城堡中顽固不化的守军屈服。爱德华四世过于依赖自己的老朋友们了，却没有办法与宿敌达成和解。

在赫奇利沼泽战役与赫克瑟姆战役之间，爱德华四世来到了格拉夫顿附近，邂逅了一个比较有名的二流兰开斯特党家族，而这家的一个女儿偏偏特别妖娆，令他倾心。在此之前，伊丽莎白在与爱德华四世的宫廷总管和密友黑斯廷斯男爵频繁打交道，企图达成协议，以保住自己已故丈夫的土地，免得这些土地被有一定主张权的鲍彻家族夺走。所以国王肯定熟悉她的名字和了解她的处境，而如果黑斯廷斯男爵帮忙，伊丽莎白或许有机会面圣并申诉自己的案子。所以他认识她，并非常清楚她的背景：她是一个兰开斯特党家族的长女，在积极寻求国王的恩宠和庇护。因此与她秘密结婚是一项不错的政策，风险极小，而好处颇多：这样一位新娘能够证明爱德华四世不偏不倚的公正，但她的家族不是那么恢宏，不是那么骄傲，所以他们背叛他不会有什么好处。此外还有一个重要的外交因素，爱德华四世与本国人结婚（并用年轻而不成熟的国王的浪漫冲动来解释）就可以避免与萨伏依的博娜结婚，避免这么早地把自己的外交政策和法兰西捆绑在一起，避免得罪他的勃艮第盟友，而勃艮第的友好和贸易对伦敦的商人群体是至关重要的。

国王的婚姻对沃里克伯爵来说非常尴尬，因为他是外交谈判的领导者。不过，沃里克伯爵从约克党的胜利中获益已经足够多了。如果国王娶了内维尔家族选择的新娘，就会增强那种已经让人不愉快的强烈印象，即爱德华四世是沃里克伯爵的傀儡。如此挑战自己的盟友，国王就明确地表达了：无论是婚姻还是其他方面，最终决定权都在国王一个人手里。[21]

但是，国王的婚礼仍然是秘密举行的，并且一直对外保密，直到非公开不可，或许是因为他希望将来如果有必要就否认它。公开消息的时间是 1464 年米迦勒节，他的御前会议敦促他与外国联姻的时候。在这个时候，他的王位已经足够稳固，他可以采取有争议的行动；而且在这个时候，他再也不能避开与法兰西联姻的问题了。所以，在米迦勒节发生了令人震惊的事情，伊丽莎白·伍德维尔被介绍给在雷丁的英格兰宫廷，她挽着十四岁的克拉伦斯公爵乔治（国王的推定继承人）和面色有些不悦的沃里克伯爵理查·内维尔的胳膊，来到公众视野。

*

伊丽莎白·伍德维尔从伦敦桥跨越泰晤士河（她脚下的

沙子咯吱作响）并进入英格兰都城，等待加冕。在之前的冬季，伦敦桥得到了清扫，清除了恶臭，整个桥面铺设了四十五袋沙子，以确保诸侯、贵妇和显达人士在庆祝的那个周末过桥时不至于滑倒。[22] 1465 年 5 月 24 日，星期五，英格兰王国不仅要欢迎一位新王后，还要欢迎整整一代新贵，他们都在尚处于创建中的新世界里把握自己的位置。

和往常一样，在庆祝王室的隆重时刻之际，伦敦上演了一幅壮观的盛景。伦敦桥中央五彩缤纷，成为一个大舞台，装点着金色、绿色、黑色、白色、红色与紫红的织物和纸张。这些就是布景，男女演员打扮成金发天使，他们的翅膀是用数百根令人眼花缭乱的孔雀羽毛制成的。其中一个演员装扮成圣伊丽莎白，朗读欢迎词，同时圣托马斯礼拜堂的窗户里传出男孩的高音歌声，用赞歌来欢迎王后驾临。像类似的情况一样，整个伦敦这次人头攒动，奇景应接不暇，伊丽莎白像她之前的许多王后一样，庄严地走过拥挤但打扫得干干净净的街道，欣赏在她眼前展开的光辉景象。

两天后，1465 年 5 月 26 日，圣灵降临节，她在威斯敏斯特教堂加冕。此前，在邻近的宫殿里，朝气蓬勃的克拉伦斯公爵和第四代诺福克公爵兼英格兰最高军务官①约翰·莫布雷（在其父于 1461 年 11 月去世后继承公爵头衔）恭候她的到来。克拉伦斯公爵十五岁半，莫布雷二十岁，他俩都正值青春年少，但已经获得了最高头衔与级别的镀金。他们骑着马迎接王后：在拥挤的威斯敏斯特厅，他们骑着身披金线织物的高头

---

① 最高军务官（marshal）这个词源自古诺曼法语，最初的意思是马夫或马厩管理人，在中世纪早期指的是英格兰王室的近卫队长，负责王室内廷的安保，后来演化为高级军事指挥官。这个头衔一般是世袭的。

大马。他们向她请安，然后一行人从宫殿走到教堂。王后身旁走着国王的妹妹萨福克公爵夫人伊丽莎白（当时二十一岁）和王后的妹妹玛格丽特（十一岁，许配给了阿伦德尔伯爵的继承人）。陪伴这几位年轻女士的，是另外四十位贵妇，从公爵夫人到骑士夫人不等，全都身穿鲜红色衣服，身份最高的女士穿着白鼬或银鼠毛皮服装。王后最小的妹妹，大约七岁的凯瑟琳在人群中，她的十岁未婚夫，第二代白金汉公爵亨利·斯塔福德也在那里。他是在北安普顿战役中被杀的那位白金汉公爵的孙子和继承人。这对小未婚夫妻的视野最好：他们被侍从扛在肩头，俯瞰一大群光辉璀璨的达官贵人。

　　这群光彩照人的老爷贵妇在进入教堂之后，见证了冗长而豪华的加冕仪式。教堂内唱起了弥撒和《感恩赞》。伊丽莎白双手拿着权杖，头上戴着王冠，根据仪式要求坐下，起立，又坐下。随后她返回威斯敏斯特厅，去参加她的加冕宴会，周围簇拥着更多对她顶礼膜拜的贵族。其中有些人，如埃塞克斯伯爵亨利·鲍彻，是国内的老人，但仪式中的绝大多数贵人都是王后的同龄人。二十四岁的萨福克公爵约翰·德·拉·波尔站在她右手边，拿着她的权杖之一。二十二岁的牛津伯爵约翰·德·维尔（他的父亲和长兄都因为谋逆而被处决）从克拉伦斯公爵捧的盆里取水侍奉王后。大厅内金碧辉煌，威风凛凛，桌上摆满山珍海味，游吟诗人用各式各样的乐器奏乐。每一道菜在被摆到王后桌上的时候，都会响起庄严的喇叭声。[23]这场景观被刻意安排得充满青春活力，非常适合一位蔑视传统的朝气蓬勃的国王。而在这一切的中心，是一群年轻男女，他们在仅仅几个月内就被时代推到了英格兰政坛的最前沿。15 世纪 50年代和 60 年代初的历次战役的参与者是一群老人，他们为了可以追溯几十年的宿仇而争吵不休;而伊丽莎白的加冕礼让新的一代人登上历史舞台,他们或许可以摆脱过去的血腥羁绊。

*

王后加冕之后发生了一件爱德华四世统治时期的大事。在1464年赫奇利沼泽战役和赫克瑟姆战役之前的动乱中,流亡的亨利六世被从苏格兰偷偷地带回到英格兰。随后一年里,他在英格兰最北端逃亡,躲藏在为数不多的残余的兰开斯特要塞中,以躲避他的敌人。起初他躲在强大的海岸要塞班堡,但在这座要塞被沃里克伯爵的大炮轰塌之后,亨利六世继续逃亡,先到了诺森伯兰的白威尔城堡,然后去了更偏僻的躲藏地点,藏在崎岖而寒冷的奔宁山脉。有的时候,他待在位于坎布里亚的克拉肯索普庄园,该庄园属于一个叫约翰·梅切尔的人;有的时候,他会藏在同情他的僧侣社群中。他不是一个重返自己国度的帝王,而是一个在逃犯。最后他当不了国王,也不是逃犯了。1465年7月中旬的一天,在兰开夏郡的克利斯罗附近,亨利六世在另一个保护人——沃丁顿厅的理查·坦皮斯特爵士家里吃饭,这时一大群人,包括理查爵士的兄弟约翰·坦皮斯特,闯进了饭厅,企图逮捕他。在打斗中,亨利六世从这家逃走,躲进附近的树林,身边只有几名忠实的仆人。但他漫游的时光结束了。7月13日,被废黜的国王和他的仆人在邦格里西平斯通斯(里布尔河的一个渡口)被跟踪并遭抓获。[24]亨利六世被抬上一匹马,"腿和马镫捆在一起"。然后,抓获他的人们得意扬扬地把他从兰开夏郡押解到伦敦。他被关入伦敦塔,在那里无限期居留。[25]狱卒给他的饮食还算不错,新国王的酒窖给他送来了葡萄酒,有时他还能得到一件新的天鹅绒长袍,访客也可以来看他,不过访客事先要经过狱卒的严格审查。或许最让人惊讶的是，被废黜和囚禁的亨利六世国王并没有被谋杀。在他之前有两位失去王冠的金雀花国王惨遭谋杀：爱德华二世于 1327 年在伯克利城堡被拘禁期间死亡；理查二世于 1400 年，也就是他被废的第二年，在庞蒂弗拉克特被杀害。具有讽刺意味的是，亨利六世被留了一条性命恰恰说明了他的王权是多么可怜和无效（这在君主当中也算独一无二），他之所以沦落到这步田地不是因为他是个十恶不赦的坏人或暴君，而是因为他傻乎乎、过于单纯。允许亨利六世活下去，是爱德华四世将会为之懊悔的一个大胆决定。但在 1465 年，国王一定觉得自己的决定既勇敢又宽宏。

亨利六世被软禁，爱德华四世在北方的敌人受到遏制，与此同时，爱德华四世的统治开始步入正轨。他与伊丽莎白的婚姻虽然在国内外都令人震惊，但其让他得以培植自己的亲信。王后的亲人很多，所以国王可以利用他们的婚姻，将其他一些英格兰豪门世家与新王室紧密交织起来。国王结婚之后的两年内，王后的五个妹妹陆续结婚了。小凯瑟琳已经嫁给了未成年的白金汉公爵。随后是好几门其他婚事。安妮·伍德维尔被安排嫁给了埃塞克斯伯爵的继承人，琼·伍德维尔嫁给了肯特伯爵的继承人。王后的另外两个妹妹杰奎塔和玛丽分别被许配给了斯特兰奇男爵和赫伯特男爵（后被提升为彭布罗克伯爵）的继承人。王后的弟弟当中最年长的安东尼·伍德维尔与斯凯尔斯男爵的女继承人结婚，从 1462 年起自己使用斯凯尔斯男爵的头衔。伊丽莎白的长子托马斯·格雷娶了埃克塞特公爵的女儿安妮·霍兰。外戚与英格兰年轻男女贵族之间联姻的网络让新王室和未来一代贵族（他们在全国各地拥有地产、利益和追随者）联系起来，在从东安格利亚和中部各郡到威尔士及西部地区培植新的王室亲信。但没过多久，这种庞大的王室亲信网络的创建，就让爱德华四世与一个人发生了争执。这个人觉得自己是新政权的头号元勋，新政权欠他最多。随着伍德维尔家族的权势增长及爱德华四世越来越自信，沃里克伯爵越来越如坐针毡。国王和他最强大的臣民之间发生了一连串政策分歧和个性冲突。他俩的家族联盟曾使约克党夺得王位，而他俩如今却处在决裂的边缘。

14. 很多时候

从统治的一开始，爱德华四世就决心这样塑造自己的形象：他不仅是通过军事胜利夺得王位的征服者，还是通过血统和出身乃至命运而掌权的合法君主。1461 年加冕之后，他聘请艺术家制作了一幅巨大的、二十英尺长的泥金装饰手稿，供公开展出，解释了他对王位的历史悠久的主张权。这种主张权不仅仅是对英格兰和法兰西王位，还有卡斯蒂利亚王位。约克家族有时会宣扬自己对卡斯蒂利亚王位的主张权①。经过几个月的精心制作，这幅"加冕卷轴"在国王于 1464 年与伊丽莎白·伍德维尔结婚之前完成，它五彩缤纷，满是名字、纹章和王朝谱系图。在卷轴的最顶端是爱德华四世，他身穿板甲，光辉璀璨，骑着身披明亮的号衣的战马，右手拿着巨大的剑，头戴金冠，红唇上浮现帝王的胜利微笑。在这个威风凛凛的形象之下是一张谱系图，非常详细，解释了国王的祖先，从亚当和夏娃开始，然后往下经过挪亚，进入人类历史上的所有已知时代，最后聚焦在英格兰、法兰西和卡斯蒂利亚的三个主要王室家系，全都通过约克公爵理查，然后指向一个代表爱德华四世的八角星。这是对国王凭借血统和命运掌握王权的超凡的公开

---

① 爱德华三世的次子冈特的约翰娶了卡斯蒂利亚国王残酷的佩德罗的女儿康斯坦丝。同时，约翰的弟弟兰利的埃德蒙（第一代约克公爵，约克王朝的始祖）娶了佩德罗的幼女伊莎贝拉。1369 年，佩德罗驾崩无嗣，冈特的约翰立即正式宣示自己拥有继承权。不过，约翰属于兰开斯特家族。约克王朝与卡斯蒂利亚王室毕竟也有亲戚关系，所以它主张卡斯蒂利亚王位。

展示，图中遍布爱德华四世最喜爱的个人符号：他父亲于1460 年第一次索取王位时所穿袍服上的镣铐徽记；象征莫蒂默家族对英格兰王位真正主张权的黑色公牛；古代布立吞人①国王卡德瓦拉德的纹章；金色的太阳，它一方面象征一直到理查二世的金雀花家族主系，另一方面象征爱德华四世不久前在莫蒂默十字取得的胜利；还有最常见的五角白玫瑰，约克家族光辉耀眼的符号。[1]

虽然有了这些流光溢彩的视觉呈现，约克家族还是需要一个继承人。国王有两个弟弟，克拉伦斯公爵乔治和格洛斯特公爵理查；还有三个姊妹，埃克塞特公爵夫人安妮、萨福克公爵夫人伊丽莎白和约克的玛格丽特。但只有他拥有自己的儿子和继承人的时候，他的统治才算稳固。所以伊丽莎白王后于1466 年年初在威斯敏斯特宫的新王室套房生下她与国王的第一个孩子时，大家都十分激动。

孩子于 2 月 11 日出生，在室内侍奉的都是女性，就连王后的私人御医多米尼克·德·西里戈都不得入内。孩子很健康，不过不是国王想要的儿子。她被取名为伊丽莎白，这个名字在金雀花王朝的早期历史上出现过，在伍德维尔家族也很常见。[2]母女都得到极大的尊崇和荣耀。有意思的是，伊丽莎白是一百多年来第一个由在位的英格兰王后生下的公主，所以她得到了一次特别隆重气派的洗礼，她的祖母约克公爵夫人塞西莉和外祖母贝德福德公爵夫人杰奎塔都担任她的教母。小公主

---

① 布立吞人是在铁器时代、罗马时代和之后一段时间生活在今天的不列颠群岛的一些凯尔特族群。5 世纪，盎格鲁－撒克逊人开始定居不列颠后，布立吞人要么被同化吸收，成为后来的"英格兰人"的一部分，要么退居到威尔士、康沃尔、苏格兰等地，也有的迁徙到今天法国的布列塔尼。

接受洗礼的时候，沃里克伯爵理查担任她的教父。

在洗礼仪式上，沃里克伯爵脑子里在想什么是我们永远不能知道的。如果他对爱德华四世与伊丽莎白·伍德维尔的婚姻非常不满的话，那么此刻一定在强咬牙关。当然，他仍然是一人之下万人之上的最大权贵，从自己的地位中获利极多。他主持了奢华的安产感恩礼拜①，欢迎王后身体恢复之后重返社交界，他的这个主持人身份极为显赫，让人想起他于 1465 年 7 月"陪同"被俘的亨利六世国王在伦敦游街的荣耀。他还在 1466 年春季奉旨与勃艮第谈判，寻求结盟，尽管他个人更愿意和法兰西结盟。次年 2 月，他被允许带领庞大的随从队伍出使法兰西，与路易十一会谈，向法兰西国王赠送了一些英格兰犬，并得到重赏：许多装满金钱、织物和金银餐具的箱子。[3] 在国内，他得到大量土地与官职：坎伯兰的科克茅斯城堡，威斯特摩兰郡长的世袭职位，特伦特河以北所有王室森林的管理权，特伦特河以北所有王室金银矿的利润，以及富裕的已故洛弗尔男爵（留下一个未成年的继承人②）所有土地的监护权。沃里克伯爵富甲天下且越来越富。[4] 然而，即便他得到国王的这般恩宠和放权，他和国王之间仍然在好几条路线上分歧越来越大。在爱德华四世统治的最初十年，沃里克伯爵会感觉到，世界上所有的权力和财富都满足不了他索取更多的欲望。

他俩最大的分歧在外交政策方面。沃里克伯爵仍然一心主张与法兰西结盟，而王后的父亲（现在是里弗斯伯爵）主张与勃艮第结盟。爱德华四世在一定程度上迁就沃里克伯爵。但

---

① 庆祝妇女产后恢复的宗教仪式。
② 这个孩子就是后来的第一代洛弗尔子爵弗朗西斯（1456～1488?），理查三世的主要亲信之一。

在沃里克伯爵出国拉拢法兰西人的同时，国王却刻意拆他的台：国王隆重接待了勃艮第的"高贵私生子"安东尼（好人腓力公爵的次子，其母是公爵的众多情妇之一）。和爱德华四世一样，"高贵私生子"也因为喜好奢华生活、令人眼花缭乱的镶嵌珠宝的华服以及美女而闻名。他是个快活的伙伴、绝佳的运动家，是北欧技艺最高超的弓箭手之一。他热爱长枪比武，所以他于1467年春季访问英格兰时，爱德华四世对他百般尊崇。国王安排在伦敦城外的西史密斯菲尔德举办一场比武大会，让"高贵私生子"和斯凯尔斯男爵安东尼·伍德维尔较量。政府派人从泰晤士河两岸运送砂砾到比武场地，御用木匠搭建了庞大的看台。"高贵私生子"被带着乘坐游艇在河上游览，游艇上装饰着壁毯和金线织物；在伦敦的住所中，他睡在悬挂金线织物的豪华大床上，他还被带着在全城观光，得到极高的尊崇，仿佛他是一位国王。

1467年6月11日至14日举行的比武大会很成功，尽管第一天比较令人失望，因为斯凯尔斯男爵用长枪刺伤了"高贵私生子"的马。这被认为是卑劣的行径，违反了比武规则，导致那匹马"受了重伤……过了一段时间就死了"。[5]次日，两人徒步用战斧比拼，打得难解难分，以至于国王不得不亲自干预，命令他们停止，并拒绝允许他们用匕首分出雌雄。比武在融洽的气氛中结束，两位贵族互相拥抱。大家欢呼雀跃，举办了一场盛大的宴会来庆祝，数十位装扮得娇艳欲滴的英格兰少女参加了宴会。[6]在英格兰和勃艮第的统治家族之间，不可能有比这更恢宏的表达情谊友爱的盛会了。

"高贵私生子"的访问于6月15日中断，因为传来消息说他的父亲好人腓力去世了。尽管如此，他的访问和得到的热

情接待，显示出国王明确的意愿，那就是与勃艮第交好。好人
腓力公爵的去世也中断了沃里克伯爵在法兰西的访问。他满载
金银回国，但意识到在他离开英格兰期间，他在外交事务方面
的地位受到了严重的损害。国内的情况也好不到哪儿去。他的
兄弟约克大主教乔治被免去了大法官职务（此事与勃艮第私
生子的访问同时发生，被后者的光辉掩盖了），这意味着内维
尔家族丧失了在内政管理中的核心位置。大主教失宠之后，国
王的岳父里弗斯伯爵被提升为财政大臣和司厩长，这两个职位
给了他在王室财政和军队中的莫大权力。这仿佛是一场政变，
刻意要压制内维尔家族。沃里克伯爵对爱德华四世的登基贡献
极大，所以不会无动于衷地忍受这双重的怠慢。

　　好人腓力去世后，爱德华四世与勃艮第的联盟日渐紧密。
他对此的定位是，这是一个广泛的反法兰西战略的一部分。在
这个战略中，英格兰要与法兰西的敌人们结盟，构成一个包围
圈：他还和布列塔尼、丹麦、卡斯蒂利亚签订了友好条约，并
正在与阿拉贡和阿马尼亚克商谈。[7]1467 年 10 月，国王的妹
妹玛格丽特（聪慧、彬彬有礼且受过良好教育）同意嫁给新
任勃艮第公爵查理（后来得到一个绰号——“勇敢的查理”），
在此之前她已经拒绝了路易十一提议的多达四个潜在新郎。就
在伊丽莎白公主的洗礼期间，沃里克伯爵在御妹的婚礼中扮演
了核心的仪式性角色。1468 年 5 月，他陪同玛格丽特，取道
通往坎特伯雷的朝圣之路离开伦敦，前往萨尼特岛上繁忙的港
口马盖特，在那里登上了一艘名叫“新艾伦”的船前往尼德
兰。玛格丽特将到光辉璀璨的勃艮第宫廷开始她作为公爵夫人
的新生活。沃里克伯爵和玛格丽特同骑一匹马，排场隆重地行
进，她就坐在他背后。[8]

　　尽管他在玛格丽特的远嫁中发挥了重要作用，并且仍然不断得到王室的馈赠，沃里克伯爵还是心乱如麻。编年史家瓦克沃思①相信，玛格丽特的婚姻让沃里克伯爵下了与国王分道扬镳的决心："他们在很多时候还能达成一致，但此后他们之间就再也没有爱了。"[9]沃里克伯爵被迫接受另两门让他讨厌的婚姻。王后的儿子托马斯·格雷与国王的外甥女安妮·霍兰（埃克塞特公爵亨利·霍兰的唯一女儿和继承人）结婚，尽管之前国王答应让沃里克伯爵的侄子迎娶安妮。另一门婚姻甚至更加怪诞和侮辱人，那就是二十岁的约翰·伍德维尔和凯瑟琳·内维尔（沃里克伯爵的姑母，诺福克公爵夫人）结婚。凯瑟琳不仅当过四次寡妇，而且已经差不多六十五岁了。中世纪的婚姻通常是根据政治利益的原则而不是爱情来安排的，但即便如此，有些界线还是不能逾越的，否则就会显得吃相太难看。这种青春年少的毛头小伙暴发户与贵族老妪的婚姻，明显是前者在赤裸裸地攫取利益，此事最能体现伍德维尔家族的放肆。一位编年史家刻薄地说，诺福克公爵夫人"在八十岁的妙龄"又当了新娘，并说这是一门"恶魔婚姻"。[10]

　　沃里克伯爵有两个女儿，生于 1451 年的伊莎贝尔和比她小五岁的安妮，她俩都处于或者接近嫁人的年纪。他没有儿子，所以他家族的未来取决于给女儿找到如意郎君。沃里克伯爵最大的心愿是让伊莎贝尔嫁给克拉伦斯公爵乔治，但在 1467 年年初，在国王夫妇的亲戚和其他英格兰贵族之间几乎持续不断的婚配期间，爱德华四世却不准伊莎贝尔嫁给克拉伦斯公爵。这

---

①　约翰·瓦克沃思（约 1425～1500），英格兰教士和学者，剑桥大学教授。不过今天学术界认为，所谓的《瓦克沃思编年史》（记载爱德华四世在位期间事迹）并非他的作品。

件事情，再加上其他连续的羞辱，足以让沃里克伯爵生闷气。1468 年年初，他来到自己的北方庄园，多次拒绝到考文垂参加国王的御前会议，因为赫伯特男爵、里弗斯伯爵或斯凯尔斯男爵会在场。沃里克伯爵陪同约克的玛格丽特远嫁勃艮第，是他最后一次在国王那边出席重大的公共场合。这个国王是他一手推上台的，但他再也控制不住国王了。借用一位编年史家的话说，他"受到了极大冒犯"。

*

到 1468 年时，爱德华四世的执政经验在增长，他的家族在壮大。他的次女玛丽于 1467 年 8 月出生，第三个女儿塞西莉在 1469 年 3 月出生。但有人企图篡位的问题还没有完全解决。他的王位受到的威胁已经大大降低，一个原因是亨利六世被关押在伦敦塔，但威胁并没有彻底地消失。爱德华四世与勃艮第结盟，得罪了路易十一，所以法兰西又一次开始在幕后支持觊觎英格兰王位的阴谋。1468 年 6 月，贾斯珀·都铎得到法兰西资助，向威尔士发动了一次小规模入侵。他在哈莱克城堡登陆，横穿威尔士北部，一路劫掠，占领了登比城堡，在以亨利六世名义举行的"许多会议和集会上"宣布亨利六世为真正的国王。[11] 几周之后，赫伯特男爵指挥的军队就将都铎打退到海边，还攻克了据说固若金汤的哈莱克城堡。自爱德华四世登基以来，哈莱克就是威尔士的兰开斯特党挑战中央政府的一个堡垒。赫伯特男爵被授予他的敌人都铎的旧头衔：彭布罗克伯爵。哈莱克的那些倒霉的将领，包括一个叫约翰·特鲁布拉德的，则被押往伦敦，在伦敦塔被斩首。但爱德华四世的麻烦还没完。

贾斯珀·都铎入侵之后，出现了关于更多阴谋的传闻。

"那一年，很多人被控告谋逆。"一位编年史家如此写道。[12] 伦敦市政议会成员托马斯·库克爵士和约翰·普卢默爵士、司法官汉弗莱·海福德被指控阴谋犯上而被免职。朝廷还侦破了一起涉及贵族的阴谋，牛津伯爵（1462 年 2 月被斩首的那位）的继承人约翰·德·维尔和考特尼家族与亨格福德家族的继承人都卷入此案。德·维尔被拘押，最终得到赦免，但另外两人被定罪，于 1469 年年初被处决。全国都出现了谋反的火花："在英格兰许多地方，许多不同时间，很多人被以谋逆罪逮捕，有的被处死，有的逃走。"一位作家这样写道。[13] 随着各种阴谋愈演愈烈，英格兰总体来讲变得更加动荡，治安恶化：1467 年夏季的议会上有人抱怨称，贵族们在大肆争斗。议会恳求国王去处置"在全国不断发生的可悲案件，包括杀人、谋杀、暴乱、敲诈、强奸、抢劫和其他罪行"。[14]

对谋反阴谋的高度敏感，真的是因为当时局势险恶，还是因为御前会议的迫害妄想狂，今天的我们无法做出判断。从 1467 年年末开始，有传闻称沃里克伯爵正在与安茹的玛格丽特联络，她带着一小群英格兰的异见分子，在她父亲的科厄城堡（巴黎以东 150 英里处）过着窘困而贫穷的流亡生活。即便这些传闻只不过是毫无根据的流言蜚语，沃里克伯爵在 1468 年年初冷漠而处处与国王作对的行为，肯定不能说明他对政权绝对忠诚。果然，当 1469 年出现又一条反对爱德华四世的统治并且制造混乱的战线时，沃里克伯爵终于决定背弃国王，把自己的命运与另一个或许更容易为他所用的人拴在一起。不过，他的新搭档不是兰开斯特党人。他决定利用那个即将成为自己女婿的人，也就是爱德华四世的亲弟弟和目前的男性继承人，克拉伦斯公爵乔治。

1468 年年初，克拉伦斯公爵十八岁。和爱德华四世一样，他可以做到魅力十足、机智风趣，并且和国王一样拥有某位作家所说的"杰出才华"。[15]他八面玲珑、优雅英俊、牙尖嘴利，"能言善辩，颇受欢迎，只要他看中的目标，似乎对他来讲都易如反掌"。[16]在兄长统治的时期，他的童年主要在格林尼治宫度过，和姐姐（已经远嫁的玛格丽特）以及弟弟格洛斯特公爵理查一起生活。1466 年 7 月 10 日，他被正式认可为成年人，尽管他只有十六岁。这一天，他向国王正式宣誓效忠，并得到了以斯塔福德郡的塔特伯里城堡为核心的大片土地。塔特伯里城堡是一座先进的大型要塞，拥有厚实的幕墙和好几座塔楼，塔楼内有奢华的套房，室内有巨大的壁炉，都是从巨大的石块上开凿而成的，而这些石块都产自本地。作为兰开斯特公爵领地的一处重要地产，塔特伯里城堡曾属于玛格丽特王后，她花了很多钱来改良这座城堡。它居高临下，克拉伦斯公爵可以从那里俯瞰属于他的广袤土地。他过着奢侈的生活，控制着英格兰贵族拥有的最大也最奢华的一个内廷，各种服务人员多达 400 人，每年的开销达 4500 英镑。[17]

但如果说克拉伦斯公爵有着锦绣皮囊与才华，并且得到长兄的纵容，他也油嘴滑舌、肤浅，并且是被宠坏的纨绔子弟。[18]和沃里克伯爵一样，国王的慷慨恩赐只是让他野心膨胀。他被自己的光辉冲昏头脑，就像格洛斯特公爵汉弗莱（或许还有他父亲）那样，他觉得自己既然是国王的男性继承人，就有权自己创建另一个宫廷。这些想法会给他带来麻烦：因为尽管他有时能扮演好一个精明强干的权贵，解决佃户与下属之间的争端，他毕竟还是个任性、以自我为中心和容易激怒别人的家伙，并且喜欢耍弄阴谋诡计。

他的计谋之一就是与沃里克伯爵的长女伊莎贝尔结婚。从王室的角度来看，克拉伦斯公爵与一位外国公主，而不是内维尔家族的人结婚，会更为有利（勇敢的查理的女儿玛丽曾是英格兰王室考虑的对象）。爱德华四世在 1467 年一口拒绝让克拉伦斯公爵与伊莎贝尔结婚，或许就是因为他在考虑给弟弟安排与外国联姻。不过，国王的理由更可能是：不愿意看到自己两个最强大的贵族通过婚姻联合起来。国王不愿意看到沃里克伯爵的权力通过与王室的成年男性继承人（这样的继承人往往会成为反对国王的势力的核心）联合而变得更为强大。同时，沃里克伯爵和克拉伦斯公爵是中部各郡中最强大的两位诸侯，如果他们联姻，该地区的政治形势将严重失衡。沃里克伯爵开始很明显地对国王的约束不满。而令国王尤其关注的是，他的弟弟，年轻、容易受影响且习惯于要什么就有什么的乔治，被沃里克伯爵控制了。

从 1469 年春季开始，沃里克伯爵与克拉伦斯公爵结盟反对国王的后果就变得很明显了。他俩原本应忠于和服从国王才对。4 月，约克郡发生一系列民变，大群当地人在一个叫"里兹代尔的罗宾"或"万能罗宾"的人的领导下聚集起来滋事。罗宾相当于北方的杰克·凯德，他的名字显然借自到当时为止已经流传了一个多世纪的关于绿林好汉的歌谣，其主人公罗宾汉、亚当·贝尔和甘默林代表了那种理想主义的故事：蒙冤的英雄向腐败的官吏报复，替天行道。上述骚乱爆发的原因可能有很多，其中一个重要原因是约克的圣莱纳德医院长期向约克郡、兰开夏郡、威斯特摩兰郡和坎伯兰郡的农民征收一种农业税，招致当地人的普遍不满。圣莱纳德医院的院长于前一年从爱德华四世的大法官法庭获得征税的权利。[19] 在"里兹代尔的罗宾"领导下，约克郡掀起了一系列暴乱。沃里克伯爵的弟弟诺森伯兰伯爵约翰·内维尔（赫奇利沼泽战役和赫克瑟姆战役的英雄，王室在北方最仰赖的人之一）镇压了这些暴乱。但不到两个月时间，"里兹代尔的罗宾"再次反叛，并且这一次内维尔家族不再是叛军的镇压者，而是他们的秘密赞助者。

第二次叛乱发生在 1469 年 6 月和 7 月，与第一次迥然不同。叛乱领导人仍然用"里兹代尔的罗宾"的名字，但实际领导人要么是沃里克伯爵在米德勒姆城堡的总管霍恩比的约翰·科尼尔斯爵士（一位经验丰富的军人），要么是沃里克伯爵的另一个傀儡。前一年的叛乱主要聚焦于当地人民的不满情绪，而这一次，据一位作家说，人们"抱怨他们受到国王王后的宠臣的苛捐杂税和年度供奉的严酷压迫"。地区性民变被煽动成反对中央政府的抗议。第二次里兹代尔叛乱得到沃里克伯爵的秘密支持，他的目的是给国王制造尽可能多的麻烦。果然，叛乱产生了他想要的效果。据说有 6 万人的叛军在约克郡集结。骚乱开始变得像是编年史家所说的"真正的大叛乱"和"北方的旋风"。[20]

爱德华四世于 6 月中旬出发去镇压叛乱，他最小的弟弟格洛斯特公爵理查、里弗斯伯爵、斯凯尔斯男爵和其他一些伍德维尔亲戚跟随他出征。起初爱德华四世没有料想到形势已经变得多么危险，但在北上途中，他逐渐认识到，这不再是一次地方性叛乱，于是他向中部各郡各城镇发出紧急命令，要求它们提供弓箭手和士兵。他还写信给克拉伦斯公爵、沃里克伯爵和约克大主教乔治·内维尔，于 7 月 9 日给他们分别发了一封简短的信，要求他们火速"前来侍奉国王陛下"。他在给沃里克伯爵的信中补充道："考虑到我对你们的信任和爱，我不相信你们对我的态度会是谣传的那样。"[21]但在国王封印自己的书信的同时，沃里克伯爵、大主教和克拉伦斯公爵已经在前往军事要塞加来的路上，同行还带去了沃里克伯爵的女儿伊莎贝尔。

　　7月11日，克拉伦斯公爵与伊莎贝尔在加来结婚，这直接违抗了国王的命令。次日，沃里克伯爵及其盟友给国王写了一封公开信，表示支持"里兹代尔的罗宾"的叛乱。这封信要求朝廷实施改革，并指控里弗斯伯爵、斯凯尔斯男爵、约翰·伍德维尔爵士、彭布罗克伯爵及其兄弟理查·赫伯特爵士、德文伯爵汉弗莱·斯塔福德和其他国王亲信让国家"陷入严重的贫困和痛苦……只为了他们自己的晋升和发财"，并阴森森地警告，爱德华二世、理查二世和亨利六世的命运或许还会降临到爱德华四世身上。他们还指责里弗斯伯爵的妻子、贝德福德公爵夫人杰奎塔对国王造成了恶劣影响。（杰奎塔后来被指控用巫术蛊惑国王娶了她的女儿伊丽莎白·伍德维尔，并做了沃里克伯爵、爱德华四世和王后的铅制人偶来行巫术。）公开信附有要求改革的宣言书，这份宣言书名义上是叛军的，但它的视角几乎纯粹是全国性的，从头到尾都是那种政治术语，而沃里克伯爵是在世的人当中最擅长这种辞令的，所以宣言书要么受到了在加来的人们的强烈影响，要么就是他们一手炮制。[22]

　　北方的叛乱在沃里克伯爵的亲戚和朋友领导下日渐兴盛。约翰·科尼尔斯爵士及其同名儿子、亨利·内维尔爵士和亨利·菲茨休率领他们的北方军队开向中部各郡，而沃里克伯爵和克拉伦斯公爵从加来返回英格兰，于7月16日在肯特登陆。两天后，他们开始北上，企图与"里兹代尔的罗宾"会师。

他们在伦敦短暂停留，随后沿着通往考文垂的道路北上，一边进军一边聚集更多兵员。爱德华四世率军在诺丁汉扎营，此刻发现自己很快将遭到南北夹击。他击败叛军的最大希望就是从威尔士得到彭布罗克伯爵军队的增援，并得到德文伯爵的来自西部各郡的兵马的增援。

7 月 26 日，星期三，彭布罗克伯爵和德文伯爵的军队抵达了牛津郡北部的班伯里，在城镇周围的开阔原野上扎营，这时突然遭到北方叛军出乎意料的袭击。王军主力和弓箭手被分割开，所以主力部队投入战斗的时候力量已经大减。一位编年史家写道："爆发了一场大战，发生了可怕的大屠杀，尤其是威尔士人死伤枕藉。"据他估计，在这个名叫海吉科特或艾吉科特的战场，有 4000 人死亡。[23]彭布罗克伯爵的部队已经阵脚大乱，这时一小队佩戴沃里克伯爵纹章的武士抵达战场，使得彭布罗克伯爵的部队更加混乱，很多人逃之夭夭。最后的结果是，双方都伤亡惨重。叛军领导人亨利·内维尔爵士和小约翰·科尼尔斯阵亡，但此役在威尔士被长久缅怀，因为威尔士步兵和他们的指挥官遭受了同样血腥的噩运。诗人刘易斯·格林·柯西①称此役为"基督教世界最大的一场战役"。在战斗中，彭布罗克伯爵及其兄弟理查·赫伯特爵士被俘，随后被押往北安普顿，在那里见到了沃里克伯爵。7 月 27 日，沃里克伯爵举行了一场草率且完全违法的审判，判处兄弟俩死刑之后将其斩首。

恐慌情绪在蔓延。艾吉科特灾难的噩耗在几天之后才传到

---

① 刘易斯·格林·柯西（约 1420～1490）是威尔士著名诗人，用威尔士语创作了大量诗歌，是当时云游诗人的最重要代表。

爱德华四世的耳边，但消息传来之后，他身边的人作鸟兽散。国王茕茕孑立，孤立无援，在白金汉郡的奥尔尼被大主教乔治·内维尔所率领的一群人俘虏。他的战马被拴在俘虏他的人的马上，他本人则被带到内维尔家族庞大且无懈可击的要塞沃里克城堡，并关押在那里。与此同时，他的亲信遭到猎杀。[24] 在整个 8 月，沃里克伯爵的人马在英格兰到处搜捕那些曾为国王效力的人，并将其杀死。里弗斯伯爵和约翰·伍德维尔爵士在切普斯托被堵住，然后被押往凯尼尔沃思，在那里被斩首。德文伯爵被萨默塞特郡布里奇沃特的"平民"抓住，"被当场斩首"。[25]

尽管沃里克伯爵和克拉伦斯公爵事实上是独立行动的，调用的是他们自己拥有的庞大资源，并没能代表更广泛的贵族或全国人民的意志，他们还是只花了不到三个月的时间就控制了国王，屠杀了他的盟友，并掌握了政府。爱德华四世花了将近十年来建立自己的权威，创建一个新的王室，并重建稳定的王权和稳定的政府，重新确立英格兰王权的尊严。然而在 1469 年夏末，他所处的窘境却和他的前任一模一样。截至目前，已有两位国王被他们自己的臣民囚禁。如今攫取王位变得太容易了。

15. 最终的毁灭

和他之前的约克公爵理查一样，沃里克伯爵理查发现，抓捕国王比挟天子以令诸侯容易多了。他将爱德华四世从中部地区心脏位置的沃里克城堡转移到米德勒姆城堡，这座雄伟的、石墙环绕的要塞俯瞰着约克郡谷地。但随着国王被俘的消息传遍英格兰和威尔士，全国爆发了许多暴力冲突，秩序紊乱，而沃里克伯爵并没能力控制局势：因为尽管他控制着国王本人，但这和掌握国王的权威不是一回事。

伦敦爆发了一连串抢劫、暴乱和流血冲突，恰好在城内的勃艮第大使努力控制住了局势，但也险些失败。在其他地方，贵族之间的争吵演化成私人战争，从柴郡到兰开夏郡到格洛斯特郡和诺福克郡都打得乱作一团，诺福克的帕斯顿家族不得不保卫自己位于凯斯特的城堡，抵抗诺福克公爵的攻打，后者"用大炮把那地方轰得七零八碎"。[1]沃里克伯爵治理下的国家炮声隆隆，箭矢如雨，烈火舔舐着被毁的房屋。即便在约克郡，沃里克伯爵也控制不住局面，因为国王的弟弟格洛斯特公爵理查（才十几岁）起兵攻打与他发生争执的斯坦利男爵。最糟糕的是，威尔士有一个传闻在流传：兰开斯特党很快将在某地卷土重来。果然，8月，内维尔家族一个变节分支的两名成员在英格兰北部举起了亨利六世的大旗。"沃里克伯爵发现自己无力做出有效的抵抗，"一位编年史家写道，"因为人民看到国王被囚禁，在爱德华四世重获自由之前拒绝理睬沃里克伯爵的宣言。"[2]

沃里克伯爵别无选择。爱德华四世于10月中旬获释。约翰·帕斯顿爵士目睹国王排场隆重地骑马进入伦敦，周围簇拥着一大群忠实的贵族，包括格洛斯特公爵、萨福克公爵和黑斯廷斯男爵，还有市长与全体市政议会成员、200 名行会成员和帕斯顿在一封信中所说的 1000 匹骏马，"有的配好了鞍具，有的没有"。国王轻而易举地粉碎了北方叛乱，向一应人等颁布大赦令，开始重新在全国建立自己的权威，他心情愉快地做这方面的努力。而他的这种愉快，带着一种几乎歹毒的意味。帕斯顿有些惶恐地写道，尽管"国王本人对沃里克伯爵、克拉伦斯公爵及其一小群盟友，包括牛津伯爵，好言相待"，"说他们是他最好的朋友"，王室内廷的人传播的却是与此截然相反的信息。爱德华四世在胜利之后几乎总是慷慨大方，但至少约翰·帕斯顿爵士清楚地觉得，大清算不会太远了。

在沃里克伯爵和克拉伦斯公爵的叛乱平息之后，只有两个大的人事变动。第一个变动得到了强制执行：在彭布罗克伯爵威廉·赫伯特于艾吉科特战役被斩首之后，威尔士就没有了领头的贵族，爱德华四世提拔自己的弟弟格洛斯特公爵理查来取代赫伯特。十七岁的格洛斯特公爵已经成长为一位能干的军人和值得信赖的副手。他高大但苗条，外形不像爱德华四世和克拉伦斯公爵那样孔武有力，却是一个顽强而忠诚的年轻人。爱德华四世觉得他前途无量，任命他为英格兰司厩长（接替被处决的里弗斯伯爵）、威尔士南北两部的首席政法官①和整个

---

① 首席政法官（Justiciar 或 Chief Justiciar）是中世纪一段时间内英格兰、苏格兰等国家的一个重要官职，大致相当于现代的首相，是国王的左右手。justiciar 这个词源自拉丁文 justiciarius 或 justitiarius，意思是"法官"。在英格兰，justiciar 起初只是法官，但渐渐掌握军政大权，总是由大贵族或高级教士担任。

威尔士亲王领地的总管。理查实际上成为国王在英威边境以西的全权代表。他对自己的新角色很有热情，也很有干劲。

爱德华四世还开始削弱内维尔家族在北方的势力。诺森伯兰伯爵约翰·内维尔在他兄弟叛乱期间忠于国王，但爱德华四世还是决定将他的地盘从英格兰北部迁走会比较好。国王释放了在伦敦塔长期坐牢的亨利·珀西，恢复了他父亲在北方的领地，并把约翰·内维尔的诺森伯兰伯爵头衔给了他。历史上珀西家族一直是北方的主宰家族，直到 15 世纪 50 年代内维尔家族崛起并取而代之。如今爱德华四世在恢复过去的力量平衡。为了补偿约翰·内维尔，国王封他为蒙泰古侯爵，在英格兰西南部赏赐他大片土地。这个地区也是长期流血冲突和混乱的场所，在德文伯爵死后陷入权力真空。约翰·内维尔的幼子乔治被封为贝德福德公爵并与国王的女儿约克的伊丽莎白（到 1470 年春季就四岁了）订婚。对一个忠心耿耿的人来说，这似乎是慷慨的恩赐，也有助于恢复英格兰北部的权力政治平衡，同时还能给西南部带来一位急需的经验丰富的老将。但不幸的是，这个安排将给爱德华四世的统治造成严重后果。

*

1470 年 3 月又发生了一次叛乱。这一次起事的是林肯郡，起初是因为当地的贵族威尔斯和威洛比男爵与托马斯·伯格爵士（国王的保镖和亲密仆人）的私人仇隙。为了镇压叛乱，爱德华四世征集了一支军队北上。国王御驾亲征的景象让北方传播起了各种流言，人们猜测国王是来为 1469 年的事件做血腥报复的。威尔斯男爵和他的儿子罗伯特爵士利用这些谣言激发了一场全面叛乱，绝望的沃里克伯爵决定自己也组建一支军队，再次反叛国王。这一次，毫无道德观念的克拉伦斯公爵又决定加入他的阵营，尽管他曾向国王承诺自己会忠心耿耿。用一份得到政府资助的关于此次叛乱的记述的话来说，他俩的目标是"彻底地最终毁灭国王，颠覆全国"。[3]

在大多数危机发生之后，爱德华四世的本能一般倾向于冷静与和解，而不是血腥报复。但这一次他被激怒了。他报之以狂怒和镇压。他俘虏了威尔斯男爵，送信给他儿子，若不投降，就杀掉他的老父亲。罗伯特爵士在这样的刺激之下，没有等待与沃里克伯爵合兵一处就出来应战。1470 年 3 月 12 日，在斯坦福，王军击溃了林肯郡叛军。这场惨败让叛军抱头鼠窜，丢盔弃甲，所以这个战场后来也被称为"丢衣战场"。

根据战后出版的有倾向性的叙述，"丢衣战场"上的叛军向王军冲去时呐喊"克拉伦斯万岁！沃里克万岁！"据说有的叛军穿着克拉伦斯公爵的号衣，而罗伯特·威尔斯爵士被追杀并遭砍死的时候，有人发现他的头盔里"装着许多令人震惊的文书，包括大煽动的事情"，换句话说，这就是沃里克伯爵和克拉伦斯公爵又一次背信弃义的罪证。[4]这一次，国王的可怜亲戚们不会得到任何宽大处理。他们拒绝遵照国王的传唤到他那里，而是从兰开夏郡向南逃往德文，在达特茅斯乘船，逃过海峡，又一次前往加来。然而即便在加来，他们也被禁止入城，沃里克伯爵的副将文洛克男爵拒绝打开城门。沃里克伯爵和克拉伦斯公爵最终在诺曼底，也就是法兰西国王的领土登陆。他俩几乎已是众叛亲离。然而就在这时，发生了英格兰历史上最大胆也最寡廉鲜耻的一次结盟。

*

安茹的玛格丽特和她的儿子爱德华王子在法兰西流亡已经将近十年了。王子在他外祖父安茹的勒内位于洛林的科厄城堡

（靠近默兹河）长大成人。1470 年春，王子十六岁，与他父亲迥然不同。那些见过他的人会说，他和他的祖父亨利五世简直是一个模子里刻出来的。1467 年 2 月，米兰大使乔万尼·彼得罗·帕尼卡洛拉在一封写给米兰公爵夫妇的信里说，王子（当时只有十三岁）"已经满嘴不说别的，成天只谈砍人头或者打仗，仿佛一切尽在他的掌握之中，或者他是战神，或者和平的君主"。[5]他喜爱骑马、打斗，喜欢与朋友和伙伴比武。他的母亲从来没有放弃过希望，这个棒小伙有朝一日能回国去夺回父亲的王位。

玛格丽特一心要推翻约克王朝。自从被逐出英格兰以来，她就不断向法兰西的不计其数的盟友，以及苏格兰和葡萄牙统治者求助。现在，1470 年，她决心与最出乎意料的搭档结盟：在世的人当中对她伤害最大的那个人，沃里克伯爵理查。这对不共戴天之敌于 6 月 22 日在昂热会见，路易十一居间调停，他们达成了协议。爱德华王子将迎娶沃里克伯爵最小的女儿安妮·内维尔，而沃里克伯爵将返回英格兰去对抗爱德华四世，尽其所能地推翻约克王朝并帮助亨利六世重返王位。

沃里克伯爵、克拉伦斯公爵、贾斯珀·都铎和牛津伯爵于 9 月 9 日从诺曼底的拉乌盖起航。年轻的爱德华王子留下与母亲待在一起，这可能让他深感挫折和恼火。在海上航行四天之后，沃里克伯爵一行人在德文郡海岸登陆，宣布他们忠于亨利六世国王，呼吁所有人加入他们的复辟大业，然后前往考文垂，去对抗爱德华四世。

爱德华四世此时正在北方。他对海外的局势有很好的把握，所以写信给东南部的臣民，告诉他们："我们已经得到可靠情报，我们的宿敌法兰西和逆贼及叛徒已经沆瀣一气，企图……摧毁我们和我们的忠实臣民。"他指示子民做好准备，随时抵抗敌人的入侵。"你们一旦得知他们登陆，"他写道，"就尽全力抵抗我们的上述敌人和叛贼……并视此为自己的最高职责。"[6]这年夏季，凶残的反叛撼动了北方，爱德华四世一方面要保卫漫长的海岸线，一方面又急迫地需要恢复北方的秩序，而北方仅仅在不久前才被重新交给珀西家族治理。沃里克伯爵登陆的消息传到爱德华四世耳边后，他向伦敦进发，去保卫自己的王位和首都。

叛军在前进的过程中吸引到许多强大的变节者，他们都有理由怨恨国王。什鲁斯伯里伯爵和斯坦利男爵带来了相当数量的武装人员，而沃里克伯爵的亲弟弟蒙泰古侯爵也加入了叛乱，这对爱德华四世的损害最大。这些叛乱诸侯远远算不上英格兰贵族中最核心的群体，但战争的不确定性让爱德华四世相信，"他的力量不足以交战"，尤其因为对手当中包括令人生畏的蒙泰古侯爵。[7]爱德华四世并没有率领兵力不足的军队为自己的王位去死战到底，而是"回避了一场结果很成问题的战斗"。[8]为了自己的王国而立刻与敌交战似乎是自然而然的选择，但这样做他就有可能被俘或死亡。

爱德华四世在金斯林登船，驶往佛兰德，把他的王国留给了他的敌人。他走得太匆忙，甚至没有接走怀孕的妻子。伊丽莎白王后被迫带着三个女儿到威斯敏斯特教堂避难。她住在修道院院长的套房内，于1470年11月2日在那里生下了她的第一个儿子，又一个爱德华王子。"这种情况让那些仍然忠于爱德华四世的人得到了一些希望与慰藉。"一位编年史家如此写道。但对正春风得意的内维尔家族和兰开斯特党人来说，"这个婴儿的出生不值一提"。

伊丽莎白·伍德维尔在威斯敏斯特教堂的避难所分娩时，亨利六世已经"复辟"了。1470 年 10 月 6 日，星期六，老国王被从伦敦塔带出来。他的支持者立刻支持他正式重返王位，因为英格兰王室历法中最吉祥的一天快到了：忏悔者圣爱德华的移灵瞻礼日。他那令人惊叹的圣龛是威斯敏斯特教堂内所有金雀花国王陵寝的核心部分。亨利六世获释一周之后，"在庄严地游行之后，得到了公开加冕"。[9]

亨利六世此时四十八岁，囹圄生活对他造成了一些创伤。据他的忏悔神父约翰·布莱克曼说，他"耐心地忍受了饥饿、干渴、嘲弄、讽刺、虐待和其他许多困苦"。[10]编年史家瓦克沃思鄙夷地说，他的"穿着打扮不像一位尊贵的君王，而且脏兮兮的"。即便如此，英格兰的很多人也能够暂时让自己相信，亨利六世并非他统治时期所有灾祸的源头，让他复辟是利国利民的。编年史家瓦克沃思对此的解释是，爱德华四世没有能够让英格兰恢复"繁荣与太平"。这位编年史家写道，爱德华四世刚登基的时候，人民对他的期望极高，然而"没有出现繁荣安定，而是一场又一场战役、许多灾祸，平民的财产损失很严重"。

但如果有人真诚地希望亨利六世复辟之后国家就能太平，那么也注定要失望了。玛格丽特王后重返王位显然不会给国家带来和睦与理解。雪上加霜的是，她的儿子遗传了母亲顽固执拗的性格。约克党人胜利的主要受益者是沃里克伯爵和克拉伦斯公爵，而恰恰是他们帮助亨利六世逃离伦敦塔并让他复辟，所以王后简直没有任何办法来赏赐克利福德、考特尼、萨默塞特公爵和都铎等忠实的兰开斯特保王党人，甚至很难恢复他们先前的地产和头衔。此外还有克拉伦斯公爵本人的问题：这个毫无信义的背叛者因自私地觊觎兄长的王位而造成了无数麻烦，给英格兰带来无数灾难。现在有两个互相竞争的爱德华王子在世（一个是兰开斯特王朝的好斗的年轻王子，一个是爱德华四世的小婴儿和继承人），克拉伦斯公爵现在距离王位更遥远了。那么用什么来收买他的长期支持呢？沃里克伯爵又将如何看待自己新的政治角色呢？毕竟他在兰开斯特王朝统治下永远不会达到 15 世纪 60 年代那样的近似主宰的地位。

但说到底，亨利六世的朝廷没有多少时间来考虑上述问题。新年过去了，爱德华四世还在布鲁日流亡，但他也没闲着。勇敢的查和低地国家的商人低调地为他提供了船只和资金。在内兄安东尼·伍德维尔（如今是第二代里弗斯伯爵）的帮助下，爱德华四世开始武装一支入侵舰队，去收复自己的王国。1471 年 3 月 11 日，星期一，爱德华四世、里弗斯伯爵、黑斯廷斯男爵、格洛斯特公爵理查及其军队从瓦尔赫伦岛上的弗利辛恩起航，共有 36 艘船和 1200 人。（爱德华四世乘坐一艘叫作"安东尼"号的勃艮第战舰。）这支小舰队小心翼翼地通过仍然遍布敌舰的海域，驶向东安格利亚。但风暴将舰队吹向北方，他们最终在亨伯河口的雷文斯伯恩附近登陆。此地是敌境，因为沃里克伯爵的人马在乡村巡逻，严密监视着入侵的迹象。巧合的是，亨利·博林布罗克 1399 年也是在这个地点登陆的，他向理查二世索取自己的土地，后来又索取王位。对归来的国王来说，这是一个吉利的地点。

*

米兰派驻路易十一宫廷的大使、佛罗伦萨人斯福尔扎·德·贝蒂尼于 1471 年 4 月 9 日（复活节前的星期二）从法兰西宫廷写信给主公加莱亚佐·玛利亚·斯福尔扎公爵时道：

"从门出屋，然后从窗户进来，是件难事。"贝蒂尼在英吉利海峡对岸观察着英格兰局势，对爱德华四世争夺自己王国的行动不抱希望。从英格兰传来的流言蜚语表明，沃里克伯爵占据了上风：贝蒂尼听说，"爱德华四世身边的人大部分已经战死，其他人则在逃跑"。玛格丽特王后和爱德华王子正在诺曼底的一个港口焦急地等待着合适的风向，以便渡海去胜利收复自己的王国。[11]爱德华四世夺回自己基业的努力似乎还没开始就要完蛋了。

但贝蒂尼得到的消息不准确。爱德华四世远远没有被打败。事实上，就在米兰大使写下这封信的当天，爱德华四世正在南下向伦敦进军，很多人投奔到他旗下。

爱德华四世抵达雷文斯伯恩，英格兰并没有为之欢欣鼓舞。但他也没有被立刻赶走，部分原因是，他在穿过乡村时（就像他之前的博林布罗克一样）宣称，他此次回来不是为了夺取王位，而"仅仅是索取自己的约克公爵头衔"。[12]他佩戴的是威尔士亲王的鸵鸟羽毛徽章，而不是王室纹章，并且告诉所有愿意倾听的人，他是作为忠实的臣民回国的。这就足以让他成功进入约克、塔德卡斯特、韦克菲尔德和唐克斯特等北方城镇，随后南下进入中部各郡，来到诺丁汉，然后是莱斯特。在途中的每一站，都有支持者赶来加入他的阵营；起初不多，但渐渐地越来越多，直到他的"兵力大增"，得到"许多兵员，装备精良并且做好了战斗准备"。[13]3月29日，他进军考文垂，沃里克伯爵及盟友牛津伯爵约翰·德·维尔、埃克塞特公爵亨利·霍兰和博蒙特子爵在那里坚守。沃里克伯爵希望在得到蒙泰古侯爵和克拉伦斯公爵支援之前避免交锋，于是撤退到城内，紧闭城门，拒绝出战。主动权在爱德华四世那边，就在这时，他抛弃了只寻求当公爵的非常露骨的伪装，正式宣布自己决心打败"篡位者亨利"的党羽。[14]

爱德华四世从考文垂向西进发，然后转向牛津和伦敦方向。在前进的过程中，他重返英格兰的消息向四面发散出去。国内的另一个大叛徒克拉伦斯公爵乔治很快就得到了消息。爱德华四世登陆时，乔治正在西部。现在克拉伦斯公爵疯狂地招募部队，准备与沃里克伯爵会合，但他这样的懦夫和变节者并没有足够的道德勇气去攻击正所向披靡的兄长。（克拉伦斯公爵还受到了他的两个姐妹勃艮第公爵夫人玛格丽特和埃克塞特公爵夫人安妮的游说，她们都劝他与兄长议和。）他于4月3日（星期三）在班伯里附近见到了爱德华四世。当着里弗斯伯爵、黑斯廷斯男爵和格洛斯特公爵的面，克拉伦斯公爵跪倒在爱德华四世面前。爱德华四世"扶他起来，亲吻他许多次"，向他保证他们已经和解，并带他返回考文垂，第二次尝试诱骗沃里克伯爵从他的藏身之地出来。沃里克伯爵仍然不肯出战，尽管此时他的兄弟蒙泰古侯爵约翰·内维尔已经到了他身边。爱德华四世决定不再浪费时间去引蛇出洞。4月5日（星期五），他动身前往伦敦。

所以，在4月9日，星期二，伦敦的平民议事会比远方的外交官消息灵通得多，他们知道"曾经的英格兰国王爱德华四世"远远没有被击败，而是"正率领一支强大的军队快速开向城市"。[15]沃里克伯爵写信给伦敦城，要求平民议事会为亨利六世国王守城。压力极大，市长约翰·斯托克顿干脆躲到床上，不肯下来。但市长不在的期间，议事会的其他成员决定不抵抗爱德华四世。他们有很多过硬的理由。伊丽莎白王后、她的女儿们和新生儿子以及其他数十名约克党人还躲在靠近城墙的威斯敏斯特教堂，而且伦敦商人曾为爱德华四世提供一大笔贷款，据勃艮第编年史家菲利普·德·科米纳①说，"因此所有借钱给爱德华四世的商人都投到他那边"。科米纳和所有优秀的编年史家一样，酷爱飞短流长，他还补充道："爱德华四世曾经私通过的那些贵妇和富商太太，现在都强迫她们的丈夫和亲戚宣布支持他。"[16]

爱德华四世于濯足节星期四②进入伦敦。他发现，伦敦塔已经被他的盟友控制住了。沃里克伯爵的支持者（外衣上佩戴熊与参差不齐木杖图案的徽章）则销声匿迹。萨默塞特公爵埃德蒙·博福特③离开伦敦，去了海岸边，等待玛格丽特王后抵达。沃里克伯爵的弟弟、狡诈的约克大主教乔治·内维尔负责看管"另一个"国王。在爱德华四世逼近伦敦城的时候，乔治·内维尔让亨利六世在大街上游行，企图争取民众的支持，但只遭到嘲笑。亨利六世此时的形象完全就是一个可悲的、任凭践踏的老头子。他身上穿的不是最时髦的勃艮第华服，而是一件灰头土脸的蓝色旧袍子。其实，虔诚的亨利六世是按照宗教日历的庄严肃穆来选择自己的衣服的，因为濯足节星期四（圣周五④前一天）是哀悼的日子。但在一位伦敦编年史家看来，仿佛"他没有换穿的衣服了"。[17]游行的其余部分

---

① 菲利普·德·科米纳（1447~1511）为勃艮第与法兰西政治家、外交官和作家。他的回忆录是 15 世纪欧洲历史的主要资料来源之一。

② 濯足节星期四为复活节前的星期四，是基督教纪念耶稣基督最后的晚餐，设立圣餐礼、濯足服事精神的重要日子。

③ 这是第四代萨默塞特公爵埃德蒙·博福特（1438？~1471），他是第二代萨默塞特公爵埃德蒙·博福特（1406~1455）的儿子，第三代萨默塞特公爵亨利·博福特（1436~1464）的弟弟。

④ 圣周五又称黑色星期五、沉默周五、耶稣受难节等，为基督教的宗教节日，是基督徒用以纪念耶稣基督在各各他被钉死受难的纪念日。

也不能让人肃然起敬。负责捧着国剑的朱什男爵看上去老迈无用，也没多少群众陪同国王，而且国王一行人反抗意志的象征也显得蹩脚、缺乏帝王威仪：一根长杆子，举在游行队伍头顶上，上面系着两根狐尾。这"更像是儿戏，而不是君主的排场"，编年史家如此记载道。就是在这样的背景下，伟岸挺拔、精力充沛的爱德华四世进入伦敦城，"得到全体市民的山呼万岁"，他们在等待他发号施令。[18]

爱德华四世先来到圣保罗大教堂，向上帝感恩，然后立刻骑马去位于兰贝斯的伦敦主教宫殿，以控制亨利六世。懵懂、迷糊而邋遢的亨利六世拥抱了爱德华四世，并说："我的约克亲戚，非常欢迎你。我知道，在你手里，我的生命不会有危险。"[19]爱德华四世向他保证一切都会好，然后把他送回伦敦塔，约克大主教也被关押在那里。然后，爱德华四世前往威斯敏斯特教堂，再次感恩，这一次是在圣爱德华的圣龛前，它是英格兰王权所有神秘与神圣色彩的源泉。最后，他从教堂到了修道院院长的套房，伊丽莎白王后已经在那里等候。她之前收到了宣布她丈夫返回的私人信件，但任何东西都比不上亲人真正出现在眼前。自沃里克伯爵的叛乱以来，伊丽莎白已经失去了父亲和一个兄弟。她在教堂里藏了六个月，官方记载的说法是，在此期间，她忍受了"极大的艰难困苦、哀愁与悲伤，她以莫大的耐心熬了下来"。王后将小爱德华展示给爱德华四世，"令国王欣喜若狂，这是一个漂亮的儿子，一个王子"。[20]夫妇俩喜气洋洋地团圆，回到城里，在爱德华四世母亲的贝纳德城堡一同度过这一夜。次日是圣周五，上午，爱德华四世和弟弟及盟友一同筹划"可能即将开始的冒险"。[21]

*

"复活节的神圣星期六"，当时的一位编年史家写道，爱德华四世"率军离开了城市，缓缓前进，抵达距离伦敦 10 英里的巴尼特镇，在那里安营扎寨，此时是我主复活日的前一天"。[22] 军中有两位国王，因为爱德华四世把亨利六世带在了身边。亨利六世不大可能逃走，甚至不大可能想要从伦敦塔逃走，但他出现在爱德华四世的阵营中是非常关键的，因为沃里克伯爵正在从圣奥尔本斯的道路上径直向他们开来。他终于离开了考文垂，"自称为英格兰总督大臣，打着亨利六世国王的旗号，假借他的权威"。[23] 然而亨利六世出现在另一个阵营，这就让沃里克伯爵的宣示不攻自破。

星期六的黄昏时分，两军首次发生接触。沃里克伯爵的侦察兵遭到爱德华四世兵马的拦截和追击。太阳落山了，这一天不可能交战，但双方近在咫尺。两军都在巴尼特以北的开阔地上扎营。夜间，沃里克伯爵的大炮在黑暗中向敌营开炮，潮湿而寒冷的夜间空气里闪着大炮的火光，隆隆作响。但大炮瞄准很差，炮弹越过王军的头顶，没有造成任何损害。

复活节星期日凌晨 4 点左右，黎明降临。大雾弥漫，两军之间的很短距离被浓雾笼罩，"双方都看不见对方"。但几乎所有在场的人，其中有不少是陶顿战役的老兵，都曾在更恶劣的条件下作战。太阳的稀薄光线刚刚露面，爱德华四世就"将自己的事业托付于全能的上帝"，举起大旗，命令号手鸣号，指示士兵们顶着敌军炮火前进。[24] 大摊牌就这样开始了。

王军由爱德华四世亲自指挥，黑斯廷斯男爵在左翼，格洛斯特公爵理查指挥右翼。他们对面是牛津伯爵、蒙泰古侯爵和埃克塞特公爵，沃里克伯爵在后方统领全局。两军的战线并非直接面对面，所以在战场的东侧，格洛斯特公爵的兵力远远超过埃克塞特公爵。而在西侧，黑斯廷斯男爵面对牛津伯爵比较吃亏，损失惨重。他那一翼的人马被击溃并逃向伦敦方向，传播了虚假但是很可怕的消息：沃里克伯爵得胜，俘获了爱德华四世，杀死了克拉伦斯公爵和格洛斯特公爵。

事实并非如此。因为雾大，火炮派不上用场，于是双方展开"残酷而致命的"肉搏战。爱德华四世身先士卒，他的视野极其有限，所以他和他的部下一样，都"只能看见自己眼前的一小块地方"。即便如此，他"勇敢地、强悍地、英武地"攻击敌人，"无比凶猛地打击所有阻挡他去路的人……先打一边，再攻击另一边……任何人都阻拦不住他"。[25]

爱德华四世惯于步战，而据一位编年史家说，沃里克伯爵更喜欢先徒步带领部队投入战斗，然后骑上马，"如果发现战局有利于己方，就勇猛地率军冲锋；如果不利于己方，他就及时自保和逃命"。[26]但在巴尼特，他的兄弟蒙泰古侯爵大做文章，坚持要求他徒步作战、把自己的坐骑送走，以展示内维尔家族的勇气。这个建议毁了沃里克伯爵。激战几个钟头之后，战线扭转了九十度，两军的位置变得很乱。牛津伯爵追击黑斯廷斯男爵的人马回来后，重返雾气弥漫的战场，攻击了他眼前的部队，他以为那是爱德华四世的后方战线，但其实他打的是蒙泰古侯爵的人。在浓雾和战斗的混乱中，内维尔家族的人显然误将牛津伯爵的徽章（星辰）看成爱德华四世的太阳，于是立刻向自己的盟军开炮。[27]"叛徒！"的喊声在兰开斯特－内维尔军中响起，秩序瓦解了。在混乱中，沃里克伯爵转身逃离战场，想要挽救自己的性命，但他徒步逃跑逃不了多远。等他找到一匹马并开始逃往圣奥尔本斯方向的时候，约克军已经在追击他了。沃里克伯爵被赶进路分岔口处的一片小树林，在那里被俘，没有被押去见爱德华四世，而是被当场处死。沃里克伯爵把兄弟蒙泰古侯爵约翰丢在战场上，他"战死了，还有许多骑士、侍从、贵族和其他人命丧沙场"。[28]

到复活节上午 8 点时，战斗全部结束。战场上散落着一万支流矢。[29]牛津伯爵逃离了战场，逃到苏格兰。埃克塞特公爵被当成死人丢在战场上，但最终被一名仆人发现并拖走，逃往伦敦，躲进威斯敏斯特教堂避难。后来他被带出避难所并囚禁在伦敦塔，在那里被关押了四年。

在战斗中，爱德华四世失去了自己的盟友克伦威尔男爵、塞伊男爵和威廉·布朗特爵士。他的弟弟格洛斯特公爵和内兄斯凯尔斯男爵都负了重伤。双方共有数千人死亡。跌跌撞撞地行进 10 英里返回伦敦的人骑着瘸马，脸上缠着纱布，有的人在战斗中被割掉鼻子。一位消息灵通的外籍书信作者写道："所有人都说，一百年里英格兰从来没有过这么激烈的战斗。"[30]爱德华四世无疑赢得了一场令人震惊的胜利。记载此役的官方编年史家写道，圣乔治、圣母和天上所有的圣徒"评判爱德华四世的事业是正义且正当的"。为了宣传这个事实，国王下令将沃里克伯爵和蒙泰古侯爵的尸体"装在两个箱子里运回伦敦，将其摆放在圣保罗大教堂的石板上，除了腰间缠着布之外，赤身露体，让伦敦的所有人都看得见。数千人前来观看"。[31]

只剩下一个敌人了。4 月 16 日，国王得到消息，玛格丽特王后、她的儿子爱德华王子和妻子安妮·内维尔，以及其他许多人，包括文洛克男爵①，终于等到合适的风向从诺曼底起航，他们的十七艘船已经在南海岸的韦茅斯登陆，并受到他们的盟友萨默塞特公爵埃德蒙·博福特和德文伯爵约翰·考特尼的欢迎。尽管已经发生了许多残杀和破坏，现在看来还可能发生更多。在海峡对岸接收到零星消息的外国外交官们纷纷摇头，为英格兰颠三倒四的政治感到惊讶。贝蒂尼大使在给米兰的信中写道："我希望这个国家及其人民都坠入深海，因为他们完全没有稳定性可言，因为我写到他们的时候，觉得自己仿佛在受刑。英格兰这样的事情，没有人听说过两次。"只有一件事情是确凿无疑的，即英格兰王国还没有太平。

*

兰开斯特军艰难跋涉，通过格洛斯特以北、塞文河东岸的难以通行的地区："真是恶劣的地方，到处是羊肠小道和石头路，两边是树林，没有休息的地方。"5月3日，星期五，他们当中的一些人，包括他们的领袖玛格丽特王后和爱德华王子已经连续行进超过三周。他们的敌人，一支由爱德华四世国王领导的王军，已经追击他们好几天了。两军都在开往蒂克斯伯里镇，塞文河在那里有个渡口，可以让追击战拓展到西岸，那边就是整个威尔士。双方士卒都很疲惫。他们的领导人敦促他们快速前进。这场战斗可能就是最终的大决战。

玛格丽特王后和爱德华王子于复活节星期日在英格兰登陆，也就是巴尼特战役开始厮杀的那天。他们登陆之后立刻开始

---

① 约翰·文洛克，第一代文洛克男爵（约1400~1471），外交官、军人、廷臣和政治家。在玫瑰战争中，他曾在兰开斯特和约克两边作战，被称为"叛徒之王"。不过，这个绰号有点夸张，也可以说他是骑墙观望的大师。

招兵买马，发信给支持者，要求提供"你们能够召集的全部兵马和装备"，去对抗"马奇伯爵爱德华，大叛贼，我们的敌人"。[32]不少人响应这个号召：从德文和康沃尔，很多人蜂拥投奔兰开斯特军旗下。他们构成了一支危险的、缺乏纪律的军队，令他们经过的城镇胆寒。玛格丽特催促军队北上，穿过萨默塞特，朝向科茨沃尔德，希望到威尔士与贾斯珀·都铎（他或许可以从威尔士征集到忠诚的士兵）会合，或者前往兰开夏郡，"那里可以找到很多擅长箭术的人"。[33]在行军过程中，玛格丽特王后不断发出潮水般的乐观到令人哭笑不得的宣传。她写信给法兰西国王，称"沃里克伯爵并没有死，消息有误。他在与爱德华国王的战斗中负伤，撤到了一个隐秘而僻静的地方养伤"；而爱德华王子"到了伦敦，率领极多的士兵，得到大部分平民和市民的爱戴与支持"。[34]

爱德华四世并没有停下来享受巴尼特大捷的喜悦，而是不得不紧急征集又一支军队，于 4 月 24 日（也就是圣乔治瞻礼日的第二天，这天也是王室每年举行宴会庆祝嘉德骑士团建立的日子）集结完毕。间谍向他报告了兰开斯特军的行动，于是爱德华四世出发去追击敌人，奔向西北方，希望在科茨沃尔德切断敌人的退路。4 月 29 日，他到了赛伦塞斯特，而玛格丽特的军队接近了巴斯。此后的将近一周时间里，两军就在互相追逐。

5 月 3 日，天气酷热，兰开斯特军艰难地通过环境恶劣的河岸乡间，开往蒂克斯伯里。爱德华四世鞭策他的军队在仅仅 12 小时内狂奔了整整 31 英里。乡村地区缺乏补给，很难维持一支军队的后勤，而要养活两支军队就更不可能了。爱德华四世的官兵走了这么远的路，甚至都没有停下来吃饭或喝水，一位编年史家写道，"只有一条小溪能饮马，除此之外没有任何水源"。[35] 带领大约 5000 名饥肠辘辘、喉咙冒烟的士兵如此快速地行军这么远，他的领导力的确强得让人惊叹。但爱德华四世成功做到了。他的两个弟弟、黑斯廷斯男爵、诺福克公爵约翰、他的继子多塞特侯爵托马斯·格雷与其他许多贵族都在他身边，所以他能够以一贯的坚决和明确的目标来逼近兰开斯特军。整整一天，他的侦察兵都在观察敌军动向。约克军"一直在行军……到了五六英里之外"。[36] 他们于 5 月 3 日下午在蒂克斯伯里附近扎营，"因为长时间行军而精疲力竭和干渴难耐，再也走不动了"。[37] 玛格丽特王后的军队于当天下午 4 点也来到了蒂克斯伯里。他们也艰苦地行军了许多天，此时也已累垮。两军安营扎寨，双方距离约 3 英里。大家都很清楚，第二天将会发生决战。

次日，5 月 4 日，星期六，清晨，爱德华四世披挂甲胄，将自己的军队分为三路，分别由他自己、黑斯廷斯男爵和极具军事才干的年轻的格洛斯特公爵指挥，公爵负责前锋。他们在巴尼特战役获胜时，也是这样的安排。然后，爱德华四世"展示自己的大旗，命令吹响喇叭；将他的事业托付于全能的上帝……圣母马利亚、光荣的殉道士圣乔治和所有圣徒，然后率军径直杀向敌人"。[38] 兰开斯特军由爱德华王子、萨默塞特公爵埃德蒙和德文伯爵约翰·考特尼指挥。文洛克男爵和约翰·兰斯特罗瑟爵士则协助，后者是圣约翰骑士团在英格兰分支的长官。玛格丽特王后身处战场一段距离之外，可能在蒂克斯伯里修道院观战。蒂克斯伯里修道院坐落在兰开斯特军战线以北，与战场隔着一片草地和几个鱼塘。战场崎岖不平，有很多障碍物：两军之间隔着一条路，而且他们之间的地域包含

"深沟和许多树篱、林木与灌木丛"。据一位作家记载："这是个极其难走的邪恶之地。"

爱德华四世用一阵箭雨和炮轰（"简直是一场暴风雨"）开始了攻势，对方也报以还击。约克军的火力集中在萨默塞特公爵指挥的兰开斯特军前锋，"他的部下大感烦恼"。他们拒绝在冰雹般的箭矢和炮弹轰击下在原地保持队形，最后萨默塞特公爵不得不下令向约克军战线发起冲锋。他的部下跑下原先阵势所在的山坡，径直冲向爱德华四世的中军，而不是正对面的格洛斯特公爵的前锋。两军猛烈碰撞，萨默塞特公爵的部下"奋勇拼杀"，直到"国王大无畏地冲杀他们"，将萨默塞特公爵的人马打退回山上。

战斗打响之前，爱德华四世派遣 200 名长枪兵到附近的一座树林，指示他们做好侦察，防止兰开斯特军埋有伏兵；如果没有发现敌人的埋伏，就返回战场上"他们觉得最有利的地方"，"自行决断，以最适当的方式参加战斗"。这个安排是战术上的杰作。萨默塞特公爵的人马被"极其凶猛地"打退回山坡上他们自己的战线时，爱德华四世的 200 名长枪兵从侧面袭击了他们，打得他们阵脚大乱、纪律崩溃。萨默塞特公爵的整支部队溃散到草地和原野上，"寄希望于在那里逃离危险"。就像在陶顿时一样，战斗变成了溃散，草地被鲜血染红：疲劳、惊慌失措的败兵遭到追杀，被砍成肉泥。

萨默塞特公爵的失败似乎导致了整个兰开斯特军的瓦解。文洛克男爵战死，德文伯爵和萨默塞特公爵的弟弟约翰·博福特也阵亡了。最糟糕的是，爱德华王子在他的第一场战役中丧命，"向城镇逃跑时被杀死在战场上"。编年史家瓦克沃思得知，王子在临死前喊叫他的内兄克拉伦斯公爵乔治救他。[39]兰开斯特军的领袖惨遭屠戮，军官和士兵也作鸟兽散。逃离草地的人要么逃向修道院，要么逃往周边乡村的许多教堂，希望能找到避难所。不过不是所有的残兵败将都能幸运地生存下来。

这是一场决定性的战役。爱德华四世"终于赢得了一场光荣的全胜"。[40]就像在陶顿一样，他决心用血腥的手段尽快保障自己的胜利。国王从战场径直奔向蒂克斯伯里修道院，萨默塞特公爵和其他人正躲在那里。据瓦克沃思记载，爱德华四世走进修道院教堂，"手执利剑"，被一个手捧圣餐的教士拦住。教士要求国王赦免所有躲藏在教堂内的贵族。爱德华四世似乎同意了，命令将战死者埋葬在修道院的神圣土地上，"不准肢解或毁坏他们的遗体"。不过两天后，萨默塞特公爵、约翰·兰斯特罗瑟爵士、休·考特尼爵士和其他人被从修道院强行带走，交给格洛斯特公爵（英格兰司厩长）和诺福克公爵（英格兰最高军务官）看押。格洛斯特公爵的法庭宣判这些人有罪，他们于当天在蒂克斯伯里镇上被斩首。

5月7日，爱德华四世离开了蒂克斯伯里。他还没走出城就传来消息，在附近一个教会济贫院（可能是莫尔文修道院）抓获了玛格丽特王后，她的儿媳安妮·内维尔、德文伯爵夫人与凯瑟琳·沃克斯夫人也在那里。精气神已经彻底垮掉的王后被装上一辆大车，押往伦敦。爱德华四世饶了她一命，但她已经毫无斗志。随后四年里，她被软禁起来，受到良好对待，由艾丽斯·德·拉·波尔负责看押。艾丽斯是亨利六世最重要的大臣萨福克公爵的年迈寡妇，自己也曾担任玛格丽特王后的侍从女官。1475年，玛格丽特被路易十一赎回，在他的保护下了却残生：孤独，失败，失去了权力，她的冒险已经结束。

兰开斯特党的叛乱还有最后一批活动：蒂克斯伯里战役的

消息传到伦敦之后，沃里克伯爵的堂弟托马斯·内维尔（一般被称为"福肯贝格的私生子"）在他父亲的家乡肯特掀起了叛乱。托马斯是一位本领极其高强的航海家、海盗和军人。5月10日至14日，他在泰晤士河来回巡游，从水陆两路袭击伦敦的大门和城墙。数百名来自加来的精锐士兵支援他。他们的目的可能是将亨利六世从伦敦塔营救出去。但爱德华四世早有准备。他把里弗斯伯爵安东尼留在伦敦负责城防，此人的表现非常精彩。尽管"福肯贝格的私生子"在泰晤士河南岸部署了大炮来轰击城墙，摧毁了伦敦桥的一部分并占领了阿尔德门，里弗斯伯爵和埃塞克斯伯爵组织伦敦市民起来抵抗，从城内发动有效的反击，最终将"福肯贝格的私生子"及其人马赶走。他乘船逃回了海峡对岸。（后来他在南安普敦被俘，被交给格洛斯特公爵后遭处死，他的首级被挂在伦敦桥上，面向肯特，他就是从那个方向带来叛军的。）"福肯贝格的私生子"死后，兰开斯特党抵抗的最后力量也被粉碎了。1471年5月21日，星期二，爱德华四世又一次骑马进入伦敦城，他的游行队伍由春风得意的格洛斯特公爵领头，"国王的随从队伍比他之前的任何一支军队都更雄壮，他和军中贵族的前方有人举着迎风招展的旌旗"。[41]得胜的国王返回自己的城市，号角齐鸣，"令他的朋友、盟友和同情者欢呼雀跃、得到极大慰藉……而令他的所有敌人魂飞魄散"。

就在这一夜，亨利六世死了。他的忏悔神父和传记作者约翰·布莱克曼说，亨利六世在人生的最后几天里看到了许多幻象，其中一个是，他幻想自己看见窗外有个女人企图溺死一个孩子，于是训诫她，成功地让她罢手。[42]在伦敦塔的居民当中，比亨利六世更人畜无害的怕是找不到了。但爱德华四世再也不会像之前那样心慈手软了。记载约克王朝胜利的官方编年史家说，亨利六世对自己必死的前景和儿子的死亡感到万分悲痛："他极其怨恨、愤怒和不平，所以悲愤而死。"[43] 格洛斯特公爵理查在亨利六世死亡的那天夜里正好在伦敦塔。即便他不在现场，上面的解释也无法令人信服。编年史家瓦克沃思的记述更为可靠，据他记载，亨利六世于夜间 11 点和午夜之间被"处死"。[44] 他的遗体被用亚麻布裹起来，次日在火炬照明下被送到圣保罗大教堂展示；尸体在大教堂的砖砌路面上流了好几次血。后来，亨利六世的尸体被用小船运往切特西修道院下葬。（1484 年，尸体被掘出并转移到温莎。）亨利六世可能是被钝器活活打死的。他死了很久之后，有人发现尸体的浅褐色毛发上凝结着可能是血的东西。[45]

亨利六世被"秘密刺杀"的消息没多久就传遍了：到 6 月中旬，法兰西宫廷已人尽皆知，爱德华四世为了让战争彻底结束，将他的敌人肉体消灭。"简而言之，"一位大使写道，"他选择斩草除根。"[46] 爱德华四世当国王的十年终于让他学会了冷酷无情的价值。在短短十一个星期之内，面对绝望的形势，他重返英格兰，征集了一支军队，从教堂避难所营救出自己的儿子和继承人，打了两场"宏大、残酷且凶险"的战役，镇压了一场叛乱，杀死或俘虏了几乎每一个敌人，处死了与他竞争的另一个国王及其继承人，并夺回了自己的王位。[47] 自亨利五世的时代以来，不曾有过第二个如此成功且幸运的军事家。借用一位作家的话来说，爱德华四世是"闻名遐迩的征服者和强大君主；对他的赞颂远近传扬"。[48] 他不仅凭借血统来获取王位，现在他也在战场上用鲜血挣得了王位。他的统治具有无可争议、理应享有的威严。他是一位伟大的、光荣的国王。

第四部

都铎王朝的崛起

（1471~1525）

癫狂地觊觎权力的人，会饶恕谁呢……？

——多梅尼科·曼奇尼

16. 神谴

　　一个十四岁年纪的男孩同他那四十岁的叔父以及一群忠仆一起穿过威尔士南部，走向险象环生的乡村。那里遍布茂密的树林，随处可见阴森森的城堡塔楼。他们的目的地是塞文河河口，希望与玛格丽特王后和爱德华王子会合，并增援兰开斯特军队。这支军队正准备消灭那个自称爱德华四世的约克党篡位者。男孩和他的叔父都知道，如果他们与王后会合，他们就很有希望取得胜利。十年的流亡、起义和密谋，终将得到回报：夺回自己的统治权。抵达那个河谷，是他俩生命中最重要的使命。

　　他俩都很清楚自己将面临的危险。这个中年人已经是英格兰战争中的老将，他是技艺娴熟的军人，喜爱并且擅长游击战。男孩也已经目睹许多暴力流血。他还没出生时，他的父亲就死在牢狱中。随后，从四岁开始，在戒备森严的约克党城堡拉格兰，他被当作一个犯人，不过是一个得到良好待遇和教育的犯人而抚养长大。负责监护他的人是彭布罗克伯爵威廉·赫伯特。伯爵用 1000 英镑买下了这个男孩，给他提供了极好的教师，准备好好栽培他，将来让他与赫伯特家族的女子结婚。男孩十二岁时，赫伯特带他去参加了艾吉科特战役，让他第一次亲眼看到、亲耳听到成百上千人互相砍杀的恐怖景象。赫伯特丧命于艾吉科特战场，他在战役结束后被斩首。所以男孩知道，生存与死亡、胜利与灾难之间的界线是多么单薄。一首古诗写道："这个世界命运无常。"[1]

的确如此。叔侄俩刚经过切普斯托时，听到了可怕的噩耗。兰开斯特军无人从蒂克斯伯里的残杀中幸存：王后被俘，王子战死，他们的许多盟友都死了，从萨默塞特公爵到文洛克男爵，到为兰开斯特王朝而战的数十名忠实封臣，都死了。蒂克斯伯里战役是一场大灾难，甚至比陶顿战役更恐怖。爱德华四世和他的弟弟们赢得了胜利。叔侄俩现在知道，他们很快将成为约克朝廷的攻击目标。继续前进是徒劳的。现在唯一理性的计划是拔腿就跑，越快越好。亨利·都铎和他的叔叔贾斯珀停止前进，开始亡命。

切普斯托是距离他们最近的城镇，于是都铎叔侄带着部分兵力先去了那里。这些部队是贾斯珀在 1471 年年初的几个月里征集的。切普斯托是一座相对安全的要塞城镇，有城墙的保护和天然屏障威河，一座配有塔楼的城堡屹立在可俯瞰该城镇的林木茂盛的山上。都铎叔侄在这里暂缓脚步。贾斯珀努力理解这样的事实，即爱德华四世"已经彻底推翻了"他的同母异父兄长，国王亨利六世；并与朋友们辩论，"下一步如何是好"。[2] 他不需要思考多长时间。为了消灭兰开斯特王朝的余党，爱德华四世已经派遣罗杰·沃恩爵士来猎杀他们。沃恩是参加过莫蒂默十字战役的老将，贾斯珀的父亲欧文·都铎就是在此役中被俘虏并被杀死的。据说沃恩是个"勇冠三军"的人，但对都铎叔侄来说，沃恩在生存技艺方面不如贾斯珀。得到沃恩即将杀到的预警之后，贾斯珀在切普斯托设了埋伏。沃恩进城之后就被俘虏，贾斯珀将这位骑士斩首，为自己的父亲报了仇。但是，他没有多少时间来享受报仇的喜悦。更多约克王朝的鹰犬在逼近，都铎叔侄火速撤到威尔士西海岸的彭布罗克，在那里"遭到围攻。约克军用壕沟包围城堡，让他们逃不出去"。

在 15 世纪 50 年代比较幸福的时光里，贾斯珀自己就是彭布罗克伯爵和威尔士南部的显要贵族，当时这座滨海城镇是他的基地。1457 年 1 月 28 日，十三岁的玛格丽特·博福特就是在这里生下了亨利·都铎。根据传统，这个地方是都铎家族心爱的家园。现在它变成了一座囚牢。折磨他们的首要大敌是已故罗杰·沃恩爵士的女婿摩根·托马斯。托马斯家族长期以来都是支持兰开斯特王朝的，但贾斯珀杀死沃恩的决定促使他的女婿投靠了约克王朝。在一个多星期的时间里，他围困贾斯珀和亨利，切断给养，阻止他们与其支持者取得联系。

幸运的是，托马斯家族的人并非个个都失去了对兰开斯特王朝的信心。摩根·托马斯在彭布罗克城堡前驻扎了一个多星期之后，遭到自己亲兄弟大卫的袭击。大卫率领 2000 人来到城墙下，牵制住摩根的人马，使得贾斯珀和亨利得以溜出城门逃走。这一次他们走了 4 英里，穿过西南半岛，来到一座叫滕比的"滨海小镇"。这座小镇的防御和彭布罗克一样严密，贾斯珀本人曾帮助巩固此地的防御。不管怎么说，它足够牢固，能够抵挡住爱德华四世的军队几个月时间，让都铎叔侄得以雇用一艘三桅帆船，并与法兰西朝廷取得联系，寻求帮助；作为回报，他们承诺尽可能久地"把仗打下去，给英格兰朝廷制造骚乱"。但最后滕比也守不住了。1471 年 9 月中旬，都铎叔侄面对现实，准备离开威尔士，前往欧洲大陆。他们只带走了少数朋友和仆人，登上贾斯珀雇用的三桅帆船，起锚出发，将自己的生命托付给大海。他们眼前的海峡上正风暴云集。[3]

*

都铎叔侄逃往法兰西，爱德华四世终于成为自己王国的无可争议的主宰者。他还很年轻，蒂克斯伯里战役的日期距离他的二十九岁生日只有几天。他开始以自己一贯的充沛精力和温和来创建自己的国家。妻子伊丽莎白为他生了一大群孩子，所以爱德华四世的王朝家系会有一个稳定的未来。他的长女伊丽莎白六岁了；她的妹妹玛丽三岁，塞西莉两岁。她们的弟弟爱德华出生于 1470 年 11 月，现在还是个小宝宝，但他仍然是王储。1471 年 6 月 11 日，在威斯敏斯特教堂的一次典礼上，这个七个月大的小宝宝被册封为威尔士亲王和切斯特伯爵，后来又被加封为康沃尔公爵。不到一个月之后的 7 月 3 日，在威斯敏斯特召开大会，四十七位大主教、主教、公爵、伯爵、男爵和骑士手按《福音书》宣誓，他们承认爱德华王子为"我们君主的真正的、无疑的继承人，英格兰与法兰西王位和爱尔兰领主地位的继承人"。[4] 爱德华四世和伊丽莎白在随后九年里还会再生六个儿女：玛格丽特，生于 1472 年 4 月；约克公爵理查，生于 1473 年 8 月；安妮，生于 1475 年 11 月；贝德福德公爵乔治，生于 1477 年 3 月，但两岁时夭折；凯瑟琳，生于 1479 年 8 月；最后是布里奇特，生于 1480 年 11 月。除了乔治之外，这些孩子后来都长大成人，让国王身边出现了一个充满朝气的大家庭。

爱德华四世在统治的第二阶段的最早举措之一，就是为他的内廷和孩子们的内廷颁布长篇的规章制度。他喜爱妹夫勃艮第公爵查理的那种金碧辉煌、充满仪式感的宫廷，而他在低地国家流亡期间在勃艮第宫廷看到的景象更让他的这种爱好越发强烈。据约翰·帕斯顿说，勃艮第宫廷仅次于亚瑟王的宫廷。[5] 1472 年，爱德华四世授意制作了一本关于英格兰国王内廷生活与仪式典礼的长篇操作手册，称为《黑皮书》。[6]这本书里规定了在国王面前的所有礼节和规矩的每一个细枝末节，对每一个衔级的访客应当表现出的尊重程度，以及每一个仆人和官员（不管多么卑微）应得的薪金。《黑皮书》包罗万象，从应当发放给住在宫廷的男爵的面包片、啤酒罐、蜡烛和木柴捆的数量，到国王的桌布折叠的详细方法，以及他坐在臣民面前用餐之前应当如何铺桌布。《黑皮书》描绘的宫廷的辉煌程度足以与它之前的任何一个英格兰宫廷媲美，而它对时尚和君主崇拜的把握，足以让任何一位外国访客肃然起敬。这不仅仅是在模仿勃艮第宫廷：这个宫廷独一无二、令人眼花缭乱，非常典型地具有英格兰特色，让人回想起国王在 14 世纪的强大祖先爱德华三世的光辉时代。[7]宫廷的排场辉煌而宏伟，而爱德华四世在统治的第二阶段还开启了许多建筑工程。比如，他重建了温莎的圣乔治礼拜堂。那是嘉德骑士团的精神家园，是一座直冲云霄的哥特式建筑杰作，配有雕刻精美的唱诗班座席，装点着精美绝伦的雕像和彩色玻璃窗，并储存着华丽的礼服，供教士使用。爱德华四世在五年时间里花了 6572 英镑来改良温莎，同时还在加来、诺丁汉、威斯敏斯特、格林尼治、埃尔特姆的要塞与宫殿和福瑟灵黑（约克家族在中部地区的庄园）开展大规模的重建工程。

除了建造精美建筑和管理王室内廷之外，他还要治理自己的王国。沃里克伯爵、蒙泰古侯爵和其他几个叛贼的死亡使得英格兰西南部、中西部和北部的大片土地得到重新分配。爱德华四世还在 1473 年的议会上主动通过法令，将原先脱离了王室的一些土地和官职收回。他在 1461 年、1463 年和 1467 年运用过这种手段，它有两重好处，一是加强王室财政，二是通过授予豁免权①来降低赏赐的成本。爱德华四世要处置的问题，即重新分配土地、头衔、官职和权力，就像个七巧板：把敏感地区交给他可以信赖的人去管理，这些人大多是王亲国戚。德文、康沃尔和西南部的土地被分配给国王的继子托马斯·格雷，他于 1475 年成为多塞特侯爵。已故第一代彭布罗克伯爵威廉·赫伯特②的儿子，也叫威廉·赫伯特，被封为彭布罗克伯爵，起初奉命监管威尔士，但后来威尔士被交给一个议事会，其名义上的领导人是小爱德华王子，他已经获得了王储的传统头衔威尔士亲王和切斯特伯爵。[8] 王子的议事会设在约克党的旧基地拉德洛，在英威边境上，而议事会在威尔士的实际权力由王后及其弟里弗斯伯爵掌握。

如果沃里克伯爵是自然死亡，他的庞大地产会由他弟弟蒙泰古侯爵和两个女儿继承，但如今这些土地被分给国王的两个弟弟。[9] 在中部地区，不可靠的克拉伦斯公爵获得了一些土地和有限的宗主权和权力，但他的权威受到黑斯廷斯男爵威廉的节制。黑斯廷斯男爵是爱德华四世的挚友、仆人、将领和伙伴。爱德华四世对中部各郡施行一定程度的直接控制，后来安排自己的次子约克公爵理查与诺福克公爵的女儿结婚，因为诺福克公爵在中部各郡有不少利益。下放的王权被拼凑成一个整体，将国王的儿女、弟弟和其他亲人联系起来，自从爱德华三世的巅峰时代以来还没有一位君主尝试这样做过。[10] 在这个网络的中心，国王仍然目光如炬，兴致勃勃，并集中力量于政

---

① 也就是说，免于收回某些人的土地或官职，以作为一种恩惠。这种恩惠对国王来说，当然是没有成本的，因为那些土地和官职原本就不在国王手里。

② 1469 年在艾吉科特兵败被杀的那一位。

事。在争论中，他能表现出自己对地方上政治的相当了解。他任命与内廷有联系的人到地方上担任治安法官和郡长，或担任被称为"听证与裁判委员会"（oyer and terminer）的司法委员会委员，并处理地方议事会的工作。[11]国王直接干预英格兰各郡事务的力度远远超过当时人们记忆里的任何时代。一位编年史家评论道，控制"城堡、森林、采邑和园林"的王室官员的控制力极强，以至于"任何人，不管多么狡猾"，只要犯罪，都必然会"遭到即刻的当面指控"。渐渐地，维持国内法律和秩序所需的机器得到重建。

爱德华四世重建英格兰和英格兰王权的努力，在很大程度上依赖于严苛而受信赖的副手。在 1471 年之后，很少有人比他最小的弟弟格洛斯特公爵理查更受信赖了。他得到了内维尔家族在英格兰北部的土地，这是一个始终骚动不安的危险地区，与难以揣测的敌国苏格兰接壤。英格兰北部需要一位忠贞不贰且拥有军事才华、勇气和狡黠的领导人来坐镇，格洛斯特公爵在近期的几次危机里表现出他拥有这些品质。为了巩固他的地位，1472 年，国王安排格洛斯特公爵与沃里克伯爵的小女儿安妮·内维尔结婚。（他的哥哥克拉伦斯公爵在 1469 年叛乱期间娶了安妮的姐姐伊莎贝尔。）格洛斯特公爵还获得了兰开斯特公爵领地的大片土地、里士满领地（曾属于亨利·都铎的父亲埃德蒙）以及相对于诺森伯兰伯爵亨利·珀西的明确优先权。格洛斯特公爵在威尔士和东安格利亚都拥有土地，同时还担任英格兰的司厩长和海军司令。

格洛斯特公爵理查在 1472 年时只有二十二岁，但已经开始受到脊柱侧凸症的困扰，脊柱的弯曲使得他走路的时候右肩比左肩高，有点驼背，还可能导致他疼痛和呼吸困难。[12]后来的年月里，到访英格兰的德意志人尼古拉斯·冯·普珀劳说，尽管理查很高（他身高五英尺八英寸，没有哥哥爱德华四世那么高，但在当时已经算很高了），却清瘦，四肢修长。不管理查有什么生理缺陷，他在兄长或其他人眼里的地位都没有因此受损。在 15 世纪 70 年代，大家普遍认为他是英格兰一人之下万人之上的最高级别军人，在北方实际上享有君主的地位，还是爱德华四世最信赖的头号副手。冯·普珀劳说，他"拥有高尚的心灵"。[13]

克拉伦斯公爵乔治就没有这样的地位了。爱德华四世喜欢和解与仁慈，克拉伦斯公爵是这一点的主要受益者，得到了国王超乎寻常的宽大和慷慨对待，尽管他在将兄长赶下王位的那场危机里扮演了关键角色。克拉伦斯公爵在中部各郡拥有大片土地，并且和格洛斯特公爵一样，是沃里克伯爵之死的最早一批受益者之一，但瓜分沃里克伯爵遗产的行动于 1472～1474 年在克拉伦斯公爵和格洛斯特公爵之间造成了许多摩擦。这些摩擦导致了中部各郡的动荡，让国王越来越头疼。爱德华四世迁就自己无能的弟弟很多年了，忍受了弟弟最令人震惊的不忠行为，但最后他意识到，克拉伦斯公爵永远不可能改过自新、变得精明且可靠了，而国王政策的很大一部分依赖于这样可靠且能干的亲人。克拉伦斯公爵的最终倒台，即便按照这个残酷无情时代的标准，也可以算是惊世骇俗。

*

1478 年 1 月 16 日，星期五，英格兰权贵聚集在威斯敏斯特宫彩室，为议会开幕。这个大房间的每一寸空间都装饰了已经褪色的《圣经》和历史场景壁画，组成水平的六大部分，一直延伸到三十英尺高的墙壁的最顶端：这些场景的故事包括大卫王、马加比人①和耶路撒冷圣殿被毁的情节。室内还有巨大的七英尺高的雕像，象征美德战胜罪孽；捧着王冠的天使从窗户上方呼啸飞下；还有忏悔者圣爱德华在加冕日的壮观场景。[14]爱德华四世国王在这光辉璀璨的排场当中端坐于王座之上。他面前是臣民的代表。英格兰大法官、林肯主教托马斯·罗瑟拉姆准备好要向代表讲话。

主教的讲话主题来自两个文本。第一个出自《旧约》，第二个出自《新约》。前者来自著名的《诗篇》第二十三章："耶和华是我的牧者，我必不至缺乏。"[15]罗瑟拉姆解释道，耶和华就是人民的保护者。他是人民之救赎的本质，所以人民的绝对义务是服从自己的主人。主教随后开始讲解第二个文本，即圣保罗给罗马人的书信。圣保罗警示自己的笔友："因为他不是空空的佩剑。"[16]这个寒气逼人的段落解释道，那些反抗正义力量的人将遭天谴，而神圣的国王手持宝剑，"他是神的佣人，是伸冤的，刑罚那作恶的。"主教在讲话的结尾刻意回到《诗篇》，并提醒听众："如果主统御他们，他们什么都不会缺，主会牧养他们。"在这个冬日上午，聚集在彩室的所有人都清楚托马斯·罗瑟拉姆说的究竟是谁。

克拉伦斯公爵此时被囚禁在伦敦塔，在那里已经待了六个多月了。大约是在6月10日，他被传唤去见国王、伦敦市市长和市政议会成员。爱德华四世亲自训斥他，然后下令将他投入监狱。国王和他的二弟互相之间"没有多少兄弟情谊"，这已经不是秘密。即便如此，国王猛然将与自己最亲的男性亲人

① 犹太人的马加比家族在公元前2世纪发动起义，驱逐当时统治犹太地区的希腊化塞琉古帝国，建立哈斯蒙王朝。

囚禁并准备在议会贵族议员面前审判他，这毕竟还是耸人听闻的事情。

克拉伦斯公爵的行为令人侧目已经有一段时间了。1472年至1474年间他与格洛斯特公爵为了分配沃里克伯爵和内维尔家族的地产而发生争执，几乎导致武装冲突。这肯定无助于爱德华四世重返王位之后稳定国家的努力。爱德华四世在1474年强行规定了一个解决方案，用来结束这场争吵，他给了两个弟弟各自渴望的土地的很大一部分，但这仍然令克拉伦斯公爵十分不满。[17]他"与国王越来越疏远"，在御前会议上一声不吭地生闷气，在国王面前拒绝吃喝。他的狂怒，是因为他作为家里的老二，被天才的小弟盖过了风头。格洛斯特公爵成为国王在北方的左膀右臂和他最信任的权贵，而克拉伦斯公爵受到了羞辱：爱德华四世拿走了他最喜爱的采邑和公爵宅邸（位于斯塔福德郡的塔特伯里），还拒绝给他爱尔兰总督的职位。

个人恩怨也给兄弟之间的怨恨煽风点火。格洛斯特公爵于1472年娶了安妮·内维尔之后，她很快怀孕，生了个儿子，取名米德勒姆的爱德华。克拉伦斯公爵的婚姻却没有这么幸福。1476年12月，他的妻子伊莎贝尔去世，年仅二十五岁。她留下两个孩子，玛格丽特和爱德华，他们后来都长大成人，但她的死给丈夫造成了沉重的打击。伊莎贝尔可能死于产后的某种病症，但克拉伦斯公爵不这么觉得。或许因为他悲痛得发疯，或许仅仅因为他本性睚眦必报、短视而不明智，他决心为自己妻子的死复仇。1477年4月12日，星期六，下午2点，80名忠于克拉伦斯公爵的暴民，"目无法纪、惹是生非之徒"，冲击了萨默塞特郡的凯福德采邑，抓走了一个名叫安卡莱特·

特文霍的女人。她曾是伊莎贝尔公爵夫人的仆人。特文霍实际上是被劫持了，她被快速带走，从凯福德到了巴斯，从巴斯到了赛伦塞斯特，然后于 4 月 14 日（星期一）黄昏到了沃里克，被囚禁在地窖里。次日清晨 6 点，这个可怜的女人被拖到沃里克市政厅，克拉伦斯公爵亲自审判她。她被指控用"掺毒药的啤酒"谋害了伊莎贝尔。这个指控显然很荒唐。（原因之一是，她被指控于 1476 年 10 月 10 日谋害了公爵夫人，但夫人其实是在两个月之后死去的。）但在克拉伦斯公爵的操纵下，安卡莱特·特文霍在抵达市政厅三个钟头内受审、被以谋杀罪起诉、被定罪，最后被拖过沃里克大街、上了绞刑架，一丝一毫的公正都没有。好几个遭到恐吓而宣判特文霍有罪的陪审员走到她面前，"良心有愧，知道自己给出的是不公正的判决"，并"可怜兮兮地恳求她宽恕"。随后，这个倒霉的女人被处死了。[18]

这本身就是严重的违法行为。扭曲司法程序并滥杀无辜，这可不是宗室公爵应当做的事情。但如果不是克拉伦斯公爵干预了另一起更为严重的刑事案件，他杀死特文霍的罪过很可能会得到国王的原谅。

第二个案子涉及三个人，前两个是牛津大学墨顿学院的教授和神父，分别是约翰·斯泰西和托马斯·布莱克；第三个是中部地区的一个粗暴、凶恶的地主，名叫托马斯·伯德特。这三人被指控的罪名是借助巫术预测国王的死期。在 15 世纪中叶，巫术、炼金术、占星术和魔法都是非常严重的事情，毕竟三十年前有人通过埃莉诺·科巴姆，将格洛斯特公爵汉弗莱扳倒了。上述三人受到审判，法官是英格兰的一些最高级贵族，指控罪名是预测爱德华四世及其长子的死期，"让国王得知此事之后难过……因为悲哀而折损寿命"。三人都被判有罪。1477 年 5 月 19 日，伯德特和斯泰西被用囚车押往泰伯恩，然后处以绞刑。他们站到绞刑架上的时候还在申诉自己无罪。布莱克得到赦免。若不是克拉伦斯公爵决定干涉，此事也就算完了。因为，非常有意思的是，伯德特曾是克拉伦斯公爵的仆人。绞刑过去两天后，克拉伦斯公爵闯入御前会议，宣读了伯德特无罪的宣言书，然后又气冲冲地出去了。即便伯德特与克拉伦斯公爵的联系不会让人对他生疑，他刚愎自用地为一个被定罪的谋逆犯人辩护，肯定也让人怀疑了。

就是这些事件，让爱德华四世在 1477 年夏季确信，克拉伦斯公爵太危险了，不能任凭他恣意妄为。国王不悦的第一个表现是，他明确不准克拉伦斯公爵续弦。爱德华四世"想方设法地阻挠"他与勃艮第的玛丽（勃艮第公爵勇敢的查理于 1477 年去世后，只留下一个女儿作为继承人）或玛格丽特·斯图亚特（苏格兰国王詹姆斯三世的妹妹）结婚。[19]爱德华四世和克拉伦斯公爵之间的敌意从这时起开始熊熊燃烧。据一位编年史家说，还有人在中间煽风点火，"谄媚之徒从一边跑到另一边，在兄弟之间挑拨离间，即便是在机密场合说的话也被传递到另一边"。[20]

1478 年 1 月，在彩室，议会在御前开会时，所有人都很清楚，克拉伦斯公爵时日无多。在这届议会之前的秋季，国王身边的亲信，主要是他的伍德维尔亲戚，在搜集不利于克拉伦斯公爵的证据，罪名远远不只是他在妻子死后的时期阻碍执法、侵犯司法程序和违反政治常规。公爵过去的所有不端行为都被整理成一整套罪行，可以将他彻底搞垮。议会召开的时候，现场挤满了国王和王后的封臣、仆人与盟友。随后几个月里，随着在威斯敏斯特教堂的程序一步步走下去，上演了一出超乎寻常、冷酷无情的政治大戏，爱德华四世在没有任何法律顾问支持的情况下，对自己的弟弟提起控诉。一位编年史家写道："除了国王，没有一个人对公爵发出一句指控。"他还注意到，国王不准克拉伦斯公爵请律师为自己辩护："除了公爵，也没有一个人答复国王。"证人们被传唤到现场，但观察者的感觉是，这些证人只不过是王室的鹰犬。从一开始人们就非常清楚，克拉伦斯公爵死定了。在威斯敏斯特教堂外，国王安排了一系列奢华的宴席和表演，来庆祝他四岁的次子约克公爵理查与六岁的安妮·莫布雷（诺福克公爵的唯一继承人）的婚礼。庞大的宗室（由伍德维尔家族及其贵族配偶主宰）在飨宴、享乐，而在气氛紧张的议会大厅内，克拉伦斯公爵被自己的哥哥有条不紊地一步步摧毁。

最后，不可避免地，1478年2月初，审判结束了。白金汉公爵亨利·斯塔福德（国王的内弟，因为他娶了凯瑟琳·伍德维尔）在议会起立，宣读了判决书。克拉伦斯公爵被判犯有谋逆罪，罪名极多，令人眼花缭乱。后来递交给他的一份定罪书里列举了诸多罪名。根据判决书所写，他参与了"反对国王、王后、他们的儿子和继承人以及国内很多贵族的阴谋"。他不顾爱德华四世对他"一贯的挚爱和慷慨赏赐"，"在过去严重冒犯了国王，迫使国王流亡海外，并企图将国王及其继承人排除在王位继承体系之外。国王原谅了所有这些罪行，但公爵继续阴谋犯上，企图借助内部和外部的力量来谋害国王"。然后是具体罪名的清单：

（公爵）企图煽动（爱德华四世的）臣民反对他，

> 宣称托马斯·伯德特是冤死的、国王施了妖术。他还说
> 国王是私生子，不配当国王，并要求人们向他自己宣誓
> 效忠，而不向国王宣誓效忠。他诬告国王夺走了他的生
> 计，企图谋害他。他与玛格丽特王后达成过协议，后者
> 承诺，如果亨利六世的血脉断绝，王位就传给他。他计
> 划将自己的儿子和继承人送往海外寻求支持，而让另一
> 个孩子待在沃里克城堡、冒充他的儿子。他计划在英格
> 兰国内向国王开战，并让部下承诺做好战斗准备，得到
> 消息一个小时内就起事。所以公爵已经证明自己无可救
> 药，若是赦免他，无异于危害全民福祉，而国王必须维
> 护国民的利益。[21]

定罪书里写道，克拉伦斯公爵犯有谋逆罪。定罪书上有爱德华
四世的亲笔签名。

国王犹豫了几天，拿不准是否要执行弟弟那所谓罪有应
得的刑罚。但最后议会的平民议员抱怨他的踌躇，于是克拉
伦斯公爵乔治于 2 月 18 日在伦敦塔被处决。他具体的死法，
一直没有定论，但有一个流传很久的传说是，他被投入一桶
马姆齐葡萄酒中溺死。[22]他的骸骨后来被安葬在蒂克斯伯里
修道院。虽然他活着的时候是个招人讨厌、忘恩负义的窝囊
废，但这样的结局还是很悲惨。他被自己的莽撞害死了。爱
德华四世懊悔杀了自己的弟弟，后来做了很多代价昂贵的安
排来整顿他的财政和遗产。但没了克拉伦斯公爵，爱德华四
世的统治更加稳固了。到 1479 年时，针对约克王朝的所有威
胁，无论是内部的还是外部的，都已经被铲除。只有一个人
还活着，只有他还能对英格兰王室的江山构成哪怕最微不足

道的挑战。在遥远的海外，亨利·都铎还活着，他是兰开斯特家族事业的微弱灯塔。但在 1478 年，对爱德华四世来说，亨利·都铎实在不值一提。这位国王已经充分展示了圣保罗曾经教诲罗马人的话："所以抗拒掌权的，就是抗拒神的命，抗拒的必自取刑罚。"[23]

17. 只剩下最后一个小鬼

　　贾斯珀和亨利·都铎叔侄于 1471 年 9 月中旬在布列塔尼西海岸的小渔村勒孔凯上岸。他们渡海的旅程很艰险，遭到风暴摧残，但风暴还算客气，把他们的三桅帆船吹到了布列塔尼公爵弗朗索瓦二世的领地。弗朗索瓦二世是一位精明的政治家和彬彬有礼的东道主。贾斯珀和亨利来到他的宫廷时，他"非常客气地对待这两个俘虏"，因为他俩确实是俘虏。[1] 都铎叔侄将在随后十年里听凭公爵的发落。

　　在爱德华四世重建英格兰的同时，贾斯珀和亨利在海外过着贵族俘虏的生活。弗朗索瓦二世的首府是瓦讷的白鼬城堡。这是一座宏伟而戒备森严的宫殿，配有一流的马厩、网球场和自己的铸币厂。都铎叔侄屈服于弗朗索瓦二世的权威，得到了"尊重、礼貌和恩宠"，并得到热情接待，"仿佛他们是公爵的亲兄弟"。公爵承诺，他们可以"自由行动，不必担心危险"，但他们显然并不享有真正的行动自由。1472 年 10 月，都铎叔侄被从瓦讷转移到让·杜·克莱内克手中。此人是布列塔尼公国的海军司令，他将他们扣留在他的苏西尼奥城堡，这是一个虽小但美丽的藏身之地，有自己的护城河，位于大海和莫尔比昂湾之间的一个半岛上。后来他们担心苏西尼奥不够安全，在那里容易遭到来自海上的袭击和绑架，于是他们被转移到南特。在这里，都铎叔侄成了弗朗索瓦二世公爵、法兰西国王路易十一和爱德华四世之间外交角逐的棋子。

　　尽管爱德华四世在 15 世纪 70 年代忙着平定自己的王国和

镇压自己的弟弟，他始终没有完全忘却，唯一尚在人世的重要的兰开斯特党人就在他伸手可及的范围之内，这对他是很大的诱惑。用意大利历史学家波利多罗·维尔吉利①的话说，亨利·都铎是"亨利六世血脉剩下的最后一个小鬼"。英格兰国王多次决心用"礼物、诺言和恳求"让他从布列塔尼回国。[2]

法兰西国王路易十一也想控制亨利·都铎，因为法兰西国王非常正确地认识到，控制了都铎，就有了一个可用来刺激他的英格兰竞争对手的非常有价值的工具。1474 年，路易十一试图将都铎叔侄从布列塔尼弄走，派大使纪尧姆·孔潘去劝说弗朗索瓦二世，称既然贾斯珀是法兰西的年金领取人（并且是路易十一的亲戚），他和他的侄子应当由法兰西来保护。弗朗索瓦二世拒绝了，他也觉得拥有都铎叔侄是刺激法兰西的一个绝好工具，但他同意将贾斯珀和亨利从南特转移到别处。1474 年年初，贾斯珀被带到若瑟兰城堡（距离瓦讷 25 英里），而亨利被转移到新建的戒备森严的拉格艾特城堡，由布列塔尼最高军务官让·德·里厄看管。亨利又一次成为遭到软禁不过生活奢华的囚徒，住在宏伟的八边形埃尔文塔的第六层（共七层）。[3] 十七岁的亨利·都铎生活舒适，但哪儿也去不了。这在他的人生里也不是第一次了。

1475 年 6 月，爱德华四世率领一支大军入侵法兰西。为了供养这支大军，朝廷征收了自亨利五世时代以来不曾见过的重税。他按照历史悠久的传统，自称为法兰西国王和诺曼底与加斯科涅公爵，宣示了自从亨利二世和狮心王理查以来他的所

---

① 波利多罗·维尔吉利（约 1470～1555），意大利人文主义学者、历史学家、教士和外交官，他一生大部分时间待在英格兰，有一部英格兰历史的著作。他曾被誉为"英格兰历史之父"。

有金雀花祖先的主张权。他从荷兰借来 500 艘船，率领 1500 名武士、1.5 万名弓箭手和"大量步兵"在加来登陆。即便考虑到这些数字有夸大成分，法兰西国王的一位亲信仍然认为，这支英军是"曾入侵法兰西的所有英格兰国王拥有的军队当中最强大、纪律最严明、坐骑配备最充足、武器装备最精良的一支"。[4]然而，爱德华四世的冒险得不到勃艮第或布列塔尼的支持。经过一些小规模的徒劳无益的战斗之后，他的远征于 8 月 29 日宣告结束，路易十一和爱德华四世在皮基尼镇的索姆河桥上会见并展开谈判。爱德华四世从路易十一那里得到了七年的停战协定和一笔数额可观的年金。与百年战争的那些伟大战役（爱德华四世希望效仿它们）相比，1475 年的入侵不过是大体上没有意义的乡村远足。最值得一说的就是，国王按照自己的习惯征收了一大笔税金，却没有用这笔钱来打仗。但《皮基尼条约》让都铎叔侄的位置比以前危险得多，因为根据此条约，路易十一承诺不会攻击布列塔尼。爱德华四世以为弗朗索瓦二世公爵会因此感恩戴德，于是再次试图将亨利·都铎从布列塔尼带走以在英格兰处置他，并保证不会虐待他。这一次，他差一点儿就成功了。过了一年，弗朗索瓦二世同意将亨利·都铎交给英格兰。

1476 年 11 月，一些英格兰船只在布列塔尼海岸随波摇曳，恭候"浪子回头"的都铎。但亨利被带到圣马洛港的时候，"知道自己如果上船就是死路一条，因为烦恼而患上了热病"。[5]不管他的病是假装的、真实的，还是精神压力引起的，他都因为这场病而得救了。他在圣马洛的一座教堂避难并养病，在这期间，弗朗索瓦二世公爵改了主意。他派人传唤亨利回白鼬城堡。贾斯珀从若瑟兰赶来与他会合。都铎叔侄侥幸躲过了爱德华四世抓捕他们的企图。国王意识到，如果他想彻底消灭自己王位受到的最后一丝威胁，就必须选择其他策略。

*

在英格兰，亨利·都铎的母亲玛格丽特·博福特采取了更为和解的态度去对待成功复辟的约克王朝。玛格丽特个子不高，精明而坚忍不拔，是个令人肃然起敬的女人。她识文断字，有着精明的生意头脑，并且最重要的是，她始终不忘自己的职责：尽可能地保护自己儿子得到的遗产和他的前程。在1457年那个瘟疫肆虐的冬季，在彭布罗克城堡，年仅十三岁的她生下亨利时身体受到了严重的损伤，但她在自己的第一任丈夫埃德蒙·都铎死后两次再嫁。1461年，她嫁给了亨利·斯塔福德，即已故第一代白金汉公爵汉弗莱·斯塔福德的次子。这意味着，在她儿子只有四岁的时候，她就与他分开了，不过她在亨利年幼时曾去拉格兰城堡看望他。亨利六世的复辟让母子得以短暂团聚，玛格丽特带着年幼的亨利·都铎在泰晤士河乘坐游艇去威斯敏斯特觐见国王。（波利多罗·维尔吉利记载道，头脑简单的老国王看着孩子，说："就是他，我和我的敌人都最终要臣服于他，把统治给他。"后来，玛格丽特会给这句晦涩含糊的话赋予重大的意义。[6]）爱德华四世重新掌权之后，母子不得不再次分离。玛格丽特的堂侄萨默塞特公爵埃德蒙在蒂克斯伯里战役之后被从教堂避难所拖出去斩首，而她的亲戚多塞特侯爵约翰①在此役中阵亡。贾斯珀和亨利逃往

---

① 多塞特侯爵约翰·博福特（约1455～1471）为第二代萨默塞特公爵埃德蒙的第三子。他和兄长埃德蒙（第四代萨默塞特公爵）都在蒂克斯伯里战役中阵亡，于是博福特家族的合法男性血统灭亡了。

欧洲大陆。玛格丽特最后一次见到亨利是在 1470 年 11 月 11 日，但她从来没有放弃过收复自己的遗产并将其传给流亡海外的独生子的努力。她理应继承的遗产包括位于英格兰南部和中部各郡的相当多的土地与收入。

玛格丽特的丈夫斯塔福德死于 1471 年 10 月 4 日。他在巴尼特战役中负了伤，此后忍受了伤痛造成的六个月长的疾病，终于撒手人寰。玛格丽特具有极强的生存本能，所以她无视寡妇应当服丧一年才能再嫁的社会规矩。一切迹象都表明，她与斯塔福德的伴侣生涯充满了爱意，但他还没有入土，她就开始谈判，希望与国内的另一位贵族结婚。这位贵族是第二代斯坦利男爵托马斯，此人是一位北方权贵，在西北部拥有大片土地，权力很大，并且更重要的是，他与约克宫廷的关系极好。爱德华四世为王室内廷做了正式的、奢华的新安排之后，任命斯坦利男爵为宫廷总管，这是宫廷最有威望的职位，能够让他随时见到国王，有机会参与形形色色的政治阴谋。斯坦利男爵在宫廷的地位意味着，他与伍德维尔家族也有紧密的合作关系。15 世纪 70 年代，斯坦利男爵和玛格丽特夫人与约克王室圈子越走越近。1476 年，在约克家族位于福瑟灵黑的墓地举行了一场隆重的仪式，重新安葬老约克公爵理查。在此期间，玛格丽特侍奉伊丽莎白王后和她的女儿们。1480 年，爱德华四世与伊丽莎白最小的孩子布里奇特在埃尔特姆出生。在洗礼仪式上，玛格丽特被允许抱着孩子走到洗礼池前。她走在共一百名骑士和侍从（都举着火炬）的游行队伍前方，国王最年长的继子多塞特侯爵托马斯·格雷陪在她身旁。[7] 渐渐地，她得到了王室的宠信。

玛格丽特·博福特缓慢但稳步地融入王室圈子，这也正是她的意图。1476 年之后，国王未能通过外交手段将亨利·都铎从布列塔尼搞出来，于是他开始考虑用其他手段消除这个年轻人所能构成的小小威胁。他要求斯坦利男爵和玛格丽特确定，在什么样的前提下，亨利可以回国并融入英格兰社会可接受的阶层。

克拉伦斯公爵乔治死于伦敦塔，于是亨利·都铎回国的第一个障碍排除了。克拉伦斯公爵生前占据着里士满伯爵（埃德蒙·都铎的旧头衔）领地的土地。现在既然这些土地空出来了，就有一个颇具诱惑力的诱饵可以在亨利面前晃悠，让他以英格兰高级贵族的身份回国。在国王的督促下，玛格丽特和斯坦利男爵开始努力促成此事：在某个（不详的）日子，朝廷在 1452 年 11 月册封埃德蒙为里士满伯爵的诏书的背面起草了一份给亨利的赦免书。[8]大约在同一时期，玛格丽特和国王还讨论了他们各自的孩子属于被禁止结婚的血亲，必须得到教皇的批准才能结婚的事情。理论上，这样的讨论是为让亨利·都铎与某位公主结婚而做的铺垫。最后，1482 年 6 月 3 日，在威斯敏斯特起草了一份文书，爱德华四世与斯坦利男爵和玛格丽特在其中达成协议，去处置属于玛格丽特母亲的地产。玛格丽特被允许从这些地产中为亨利打造一份丰厚的遗产。根据协议，亨利可以回国并继承头衔和土地，条件是他必须回国，"得到国王陛下的恩宠"。这份协议上盖着爱德华四世的御玺。亨利回家的准备都已经做好了，尽管到 1482 年时这个二十五岁的反叛者对这个家只有几个月的记忆。然而就在这时，灾难降临了。

*

1483 年 4 月 9 日，爱德华四世在威斯敏斯特宫的床上去世。尽管他"既没有年老体衰，也没有患任何已知的疾病"，他在复活节前的日子里去捕了一次鱼之后就身体有恙。一阵短暂但猛烈的疾病让这个原本健康的人不到两周就去世了，当时距离他的四十一岁生日还有三周。他年轻时是个魁梧而英俊的彪形大汉，步入中年时却变得粗壮、肥胖而浪荡。国内外的人都注意到了他的变化。多年越来越放浪形骸的纸醉金迷终于让他付出了代价。[9]飨宴和通奸是帝王的特权，但即便从帝王的标准来看，爱德华四世也太过分了。他的情妇不计其数（最有名的是伊丽莎白·肖尔，一个伦敦布商的女儿，口齿伶俐，国王和黑斯廷斯男爵分享她），并且至少有两个私生子（母亲不同）：有一个叫亚瑟·金雀花的男孩，大约在 1472 年出生，母亲是宫廷中一个默默无闻的女人，多年后亚瑟被封为莱尔子爵；一个女儿，格蕾丝；可能还有更多私生子。爱德华四世"喜爱悠闲享乐"，历史学家和外交官菲利普·德·科米纳如此写道。1475 年和谈期间，德·科米纳曾亲眼看见国王沉溺女色。[10]波利多罗·维尔吉利认识并访问了爱德华四世的许多盟友，他评论道，国王"追逐肉欲，不知节制"。[11]到访的意大利历史学家多梅尼科·曼奇尼留下了更生动的描述，他写道，爱德华四世"饕餮狂饮无度：他习惯于……服用催吐剂，以便空出肚子来再猛吃一顿……夺回王位之后，他的腰腹部变得特别臃肿，而之前的他不仅高大，而且相当清瘦和活跃"。[12]科米纳觉得，国王死于中风，可能是普通的中风，也可能是心肌梗死。欧洲其他地方有人说，国王的死因是在圣周五吃了太多水果蔬菜，不过这可能反映的是爱德华四世著名的大肚量，而没有医学意义。[13]今天我们可以推测，爱德华四世可能患有慢性肾病，这种致命疾病只有到了严重的最后阶段才会表现出症状；他也可能死于某种类似流感的病毒。流感在15世纪80年代第一次出现在英格兰。[14]当然，我们永远无法知道他的真正死因。

爱德华四世尽管肥胖且生活放荡，却是亨利五世以来的历代英格兰国王当中最精明强干的政治家和最有才华的军事家。他平息了凶残的内战，而这场内战的原因是亨利六世的长期昏庸无能，爱德华四世的父亲约克公爵理查刚愎自用的政治活动，以及沃里克伯爵理查和克拉伦斯公爵乔治背信弃义的阴谋诡计。爱德华四世取得这样的成就，不仅因为他在战场上赢得了辉煌胜利，而且他还敏锐地理解优秀的君主统治的根基是什么。如果我们考虑到他一辈子从来没有见过其他任何一个人稳妥地治理英格兰，那么他的成就会显得更伟大。他天性和蔼可亲，所以在任何人面前都轻松自如，从最卑微的仆人，到他的朋友、谋士和大臣。尽管他统治的两个阶段都发生了一些动荡，但他的第二段统治与第一段相比，有很大的改善。异见分子要么被他招降，要么被无情地消灭。他征集了一支大军去法兰西作战，尽管没有打多少仗，却让人回想起他的祖先爱德华三世在14世纪40年代和50年代组建的雄壮大军。英格兰宫廷的辉煌也被提升到了类似的高度。维尔吉利写道："在平息了所有国内纷争之后，他留下了一个物产丰富、繁荣昌盛的国度。而当初他接手的时候，这个国家因为长期内战，既没有人才，也没有金钱。"尽管国库还没有充盈，但他驾崩时的英格兰比他接手时要稳定得多。

爱德华四世复兴了英格兰，而他的死给英格兰造成了沉重打击。过去六十年的深重苦难告诉英格兰人，国家的繁荣依赖于君主的明智。然而在1483年，没有人料想到国王会突然去世，这就出现了好几个棘手难题。1482 年爆发了与苏格兰的战争，这需要国王的指挥和大量军费开支；同年，海峡彼岸的外交关系变得更为微妙。法兰西国王路易十一和勃艮第的新统治者哈布斯堡家族的大公马克西米利安一世签订了《阿拉斯条约》，使得英格兰的传统战略（操纵和利用法兰西与勃艮第这两个大国之间的斗争）一下子失效了。这个时代危机四伏，但爱德华四世的儿子和继承人只有十二岁半，他的弟弟和推定继承人约克公爵理查还不到十岁。英格兰的命运又一次被寄托到一个孩子的肩上，或者更准确地讲，取决于簇拥在幼主周围的成年人的忠心服务和善意。

*

爱德华四世驾崩时，他的长子正在什罗普郡的奢华城堡拉德洛，这里是他自己的议事会的所在地，他以威尔士亲王的身份担任议事会的名义领导人。太子的议事会以他的名义召集，但实际工作由孩子的监护人、教师和舅舅里弗斯伯爵安东尼·伍德维尔主持。十多年来，里弗斯伯爵一直担任威尔士亲王的教师和辅佐大臣，代表国王（他早就不管儿子的养育）来照料太子。太子花很多时间"骑马、带狗狩猎，从事年轻人的各种锻炼，来增强体质"。[15] 王后的弟弟此时四十三岁，是骑士风度的楷模，也是文艺复兴学术和宗教的热情赞助者与践行者。里弗斯伯爵被誉为"英格兰第一骑士"，在 1467 年得到了与"勃艮第的私生子"比武的荣耀。此后，他生命的大部分时间都以游侠骑士的身份度过，在欧洲各地与异教徒作战，他的沉重铠甲之下穿着刚毛衬衫。里弗斯伯爵曾在葡萄牙与撒拉森人作战，曾去罗马和圣地亚哥·德·孔波斯特拉朝圣，与教皇西克斯图斯四世关系很好，并且他对文学亦兴趣盎然。他

与先锋式的商人威廉·卡克斯顿合作，后者于 1475～1476 年
将第一台印刷机带到了英格兰。里弗斯伯爵运用卡克斯顿的新
技术来出版《哲学家箴言录》[①] 和《克里斯蒂娜·德·皮桑箴
言录》[②]，以及他自己创作的许多道德训诫诗歌。卡克斯顿赞
许地写道，里弗斯伯爵"非常理解现世的变幻莫测与反复无
常，他以极大的热情和精神之爱希冀……我们能憎恶和彻底抛
弃如今常见的那些可恶的、可憎的罪孽；如骄傲、发伪誓、说
脏话、偷窃、谋杀，还有其他许多"。[16] 简而言之，里弗斯伯
爵是一位理想的教师，适合教导一位在战争与知识激增的年代
成长起来的年轻国王，而有他在幼主身边，老国王在生前和临
终榻上都能放心。爱德华四世曾发布关于太子教育的明确指
示，要求"除了里弗斯伯爵许可的人，任何人都不准与太子
一起坐在桌前"。[17]

但爱德华四世的死，让里弗斯伯爵的主宰地位变得更为复
杂。他终日陪伴在幼主身边，并且与他非常亲近，所以他很可
能成为国内最有权势的人。爱德华五世处于一个非常敏感的年
龄。十二岁的国王可能开始表现出自己的意志，并对政府发号
施令；但这也是个幼稚的低龄，他仍然非常容易受到身边人的
影响，乃至恶意操纵。里弗斯伯爵非常清楚这一点，因为他不
仅是一位优秀的骑士，还是精明的政治家。在国王驾崩六周之
前，里弗斯伯爵要求自己在伦敦的律师给他送来御旨的副本。
这份御旨任命他为太子内廷的总管，明确授权他控制幼主的人

①　《哲学家箴言录》是早期的印刷书之一，1477 年由威廉·卡克斯顿制作，
　　是里弗斯伯爵从法文翻译的古代哲学家名言汇编。
②　克里斯蒂娜·德·皮桑（1364～约 1430）是出生于威尼斯的女诗人，大
　　部分时间在巴黎度过，用法语写作。

身，并自行决断转移幼主。所以，在 1483 年 4 月时，里弗斯伯爵非常清晰地懂得，他能控制爱德华五世的人身在政治上是多么有价值。而伍德维尔圈子之外的人也很清楚这一点。

爱德华四世的遗嘱没有保存到今天，但他在临终前似乎试图达成一系列妥协，以安排儿子在位的早期如何行使王权。他集中力量试图让他身边长期争吵的人们达成谅解，把黑斯廷斯男爵带到床前，命令他与王后的长子多塞特侯爵托马斯·格雷和解。尽管多塞特侯爵娶了黑斯廷斯男爵的继女，但两人"视若死敌"，他们在中部各郡有领土纠纷，并且据作家曼奇尼说，他们还"争风吃醋，试图将对方的情妇劫持或诱拐"。[18]里弗斯伯爵和伍德维尔家族将轻松地掌控幼主。为了加以平衡，垂死的国王似乎提名他忠实的弟弟格洛斯特公爵理查（王位继承权的顺序在年幼的约克公爵之后，所以很自然是国内第一权贵）来接管政府，实际上他就是护国主。如果的确如此，那么爱德华四世为自己身后事的安排和大约六十年前亨利五世在万塞讷奄奄一息时试图做的安排一模一样。当时亨利五世让埃克塞特公爵托马斯·博福特负责监管婴儿亨利六世的人身，而格洛斯特公爵汉弗莱负责王国政府。将新国王的内廷与政府分割开是分权的逻辑选择，但不幸的是，这种想法完全没有考虑政治的现实。

爱德华四世的死讯公开之后，在伦敦的谋臣立刻聚到一起，商讨新政府的最佳形式。他们提议了两种方案。第一种方案是建立护国政府，据曼奇尼说，这就是老国王在遗嘱里的指示。护国主的唯一令人信服的人选，就是格洛斯特公爵理查，他是宗室当中最资深的成年男性贵族。此时格洛斯特公爵在英格兰北方，监督针对苏格兰人的军事行动。他得知爱德华四世驾崩的消息之后，就来到约克参加哀思仪式，为兄长的逝世哭泣。但悲恸并没有让他忘记政治：格洛斯特公爵在哀悼期间抽出时间给御前会议写信，表达自己对护国主地位的主张权。黑斯廷斯男爵在伦敦非常卖力地帮他游说鼓吹。黑斯廷斯男爵之所以帮他，是出于两个非常明显的原因。首先，黑斯廷斯男爵自然而然地对多塞特侯爵托马斯·格雷和伍德维尔家族保持警惕，因为他们"极为敌视他"，而他与他们的和解只是表面上的，实际气氛依旧紧张。[19]黑斯廷斯男爵在爱德华四世驾崩后失去了王室内廷总管的官职。他很可能害怕，在伍德维尔家族掌控的政府里，他还会失去加来总司令的职位。但黑斯廷斯男爵的第二个动机是他的忠诚。或许除了格洛斯特公爵，没有人比黑斯廷斯男爵更忠于爱德华四世，所以他当然要捍卫自己主公的遗愿。

但是，已故国王的遗愿和他的朋友的抗议都没有用。黑斯廷斯男爵在投票中被"亲近外戚的大臣"击败，大家决定不组建护国政府，而是让爱德华五世立刻开始亲政。他将于5月4日加冕，然后以成年君主的身份进行统治，由一个议事会辅佐和协助他。格洛斯特公爵在这个议事会里将有一个席位，但他不能一手遮天。伍德维尔家族赢了这一局，据曼奇尼说，多塞特侯爵吹嘘道："我们非常重要，即便国王的叔父（格洛斯特公爵）不在，我们也能做出并执行决策。"[20]4月14日，御前会议写信到拉德洛，请里弗斯伯爵和爱德华五世于5月1日到伦敦，只带不到2000人的军队护送。与此同时，老国王将被安葬。

爱德华四世的葬礼十分隆重。他去世的那天，国王粗壮、雄伟的遗体被停放了十二小时，供聚集到威斯敏斯特的贵族、主教和市政议会成员瞻仰。[21]随后，爱德华四世的遗体被隆重地公开停放了八天，然后于 4 月 20 日黎明前被换上黑衣，运往温莎的圣乔治礼拜堂下葬。在那里举行了恢宏肃穆的仪式，为死者举行安魂弥撒。最后，在国王的遗体入土后，他的主要大臣折断了他们的仪式性权杖，将其扔到棺材上，象征着上一段统治的结束。随后，王室传令官高声呐喊："国王活了！"所有人将注意力转向爱德华五世。

里弗斯伯爵和小国王在 4 月的最后一个完整星期里从拉德洛动身前往伦敦。他们没有走最直接的路径，而是绕了个弯，穿过中部各郡。格洛斯特公爵从北方赶回参加加冕礼，与里弗斯伯爵有联络，劝他与自己合兵一处，共同排场威严地进入伦敦。4 月 29 日，星期二，两支队伍在北安普顿郡接近了。格洛斯特公爵此前遇见了白金汉公爵亨利·斯塔福德，两人当晚借宿在北安普顿城。里弗斯伯爵、爱德华五世和王后的儿子理查·格雷爵士在距离他们几英里的地方，他们的部下分散到乡间的若干村庄（包括伍德维尔家族的旧庄园格拉夫顿）住宿。之前做的安排是，格洛斯特公爵和白金汉公爵将于次日拜见新国王。为了准备这个重要的家庭场合，里弗斯伯爵和理查·格雷于 4 月 29 日夜间骑马去了格洛斯特公爵所在的客栈，与他一起用餐，气氛融洽快活。迎接他们的是格洛斯特公爵"特别欢快与喜悦的面庞。他们与公爵一起坐下用餐，一直在愉快地聊天"。他们的谈话可能涉及针对苏格兰的军事行动，里弗斯伯爵及其弟爱德华·伍德维尔爵士都曾短暂地在格洛斯特公爵麾下于苏格兰作战。他们可能还讨论了英格兰权贵始终在考虑的地产交易的事情：几个月前，里弗斯伯爵曾请格洛斯特公爵为他仲裁一起土地纠纷，这说明前者非常信任和仰仗后者。

不管谈的是不是这些话题，四位大贵族一直谈到深夜，然后各自休息，大家同意第二天早点起床。

天亮之后，他们就起床了。觐见国王的仪式将在斯托尼斯特拉特福德举行，它在沃特灵大道（呈对角线横穿英格兰中部的古罗马大道）上往南 18 英里的地方。如果骑马走得比较悠闲，需要 3 个小时。但他们没有走完这段路。权贵们骑马走在一起，由格洛斯特公爵的一大群士兵护送。这时两位公爵突然停下，告诉里弗斯伯爵和格雷，他们被捕了，"并命人将他们作为囚犯押往英格兰北方"。[22] 随后，格洛斯特公爵、白金汉公爵及其武装人员催马驰骋，奔向国王那里。他们派人骑马沿着道路分散，以阻止他们发动政变的消息传播出去。这个策略似乎奏效了。他们很快就到了惊慌失措的爱德华五世那里，逮捕了他的总管托马斯·沃恩爵士，辞退了国王的几乎所有仆人，并威胁杀死抗命不遵的人。然后他们向国王下跪，手捧帽子，宣布他们是来保卫国王的统治、保护他免受伍德维尔家族放肆的阴谋诡计侵害的。

爱德华五世只有十二岁，但他很快就看透了叔父格洛斯特公爵的甜言蜜语。据曼奇尼记载，这个少年答道："他身边的臣子都是他父亲给他的……他看不出这些大臣有什么奸佞的地方。除非证明他们是奸臣，他要留着他们……至于王国的政府，他对贵族们和太后完全信赖。"听到伊丽莎白·伍德维尔的名字，白金汉公爵发怒道："治理王国的应当是男人，不是女人。所以如果国王信任她，那么最好放弃这种信任。"此时爱德华五世意识到，两位公爵是在对他"发号施令，而不是恳求"。他和被两位公爵逮捕的人们一样，是一场毫无征兆、令人糊涂的闪电般政变的牺牲品，听凭政变者发落。无助的爱德华五世只得和他们一起走。他最后的自由时光就这样骤然结束了。

*

5月4日，星期日，格洛斯特公爵理查将爱德华五世快速带到伦敦。国王穿着蓝色天鹅绒服装，他的叔父全身黑衣。市长、市政议会成员和五百名市民代表，都穿着红色天鹅绒服装，前来迎接他们。这些衣着光鲜的绅士都没有忘记5月4日是预定的加冕日。然而，格洛斯特公爵宣布加冕礼将推迟七周，于6月22日（星期日）举行，随后于6月24日（星期二）为议会开幕。推迟加冕礼就可以保证有充足的时间"让加冕礼及与之相关的肃穆仪式"办得更气派。[23]与此同时，5月8日，格洛斯特公爵从御前会议获得了护国主的权力。同时代的人会想到，当年的另一个格洛斯特公爵，亨利六世的叔父汉弗莱也曾获得这个官职。但老汉弗莱一直被其他贵族施加的约束所挫败，而如今的格洛斯特公爵理查似乎"拥有令行禁止的一切权限，仿佛他是另一位国王"。[24]

伍德维尔家族遭排挤的速度让人惊叹。里弗斯伯爵和理查·格雷爵士被囚禁在曾属于沃里克伯爵的约克郡谢里夫哈顿城堡，这是一座庞大的方形要塞，格洛斯特公爵于他兄长在位期间负责镇守北方时曾以此为主要官邸。在此期间，心惊胆寒的伊丽莎白太后于5月1日逃到威斯敏斯特教堂避难，用一位编年史家的话说，"就像她在巴尼特战役之前那样"。[25]她带去了她的女儿们、九岁的儿子约克公爵理查和长子多塞特侯爵托马斯·格雷。她的弟弟莱昂内尔·伍德维尔也很快躲到了那里。太后最小的弟弟约翰·伍德维尔爵士此时正在海上指挥一支舰队，奉命保卫英格兰沿海、抵抗法兰西海盗。他在得知自己的家族遭镇压之后，立刻逃离英格兰海域，在布列塔尼登陆。5月9日，也就是格洛斯特公爵理查被任命为护国主的次日，小国王被送往伦敦塔，表面上是为了他的安全，不过他之前的王室囚徒们在伦敦塔里很少能找到安全。

与此同时，理查搬进了主教门区的克罗斯比宅邸，这是全城最美丽也最先进的豪宅之一，是一座奢华的石木结构房屋，耸立于伦敦其他所有住房之上。以这里为基地，他命令开展持续的反伍德维尔宣传攻势：他搞来了许多堆满兵器的大车，说太后的亲戚就是要用这些兵器来对付他，并指控他们偷窃王室财宝。黑斯廷斯男爵在新国王宫廷的总管职位得到确认，他大力协助理查。据一位消息灵通的作家说，黑斯廷斯男爵"兴高采烈……觉得发生的一切只不过是将王国政府从太后的两个血亲手里转移到国王的两个更强大的亲信手里……并且没有造成流血"。[26]但事实没有这么简单。

理查残酷无情地推翻了伍德维尔家族，展现出一种迅猛、大胆的领导风格，他的兄长爱德华四世在其最辉煌的时刻也拥有这种风格。理查镇压伍德维尔家族的动机不难揣测。单单为了自己的威望，他就要完全掌控侄子未成年期间的政府。而他一辈子的经验都告诉他，径直且果断地打击潜在的竞争对手，是在政治充满不确定性时期的必需手段。约克家族非常敏锐地感受到自己经历过的磨难。如果允许里弗斯伯爵和多塞特侯爵这样的暴发户控制王国，而唯一的宗室公爵视若无睹、无动于衷，这就等于严重地背叛了家族的历史。

但是，囚禁了国王并驱散了部分敌人之后，理查发现自己处于一个尴尬境地。他执拗顽固的行动，非常像他父亲在亨利六世在位时期的举动：发动政变来夺取对英格兰的控制权还算是容易的；在派系争权夺利的基础上建立长期和稳定的王国政府，却非常困难。6 月 22 日，按照计划，国王应当加冕了，到那时理查作为护国主的任期就满了。爱德华五世被强行与他挚爱和信任的亲人及仆人分开的时候，显得震惊而痛苦，所以他极有可能会对放肆的三十岁叔父加以报复。至少里弗斯伯爵和格雷会被释放，伍德维尔家族的其他成员也会从各自的藏身之地现身。

绝望之下，在担任护国主的短短几周内，理查试图通过法律手段以谋逆罪将里弗斯伯爵、格雷和沃恩判刑并斩首。让他烦恼的是，御前会议拒绝支持他，指出里弗斯伯爵和其他人并没有犯下任何谋逆罪行，所以不可能将他们斩首。理查企图消灭自己眼中竞争对手的所有努力，只是让他们更加疏远自己。6 月初在威斯敏斯特开会时，太后短暂地离开避难所来开会，她坐在那里一言不发，在两个小时的会议里也没有一个人对她讲话。[27]

春末很快变成了夏初，理查的担忧与日俱增。他似乎变成了自己的父亲。到目前为止，他的最大特点就是忠诚。但他为了保护自己眼中的兄长"遗产"的努力，却把他带进了一个死胡同，尽管最初他是真诚地希望保卫国家。一旦他丧失了自己攫取来的权力，他就会像那些被他排挤的人一样脆弱。如今，他必须在忠诚和自保之间找到平衡。

尽管政府的日常工作照例运作，不动声色，但在加冕日接近之际，理查的迫害妄想狂越来越严重。6 月 10 日和 11 日，他发信给约克郡的忠实臣属，紧急要求他们向都城提供军事支持，并警示道："太后及其亲眷与支持者……每天都在蓄谋杀害我和我的亲戚白金汉公爵，毁灭我国的古老王室血统。"如果在理查的想象之外真有这样的阴谋，其他人也都没注意到。但是，似乎将一支军队调集到伦敦的策略让一些到目前为止都忠于护国主的亲信望而却步。如果格洛斯特公爵的政变真的是为了保卫爱德华四世的遗产，那么他现在越来越像刻意制造流血事件的凶徒了。

大约就在格洛斯特公爵召唤他的北方臣属（"心惊胆战，人数之多，闻所未闻"）踏上从约克到伦敦的古老大道时，黑斯廷斯男爵似乎开始对新政府失去了信心，而恰恰是他帮助格洛斯特公爵支撑起了这个新政府。他将自己的担忧告诉了另外两名曾经的爱德华四世忠仆，约克大主教托马斯·罗瑟拉姆和伊利主教约翰·默顿。[28]不管黑斯廷斯男爵有没有猜透格洛斯特公爵的最终野心，6 月 13 日（星期五）的事件只能这样解释：黑斯廷斯男爵对格洛斯特公爵产生了怀疑。这天上午 10 点，黑斯廷斯男爵、罗瑟拉姆和默顿都在伦敦塔参加例会，"这是他们的惯例"。据曼奇尼说，他们三人径直走入了一个陷阱。

他们被带进内室，这时护国主按照预先的约定喊道，他们三人要埋伏他，所以他们身上藏了兵器，以便先发制人地杀害他。于是，之前就等在附近的士兵在白金汉公爵的带领下冲进来，以谋逆的诬告罪名砍死了黑斯廷斯男爵；他们还逮捕了另外两人，据说是出于对宗教和神圣修会的尊重才饶恕了他们的性命。

这是一场惊心动魄、残酷无情的草率处决。当时的作家们为之惊叹。[29]"癫狂地觊觎权力的人，会饶恕谁呢，如果他敢于反叛君主、违背人伦？"一位作家这样发问。陷入绝境、满心绝望的格洛斯特公爵现在似乎敢于无所不用其极，只要能保住自己的权力。在他动摇踌躇的时刻，白金汉公爵就给他鼓舞打气。白金汉公爵的动机可能是更为自私的欲望，他希望打垮伍德维尔家族和黑斯廷斯男爵，以便让他自己攀升到高位。他相信因为他有金雀花王朝的血统，所以他理应得到更多，而很久以来他在这方面一直受到阻挠。

黑斯廷斯男爵死了，全伦敦稀里糊涂地战栗，格洛斯特公爵开始疯狂地大开杀戒。6 月 16 日，坎特伯雷大主教（红衣主教）鲍彻来到威斯敏斯特，哄骗太后让她与爱德华四世的第二个儿子约克公爵理查离开避难所，理由是即将开始的加冕礼需要约克公爵参加。约克公爵在伦敦塔见到了哥哥爱德华五世。已故克拉伦斯公爵的儿子爱德华（被称为沃里克伯爵）也被关押到伦敦塔，他只有八岁。次日，政府宣布加冕礼被取消，随后的议会也被取消。

6 月 22 日，星期日，神学家拉尔夫·沙博士来到圣保罗大教堂内的十字架前，发表了一番惊世骇俗、似是而非的宣讲：爱德华四世与伊丽莎白·伍德维尔结婚之前，已经和另一个女人订婚了，即什鲁斯伯里伯爵约翰·塔尔伯特（兰开斯特王朝的名将）的女儿埃莉诺·巴特勒夫人。沙主张，因为这个原因，爱德华五世和约克公爵理查是私生子，所以不能允许前者继承王位。而格洛斯特公爵理查与其父约克公爵外貌酷似，他应当取代自己的两个侄子，成为国王。[30] 三天后，白金汉公爵来到伦敦市政厅，随后又去了贝纳德城堡，宣布：既然爱德华五世和约克公爵理查是私生子，既然克拉伦斯公爵的儿子爱德华（沃里克伯爵）因为其父被定罪夺爵而荣誉受损，那么格洛斯特公爵理查是"王室血脉的唯一幸存者……拥有合法的王位继承权，并且才华横溢，有能力承担君主的职责。

他之前的成功和无可指责的品格，足以保证他的统治一定会国泰民安"。[31]在白金汉公爵讲话的同时，在遥远的北方，在庞蒂弗拉克特城堡，里弗斯伯爵、理查·格雷爵士和托马斯·沃恩爵士在诺森伯兰伯爵面前受到了草草的谋逆罪审判。三名被告的血很快就在地上凝结。

次日，格洛斯特公爵理查正式登基，成为理查三世。在他的左膀右臂白金汉公爵的领导下，一群匆匆聚集起来的贵族、主教和伦敦市民选举他为国王。他们恭顺地接受他那荒诞的言论，即两个小王子是私生子。他接受他们的欢呼，成为英格兰国王，然后在威斯敏斯特厅的大理石王座上落座，举行的仪式很像他兄长于1461年夺权时的情景，或许他是刻意如此安排的。《克罗兰编年史》对此的评价是："煽动作乱，丢人现眼。"[32]英格兰都城在之前三十年里见证了比之前三百年都更多的动荡、政权变更和命运逆转，如今陷入一种无助的绝望。数千人的北方军队继续向伦敦开进，在他们接近的过程中，刀剑、弓箭和擦得锃亮的胸甲叮当作响。流言蜚语在伦敦传播，有传闻说，民间的一个预言成真了：三个月内有三个国王。[33]

格洛斯特公爵之前给自己那可怜的被囚侄儿安排加冕礼时推三阻四，如今他给自己组织的加冕礼则极其匆忙，简直有失体面。1483年7月6日，星期日，格洛斯特公爵和妻子安妮·内维尔在威斯敏斯特听弥撒并接受加冕，随后举办了宴会，"排场极其隆重"。新国王端坐在铺着金线软垫的椅子上。根据仪式的要求，他跪拜在高高的祭坛前，膝盖下垫着由深红色锦缎、天鹅绒和白色锦缎做成的垫子，上面绣着小小的金色花朵。他的耳边响起喇叭的浑厚乐声和游吟诗人的演奏，其中有的表演者是从遥远的罗马来的。在教堂举行仪式之后，新国王享用了四十六道菜肴的盛宴，包括牛肉和羊肉、烤鹤肉和烤孔雀肉、橘子和榅桲。[34]肃穆的典礼和宴会结束后，理查三世接见了诸侯（他传唤他们来见证他的篡位），命令他们回到各郡维持秩序，不准敲诈勒索他的臣民。作为公共的道德训诫，他将自己兄长的情妇（也是黑斯廷斯男爵的情妇）伊丽莎白·肖尔关进伦敦的囚笼，让她公开忏悔，以惩罚她的淫荡。一位编年史家辛辣地写道："他就这样教导别人正直行善，而他自己作恶多端。"[35]

18. 神啊，求你伸我的冤

"塔楼内的王子"（现在民众这样称呼他们）最后一次出现在人们的视野里，是在 1483 年夏末和秋初，也就是他们的叔父篡位之后的那个月里。[1] 黑斯廷斯男爵被谋杀之后，曾侍奉爱德华五世及其弟理查的所有仆人都被解雇，他们最后一次领薪水是在 7 月 9 日。[2]《伦敦大编年史》记载，有人看见两个男孩在伦敦塔的花园内"玩耍和射箭"，时间可能迟至 9 月 29 日。[3] 但多梅尼科·曼奇尼写道，他们"被转移到伦敦塔的内层套房，越来越少有人看到他们出现在栅栏和窗户之后，最后他们完全不露面了"。[4]

爱德华五世十二岁，受过极好的教育。他很可能对英格兰历史或人性，或二者兼有，懂得足够多，所以能够预料到自己的命运。被废的国王是没有活路的。"阿尔真廷医生，爱德华五世国王的最后几名仆人之一，报告称，年轻的国王就像准备被献祭的祭品一样，通过每日的告解和悔罪来救赎自己，因为他相信自己死期将至。"[5] 的确如此。到夏日的炽热光辉不再烘烤伦敦塔那刷了白石灰的墙壁时，爱德华五世"全身洋溢着一种尊严，面容极其镇定"，销声匿迹了，他的小弟弟也没了踪影。曼奇尼写道："他从人们的视野消失之后，我看到很多人只要听到提及他，就忍不住泪流满面、哀哭起来。"[6] 到 1483 年 11 月，英格兰政界的普遍意见是，塔楼内的王子永远不会再活着露面了。[7]

我们今天仍然无法确切地知道两个孩子究竟是怎么死的。

在后来的岁月里有人说，他们被用羽绒床垫闷死，或者被投入一桶马姆齐葡萄酒中溺死，或被毒死。但这些都只是街谈巷议。白塔礼拜堂楼梯下发掘出来的木箱内藏的骨骸和牙齿可能属于两位王子，但这些都没有经过充分的检测，给不了明确的结论。[8]我们能够确凿地知道的是，两个孩子先被剥夺了王位继承权，然后失去了自由和仆人，然后他们就消失了，当时全欧洲的人都相信他们死了。而从他们的消失当中获益最大的人，就是理查三世。

理查三世登基没多久就开始巡视自己的新国度，沿着泰晤士河旅行，穿过温莎和雷丁去了牛津和伍德斯托克，转向西去了他作为公爵时的领地城镇格洛斯特，然后返回中部各郡、约克和北方。这些都是他登基之前权势最大的地方。他希望（或者觉得自己必须）在这些地方展示自己对当地人民之支持的感激。理查三世刻意避免去威尔士、西部或其他曾与伍德维尔家族以及太子议事会（伍德维尔家族通过这个议事会行使权力）有紧密联系的地区。他在自己到访的地区给自己目前为止最忠实的朋友和支持者白金汉公爵亨利赏赐了许多土地和官职。[9]东南部和东安格利亚大体上被托付给他的忠实盟友霍华德男爵，此人新近被提升为诺福克公爵。

理查三世所到之处都努力证明，他是一个有能力主持公道、妥善治理国家的贤君，而他兄长的统治在末期沦入贪欲和荒政。他后来提出，爱德华四世的统治紊乱，是因为他喜好"谄媚逢迎"，他在"肉欲和色欲"的腐蚀下，"听信了傲慢恶毒之罪人的谗言，而鄙视善良、高尚且谨慎之人的建议"。理查三世对国民的呼吁与他父亲在 1460 年时的呼吁差不多：他自称代表了"审慎、公正、帝王勇气和高尚品德"。[10]不管走到哪里，他都受到盛景和典礼的欢迎。作为回应，他主持着一个具有帝王之威仪与慷慨的宫廷。

理查三世的外貌并不令人肃然起敬。他遗传了父亲的较黑肤色，但没有两个哥哥那种超乎寻常的魁梧。并且，虽然他此时只有三十岁，脊柱却已经严重弯曲，这一定给他造成了很多不适，并让他走起路来一边肩膀高过另一边。他有神经紧张造成的面肌抽搐：他偶尔磨牙，历史学家波利多罗·维尔吉利曾描述称，"他在思考事情的时候，持续地咬自己的下嘴唇"。维尔吉利后来还带着一些偏见写道，国王"习惯用右手把自己随身携带的匕首从鞘中抽出一半，然后又塞回去"。但他也说，即便是理查三世的敌人也不能否认，他在自己相对短暂的一生里证明自己"才思敏捷，未雨绸缪且微妙审慎"，并且"非常勇敢"。最引人注目的是，他聪慧而果断，"因为谨慎和行动迅捷而受到畏惧"。[11]

所以，尽管理查三世其貌不扬，仍然不怒而威。在巡视北方的途中，他带了大批随行人员，包括多位主教、伯爵和男爵，一个西班牙外交使团，还有他的妻子，他的九岁儿子米德勒姆的爱德华（他作为当然继承人，头衔为威尔士亲王和切斯特伯爵），以及他的囚徒侄子，即克拉伦斯公爵的儿子沃里克伯爵爱德华。理查三世向他到访的城镇颁发了特权状，授予其中一些城镇自行任命市长和市政议会成员的新权利。按照惯例，他临幸的每座城镇都要向他赠送金钱，但他慷慨地谢绝了。他反而还自掏腰包给各城镇修理城堡并清偿债务，包括克拉伦斯公爵在蒂克斯伯里修道院的陵寝的大笔欠款。一位编年史家写道："他举办了最慷慨丰盛的宴会，以笼络人心。"[12] 在约克，他头戴王冠，享用奢华的国宴。在约克城长期停留的期间，他承诺赐给市民、大教堂和当地人民大量财富与自由特权。他所到之处都赠送大家他的个人徽章：野猪形状的小徽章。他一共发放了 1.3 万枚这样的徽章。约克的古罗马名字是伊波尔拉库姆（Eboracum），而这个词通常被缩写成 Ebor，也就是野猪的意思。理查三世赠送这样的徽章，是在传达非常特别的讯息：他是一位北方的国王。而北方人民也投桃报李，向他表达敬慕。住在沃里克的历史学家约翰·劳斯在理查三世访问的时候起码六十岁了，他是金雀花王朝漫长而复杂的历史的专家。他这样描述新国王："通过正当合法的婚姻，没有任何中断，没有任何违法的污点，他是亨利二世国王的直系男性继承人。"考虑到劳斯自己所处时代的动荡与混乱，这样夸大其词的声明更像是拍马屁，而不是事实陈述。但这可以证明，理查三世在向国民兜售自己的君主形象时，是多么慷慨大方。

理查三世宣扬自己是北方的国王，就严重低估了南方的力量，这对他是非常危险的。7 月底，令人不安的消息传到了正在旅行的宫廷：有人企图从伦敦塔营救两位王子，阴谋败露。密谋者计划在伦敦城纵火，制造恐慌和混乱，转移伦敦塔守卫的注意力，然后营救两位王子。理查三世的回应是向南方发布命令，指示将密谋者（其中至少一人曾是爱德华四世的内廷人员，另一人是伦敦塔的高官）审判并处决。他命令士兵包围威斯敏斯特教堂，阻止在那里避难的伍德维尔女眷逃出。他极有可能就是在这个时间发布了导致伦敦塔内小王子死亡的命令。杀害小王子的凶手的名字一直无法确定（不过理查三世的仆人詹姆斯·蒂勒尔爵士在多年后做了一个可疑的认罪）。菲利普·德·科米纳从法兰西宫廷写信称，他听说凶手是白金汉公爵，不过这也不大可能。[13] 如果白金汉公爵真的执行了理查三世的命令去杀死塔楼内的小王子，那么这是他执行的最后一道御旨。1483 年 10 月，他转而反对自己曾帮助其上台的国王，加入了老爱德华四世国王一些旧盟友的反叛，并改为忠于唯一仍然在世的王位竞争者亨利·都铎，尽管其对王位的主张权非常微弱。

*

居然有人把亨利·都铎视为潜在的国王，这足以说明英格兰王室已经沦落到了多么不堪的地步。他的父亲埃德蒙是亨利六世的同母异父弟弟，他的母亲玛格丽特·博福特自己也有一点点金雀花血统。在正常情况下，亨利·都铎是不可能对王权提出有力主张的。1483 年，亨利实质上仅仅是一个已经被打垮的、来自威尔士的、比较不重要的兰开斯特党家族的继承人，他生命的大部分时间都在威尔士南部和布列塔尼西部的城堡里度过。绝大多数英格兰人，无论贵贱，都没听说过他。但理查三世的篡位打破了政治的所有体面规矩，释放出了新的、在之前想都不敢想的可能性。在遥远的过去，爱德华二世和理查二世这样的成年国王因为他们长期的暴政而被推翻；而亨利六世的昏庸最终导致英格兰政体被内战撕裂，他自己也丢掉王位；但爱德华五世没有做任何坏事却被废黜，他是一个无可指责的国王，唯一的错误就是在十二岁的年纪继位。所以，伍德维尔家族的很多成员，以及老国王的很多亲信，永远不会接受理查三世为他们的国王，会立刻起来努力推翻他。在更普遍的层面上，理查三世残暴而肆无忌惮的政变、捏造谎言为借口、通过血腥谋杀的手段达到自己的目的，都严重打击了王位的脆弱尊严。人们已经为了争夺王位而拉锯厮杀了差不多三十年。自 12 世纪 40 年代（斯蒂芬国王与玛蒂尔达皇后争夺王位，使得英格兰陷入内战，当时的人称之为"海难"）以来，英格兰国王还从来没有这么可怜过。如果理查三世能攫取王位，为什么别人不能从他手里夺走王位呢？

夏季时试图在伦敦纵火并营救塔楼内小王子的反叛者曾试图与亨利·都铎取得联系，但还没来得及就东窗事发了。因为他们当时相信爱德华五世还活着，所以他们联系亨利不是为了推举他为国王，但他在布列塔尼"没有自由"，所以反叛者只是将他视为推翻理查三世的斗争中的一个潜在盟友。[14]忠于爱德华五世的人们躁动不安，到8月初时开始了一系列密谋和反叛，他们对亨利·都铎越来越有好感。在英格兰南部各郡，人们准备揭竿而起，反抗新政权。8月底，理查三世已经相当担忧了，于是命令白金汉公爵带领平叛委员会去东南各郡，从肯特、萨塞克斯、萨里、伦敦到伦敦周围各郡。在大约一个月后的9月22日，国王罢免了他的档案总管罗伯特·默顿，显然是因为担心王国政府高层已经被反叛分子渗透。事实上，国王亲信圈子里已经出现了反叛者。到9月底时，大家都在公开谈论塔楼内的小王子已经死了。

9月24日，白金汉公爵，理查三世的地位最高、受益最大的贵族盟友，倒戈了。他从自己的布雷肯城堡（位于威尔士）写信给身在布列塔尼的亨利·都铎。据一份档案记载，白金汉公爵请求亨利·都铎"征集一支大舰队，从布列塔尼带一支军队和许多外国人渡海过来，在英格兰登陆，消灭理查三世"。[15]尽管白金汉公爵曾是理查三世篡位的最热忱追随者和推动者，尽管他从伍德维尔家族的失势当中获利最大，他现在却相信，如果再次变节，他能够获得更大的利益。在后来的年月里，有人说他之所以变节，是因为理查三世不肯将赫里福德伯爵领地的一部分封给他，而他觉得自己理应得到这块土地，因为他的一位祖先在 14 世纪时曾与赫里福德伯爵家族通婚。[16]更接近真相的解释很简单：白金汉公爵是个不负责任的人，喜欢耍阴谋诡计。白金汉公爵似乎在 1483 年 9 月推断，南方的反叛情绪足以将理查三世从宝座上掀翻，所以他自己的政治生存和提升有赖于支持叛军。他的判断大错特错。

非常能说明问题的是，爱德华四世始终觉得白金汉公爵不适合成为大地主，也不适合在政府担任高级职位。和克拉伦斯公爵一样，白金汉公爵是个虚荣而短视的人。[17]不过，他的变节对理查三世来说是一个严重的问题。亨利·都铎的母亲玛格丽特·博福特的圈子已经在与爱德华四世的遗孀伊丽莎白·伍德维尔（躲藏在威斯敏斯特教堂）的圈子秘密交流。这两位母亲决心让亨利与爱德华四世的长女约克的伊丽莎白结婚。这门婚事将正式地把兰开斯特党在英格兰的残余部分和伍德维尔派系的残余部分联合起来。[18]1483 年秋季，她俩的计划与南方的普遍叛乱以及白金汉公爵自私自利的阴谋交织在一起。尽管理查三世努力争取国民的忠诚和信任，他现在遇到了继位以来的第一个严峻挑战，此时距离他成功夺权还不到四个月。

在给亨利·都铎写信之后的三个半星期内，白金汉公爵竭尽全力地从自己在威尔士南部的领地征集军队，在布雷肯城堡聚集兵员和武器装备。糟糕的天气对他不利：秋雨连绵，部队的运动非常艰难和困窘。白金汉公爵自己的名声"凶恶且心狠手辣"对他也不利。他努力去煽动起来造反的那些佃农都瞧不起他。不过到最后，他还是组建了一支"强大的威尔士军队"，同时还与肯特郡那些始终桀骜不驯的人取得了联系，这些人不需要多少鼓舞就会起兵反抗现存秩序。理查三世给他发来越来越咄咄逼人的信，命令他立刻停止搞阴谋，前来拜见国王。白金汉公爵对这些信置之不理。[19]

对白金汉公爵来说不幸的是，肯特的叛军起事过早。他们试图于 10 月 10 日（星期五）掀起叛乱，但诺福克公爵托马斯·霍华德率军从伦敦前来镇压，很快就平定了叛乱。英格兰南部发生了更多骚乱，萨塞克斯、埃塞克斯、牛津郡、伯克郡、汉普郡、威尔特郡，乃至西南部的萨默塞特、德文和康沃尔都发生了叛乱。但是，这些叛乱之间似乎没有很好的协调，并且这些内战威胁都没有得到贵族的支持。玛格丽特·博福特的丈夫斯坦利男爵拒绝在西北方起兵，而其他大部分的地区性权贵都没有出动。白金汉公爵犹豫了一下，但直到 10 月 18 日（星期六）才发动反叛，此时已经太晚了。在准备率军向东进入英格兰的时候，他发现连连淫雨导致塞文河的河堤坍塌，周边地区遭了洪灾，河水猛涨，军队无法通行。公爵军中的威尔士人"被强迫参战，没有兴趣为他搏命"。10 月初时，他们遭到公爵的恫吓。到月底时，他们已经思乡心切，渴望回家烘干湿漉漉的脚，避免与指挥他们的那个人扯上关系。[20]

白金汉公爵折向东北，进入英威边境地带，竭尽全力地煽动赫里福德郡的人们。但不幸的是，当地的人们已经接到消息，理查三世正率军南下来镇压叛乱的公爵，并悬赏 1000 英镑要他的项上人头，因为他"背信弃义，违背自己的效忠义务"。[21]面对失败，白金汉公爵抛弃了他的军队残部，逃到什罗普郡，在他的仆人拉尔夫·班尼斯特家躲避。他俩是发小，公爵对班尼斯特非常熟悉和信任。但信任是有界限的。11 月 1 日，班尼斯特出卖了白金汉公爵。他被詹姆斯·蒂勒尔爵士逮捕，押往威尔特郡的索尔兹伯里。理查三世之前专横跋扈地在国内搜捕叛贼，此刻在索尔兹伯里主持宫廷。理查三世的部下审讯了白金汉公爵，他"未受刑"便认罪，请求"与理查三世国王面谈"。他的请求被当即拒绝。11月2日，星期日，白金汉公爵被拉到索尔兹伯里的集市，斩首示众。

几百年后，在一家叫"撒拉森人之首级"的酒吧的厨房下方发掘出一具无头骸髅，右臂也被砍掉。据说这就是白金汉公爵被处决的地点。有人触摸骸髅，它就立刻瓦解，只剩下一捧尘埃。[22]

*

当白金汉公爵的脑袋在索尔兹伯里的市集滚落时，亨利·都铎正在海上忍受风浪颠簸。他母亲一直向他通风报信，告诉他关于英格兰局势的消息。亨利于9月和10月在布列塔尼装配了一支15艘船的舰队，这足以运送5000名士兵入侵英格兰。他这次大冒险的金主是长期软禁他的弗朗索瓦二世公爵，公爵给了这个二十六岁的流亡者船只、水手和数额相当大的贷款，帮助他远征。可能是在11月1日夜间，他们从潘波（布列塔尼海岸北端一个风光旖旎的渔村）借助有利风向起航。曾在多风暴的季节并且是在夜间强渡英吉利海峡的人都知道，天气瞬息万变，随时可以变得很糟糕。亨利和他的叔父贾斯珀被"残酷的暴风"猛吹，他们的部分船只被吹到了北方的诺曼底，还有一些船只被吹回了布列塔尼。最后，亨利所在的船跌跌撞撞地来到了英格兰海岸线上的普尔，与另一艘逃脱暴风魔爪、安全抵达的船只一同落锚。他们发现岸上有一些瞭望哨，显然是在等候他们。但是，亨利有种不祥的预感。他派遣一艘小艇去调查岸上的情况。小艇上的人与岸上的人见面之后，后者喊道，他们是白金汉公爵派来欢迎亨利的，要把他带到已经得胜的叛军大本营，"公爵本人统领着一支强大的精锐军队"。[23]这是个陷阱，亨利察觉到了。风还在向诺曼底的方向吹。于是他下令起锚，乘风而去，将英格兰留给得胜的理查三世，暂时放弃战斗，寄希望于卷土重来。这是一个非常明智的决定。

11 月 3 日，在亨利还没有到英格兰的时候，博德明的一小群叛军宣布推举他为国王，但他返回布列塔尼之后发现自己的地位仍然像过去一样脆弱。而他在白金汉公爵叛乱期间的举动，让他成为英格兰王室的死敌。在 1482 年的时候，他距离恢复自己的英格兰贵族地位已经只有咫尺之遥；而如今，这个可能性彻底破灭了。现在，亨利的唯一选择就是对王位提出主张。1483 年圣诞节，在瓦讷大教堂举行的一次仪式上，他的支持者向他宣誓效忠，仿佛他已经是受膏的统治者，而他也发誓夺得王位之后立刻娶约克的伊丽莎白。但这个梦想该如何实现，大家还不清楚。国际关系一片混乱，因为在 1483 年 8 月30 日，法兰西国王路易十一驾崩了，留下十三岁的继承人查理八世，摄政者是他的姐姐安妮。亨利作为英格兰、法兰西和布列塔尼三国之间斗争的棋子的价值已经大大下降，并且弗朗索瓦二世（他的健康开始走下坡路）资助他第二次入侵英格兰的可能性也减小了。

亨利的主要希望在于，白金汉公爵叛乱失败之后，越来越多的人逃离英格兰，因为他们的性命有危险，财产也被没收。这些流亡者起初人数不多，但日渐增长。被英格兰朝廷抛弃的人很多。1484 年 1 月，理查三世召开了他的第一届议会，借此机会对他的敌人发动全面攻击，抹黑他兄长的统治，并确保英格兰全体诸侯对他自己和他的继承人（威尔士亲王米德勒

姆的爱德华）效忠。名为《王室头衔》的法案赞颂理查三世
为他父亲约克公爵理查的唯一合法继承人，谴责了爱德华四世
和"伊丽莎白·格雷"（现在官方对伊丽莎白·伍德维尔就是
这么称呼的）之间"可耻的假婚姻"。法案称，这门婚姻"缔
结得放肆，没有得到诸侯的知悉和同意，并且是伊丽莎白及其
母贝德福德公爵夫人杰奎塔的巫术蛊惑所致"。[24]在威斯敏斯
特的一个委员会召开的特别会议上，"几乎所有诸侯"都向爱
德华王子宣誓效忠，称其为"他们的最高主公，假如他的父
亲发生不测"。[25]随后议会开始有条不紊地消灭那些被理查三
世认为在前一年秋季得罪过他的人。

　　1月的议会通过了许多剥夺头衔与财产的法案，镇压理查
三世的敌人，其中最重要的是多塞特侯爵托马斯·格雷、伊利
主教约翰·默顿、索尔兹伯里主教莱昂内尔·伍德维尔、埃克
塞特主教彼得·考特尼，还有玛格丽特·博福特。玛格丽特保
住了自己的生命和自由，但她的土地被转交给她的丈夫。多塞
特侯爵和三位主教逃到了布列塔尼，爱德华·伍德维尔爵士、
理查·伍德维尔和爱德华四世的诸多忠实老臣也到了那里，包
括贾尔斯·多布尼爵士、约翰·切恩（曾是爱德华四世的贴
身侍从）、约翰·哈考特（黑斯廷斯男爵的忠实追随者）和雷
金纳德·布雷（他与玛格丽特·博福特和斯坦利家族有联
系）。这些人都被理查三世通缉，其中很多人已经差不多失去
了一切。现在他们都紧紧抱着这样的绝望信念：亨利·都铎有
朝一日可以再次入侵英格兰，推翻又一个受膏国王。

＊

　　理查三世或许是个篡位者，但在他将注意力转向更广泛的
政务时，他可以做到慷慨大方、富有同情心。1483年圣诞节，

他在关注英格兰贫民的困境。因为司法系统收费过高，贫民往往无法得到公道。12 月 27 日的一道御旨显示，他给自己的文书约翰·哈林顿授予了 20 英镑的终身年金。此人在申诉法庭效力，该法庭负责处理"穷人的起诉、请求和求助"，让经济困难的人也有途径得到公正的司法待遇。[26]新年过完之后，理查三世到肯特周边巡视，就像在北方视察时一样，不肯接受各城镇的丰厚礼物。坎特伯雷市民要赠送他一个装有超过 30 英镑金币的精美钱包，国王优雅地谢绝了，命令将"这笔钱归还其原主人"。[27]

1484 年 1 月的议会除了将理查三世的王位主张权合法化之外，还提出，他身为国王，本性热爱公平与公正。一部法律规定，"各郡、各城镇的治安法官应有权……自行斟酌，批准保释"。这意味着，理论上，犯有重罪的人在受审之前可以获得保释，并且在有机会于法庭上为自己辩护之前，他的财产不会被没收。[28]爱德华四世用过的强迫贷款的手段如今被宣布为非法。承受赋税负担最重的如今是外国商人，但即便在这方面，理查三世也显得相对开明，让新出现的繁荣的图书贸易免交进口税，并且所有作家、印刷商和装订商可以自由经营，"不管他们来自哪个民族或国家"。[29]

然而，理查三世登基的极端手段还是意味着，不管他奉行多少开明进步的政策，他的国度都不可能一夜之间就团结到他的领导下。他最棘手的问题之一是，他仍然不得不严重地依赖那些帮助他篡位的人，而没有办法建立一个广泛的、包容的、能够代表全国人民利益的政府。他的主要鹰犬，威廉·凯茨比、理查·拉特克利夫、洛弗尔子爵弗朗西斯、詹姆斯·蒂勒尔爵士和罗伯特·布拉肯伯里，都与爱德华四世没有联系，大多是他当公爵的时候就为他服务的老人。[30]他的内廷尽是他能够信赖的北方人，这让国内的南北鸿沟越来越严重。

最糟糕的是，理查三世的运气太差了。他在位期间的第一场个人悲剧发生在 1484 年 4 月 9 日，他心爱的儿子、大约十岁的爱德华王子去世了。这孩子是在北方的各城堡（包括他的出生地米德勒姆城堡）长大的，享受了他这个阶层的男孩能享受的教育和娱乐，经常乘车到乡间游玩，家里有小丑为他逗趣。王子偶尔也参加一些排场华丽的仪式，他父亲利用这些仪式公开宣扬他作为王储的地位。[31]但童年是一段危险的时间，爱德华王子病了没多久之后就去世了，这对理查三世和安妮王后来说都是沉重的打击。他们夫妇在诺丁汉的时候得到噩耗，陷入了"几乎癫狂的状态，因为悲痛来得太突然"。[32]任何篡位者的统治要想有长久的未来，都需要顺利的大统继承。理查三世有好几个私生子，包括一个叫"庞蒂弗拉克特的约翰"的。理查三世于 1483 年在约克册封约翰为骑士，1485 年任命他为加来总司令，并承认他为"我的亲爱的私生子"。但米德勒姆的爱德华是他唯一的合法儿子，唯一可以被接受为王储的儿子。所以他的死，即便对理查三世这样顽强的君主来说，也是一场灾难。[33]

爱德华王子的死让理查三世感到有必要加紧抓捕亨利·都铎。布列塔尼公爵弗朗索瓦二世患病，英格兰国王就通过布列塔尼的财政大臣皮埃尔·朗代来使劲。到 1484 年 9 月时，他已经接近与布列塔尼达成协议，让布列塔尼交出亨利，换取里士满伯爵的头衔。古时，英格兰国王曾向布列塔尼公爵授予这个头衔。就在这笔交易快敲定的时候，亨利偶然得到了警报。都铎叔侄以及他们的流亡宫廷以瓦讷为基地，但很显然，布列塔尼公国虽然长期以来都是他们的避难港湾，如今却变成了充满危险的地方。9 月初，贾斯珀·都铎率领一支小规模的先遣队伍越过布列塔尼边境，逃到附近的城镇雷恩。两天后，亨利紧随其后，乔装打扮成马夫，也骑马越过了边境。到 9 月底时，他的大部分追随者都与他会合了。这趟逃向自由之旅很危险，因为在布列塔尼领土之外，都铎叔侄并没有安全通行权，也不享有外交上的保护，正是这方面的保护让他们这么多年来保持了相对安全。但在 1484 年，没了继承人的理查三世决心猎杀和消灭他剩余的主要敌人，所以都铎叔侄的冒险逃亡也是必需的赌博。

亨利很幸运，这次冒险得到了回报。查理八世政府在接待都铎叔侄的时候既没有忧虑也没有敌意，反而还很高兴。法兰西朝廷不愿意看到英格兰与布列塔尼再次结盟，而都铎叔侄的主动逃亡极大地减小了这种可能性。所以这些英格兰流亡者得到了法兰西国王使者的热烈欢迎，并得到金钱、服饰和住地。法兰西人还鼓励他们继续筹划入侵理查三世的国度。当他们在法兰西过冬之时，不断有变节者和同情者从英格兰赶来投奔他们：牛津伯爵约翰·德·维尔从加来地区的阿默城堡逃走，于 11 月投奔都铎叔侄；学者和冉冉升起的文官理查·福克斯在巴黎大学任职，也愿意支持都铎叔侄；爱德华四世内廷的一些老臣也继续从英格兰向都铎的流亡宫廷输送给养和情报。

这些事情都让理查三世十分恼火，他建立稳固而有广泛基础的王权的努力，遭到了与他分庭抗礼的势力的破坏，不管这个势力多么薄弱、多么遥远。1484 年 12 月 7 日，国王在威斯敏斯特宫发布了谴责都铎叔侄及其盟友的宣言。他描述他们为叛徒、卖国贼、谋杀犯和敲诈犯，"违背真理、荣誉和人伦"。

宣言谴责了亨利"欲壑难填的野心"，他"觊觎……英格兰王国的君主之名与头衔，众所周知，他没有任何权利享有该头衔"。理查三世警示道，如果叛军成功入侵英格兰，他们会"犯下任何基督教国家都闻所未闻的残酷谋杀、屠戮、抢劫和剥夺财产等罪行"。他呼吁所有忠实的子民"作为善良而忠诚的英格兰人，尽一切努力保卫自己、妻儿、财产和继承权"。而理查三世，"一位充满善意、勤奋且勇敢的君王，将亲自征战，不顾任何艰难困苦，为了人民而战，去抵抗和战胜他的敌人……"[34]

亨利·都铎果然开始自称英格兰国王。大约就在从布列塔尼逃往法兰西的时期，他开始用首字母 H 给文件签名，这是相当"放肆"的行为，在他之前还没有任何一位未受膏的英格兰预备国王敢于这样僭越。他仍然决心迎娶爱德华四世的长女约克的伊丽莎白，不过理查三世一心要粉碎他的这个希望。1484 年 3 月 1 日，理查三世与伊丽莎白·伍德维尔达成了协议，她和女儿们可以离开威斯敏斯特的避难所。她们在那里已经躲藏了将近一年。国王曾公开宣誓，如果伍德维尔家族"出来并接受我的引导、统治和管辖，那么我会保证他们的生命安全……我还会让他们获得体面的名誉和声望……"[35]理查三世承诺给伊丽莎白·伍德维尔的女儿们安排体面的亲事，并给她们提供一些土地以维持生计。1484 年圣诞节期间开始有传闻说他打算抛弃安妮王后，改娶自己的侄女伊丽莎白，尽管他们的血缘关系极近，即便按照 15 世纪贵族的标准也算荒唐。这种前景令人难以接受，有人说这是"乱伦"，必然会招致"全能上帝的憎恶"。但这毕竟是理查三世，他对自己亲人的态度从来就不是感情用事的。他能和伊丽莎白结婚吗？一位编年史家写道："似乎除了这个，没有办法让他的王权巩固，让他的竞争对手的希望破灭。"[36]

安妮王后于1485年3月16日去世，年仅二十八岁，有人喃喃低语说她是被毒死的。这个指控，再加上理查三世的荒唐意图，足以促使国王于复活节不久之后当着伦敦市市长和市民的面发表公开声明。感到厌恶的谋士告诉他，如果他一意孤行与伊丽莎白结婚，"就不仅仅会受到言辞的警告；因为全体北方人民会起兵反叛他，而他一直最依赖的就是北方人"。出于这个原因，理查三世在圣约翰医院的大厅内用"洪亮清晰的嗓音"，公开否认自己有这个打算，并向人民保证，他不打算娶自己兄长的女儿。他再往前走一步就越轨了。

1485年6月23日，理查三世发布了另一份声明，谴责在法兰西的叛贼都铎，斥责亨利"父母两边都是私生子的血统"，并警示，假如都铎成功入侵英格兰，"国内所有诸侯和高贵的血脉将被彻底摧毁和消灭"。[37] 显然，理查三世对自己的王位忧心忡忡。据维尔吉利记载，国王"心烦意乱，脑子几乎始终饱受折磨，害怕亨利伯爵和他的同党杀回来；所以，他过得生不如死"。[38]

但亨利·都铎同样高度紧张，据维尔吉利说，亨利听说理查三世打算娶约克的伊丽莎白后"十分痛苦"，并且亨利还不得不应对伊丽莎白的同母异父哥哥多塞特侯爵的动摇，此人在考虑回国归顺理查三世。到盛夏时，敌对的两个阵营都显然需要解决方案。尤其是亨利感觉到，他打击理查三世的机会转瞬即逝，并且迫在眉睫。他从查理八世那里贷款4万图尔里弗（不算多），与叔父贾斯珀和其他主要的流亡者商议，然后装配了一支小舰队，带领4000人（其中一些是从诺曼底的监狱中匆匆捞出来的），从翁夫勒扬帆起航，驶向塞纳河河口。他们的目的地是威尔士西端，即亨利的祖父欧文·都铎的故乡，也是亨利六世在位期间埃德蒙和贾斯珀·都铎掌控的地方，爱德华四世于1471年夺回王位之后，都铎叔侄就是从那里逃走的。他们的旅程在轻微南风的帮助下，花了七天时间。这七天足够这支入侵舰队中的人去思量自己即将尝试的事业是多么艰难了。

菲利普·德·科米纳精练地描述亨利·都铎为"没有权力，没有金钱，没有英格兰王位继承权"。[39]即便如此，这个出人意料的英格兰王位竞争者还是于1485年8月7日（星期日）在米尔福德黑文附近的米尔湾登陆。他蹚过海水，踏上湿漉漉的威尔士沙滩，跪下亲吻大地，并引用了《诗篇》第四十三章的话："神啊，求你伸我的冤，向不虔诚的国为我辨屈"。[40]他的决战时刻终于到了。

19. 战争或生命

　　他们在龙旗下前进，翻山越岭。亨利·都铎及其盟友已经行军一个多星期，走的是一条谨慎选择的路线，在连绵起伏、有时难以通行的威尔士乡间缓缓前进。这支大杂烩的军队里有法兰西人、威尔士人、英格兰流亡者，还有一小群苏格兰人，但他们头顶上的战旗的图案包含了一些象征他们意图的元素。圣乔治的十字和博福特家族的暗褐色牛①表明了亨利·都铎对王位的企图和他的兰开斯特家系。白绿两色背景的红龙让人想到，身为威尔士人，亨利不仅可以和亨利六世扯上关系（亨利六世授权埃德蒙和贾斯珀·都铎使用红龙纹章），而且和古代的布立吞人国王（如卡德瓦拉德，他的事迹得到吟游诗人的传颂）也有联系。[1]

　　在行军的第一周，他们从米尔湾折向东北，取道哈弗福德韦斯特去卡迪根，然后紧贴着海岸线开往阿伯里斯特威斯。这不是亨利迎战不共戴天之敌（他在给威尔士士绅的信中称理查三世为"那丑恶的暴君，篡夺我的权益的格洛斯特公爵理查"）的最直接路径。但这是最安全的路线：部分是因为威尔士南部被国王控制得很稳固，敌视都铎家族；部分是因为亨利热切希望他的继父斯坦利男爵及其兄弟威廉·斯坦利爵士会愿意投入他们的强大军力（来自他们位于威尔士北部和英格兰西北部的领地）来帮助他。

---

　　① 暗褐色牛应当是沃里克家族的纹章元素。

8 月 14 日，星期日，都铎军抵达马汉莱斯。这座小镇位于达维河谷，在欧文·格兰道尔的时代曾是整个郡的叛军首府。从这里可以径直转向东方，翻越威尔士中部的山峦，然后下山，穿过英威边境，从什罗普郡的肥沃平原进入英格兰。即便在盛夏，这个乡村地带也崎岖难行，但三天后，亨利的部下蹒跚地拖着他们的脚步和他们的大炮越过高地，接近了什鲁斯伯里。英格兰中部各郡出现在他们眼前，他们夺取国家的机会也降临了。

在 15 世纪所有曾经为英格兰王位而争斗的男男女女当中，或许没有比亨利·都铎更让大多数臣民觉得陌生的了。他面庞清瘦，颧骨高，鼻子又长又细，他母亲玛格丽特·博福特也是这样的鼻子。他的圆眼睛（眼皮较厚）与瘦削且向下撇的嘴巴构成一个锐角三角形；黑色鬈发几乎垂到肩膀。他在英格兰生活的时间很短，所以更喜欢讲法语。不过，他已经有了一位加冕国王的仪态和风格。从他呼吁支持的书信中可以看出，他已经非常习惯于使用英格兰君主理应使用的那种盛气凌人的劝导语气。他从马汉莱斯写信给威尔士士绅当中的潜在支持者称："我希望你们，恳求你们，并命令你们效忠于我，尽快集结你们的人民和仆人……做好战斗准备，前来支持和援助我……以收复英格兰王冠，它理应属于我。"[2] 对很多这样的威尔士支持者，他还给出了诱惑：一旦他成功，他将恢复威尔士古老的自由和司法特权。即便如此，都铎的反叛还是让大家觉得希望渺茫，所以赶来增援他的人潮如同细流，而不是江河。

亨利骑马穿越山区时，理查三世得到消息，他等待已久的攻击终于发生了。据一位消息灵通的编年史家说，8 月中旬他在诺丁汉郡"听到消息后欣喜若狂"，说亨利的抵达是"他期盼已久的……因为他能轻而易举地打败这样可鄙的一伙叛贼"。斯坦利家族是都铎唯一真正有希望争取的盟友，但理查三世已经采取了预防措施来确保斯坦利家族的忠诚：斯坦利男爵正在兰开夏郡，不在国王身边，但他已经同意将自己的儿子和继承人斯特兰奇男爵乔治留在国王身边。理查三世并不信任斯坦利家族。作为预防措施，他已经宣布威廉·斯坦利爵士及其盟友约翰·萨维奇爵士①为叛徒，不过这仅仅是为了杀一儆百，震慑那些可能想参加谋反的人。他对斯坦利家族的控制力足够强，所以觉得他们在胆敢攻击自己的受膏国王之前肯定要三思。

无论如何，都铎叔侄离开山区进入英格兰的时候，发现他们与斯坦利家族的联系还是对他们有利。8 月 17 日，星期三，当他们抵达什鲁斯伯里之时，当地行政长官托马斯·米顿放下了吊闸，不准他们进城，并发誓赌咒地说，他们要踏过他的肚皮（意思是除非他死了）才有可能进城。经过短暂的僵持，斯坦利家族给米顿送来信，让他礼貌地对待亨利并帮助他。叛军顺利进城。为了维护自己的誓言和荣誉，米顿躺在亨利面前的地上，让亨利从他的肚皮上踩过去。

亨利的势力在一点点增强。尽管贵族很少参加他的反叛（他军中级别最高的是牛津伯爵约翰·德·维尔），叛军开始招募到许多士绅，他们要么与斯坦利家族有联系，要么忠于爱德华四世或白金汉公爵，乃至克拉伦斯公爵。斯坦利家族自己正率领着 3000 人的军队，不过斯坦利男爵拒绝正式加入都铎叔侄领导的大约 5000 人。8 月 19 日，星期五，都铎军到了斯

---

① 约翰·萨维奇爵士是斯坦利兄弟的外甥。

塔福德。次日，他们抵达利奇菲尔德。21 日，亨利的军队在
亚瑟斯通周边扎营，那里就在沃里克郡和莱斯特郡的交界处。

到此时，理查三世已经从诺丁汉赶到莱斯特，设法集结了
一支大军，据说"兵力比英格兰历史上在单独一个人的旗号
下集结的任何一支军队都更强大"。国王于 8 月 21 日率军从莱
斯特出发，头戴王冠，诺福克公爵和诺森伯兰伯爵在他身侧。
"声势浩大"，"带着高贵的诸侯、骑士和侍从，以及不计其数
的普通士兵"，理查三世向西进发，前往他的侦察兵所说的亨
利·都铎所在的位置。[3] 到黄昏时，国王和王位觊觎者的军队
之间只隔 1 英里多一点，双方都已经准备好迎接自己的命运。

*

理查三世在 8 月 22 日（星期一）醒得很早，因为他前一
夜时睡时醒，遭到"一个可怕噩梦"的折磨。在梦中，"他看
见了恐怖的景象……恶灵在他周围盘旋……对他纠缠不
休"。[4] 国王起得太早，军营里还没有准备早餐，负责做弥撒
的神父也还没有起床。但夜间的不适并没有让国王怯战，反而
让他更加坚定。在理查三世看来，他的敌人是保障他的王国安
全的最后一个障碍。他"宣布，他打算，如果他获胜，就要
粉碎所有敌对势力"，原因之一是，他相信如果亨利·都铎获
胜也会对敌人斩草除根。这一天，他告诉自己的伙伴："他将
要么结束战争，要么结束自己的生命。"[5] 他决定戴着自己的
王冠上战场。他的身份，他拥有的一切，将遇到极大风险。

两军分别驻扎在一个叫瑞兹米尔的地方的两侧，瑞兹米尔
是一片沼泽丛生的平原，位于安比翁山的陡坡之下，周围是翠
绿的乡村景观，零星散布着一些村镇，包括北面一段距离之外
的博斯沃斯市集。王军营地在萨顿契尼，靠近安比翁山。他们

有大约 1.5 万人，散布在原野之上。他们都受到鼓励，在战斗之前吃饱喝足。他们的士气不错，因为他们行军都还只有几周时间，但发生了两起高级别的尴尬事件，这对斗志造成了一定的打击。被怀疑参加 1483 年谋反的托马斯·鲍彻爵士和沃尔特·亨格福德之前被囚禁在伦敦塔，但在被转移的过程中逃跑，加入了亨利·都铎阵营。战后还有人说，在战役前夜，诺福克公爵的营帐被人涂鸦，写上了失败主义的口号：

> 傻瓜诺福克不要太胆大，
> 因为你的主子迪肯①已经被卖了。

曙光刚刚洒落在营地，安比翁山上的哨兵就看到敌人在运动，他们呈战斗队形向东北方前进，穿过安比翁山与阿特顿村和范尼德雷顿村之间的农田。亨利·都铎抢在理查三世的人马之前夺得先机，现在国王的士兵们手忙脚乱地准备迎战。

理查三世的兵马看上去和指挥他们的失眠国王一样凶悍。他们排成单列，延伸数英里，骑兵和步兵肩并肩：刀剑、甲胄和锋利的箭头闪着寒光，数十门身管细长的蛇炮和它们的亲戚，即较粗壮的射石炮被锁在一起搬运。有些步兵携带手炮。王军的所有火炮发射时，清晨的空气中弥漫着腐蚀性的硝烟，原野上回荡着震耳欲聋的巨响。箭雨倾盆而下，弓弦的脆响和致命羽箭射向脆弱肉体的嗖嗖声与炮声混在一起。

叛军前锋由久经沙场且狡黠的牛津伯爵约翰·德·维尔指挥，左右两翼分别由亨利的盟友约翰·萨维奇和吉尔伯特·塔

---

① 迪肯即"理查"的昵称。

尔伯特统领。亨利本人在后方战线，周围的人极少，他们簇拥着都铎军的旗手威廉·布兰登爵士。对理查三世来说幸运的是，斯坦利家族没有出现在叛军那一边。尽管斯坦利男爵和威廉爵士就在战场附近，他们的军队和王军是分开的，距离王军约1英里，他们可以在那观战，暂时没有投入作战。这种策略只对斯坦利一家有利。理查三世恼怒之下发出消息，他将立刻处死斯坦利男爵的儿子斯特兰奇男爵（他被带到战场，当作人质），以惩罚斯坦利家族的暧昧。但由于战场上的混乱、轰鸣和慌乱，国王的命令没有得到执行。

随后的战局很难还原。亨利的前锋在牛津伯爵的指挥下，利用自己右侧的沼泽地带作为天然屏障，与冲下安比翁山的王军交锋。两军前锋猛烈碰撞，头戴铁盔，殊死搏斗。牛津伯爵命令他的部下以密集队形作战，据维尔吉利的说法是，"距离军旗不到十英尺"。[6]这让敌人的阵脚有些混乱，身处后方的亨利·都铎看到了这一点，理查三世国王在较高的山顶上也看到了。

亨利·都铎及其卫队仍然在他的王旗下，聚成一小群。对从来不缺乏勇气的理查三世来说，这是一个快速结束战斗的良机。他的敌人活了二十八年还从来没有指挥过军队，而他，理查三世，是经历过不计其数鏖战的坚韧不拔的老将。"他怒气冲冲，用马刺催动坐骑"，从己方前锋的一侧猛冲下去，奔向敌人所在的地方。此时他还戴着王冠。[7]

理查三世杀气腾腾地冲入亨利那一小群人。他的袭击让叛军首领惊慌失措，旗手当场阵亡，标志统帅所在位置的大旗被丢到地上。对任何军队来说，这样的时刻都是极其危险的，因为军旗倒下一般意味着旗下的人失败甚至死亡。但亨利死死支撑着，尽管"他自己的士兵……几乎已经断绝了胜利的希望"。[8]他的顽强得到了回报。看到亨利陷入险境，可能还听说了斯特兰奇男爵被判死刑，威廉·斯坦利爵士率领他的预备队投入混战，在千钧一发的最后关头站到了都铎那边。3000人的生力部队拥入战场，击溃了王军，战胜了理查三世。他此时正在能清楚看见自己竞争对手的地方厮杀。

理查三世似乎在某个时间要么丢失了头盔，要么是自己脱掉了头盔。这让他付出了生命的代价。他遭到好几次打击，头部被击中，头骨的一小部分被击落。然后他的头骨顶端遭到一支小但锋利的剑的沉重打击，颅骨被刺穿。最后，一把沉重的带刃兵器（很可能是戟的大型弯刃，非常歹毒）将他头骨基部的很大一块砍掉，造成一个很大创口，可能足以在一瞬间将他杀死。[9]维尔吉利写道："理查三世孤身奋战，在敌群中奋勇拼杀，不幸战死。"[10]他死了，即便不算英雄，也肯定算得上一位坚强勇敢的军人。"要么结束战争，要么结束自己的生命。"国王在战斗前夜曾这样呼喊。命运替他做了选择：正如当时一位作家的惊叹，"一位英格兰国王在自己的王国内，在一场对垒战中阵亡。这样的事情在哈罗德国王①的时代之后闻所未闻"。[11]他的死让此役（后来被称为博斯沃斯战役）宣告结束。战斗结束之后，理查三世的遗体被剥去衣甲，用一匹马运到莱斯特，埋葬在灰修士教堂的中殿。在他最后的旅途中，他的尸体遭到凌辱和破坏：一把刀子或匕首被猛地刺入他赤裸的臀部，以至于打坏了他的骨盆。随后，他那遍体鳞伤和血污

---

① 指哈罗德·葛温森（1022~1066），史称哈罗德二世，英格兰的最后一位撒克逊国王，在黑斯廷斯战役中阵亡，于是诺曼底公爵威廉征服了英格兰，开创诺曼王朝。

的尸体被丢进一个匆匆挖掘的浅浅墓穴。"慈悲的上帝啊，"一位编年史家写道，"请宽恕他的罪过。"[12]

＊

打赢博斯沃斯战役之后，亨利·都铎向上帝感恩，爬上最近的山顶，向战场上站在他面前的精疲力竭的人们讲话。他感谢了与他并肩作战的贵族和绅士，命令妥善照料伤员、安葬死者，然后接受了士兵们的欢呼。他们扯着嗓门呐喊："上帝保佑亨利国王！"站在附近的斯坦利男爵把握住了机会。有人在"战场的战利品当中"发现了理查三世的破损王冠，它在混战中与他的头盔一起脱落。作为立王者，斯坦利男爵行使自己的权利，为亨利·都铎戴上这顶空王冠，"因为他已经由人民推举为国王"。随后胜利者离开了战场，缓缓地、威风堂堂地开往伦敦。

亨利七世将自己统治开始的日期正式定为 8 月 21 日（星期日），即博斯沃斯战役的前一天，这种做法很新颖，让他能够将自己的胜利展示为上帝对他的王权的认可。所以，既然亨利七世的统治得到了上帝的认可，他由斯坦利"加冕"（形式非常不正规），而他的竞争对手理查三世已死（这对一位篡位者来说，真是难得的有利条件），他可以放心地将自己的正式加冕礼推迟两个多月。推迟加冕的部分原因是出于安全考虑，因为 1485 年夏末的伦敦暴发了"汗热病，很多人暴死"。[13]于是亨利七世的加冕礼被定于 1485 年 10 月 30 日，星期日，这就有了充分时间等待疫病消退，并准备一场光辉璀璨的典礼。亨利七世认识到，在政治上他是个陌生人，所以他的统治需要辉煌的公共景观来证明他并非外来闯入者，他配得上当亨利六世和爱德华四世的继承者。所以从这个角度看，奢侈是政治上的必需。

罗伯特·威洛比爵士记载了加冕礼的盛况，其中讲到伦敦的金匠、布商、刺绣匠、丝绸女裁缝、裁缝、劳工、船工和马鞍匠忙得不可开交。朝廷订购了大量紫色（帝王的颜色）、深红色和黑色的天鹅绒、绸缎和丝绸，这些材料随后被加工成美丽的上衣、裤子、帽子、长袍、壁毯、软垫和窗帘。亨利七世的亲信得到饰有鸵鸟羽毛的帽子、高级西班牙皮革制成的靴子以及黑色和深红色的华美服装。[14] 就连马匹也装扮得十分得体：马镫包裹着红色天鹅绒，笼头饰有白色流苏和银纽扣。朝廷花 50 多英镑定制了 105 个白银和镀金的吊闸（玛格丽特·博福特的家族符号）① 徽章，赠送给贵宾。这比亨利七世游行中的四把仪式宝剑（两把的剑尖是锋利的，两把是钝的）的制作开销贵多了。加冕礼各种仪式和庆祝活动一共花费了超过1500 英镑。[15]

新国王从伦敦的刺绣工匠那里购买了精美的装饰物和挂毯，以清晰可见的方式展示新王朝的象征符号。加冕礼的王室官方记录里有一个条目很显眼："［4 镑 13 先令 4 便士］被支付给约翰·史密斯，他制作了一件蓝色天鹅绒的坐骑饰毯，上有威尼斯黄金制成的红色玫瑰和龙爪"。加冕礼上展示了许多符号。有的是传统英格兰的符号，如圣埃德蒙和忏悔者圣爱德华的纹章；也有属于一般骑士风格的，如"猎鹰图案的坐骑饰毯"，它是由一个叫休·莱特的人制作的。但有几个符号是专属于新的都铎国王及其家族的。卡德瓦拉德的纹章宣示了

---

① 因为博福特（Beaufort）在法文中的字面意思是"美丽的要塞"，所以有吊闸（要塞的防御设施）。得名自法兰西北部的一个地方，它曾是冈特的约翰的领地。后来约翰与凯瑟琳·斯温福德的后代被称为博福特家族。

亨利七世与亚瑟王传奇中古代不列颠－威尔士国王的联系。约克王朝曾提出这种主张，他们自豪地通过莫蒂默家系上溯到古老的根源。许多火红色的龙和龙爪体现的是另一种类似的血统。但花费最多的是黄金的红玫瑰。玫瑰的图像并不新鲜：约克家族曾喜欢用白玫瑰徽记，还经常用金色的太阳，并将这两种图像融合起来。的确，自从亨利四世在世时，红玫瑰有时被与兰开斯特国王联系起来。而威尔士诗人罗宾·德杜将都铎王朝与红玫瑰联系起来，渴望"红玫瑰能够盛开"的时节。[16] 不过从来没有过一位英格兰国王如此有意识地、显著地采用红玫瑰为自己最显眼的象征。

加冕礼隆重举行，最重要的位置由亨利七世最信赖的一小群英格兰贵族占据，包括他的叔父贾斯珀·都铎（如今被封为贝德福德公爵），他的继父斯坦利男爵托马斯（如今被封为德比伯爵），爱德华·考特尼爵士（另一个曾在布列塔尼的流亡者，如今得到了他祖先的德文伯爵头衔）。这三人都在典礼上发挥了重要作用，牛津伯爵约翰·德·维尔也是这样，他的忠诚在加冕礼宴会上得到了报答。他享有为国王戴上王冠的荣耀。这些人的长期受苦受难和对都铎事业的信念，如今都得到了丰厚的报偿。但得到最丰厚报答的要数玛格丽特·博福特，国王的母亲：据她后来的忏悔神父约翰·费希尔说，王冠被戴到她儿子头上时，她"喜极而泣"。

玛格丽特享有里士满伯爵夫人的头衔，之前理查三世从她手里转移到她丈夫名下的土地被归还。国王宣布她为"独身女子"，这是一个特殊的法律地位，赋予她完全独立；还赏赐她位于泰晤士河畔冷港的一座美丽豪宅，作为她在伦敦的主要宅邸。但看到儿子（她仅仅十三岁时，在一座阴冷且瘟疫横行

的威尔士城堡，这个孩子从她腹中来到人间，给她造成了极大
创伤）加冕为国王，一定是一位母亲能够渴望的最大报偿。
在亨利七世在位期间，玛格丽特享有一种近似王后的地位，被
允许穿戴王后的服装，并（在她的晚年）获准使用签名"玛
格丽特·R①"，这是很明显的王后风格。她的儿子事无巨细都
要征求她的意见，从外交政策到法律事务和国内安全。她位于
北安普顿郡的宅邸克里维斯顿得到大规模翻修，成为富丽堂皇
的宫殿和王室在英格兰中东部地区的一个基地。她获得了王后
的地位和权威，而她对此十分享受。

当然，她毕竟不是王后。亨利七世在 1483 年庄严起誓要
迎娶约克的伊丽莎白。现在他当上了国王，必须兑现诺言。12
月 10 日，在亨利七世的第一届议会上，议长托马斯·洛弗尔
请求国王"迎娶高贵的伊丽莎白女士，爱德华四世国王之女，
为他的妻子和伴侣；蒙上帝洪恩，很多人希望国王的血脉得到
繁衍，以抚慰全国"。[17] 国王端坐在议员们面前，告诉议会，
他"愿意遵从他们的意愿和请求来行事"。婚礼将于 1486 年 1
月 18 日举行。

亨利七世与伊丽莎白结婚，不仅仅是他兑现诺言或者服从
民意的问题。这对他的整个君主宣言是至关重要的。亨利七世
作为兰开斯特国王从血统上主张王位的权利很弱，这不是秘
密。他不是亨利六世显而易见的继承人，无法得到兰开斯特党
全心全意的接受。亨利七世之所以能成为国王，很大一部分原
因是，那些寻找合适人选来取代爱德华四世的人愿意把他当作
国王候选人。所以，迎娶爱德华四世的长女，对维持这些人的

---

① 拉丁文 Regina 的缩写，即王后。

拥护并努力恢复英格兰王室传承的稳定性，非常关键。值得注意的是，亨利七世确保他的加冕和被推举为王，都是凭借他自身的权利、上帝的评判；然后，他才与伊丽莎白结婚。他不能允许自己被视为仅仅是约克党人的傀儡，更不能让人觉得他仅仅是通过自己妻子的权利才能当国王。（1486年，一群英格兰大使奉命通知教皇，亨利七世借助"上帝的支援"赢得了"他祖先的王位"。他娶伊丽莎白，是为了"结束内战"。[18]）不过，他利用自己的婚姻来传达一种微妙而有效的政治信息。这种信息可以用一个醒目的视觉主题来概括。他的婚姻用第三种玫瑰来代表。它不是著名的约克白玫瑰，也不是匆匆采纳的兰开斯特红玫瑰，而是二者的完美融合：都铎玫瑰。白玫瑰被附加在红玫瑰之上，构成联合的视觉象征，即便最笨的人也一下子就能明白它的含义。都铎的双重玫瑰既诠释了内战（在风雨飘摇的15世纪，内战撕裂了英格兰）的原因，也提出了解决方案。都铎玫瑰告诉大家，一切都是由于兰开斯特家族和约克家族的分裂。都铎玫瑰还告诉大家，如今一切问题都因为两个家族的联姻而得到解决。或如当时的作家和宫廷诗人贝尔纳·安德烈①所说："大家和谐地同意，曾经互相视为死敌的两个家族，如今合二为一，建立一个新王朝。"[19]说得轻一些，这也是对历史的过于简单化的解读。但是，这种理论将会延续数百年。

婚礼按照惯常的风俗来操办，有"婚礼火炬、新床和其他恰如其分的装饰"，然后是"辉煌灿烂……的王室婚礼与王后

---

① 贝尔纳·安德烈（1450~1522），出生于图卢兹的法兰西奥斯定会修士和诗人，撰写了亨利七世时代英格兰的历史，并且是桂冠诗人。他是亨利七世之子亚瑟的教师，可能也参与了对未来的亨利八世的教育。

的加冕礼。主宾互相赠送厚礼，所有人都得到馈赠，举行了宴会、舞会和比武大会，慷慨大方地欢庆……这普天同庆的时刻"。[20]新王后在新婚之夜或者没过多久之后就怀孕了。1486年3月，国王夫妇去北方巡视，向国民展示新国王的权力与幸运。途中他们遇到了一些小骚乱，但乡村大体上太平。在约克，即前一个政权的腹地，欢迎新国王的第一场城市表演动用了一台机械设备，它展示了一朵巨大的红玫瑰与一朵白玫瑰融合，然后出现了其他美丽的花朵（"烘托玫瑰是所有花卉中最显要者"）。最后，一顶王冠从云中落下，遮住了整个场景。[21]它要传达的信息再清楚不过了。

*

伊丽莎白王后于1486年9月在温切斯特的圣斯威森修道院分娩。这个地点不是随便选的。温切斯特曾是英格兰首都，与亚瑟王及其圆桌骑士有紧密的联系，所以刻意选这个地方为王后的分娩地点，是希望她会生下一个儿子和继承人，而他的统治也将重现往昔的辉煌。[22]自从金雀花王朝最早的日子，英格兰富裕且受过教育的精英阶层就喜爱从布鲁图斯①、卡德瓦拉德和亚瑟王之伟业开始的民族历史。这种时尚眼下仍然很强劲。1485年，托马斯·马洛礼的《亚瑟王之死》被卡克斯顿印刷推出，为喜好卡美洛②传奇的人们提供了一种新媒介。英

---

① 指"特洛伊的布鲁图斯"。根据中世纪英格兰的传说，他是特洛伊英雄埃涅阿斯的后代，也是不列颠王国的创造者与第一任国王。最著名的记载出自12世纪史学家蒙茅斯的杰弗里所作的《不列颠诸王史》。然而古典时代的著作中没有提及他，因此现代学者大多认为他并非历史上真实存在的人物。

② 卡美洛是亚瑟王传奇中亚瑟王的城堡与宫殿。

格兰王权的起源和理想就在这些上古历史传说当中，亨利七世非常刻意地将自己与这些传说联系起来。[23] 所以他努力让自己的继承人出生在具有尽可能多的历史意义的地方。

在这场王朝繁衍的戏剧中，伊丽莎白将她的角色扮演得极好。9 月 20 日，她生下一个健康的男婴，他当然被取名为亚瑟。贝尔纳·安德烈溜须拍马地写道："让教士吟唱恰当的圣歌，赞颂吧，并恳求有福的精灵保佑这个男孩，让他兴盛父母的光辉事迹，在虔诚和武德上超越他的祖先。"[24]

亚瑟很快获得了王子地位的所有象征符号。他出生后便自动成为康沃尔公爵；他三岁时被册封为威尔士亲王和切斯特伯爵，并成为巴斯骑士。他还不到五岁就成为嘉德骑士，在温莎的圣乔治礼拜堂占据自己的嘉德骑士座席。自爱德华五世失踪以来，这个座席就一直空荡荡的。亚瑟被任命为北方守护者，实际工作由萨里伯爵托马斯·霍华德主持。亨利七世出国的时候，亚瑟被指定为摄政者。进入幼儿期之后，王子由贝尔纳·安德烈负责教导，就是安德烈在王子降生时写下了那些华丽的颂词。安德烈报告称，他的弟子勤勉好学，精通古典文化。亨利七世希望自己的儿子就像当初爱德华五世那样，在一个王子议事会（设在拉德洛）的辅佐下统治威尔士和英威边境地带。爱德华五世的议事会由备受信赖的舅父里弗斯伯爵主持，而亚瑟王子的权力由他的叔祖贝德福德公爵贾斯珀·都铎行使，从很多方面讲，他是最忠诚的一个人。

亚瑟王子很快有了一个妹妹。玛格丽特于 1489 年 11 月 28 日出生于威斯敏斯特。弟弟亨利王子于 1491 年 6 月 28 日出生，小妹玛丽出生于 1496 年 3 月 28 日。对自己的次子，亨利七世也遵照了爱德华四世时代的惯例：小亨利大约在一岁生日时被任命为五港守护者和英格兰最高军务官，后来获得了显赫且令人浮想联翩的约克公爵头衔。他于 1494 年 11 月 1 日（万圣节）接受正式册封后，朝廷举行了盛大的庆祝活动。国王举办了为期三天的盛大的比武大会，奖品非常丰厚，包括镶嵌红宝石、绿宝石和钻石的沉重金戒指。朝廷还举行了隆重的宴会和舞会，二十名贵族子弟被封为骑士。几乎所有显贵都参加了威斯敏斯特议会厅举行的一次庄严仪式，小男孩亨利身穿华服与头戴王冠的父母一起露面。亨利七世统治的故事由一系列盛景和重大活动组成，故事其实也很简单：他在借助自己的家庭来治愈他的王国。

尽管亨利七世国王和伊丽莎白王后成功地生儿育女，宣传他们的婚姻并在全国各地张贴他们的都铎玫瑰，但仍然（不可避免地）有人希望，折磨英格兰那么久的动乱和暴力冲突能够复燃：推翻又一个篡位者家族，扶植另一个国王上台。亨利王子年仅三岁就被册封为约克公爵，就是对一起反对他父亲的阴谋的具体回应。三代人时间里的英格兰历史让这样的事实变得不可避免：任何有一星半点儿王室血统的人，都可能成为令人信服的国王人选。不管这个人活着，还是已经死去。

20. 嫉妒永不死

1487年耶稣升天节，在都柏林的基督教会座堂，一个年轻人接受了相当出人意料的加冕礼。除了都柏林城堡和本城的另一座大教堂（圣帕特里克大教堂）之外，基督教会座堂是城里最宏伟的建筑，也是整个爱尔兰最雄壮的建筑之一。5月24日，星期日，基督教会座堂在享受它的一个非同寻常的时刻。一个十岁儿童，打扮得让人眼花缭乱，在基尔代尔伯爵杰拉尔德·菲茨杰拉德和林肯伯爵约翰·德·拉·波尔搀扶下，被加冕为英格兰与法兰西国王爱德华六世。

他的名字，或者说更有可能是化名，是兰伯特·西姆内尔。他可能是来自佛兰德的孤儿，也可能是牛津郡一个叫约翰的孩子。他的父亲可能是一个叫托马斯·西姆内尔的木匠，专业是为牛津大学和其他正在蓬勃发展的大学的学院和教堂装配管风琴的木制配件。或者，他是一个面包师或鞋匠。我们对孩子的母亲知之甚少。[1]我们只知道，这孩子于前一年秋季出现在都柏林，自那以后就用他的所谓背景和个人历史让当地民众激动不已。他是个俊俏少年，据一位作家说，他"谙熟宫廷礼节"。这一天，在大教堂内的春季阳光照耀下，他看上去无疑光辉灿烂。一顶从圣母马利亚雕像上取下的小金冠被戴到他头上，随后他被一位当地贵族扛在肩头，在全城的街道游行，然后在城堡内得到祝酒和飨宴。[2]带有他的肖像的钱币非常好看，为他制作的御玺也不错，上面显示这孩子坐在宝座上，手里拿着圣球和权杖。但他肯定不是英格兰的国王。

兰伯特·西姆内尔是个冒牌货。他自称是沃里克伯爵爱德华，即克拉伦斯公爵乔治的幼子。爱德华人生的大部分时间在牢狱中度过，曾被羁押于谢里夫哈顿、玛格丽特·博福特在伦敦的冷港宫殿和伦敦塔。1487 年耶稣升天节时，沃里克伯爵爱德华就在伦敦塔。他父亲针对爱德华四世的反叛连累了他：克拉伦斯公爵乔治被处决和剥夺爵位之后，沃里克伯爵爱德华就成了一个政治上和法律上都无足轻重的人，在格洛斯特公爵理查和后来的亨利·都铎对王位提出主张时，他大体上被无视。若不是克拉伦斯公爵被夺爵，沃里克伯爵爱德华就是约克王朝最后的男性直系后裔。然而，他先是理查三世的囚徒，后来变成亨利七世的囚徒。不过，冒充他的人在不到一年时间里就吸引到多得令人担忧的支持者，这些人都反对亨利七世刚刚开始的统治。对真正的国王来说不祥的是，兰伯特·西姆内尔的支持者即将对英格兰发动全面入侵。

将西姆内尔包装成"爱德华六世"的始作俑者是谁已经说不清了，但西姆内尔从牛津郡出来的时候，似乎得到了一个叫威廉·西蒙兹的教士和三个理查三世支持者的政治赞助。这三人是洛弗尔子爵弗朗西斯、巴斯主教罗伯特·斯蒂灵顿和林肯伯爵约翰·德·拉·波尔（他是理查三世的外甥[1]，所以博斯沃斯战役时他是理查三世的推定继承人）。最重要的因素是，这起阴谋得到了勃艮第公爵的遗孀玛格丽特的支持。她是理查三世的姐姐，在安特卫普附近的梅赫伦代表自己的继外孙美男子腓力统治尼德兰。玛格丽特是一位水平很高的政治家，

---

[1] 林肯伯爵约翰·德·拉·波尔的母亲伊丽莎白是爱德华四世的妹妹、理查三世的姐姐。

并且非常强有力且顽强地捍卫她眼中的家族利益。她拒绝接受亨利七世的登基，于是开始保护那些与她一样希望破坏乳臭未干的都铎王朝的流亡者。

亨利七世知道爱尔兰有一个王位觊觎者已经有一段时间了。他自己的经验一定告诉他，他自己是用暴力夺权的，那么他将受到其他企图如法炮制的人的考验，于是他果断地采取行动。1487 年 2 月 2 日，他把真的沃里克伯爵爱德华从伦敦塔放出来，放到伦敦街头展示，试图以此掐灭阴谋。随后，他下令剥夺伊丽莎白·伍德维尔的地产，将她送到博门希修道院过奢华的隐居生活，而将她的长子多塞特侯爵关进伦敦塔。没有任何证据表明这两人参与了西姆内尔阴谋：伊丽莎白是王后的母亲，所以没有动机去推翻自己的女婿和女儿，肯定更不会去帮助克拉伦斯公爵的儿子。多塞特侯爵在性格上是个不可靠的人，亨利七世不信任他，没有让他参加博斯沃斯战役，但也没有确凿的证据表明他在谋反。不过，亨利七世不愿意冒任何风险。他的谨慎是非常明智的。因为在 1487 年 6 月 4 日，1500名德意志雇佣兵和 4000 名爱尔兰农民在英格兰最西北部的坎布里亚海岸的弗内斯地区登陆了。他们的领导人就是西姆内尔及其操纵者林肯伯爵约翰，军队的指挥官则是令人生畏的瑞士将领马丁·施瓦茨，此人"精通兵法"。[3]

他们快速通过坎布里亚的低矮山峦和奔宁山脉，到了文斯利代尔，然后绕过约克到了唐克斯特，并开往纽瓦克方向。他们的前进速度极快，6 月 15 日就接近了特伦特河，这是英格兰南北的传统分界线。国王不能有片刻犹豫。这是一场全面入侵，至少像亨利七世自己两年前发动的入侵一样严重。烽火点燃了，它们向国民发出警报，敌军正在沿英格兰的脊梁南下。

国王又一次将在战场中亲身涉险。

西姆内尔和林肯伯爵登陆时，亨利七世正在中东部的凯尼尔沃思。他立刻让全国进入战备状态。王军集结起来，贝德福德公爵贾斯珀和牛津伯爵约翰被任命为最高指挥官。斯坦利家族得到了一个单独的任务，保卫他们的势力范围。其他忠诚的贵族，包括莱尔子爵、斯凯尔斯男爵、托马斯之子里斯爵士、什鲁斯伯里伯爵和德文伯爵，都得到传唤，参加平叛。要求维护公共秩序的宣言被发往全国各地。国王骑马来到考文垂，然后去莱斯特，调集他的军队，准备迎战。在莱斯特，理查三世的遗骸（被埋葬在灰修士教堂还没多久）一定让国王想到了命运的无常。亨利七世在莱斯特没有停留多久。西姆内尔和林肯伯爵的军队抵达特伦特河时，亨利七世已经集结了他自己的大军，兵力可能是入侵者的两倍，驻扎在诺丁汉城堡之下。此时是耶稣圣体节（通常是游行、盛景和上演神秘剧的时节）充满节日气氛的周末，但外国雇佣军正在英格兰中部各郡肆虐。除了打败敌人之外，国王没有别的念头。"就像鸽子遇见黑色的风暴，"贝尔纳·安德烈引用了维吉尔的《埃涅阿斯纪》写道，"人们立刻拿起武器。现在王军出动，去迎战野蛮人。"[4]

两军在纽瓦克东南不远处交锋，地点是蜿蜒流淌的特伦特河的低岸附近，古罗马的大道在那里径直穿过莱斯特，伸向位于林肯的终点。6月15日，星期五，叛军在东斯托克村附近过夜。叛军约有8000人，其中有一群训练有素的外国雇佣兵，配备戟、弩和火绳枪（一种长管的原始步枪）；也有半裸身子的爱尔兰山民，手持长矛；还有英格兰北方形形色色的弓箭手、骑兵和炮手，他们都是叛军首领在南下的漫长行军过程中招募来的。王军当中有很多博斯沃斯战役的老兵和贵族的大群武装侍从，他们在拉德克利夫附近过夜，在朝向诺丁汉的方向距离拉德克利夫几英里远。亨利七世的侦察兵于拂晓时分出动，很快便匆匆赶回营地，报告国王称他们看见叛军在东斯托克（当地人简单地称其为斯托克）附近的一座山脊上排兵布阵，准备作战。

6月初天亮得早，而且路程不远，所以亨利七世的军队在上午9点左右就抵达了战场。在他们面对西姆内尔军队（比王军兵力少得多）开始布阵时，亨利七世向将士发表了一次演讲。安德烈后来给国王的演讲赋予了一种奇思妙想的诗意，但他转达的那种情感可能很真实：林肯伯爵"寡廉鲜耻地"与"轻浮无耻的"女人勃艮第的玛格丽特结盟；而国王相信，让他们在博斯沃斯战役之中取胜的"同一位上帝"会"再次给我们胜利"。[5]

叛军用一阵弩箭开始了战斗。亨利七世的弓箭手猛烈还击。西姆内尔和林肯伯爵军中的很多普通士兵是没有甲胄、十分脆弱的爱尔兰战士，他们更习惯于徒手搏斗而不是抵挡箭雨，所以叛军几乎遭到了一场大屠杀。

叛军不愿停在原地承受远距离的毁灭性打击，于是发起冲锋，开始了一场凶残的近距离白刃战。这种打法比较适合来自欧洲大陆的经验老到的雇佣兵和来自爱尔兰乡村的凶悍战士。近距离战斗持续了大约一个钟头，亨利七世的兵力优势体现出来，敌军开始瓦解。双方都损失惨重，但叛军遭到了更为恐怖的屠戮。西姆内尔和林肯伯爵的军队可能有4000人死亡，很多是被箭射死的，他们的鲜血在战场上聚成很大的一摊一摊，渗入一个有林木的洼地，后来那里被称为"红阴沟"。最后，几乎所有的叛军首领和将领都死了，包括林肯伯爵、马丁·施瓦茨和洛弗尔子爵。兰伯特·西姆内尔被俘，被押往伦敦塔，得到了宽厚待遇，后来他为国王服务。（他从厨房小厮干起，后来被提拔为驯鹰人。）与此同时，亨利七世从战场出发游行（这是两年内他第二次胜利游行），率军到了林肯城，举行盛宴欢庆胜利，享用狗鱼、阉鸡、羊肉、牛肉，还绞死了一些胆敢作乱的爱尔兰和英格兰普通士兵。捷报被送往全境，亨利七世在伦敦的支持者特别欢迎这消息。之前伦敦有人造谣说国王已被打败且丧命，这是无中生有。亨利七世将自己的统治托付给上帝，而上帝又一次捍卫了他的王权。事后追溯来看，斯托克战役非常有意义。因为这是亨利七世以及都铎王朝其他君主为了保卫自己的王位而进行的最后一战。

不过，尽管最后一次武力交锋结束了，危险还没有完全消失。因为西姆内尔刚刚被俘就出现了第二个王位觊觎者，他会骚扰都铎国王很多年。

*

1491 年年底，一个名叫普雷让·梅诺的布列塔尼商人从里斯本乘船到爱尔兰销售丝绸。他来到了爱尔兰东南角崎岖海岸上的科克。该城坐落于沼泽地之中，占据好几个岛屿，商店和房屋杂乱无章地矗立在纵横交错的街巷网络当中。这里有流亡者和阴谋家在蠢蠢欲动。他们是有理由仇恨大海彼岸英格兰国王的异见分子，他们始终在寻找机会攻击国王。

陪同梅诺一起做丝绸生意的是一个来自法兰西北部的年轻人，名叫皮埃尔雄·德·维尔贝克。皮埃尔雄大约十七岁（他的敌人将他的全名嘲讽性地部分英语化为珀金·沃贝克），1474 前后出生于图尔奈，即法兰西和尼德兰之间的边境地带。

据维尔吉利记载，此人"头脑敏捷，足智多谋"，会说英语和其他好几种语言。[6]他的父母让他给其他商人当学徒，所以他从大约十岁开始就在西欧的许多贸易城镇（从安特卫普到里斯本）过着旅行生活。他就是在里斯本结识了梅诺。最后他到了爱尔兰，受到科克前市长约翰·阿特沃特的注意。阿特沃特是该城约克党同情者网络的核心人物。不管他们是觉得沃贝克很像另一个著名的年轻人，还是他们仅仅觉得沃贝克是个雄心勃勃的年轻人，可以为他们所用，或两种原因兼有，他们拉他入伙，搞了一场阴谋。就像兰伯特·西姆内尔冒充王室后裔一样，沃贝克也被包装成王室成员。不过，这一次他假扮的不是沃里克伯爵爱德华，而是塔楼内两个王子中较小的那个，约克公爵理查。

理查如果活到了1491年年末，那么也十七岁了（和沃贝克一样），并且这是登基的完美年纪。人们普遍相信理查已经死了，亨利七世的第一届议会曾谴责理查三世"杀害幼童，这是他的诸多丑恶罪行和针对上帝与人类的罪孽之一"。[7]但因为始终没有找到尸体，也没有凶手被绳之以法，所以有些人还能自欺欺人地相信，理查从伦敦塔逃脱了。[8]科克的乱党包装沃贝克来扮演失踪的王子时，指望的就是有些人的轻信。

沃贝克被包装为"理查王子"之后，被带去见戴斯蒙德伯爵，他热情洋溢地支持沃贝克。随后沃贝克被带到西欧各地，展示给所有想要激怒和骚扰都铎国王的人。

第一个利用他的人，是二十一岁的法兰西国王查理八世，此人当上国王后的第一个宏伟计划是（有点不合法地）迎娶四岁的布列塔尼的安妮，她是患病的布列塔尼公爵弗朗索瓦二世的女儿和继承人。若能娶了安妮，查理八世就可以让法兰西吞并布列塔尼，永远消灭它相对于法兰西王室的独立性。亨利七世与弗朗索瓦二世公爵很熟，因为他曾长期在布列塔尼流亡，所以他自然倾向于支持布列塔尼人。查理八世于是采纳了国际外交当中很常用的手段。自 15 世纪 50 年代英格兰内战爆发以来，外国统治者就非常理解扣押或庇护英格兰王位觊觎者的价值。（最近的几个例子是，弗朗索瓦二世庇护亨利·都铎，勃艮第公爵曾支持爱德华四世，安茹的玛格丽特于 15 世纪 60 年代在法兰西国王路易十一的保护下维持她的兰开斯特流亡宫廷。）最可信的王位觊觎者都已经死了，但若对这个事实置之不理，此项政策仍然很明智。于是，1492 年 3 月，珀金·沃贝克得到了法兰西朝廷的支持。

　　亨利七世对沃贝克得到法兰西庇护的反应非常激烈，仿佛法兰西直接向他宣战了。前一年的议会投票给了他一笔数额相当大的税款，让他派兵去协助布列塔尼防务。现在，这笔钱被花在了更具有侵略性的用途上。夏季，他派遣英格兰舰船去骚扰诺曼底沿海地带。9 月，尽管时间已经晚了，不适合作战，亨利七世还是亲自在英格兰南海岸登船，率领一支非常强大的军队（可能有 1.5 万人）前往加来。他们在营地停留了几天，然后沿着海岸前进 20 英里，来到最近的一座比较重要的法兰西城市，即港口城镇布洛涅。四支英格兰部队向布洛涅猛扑，开始围城。据维尔吉利记载："该城的守军非常坚决，勇敢地守城。但还没有开始真正的激战，军中传播起了一个说法，已经在议和了。"[9] 的确如此。查理八世的目标是吞并布列塔尼，而不是让英法百年战争复燃，所以他很愿意用金钱让亨利七世满意。两国于 1492 年 11 月签订了《埃塔普勒条约》，亨利七世停止入侵，不再干涉布列塔尼事务，而查理八世同意支付英格兰一大笔战争赔款，并承诺在今后十五年里每年支付 5 万金克朗，这是非常慷慨的贡金。最关键的是，他还同意停止支持觊觎亨利七世王位的阴谋分子。出征三个月而几乎没有流血（只有一个过于激动的名叫约翰·萨维奇的骑士死亡，他在布洛涅城下遭到法兰西士兵伏击，不肯投降，而是猛烈抵抗，结果被杀死），亨利七世率军撤回海峡对岸，算是胜利了。

亨利七世不屈不挠的果断行动让沃贝克只得快速逃离查理八世的宫廷。但他还不肯认输，《埃塔普勒条约》让法兰西的大门对他关闭，他就跑到其他国家。这一次，他跑到了全欧洲反都铎情绪的焦点：尼德兰的大阴谋家，约克的玛格丽特，勃艮第老公爵夫人的宫廷。

玛格丽特愿意承认沃贝克是她的侄子，而她非常清楚他是个冒牌货，这足以表明她在政治上的冷酷无情和捍卫自己兄弟遗产的决心。尽管亨利七世娶了她的侄女，玛格丽特死活不肯接受他当国王，所以非常愿意用任何手段来打击他。"老百姓说的话一点没错，"贝尔纳·安德烈写道，"嫉妒永不死。"[10]梅赫伦①的嫉妒肯定是不死的。玛格丽特欢迎沃贝克到她金碧辉煌的宫廷，运用自己作为约克王族成员的回忆来教导他，帮助他改善自己的背景故事，并将欧洲大陆圈子里的权贵介绍给他认识。其中最重要的是德意志国王马克西米利安，他于1493 年被加冕为神圣罗马皇帝②，沃贝克应邀参加他的加冕礼。马克西米利安一世也觉得沃贝克是绝佳的棋子。沃贝克自称理查四世，得到了真正的国王享有的尊重，曾与马克西米利安

---

① 即约克的玛格丽特的宫廷所在地，今天属于比利时，位于布鲁塞尔东北约 22 公里处。

② 史称神圣罗马皇帝马克西米利安一世。

一世一同旅行。而玛格丽特帮他与英格兰境内的异见分子取得联系，企图以这个王位觊觎者的名义煽动叛乱。帮助这个年轻人登上英格兰王位的阴谋在缓慢但稳步地壮大声势。

亨利七世当然不会觉得这是好玩的事情。据维尔吉利说："亨利七世担心如果不能很快让所有人认清骗子的真面目，可能会发生大动乱。"[11] 非常让人担忧的是，国王开始收到一些报告，称尼德兰的叛贼圈子与英格兰境内的人也有联系，有些乱党还与王室内廷的关系很亲密。据说与沃贝克私通谋反的人包括雄心勃勃而狡猾的约翰·拉特克利夫、菲茨沃尔特男爵、罗伯特·克利福德爵士和威廉·沃斯利（圣保罗大教堂的教长）。1493 年春季，国王得知，这些贵族阴谋分子派遣克利福德去低地国家与沃贝克会面，以判断他是不是真的约克公爵理查，如果是，就告诉理查，如果他渡海到英格兰争夺王位，他会受到欢迎。

亨利七世的回应是迅速采取一系列防御措施，这个时期差不多长达十八个月，他派遣间谍去欧洲大陆，刺探关于沃贝克及叛党的情报，并试图在他的圈子里安插卧底。他还命令英格兰各港口保持高度戒备，在国内外做宣传来驳斥沃贝克的所谓王室血统，并对尼德兰各商业城镇实施贸易禁运。年幼的亨利王子于 1494 年 11 月被册封为约克公爵也是打击沃贝克的战略的一部分：设立一个合法的约克公爵，就让假约克公爵的活动空间大大缩小了。

然而，亨利王子被封为约克公爵并没有让沃贝克阴谋结束。相反，威胁似乎越来越逼近王室。1494 年年末，亨利七世的间谍成功将罗伯特·克利福德爵士从叛党中"争取"过来，从他那里获取了大量情报。最让人震惊的是，王室内廷和王族核心居然就有一个所谓的约克党同情者：威廉·斯坦利爵士，国王的宫廷总管和继叔父，博斯沃斯战役的英雄，立王者德比伯爵托马斯的弟弟。据说，有人听见威廉·斯坦利爵士说："如果他能确定沃贝克真的是爱德华四世的儿子，那么他绝不会用武力反对这个年轻人。"[12] 如果最高层的英格兰人都愿意相信理查还活着并且可能回来夺取王位，那么亨利七世就必须非常严肃地对待沃贝克了。

威廉·斯坦利的动摇对亨利七世来说是一次沉重打击，但他快速地处置了此人。国王冒着招致德比伯爵敌对的风险，于1495年1月30日和31日在威斯敏斯特厅审判威廉·斯坦利爵士，他"被判死罪"，于2月16日被处决。与此同时，英格兰本土进一步加强了安全措施，海岸防御力量足以在7月3日打退叛军在肯特郡迪尔的一次登陆；爱尔兰的安全措施也加强了，爱德华·波伊宁斯爵士奉命去爱尔兰，用严酷和专制的手段施加朝廷的纪律。

但沃贝克仍然在自由活动。他入侵肯特的企图失败之后，离开如今敌对他的爱尔兰，来到苏格兰王国，寻求詹姆斯四世国王的庇护。安德烈写道："那里的居民被他的暗示与花言巧语所蒙蔽，相信他是理查四世，并执拗地追随他。"[13] 真相是，他又一次成为一位君主反英大业的工具。他也又一次失败了。詹姆斯四世承认他是"英格兰的理查王子"，给了他住处、人员和一大笔慷慨的资金，作为服装、仆人和马匹的开销，并给他找了一个贵族妻子，即凯瑟琳·戈登小姐，她是一位伯爵的女儿，是国王的远亲。[14] 1496年9月，苏格兰人帮助沃贝克入侵英格兰北方，在边境上那些倒霉的村庄里烧杀抢掠。但看到王位觊觎者的旗帜，英格兰人无动于衷。詹姆斯四世和幻想当国王的沃贝克刚刚进入英格兰境内就不得不撤回，没有任何成绩可言。

亨利七世对苏格兰人支持讨厌鬼沃贝克的反应是坚决果断、毫不妥协的。1497 年 1 月的议会拨给他一大笔税金，以便派遣一支强大的军队北伐，"妥善惩罚詹姆斯四世残酷而邪恶的行径"。此次远征计划在夏季展开，但始终没有落实，因为亨利七世的英格兰臣民不堪忍受重税，于当年 6 月发动了一次反叛，数千名康沃尔人一直前进到布莱克希思。朝廷不得不派遣多布尼男爵贾尔斯（他接替威廉·斯坦利爵士担任宫廷总管）率军镇压。但亨利七世的认真态度让詹姆斯四世确信，沃贝克可能不值得他这么麻烦。于是这个年轻的冒牌货被送走，到别的地方冒险。沃贝克于 1497 年 7 月乘船前往科克，两个月后，他做了最后一次努力，希望得到认可，入侵了康沃尔的兰兹角，企图重新激发前一年康沃尔的反叛精神。不过，他的这个希望实在渺茫。几千名焦躁不安的乡民聚集到他旗下，围攻埃克塞特，但被德文伯爵爱德华·考特尼轻而易举地击溃。这个月底，沃贝克被俘了。10 月 5 日，在汤顿，他被带到国王面前。他终于承认自己并非理查四世，并竹筒倒豆子般招供了自己的出身。他的篡位阴谋就此结束。

和西姆内尔一样，沃贝克被揭穿为冒牌货之后，也在宫廷得到善待。他的妻子凯瑟琳夫人成为王后的侍女，"因为她出身高贵[15]而得到非常好的待遇"。但沃贝克不像西姆内尔那样识趣、老老实实地为国王做事。1498 年 6 月，他在随宫廷一同旅行时企图逃跑。他在西恩被抓获——在两次被关在囚笼内，公开忏悔自己假冒王室成员的罪行之后——并被关入伦敦塔，在那里度过余生，不过他也没能活多久。他的狱友之一就是沃里克伯爵爱德华，即西姆内尔假冒的那个人。沃里克伯爵此时二十四岁，长期的铁窗生涯似乎让他的脑子不太正常了。波利多罗·维尔吉利写道，他"长期见不到人，也看不到动物，以至于分不清鸡和鹅"。[16] 1499 年秋，沃里克伯爵与沃贝克，以及一些伦敦市民（可能是叛党的密探）筹划了一起阴谋。叛党企图将他们二人劫出伦敦塔，然后推举爱德华为国王，以取代亨利七世。越狱，或阴谋越狱，都是严重的罪行，惩罚是非常严酷的。两人在威斯敏斯特厅受到牛津伯爵约翰·德·维尔的审判，他的身份是总管大臣。沃里克伯爵于 1499 年 11 月 28 日在塔山被斩首，沃贝克在泰伯恩被绞死。临刑前，他被迫最后一次招供，他不是金雀花家族的人，而是一个冒险家、冒牌货和骗子。15 世纪快落下大幕了，仍然有贵族丢掉脑袋，仍然有叛党被吊死，两腿可怜兮兮地踢动。淹没英格兰王室近五十年的暴力冲突似乎终于结束了，但这只是因为，已经没有几个值得杀的人还活着了。

21. 白玫瑰

　　1501 年 10 月 2 日下午 3 点，一支船队驶入普利茅斯港。在这之前，它们在剧烈颠簸的大海上经历了猛烈的暴风、排山倒海的巨浪和令人胆寒的闪电。这支船队从坎塔布里亚①的拉雷多港出发，途经布列塔尼最北端，然后向正北方航行，最后在英格兰南海岸靠岸，一共花了五天时间。尽管天气恶劣，珍贵的货物还是安全抵达了：一位十五岁的西班牙公主，阿拉贡的凯瑟琳。她登陆之后接受了聚集于此的人们事先安排好的热烈欢迎。据她的一位伙伴说，人们赞颂她，仿佛"她是全世界的救主"。[1]

　　从某种意义上讲，她可以算是英格兰的救主。英格兰朝廷与西班牙的联合统治者斐迪南和伊莎贝拉为了两国联姻，已经谈判了超过十二年。根据 1489 年的《梅迪纳德尔坎波条约》的原则，凯瑟琳已经两次通过代理与亚瑟王子结婚，但她现在亲身抵达，在英格兰创建新王朝的大戏中扮演她的角色。

　　这可以说是亨利七世统治的巅峰。十六年来，他进行了一场艰苦的斗争，捍卫自己在博斯沃斯夺得的王位，打败王位觊觎者，粉碎阴谋，用不计其数的徽记装饰他的国度，不断宣传都铎王朝的胜利，并与他的妻子伊丽莎白一道勤奋地创建一个新王族。他粉碎了多起篡位阴谋，成功平息了一次抗税叛乱。他曾在战场上保卫自己的王位，后来又通过欧洲的外交网络来

---

　　①　坎塔布里亚为西班牙北部一地区，临近比斯开湾。

捍卫自己。他牢牢控制王室财政，通过他的私人办公室，而不是财政部，来领导英格兰税收工作的很大一部分。这种策略需要他投入大量时间，但让他能够确保自己掌控着政策的细节，避免重蹈他的多位前任的覆辙，他们都因为英格兰王室财政能力的羸弱而遭到批评。他率领一支大军远征法兰西，用军力勒索了一大笔丰厚的贡金。现在，作为自己事业的巅峰，他要庆祝与一个欧洲大国的联盟，庆祝足以保障都铎王朝第二代统治的婚姻。

亚瑟和凯瑟琳于 11 月 14 日（星期日）在圣保罗大教堂结婚，排场隆重。婚礼上高调地展示了三个王国，即英格兰、法兰西和西班牙的纹章。约克王朝按照传统，对这三国的王位都有主张权。此外还张挂了亨利七世的其他纹章符号：威尔士的龙、里士满家族的灵猊和无处不在的玫瑰。整个大教堂挂满了昂贵的阿拉斯挂毯，它们展示着"高贵和勇敢的壮举"以及"伟大城市遭到围攻"。亨利七世和伊丽莎白在一个低调的廊台（"用格栅窗户做成，"这是一位现场目击者的说法）上，避开在场人们的视线观看婚礼，以免抢了衣着光鲜的年轻夫妇的风头。新婚夫妇都从头到脚穿着白色绸缎服装。[2] 尽管国王夫妇的视野受限，他们听到圣保罗大教堂内外的人们欢呼"亨利国王！"和"亚瑟王子！"一定会大感满意。很难想象比这更辉煌的胜利了，王室为此满心喜悦地庆祝。在连续两周的化装舞会、普通舞会、比武大会和庆祝活动之后，新婚夫妇动身前往亚瑟的辖区首府：他的威尔士亲王领地内的拉德洛城堡和英威边境地带。

亚瑟王子的婚姻并非亨利七世拓展自己家族关系网的唯一手段。他还在进行漫长的谈判，打算把十二岁的玛格丽特嫁给苏格兰国王詹姆斯四世。如果能把苏格兰国王吸引过来与英格兰联姻，那么他对英格兰北部烧杀抢掠的胃口应当会减弱很多。亚瑟婚礼的两个月后，玛格丽特的婚姻谈成了，她将于1503年8月8日在爱丁堡荷里路德宫举行的盛大婚礼上与詹姆斯四世喜结连理。但到那时，灾难已经吞没了都铎家族。

1502年4月2日，亚瑟王子在拉德洛去世。他生前患上一种消耗性疾病，可能是肺结核，也可能是一种癌症。[3]他只有十五岁，而他的妻子十六岁就成了寡妇。亨利七世和伊丽莎白王后伤心欲绝，尽管王后努力鼓舞和安慰丈夫，说他们都还年轻，还可以生更多孩子，亚瑟的死仍然对国王造成了沉重打击。他一直没有办法恢复元气。他对王位顺利传承的希望全部寄托在亨利王子肩上，亨利此时快到十岁生日了。[4]英格兰朝廷立刻开始和西班牙谈判，让亨利王子与凯瑟琳结婚。她仍然留在英格兰，和过去一样有希望成为王后。但亨利七世自己的人生经验已经让他无法信赖这样微薄的希望了。

亚瑟去世几个月后，都铎家族又出了一起丧事。国王的叔父欧文·都铎是威斯敏斯特教堂的僧人，安宁而离群索居，于接近古稀之年的高龄去世，1502年6月之前下葬。[5]但这没法和1503年2月11日发生的悲剧相提并论，伊丽莎白王后在那一天与世长辞。她的最后一个孩子，一个被取名为凯瑟琳的女孩的早产导致了母亲的死亡。国王的私人星象学家曾告诉他，王后会活到八十岁。实际上她在三十七岁生日那天就去世了。她的女儿凯瑟琳只存活了一周。国王花费2800英镑为妻子举办盛大而肃穆的葬礼，伦敦的每一座教堂都挂了黑纱。他的悲恸极其深切，几乎触手可及。在不到十八个月的时间里，他为自己王朝的未来做的安排土崩瓦解。

　　亚瑟之死投下的阴影既长又黑暗，它改变了亨利七世统治的整个性质。国王的日常情绪从欢乐变成了猜忌，他一直害怕自己通过艰苦奋斗才得到的一切会突然失去，而他的这种担忧似乎非常接近成为现实。所以，他开始对自己的很多臣民投去迫害妄想狂的注视，对那些他觉得有动机挑战他统治的人抱有赤裸裸的敌意。

　　国王之疑心的主要受害者是德·拉·波尔家族，他们是萨福克公爵约翰·德·拉·波尔及其妻子伊丽莎白·金雀花（爱德华四世的妹妹）所生的一大群儿女。这些孩子当中最年长的是林肯伯爵，他在叛乱的斯托克战役中战死，兰伯特·西姆内尔当时就在他身边。在斯托克战役之后的岁月里，亨利七世没有因为林肯伯爵的叛逆而牵连他的兄弟姐妹。然而在亚瑟死后，与约克党有关系的年轻男子即便什么都不做也很容易引发国王的怀疑。在世纪之交时，德·拉·波尔家族有四个男人在世：埃德蒙、汉弗莱、威廉和理查。汉弗莱是个僧人，所以在政治上是中立的。另外三个却具有潜在的危险性。

　　其中为首的是萨福克伯爵埃德蒙·德·拉·波尔。埃德蒙在 15 世纪 90 年代忠于亨利七世（他曾于 1497 年在布莱克希思帮助镇压康沃尔叛军），是王后的亲戚，与她关系亲近，并且经常参加宫廷聚会和重大场合。但他也有理由对国王心怀不满，这主要是因为他在财政上的困难。他太穷，负担不起公爵的生活，所以在 1493 年继承爵位时被贬为伯爵。但即便作为一个伯爵，他的经济条件也十分堪忧，他岁入的大部分都被转移给王室，所以他"负债累累"。[6] 1498 年，他卷入了一场令人尴尬的案件，被指控杀害了一个叫托马斯·克鲁的人。为了得到国王的赦免，他不得不卑躬屈膝地道歉。除此之外，那些仍然忠于约克家族的人认为，他是爱德华四世遗产的最资深的主张者。萨福克伯爵债台高筑，政治上有麻烦，受到国王的敌人的追捧，并且按照维尔吉利的说法，他"大胆、冲动、暴躁易怒"，所以他开始反对国王。

他第一次挑战国王是在 1499 年 7 月 1 日，当时他未经国王的许可便离开了英格兰，前往皮卡第，企图与约克党的女族长勃艮第的玛格丽特取得联系。这造成了一起严重的外交事件。萨福克伯爵最终于 10 月被带回国，被迫向国王道歉，并被罚款 1000 英镑（超过他的岁入），这让他的财政更加举步维艰。他的朋友和伙伴遭到审讯，他的妻子玛格丽特·斯科罗普受到王室监视。1499 年 11 月，沃里克伯爵爱德华被斩首，这是对任何企图谋逆的人发出的警告。亨利七世国王在表达自己的立场。

但如果这是为了迫使萨福克伯爵服从，那么结果就事与愿违了。1501 年 11 月，在亚瑟和阿拉贡的凯瑟琳大婚之际，萨福克伯爵又一次溜出英格兰，还带去了自己最小的弟弟理查·德·拉·波尔，两人横穿欧洲，到了位于伊姆斯特①的神圣罗马皇帝马克西米利安一世的宫廷。萨福克伯爵得到保证，他在那里可以得到支持。于是在随后五年里，他公开鼓吹反对亨利七世。他主张，他，而不是都铎家族的人，才是合法的英格兰国王。

亨利七世得知埃德蒙变节之后，采取的第一个措施就是搜捕并处罚那些与埃德蒙有关联的人。萨福克伯爵的支持者开始称他为"白玫瑰"。理查·德·拉·波尔与埃德蒙一起逃到了

---

① 伊姆斯特在今天的奥地利西部。

欧洲大陆，但他们的兄弟威廉·德·拉·波尔爵士没有跑路，
于是他被逮捕并被投入伦敦塔，刑期不定。（后来他于 16 世
纪 30 年代死在伦敦塔狱中。）随后，考特尼男爵威廉（德文
伯爵头衔的继承人，娶了王后的妹妹凯瑟琳）也被囚禁，被
关押了将近十年。之前忠于国王的骑士，包括詹姆斯·蒂勒尔
爵士、约翰·温德姆爵士和其他几人，只要与"白玫瑰"有
关系（不管是多么微不足道的关系），都被处决。蒂勒尔死前
被诱导供认自己谋杀了塔楼内的王子。亨利七世这是在提醒国
民：爱德华四世的儿子们真的死了，不值得再为他们而造反
了。除了这些大人物之外，还有数十名自耕农、王室仆人和普
通商人也被逮捕、审讯，其中很多人被处死，死得很惨。亨利
七世又一次开始安插覆盖全欧洲的间谍和线人网络。1503 年
传来了一些好消息，最敌视亨利七世的外国权贵，即勃艮第的
玛格丽特于 11 月 23 日在梅赫伦去世。同年，马克西米利安一
世屈服于长期的外交压力，同意不再为德·拉·波尔兄弟提供
经济援助。不过，亨利七世仍然抓不住萨福克伯爵本人。他尝
试运用在加来的王室特工刺杀萨福克伯爵，但没有成功。[7]
1504 年 1 月的英格兰议会批判德·拉·波尔兄弟"虚伪地、
背信弃义地阴谋杀害我们的主公国王陛下，并推翻他的王
国"，褫夺了他们的爵位。[8]但德·拉·波尔兄弟还活着，并
且仍然逍遥法外。不过，到 1505 年时，亨利七世对"白玫
瑰"事业的打击如此猛烈，以至于欧洲几乎没有一个朝廷或
官员为其提供经济支持。从 1504 年 3 月起，理查·德·拉·
波尔被囚禁在亚琛，因为他的家族在那里负债累累，他被作为
人质扣押，直到 1506 年才逃脱。与此同时，萨福克伯爵在低
地国家漫游，身边的助手和支持者越来越少，靠借钱维持生

计，衣衫褴褛，还典当自己的财产以吃饭。在国内，朝廷继续猛烈镇压被怀疑同情"白玫瑰"的人。1505 年 10 月，可怜兮兮的萨福克伯爵到了那慕尔，被马克西米利安一世的长子、勃艮第公爵美男子腓力扣押。萨福克伯爵已经愿意尝试与亨利七世和解，以结束自己可悲的贫困生活并回国，希望至少能保住自己的性命。但他没来得及行动。

1506 年 1 月中旬，勃艮第公爵腓力和妻子胡安娜从佛兰德起航去西班牙，他后来在那里攫取了卡斯蒂利亚王位。[9] 但眼下的隆冬时节不适合渡过北欧的大海。夫妻俩起航时，"突然刮起了邪恶的风暴"。这是史上最猛烈的风暴之一，一位伦敦编年史家回忆说，此次风暴"如此猛烈，以至于不够坚固的房舍和树木都被掀翻"，屋顶的茅草和砖瓦被刮跑，乡下被水淹，圣保罗大教堂的风向标也被吹走了。[10]（这个风向标坠入一家叫"黑鹰"的酒馆，造成了相当严重的破坏。）

腓力和胡安娜很幸运，没有被淹死。他们的船只被风暴刮进了韦茅斯港，腓力因为"不习惯大洋的波涛"，"身心俱疲"，很高兴离开遍体鳞伤的船只上岸。[11] 但他的喜悦没有维持多久。夫妻俩作为英格兰国王的客人受到热烈欢迎，但在盛情款待的温情之下是赤裸裸的政治现实。腓力和胡安娜现在实际上是亨利七世的俘虏。他们要想重获自由，必须答应两个条件：一项非常有利于英格兰商人的贸易协定；交还埃德蒙·德·拉·波尔。[12] 到 3 月底时，萨福克伯爵被加来的英格兰军官接走，渡过如今风平浪静的英吉利海峡。他回国后，腓力和胡安娜被允许继续他们的旅程。尽管亨利七世曾承诺赦免萨福克伯爵并归还他的旧地产，他还是被投入伦敦塔。"白玫瑰"从此再也见不到天日。

*

　　人到中年，重负和失意开始让亨利七世踏上凄凉的下坡路。当埃德蒙·德·拉·波尔终于落入他手心的时候，亨利七世四十九岁，视力已经衰弱，健康开始出问题。他也越来越孤僻、猜疑心重和残暴。他最信赖的仆人和谋臣开始陆续辞世。他的叔父贝德福德公爵贾斯珀·都铎死于 1495 年，贾斯珀在大约四年前，也就是六十岁生日之后不再过问政事了。红衣主教约翰·默顿从亨利七世登基开始担任坎特伯雷大主教，十分勤勉和忠诚，卒于 1500 年。兰开斯特公爵领地的大法官雷金纳德·布雷爵士在博斯沃斯战役很久以前就是亨利七世的忠仆，死于 1503 年。国王的继父德比伯爵托马斯·斯坦利死于 1504 年。国王身边受信赖的圈子一年年缩小。亨利七世过去的治理风格一直非常依赖他本人事无巨细的亲自监督，尤其在财政方面，而如今他的统治堕落为依赖于敲诈勒索。亨利七世开始认为，在他之外的所有权力对他都是威胁。他开始采用一种广泛的抵押和担保制度。富裕而有影响力的人被迫同意，如果他们招致国王的不悦，就必须向国王缴纳巨额款项，这是保证他们听话顺从的办法。这种制度的实践规模极大，前所未有，主要由王室的两名坚定且无情的新锐官员理查·恩普森爵士和埃德蒙·达德利来执行，他们对国家的掌控受到普遍憎恶，他们的名字与国王晚年政府的荒唐是同义词。亨利七世的病情越来越重，朝政越来越紊乱。到最后，他苦苦支撑，用的手段都是 1399 年理查二世被废之前的最黑暗日子之后英格兰就不曾见过的。在亨利七世统治的早期，他证明自己是一位非常成功又自信的威严君主，即便他从来没有他自称要继承的那个人——爱德华四世的那种标志性的和蔼可亲。但到最后，亨利七世统治靠的就是恐惧。他很幸运，有可能与他争夺王位的人要么已经死了，要么被放逐，要么被囚禁在他的监狱里。

他在长期患病之后于 1509 年 4 月 21 日驾崩，他十七岁的儿子亨利继承了王位，称亨利八世。王位传承是一件让人神经紧绷的隐秘事情，由干瘪而受到关节炎折磨的玛格丽特·博福特在幕后操纵，她此时已经快到六十六岁生日了，但仍然和过去一样，是一位敏锐的政治家。操纵王位传承的努力对她也造成了打击。她于同年 6 月 29 日去世，被安葬在威斯敏斯特教堂新建的圣母礼拜堂内一座令人惊艳的陵寝之中，它是意大利雕刻家彼得罗·托里贾诺的杰作。托里贾诺还设计了亨利七世的陵墓。玛格丽特·博福特活得足够久，见证了自己孙子的加冕礼，这是她风云激荡的一生的最后胜利。自亨利五世 1413 年登基以来，还不曾有一位成年（或接近成年的）国王直接继承其父的王位。玛格丽特·博福特在任何时代都可以算得上一位惊世骇俗的女性，她在争夺英格兰王位的漫长斗争中发挥了关键作用。胜利属于她，复仇属于她。

年轻的亨利八世登基之时踌躇满志，已经做好了治国理政的准备。他受过良好教育，富有魅力和领袖气场。他的确是一位文艺复兴时代的君主，拥有文艺复兴的宫廷风格、品味，并赞助文艺。文艺复兴当时正在北欧萌芽。他遗传了外祖父爱德华四世的白皙皮肤和光彩照人的英俊相貌：魁梧，俊秀，身材匀称强健，风流倜傥。这位国王在长大成人的过程中将他的臣民视为同僚和盟友，而不是值得怀疑、需要镇压的"非我族类"的敌人。新王登基之后的最早举措之一就是大赦天下，不过刻意将德·拉·波尔家族、令人憎恶的恩普森和达德利，以及其他约八十人排除在外。不久之后，他娶了二十三岁寡嫂阿拉贡的凯瑟琳。在为父亲和祖母服丧结束之后，新国王立刻效仿自己传奇般的祖先亨利五世，开始筹备对法战争。在之前的一个多世纪里，英格兰国王按照传统提出主张的法兰西土地全都丢失了。和他的金雀花祖先一样，年轻的亨利八世的雄心壮志就是收复那些土地。

从 1512 年开始，亨利八世派遣了多支军队渡过海峡去折磨法兰西。这些军事行动不算特别成功，但至少对那些自从15 世纪 50 年代就几乎完全没有机会到国外打仗的军人阶层来说非常好玩。年轻的国王似乎从一开始就懂得王权的风格和很大一部分统治艺术。因为效仿亨利五世不仅仅是亨利八世一个人的念头。1513 ~ 1514 年，一本名为《亨利五世第一部英文传记》的书问世，书中歌颂了阿金库尔的英雄，刻意引导新国王"追随亨利五世的伟大智慧与审慎的榜样"，并期望新国王"受到激励，对法兰西开战"。[13]（这本书的作者的受众，比意大利人文主义学者蒂托·利维奥·弗鲁洛维西《亨利五世传》的读者热情得多。弗鲁洛维西的书在 15 世纪 30 年代被亨利六世刻意无视了。）

但亨利八世作为君主的目标，远远不止是成为亨利五世再世。正如新政权的诗人和宣传家兴高采烈地指出的，新国王还是都铎王朝自我构建的神话的活生生体现：用他的教师约翰·斯凯尔顿的话说，亨利八世"既是红玫瑰，也是白玫瑰"。他不是兰开斯特家族的人，也不是约克家族的人，而是二者兼有。他是亨利六世的继承人，也是约克公爵理查的继承人。他是团结统一的终极体现。都铎玫瑰继续作为他的统治的主题，随处可见：它装点着建筑物和王宫，它被画在圣歌书上和为御用图书馆准备的插图版手稿上，甚至国王的私人祈祷书上也涂画着都铎玫瑰。[14]在已故统治者亨利七世的时代长期僵死的希望，被他儿子的登基唤醒了。

不过，在他那虚张声势和大胆的外表之下，亨利八世也可以做到和父亲一样冷酷无情。他是一位合法继承王位的国王，而不是在战场上从垂死的竞争对手那里攫取王位，所以他的地位已经稳固了许多。但他还是不能完全忽视那些曾让他父亲夜不能寐的王朝弱点。被囚禁在伦敦塔的埃德蒙·德·拉·波尔是个潜在的危险分子，而理查·德·拉·波尔仍然在海峡彼岸逍遥法外。年迈的约克党死硬分子或许仍然心怀不满，所以尽管亨利八世可以在新登基之时做到慷慨大度（他恢复了克拉伦斯公爵乔治的女儿玛格丽特·波尔的地产，并给了她一个尊贵而独立的地位，册封她为索尔兹伯里女伯爵，这是她家族的一个旧头衔），他知道自己还没有完全摆脱他父亲的敌人。如有需要，他可以迅速、野蛮地镇压和遏制这些敌人。

催化剂就是亨利八世的对法战争。作为一位年轻气盛、咄咄逼人、渴望证明自己的国王，且他身边有一位名叫托马斯·沃尔西的新近崛起的首席大臣，亨利八世于1513年第二次入侵法兰西。这次他御驾亲征，凯瑟琳王后留守，作为摄政者监督针对苏格兰国王詹姆斯四世的新战事。[15]但亨利八世不能放心大胆地去法兰西打仗并拿自己的生命冒险，因为他知道，他的牢狱中有一个人前不久还主张过英格兰王位。维尔吉利写道："国王担心在自己出国期间，人民会期盼发生革命；他们或许会将埃德蒙从伦敦塔强行劫走，给他自由。"[16]

国王在出征法兰西之前不久下了命令，将曾经的萨福克伯爵埃德蒙·德·拉·波尔的牢狱生涯骤然掐断。1513年5月4日，"白玫瑰"被带出牢房拉到塔山，被草草地斩首。

*

但还有一个潜在的敌人。一朵"白玫瑰"被处死了，但同一根茎上还有另一朵。理查·德·拉·波尔自从1501年与兄长一起离开英格兰以来，就一直逍遥法外。他的兄长被抓获并遣送回国之后，他流落到匈牙利王国的布达，在乌拉斯洛二世国王的保护下取得了出人意料的成功。乌拉斯洛二世给他一笔年金（一直到1516年），并确保备受挫折的英格兰国王抓不到他。理查在经济上稳定，并且天性好战，在沙场扬名立威，在意大利北部、法兰西南部和西班牙半岛若干动荡的王国和封建领地不断厮杀。他是一位有才华且英勇的将领，受到那些曾目睹他作战的人的尊重，他很快就赢得了一些强大的朋友，包括法兰西太子弗朗索瓦。1513年他兄长被处决之后，他就自称萨福克公爵，并采用了"白玫瑰"的绰号。[17]

和过去一样，在欧洲大陆的政治与战争中，对任何希望骚扰英格兰国王的人来说，拥有一个英格兰王位觊觎者都有极大的好处。所以，1513年亨利八世入侵法兰西时，路易十二承认理查·德·拉·波尔为合法的英格兰国王。他的意图是很明确的：如果亨利八世要重启他的金雀花祖先的对法战争，那么路易十二就非常乐意重启英格兰王位的纠纷。1514年，路易十二给理查·德·拉·波尔提供了一支1.2万人的军队，这比亨利七世1485年渡海并成功废黜理查三世时带的军队强大得多。据说这支军队将于1514年6月从诺曼底出发。若不是亨利八世之后改了主意，他们的确可能出征并入侵英格兰。亨利八世决定这一年夏季不再派遣一支开销昂贵的军队去讨伐法兰西，而是与年迈的法兰西国王寻求和解。亨利八世的十八岁妹妹玛丽将嫁给路易十二，成为法兰西王后。（她当法兰西王后只有三个月的时间，因为路易十二于 1515 年新年驾崩，他的远房亲戚弗朗索瓦一世继承了王位。）

和平来的时机恰到好处，消弭了约克党入侵的威胁，但局势仍然很清晰：只要理查·德·拉·波尔还构成挑战，亨利八世就和父亲一样，不能忽视"白玫瑰"的威胁。没过多久，他就开始采纳与父王类似的策略：雇用刺客，派遣间谍去欧洲的情报渠道活动，并施加外交压力，努力遏制"白玫瑰"。但这些办法都没什么效果，因为和亨利八世一样，弗朗索瓦一世也是一位年轻气盛、咄咄逼人并且高度活跃的国王，他决心要在历史中留下自己的印迹。更重要的是，他和理查·德·拉·波尔是朋友，所以他继续支持"白玫瑰"。在 1516 年、1521年、1522 年、1523 年和 1524 年都有传闻称，所谓的理查四世将发动入侵或掀起叛乱。虽然这些都没有实现，但亨利八世和他的大臣不会忘记，他们在国外的每一个行动都可能会以国内的安全稳定为代价。而到最后，只有发生在半个欧洲之外的一场战役的出人意料的结局，才能让亨利八世得到他那么渴望的江山稳固。

*

1525 年 2 月 24 日，黎明之前，弗朗索瓦一世亲自率领的一支法军在围绕着帕维亚城墙行进。帕维亚是伦巴底腹地一座戒备森严的军事驻防城镇，在米兰以南约 20 英里处。帕维亚城外，超过 2 万人的法军已经驻扎了差不多四个月，围攻这座城镇，企图用饥饿迫使城内的 9000 名守军（大部分是雇佣兵）屈服。法军即将遭到一支与其同样强大的解围军队的挑战，这支解围军队忠于神圣罗马皇帝查理五世。弗朗索瓦一世与他之间争夺意大利半岛主宰权的战争将会漫长、复杂且血腥。拂晓时分，攻击开始：大炮轰鸣、火绳枪的枪声和骑兵的马蹄声混杂在一起，两支大军凶猛地扑向对方。

指挥法军步兵的是理查·德·拉·波尔，他和另一位经验丰富且精明强干的将领弗朗索瓦·德·洛林并肩作战，后者指挥着一支精锐的雇佣兵部队，称为"黑手团"。但2月24日对这两人来说都是一个灾难之日。在接近四个小时的激战中，法军被分割包围，最后被西班牙－帝国军队的一次猛烈而精彩的冲击打垮。弗朗索瓦一世被打落马背，压在地上，随后被带走，作为俘虏献给查理五世。法军伤亡惨重，很多指挥官和将领阵亡。法兰西人就这样惨败了一场，丢掉了自己在伦巴底的势力范围，战役刚一结束他们就火速从伦巴底撤退。到此役结束时，"白玫瑰"理查·德·拉·波尔，约克公爵理查最后一个在世的外孙和英格兰王位觊觎者，已经死了。

法兰西战败的惨状和规模让欧洲很多人震惊，但亨利八世和红衣主教沃尔西兴高采烈。法兰西的武运兴盛了那么久，如今终于破灭：他们的国王成为可耻的俘虏，他们的军队遭到全歼。亨利八世现在开始认真计划效仿自己祖先亨利五世的丰功伟绩：猛攻法兰西，收复金雀花王朝的古老遗产，恢复英格兰对从诺曼底到加斯科涅广袤土地的统治。他甚至幻想，如果他的盟友配合，他还能夺回法兰西王冠，也就是亨利六世于1431年最后一次在巴黎戴的那顶王冠。此外，他再也不用担心法兰西国王又搞出一个傀儡来争夺英格兰王位了。理查·德·拉·波尔死了！亨利八世再也不必为了海外战事而在国内面对种种阴谋诡计；再也不需要为了王朝的安全而忌惮，不敢在海外开疆拓土了。终于可以忘却前一个世纪的幽灵了。

一位在18世纪写作的法兰西历史学家描述（或者说想

象）了亨利八世与一名使者的对话。1525 年 3 月初的一天，国王还在床上，使者前来禀报帕维亚战役的结局。使者详细汇报了弗朗索瓦一世的被俘和法军的毁灭，随后报告了关于最后一朵"白玫瑰"的喜讯。"上帝怜悯他的灵魂！"据说亨利八世这样喊道，"英格兰的所有敌人都死了。"随后，他指着使者喊道："给他斟酒！"[18]

尾声：你以不朽上帝的名义，究竟杀了多少人？

　　最后一朵"白玫瑰"于 1525 年死亡。自 15 世纪 50 年代亨利六世在位以来，撼动英格兰王国的内战导致了许多反抗王室的斗争。最后一朵"白玫瑰"之死是最后一场这样的斗争。到 16 世纪 20 年代时，统治和治理英格兰的那一代人大体上已经不是博斯沃斯战役或斯托克战役的老将。参加过这两次战役的人已经五十多岁了，按照当时的标准已经接近老年。到那时，几乎已经没有人记得陶顿战役的恐怖了。亨利八世那一代人（相对来讲）是太平盛世的孩子，尽管老一辈人还会讲到内战的凶险，并分享他们对中部各郡、英威边境、伦敦郊外和极北方发生的血腥战役的回忆。真相是：内战的主角和参与者大多早已不在人世。内战的伤痛已经进入历史和民间传说的领域。

　　一个非常重要的原因是，内战根源的中心问题，似乎已经得到了解决。这并不是骄横跋扈的贵族遭到打击，也不是我们所说的"私生子封建制"被消灭，也不是英格兰的权力结构发生了根本性变化，尽管这些都曾是研究者提出的论点。相反，内战的结果是，旧式的王权，也就是一个世纪以前金雀花王朝鼎盛时期人们熟悉的那种果决而合法的王权，如今终于得到了复兴。亨利八世不仅是一位通过出身而非征服来继承王位的国王，他还是一位威严、强势、好战的君主，既有爱德华四世的高调浮夸与刚毅，也有他那一代其他的伟大君主（尤其是法兰西国王弗朗索瓦一世和西班牙国王与神圣罗马皇帝查理五世）共有的对文艺复兴时代帝王威仪的胃口。尽管"玫瑰战争"在 15 世纪 80 年代演化为王朝合法性的斗争，战争的根源却不是关于血统的争吵，而是英格兰政体无法应付亨利六世的王权破产。他昏庸无能、耳根子极软，酿成大祸。这位爱好和平、虔诚却优柔寡断的国王引发了持续半个世纪的政治灾难。

亨利八世与他真是天差地别。"我们的国王不追求黄金、珠宝或贵金属，而追寻美德、荣耀和不朽。"英格兰学者兼廷臣芒乔伊男爵在 1509 年亨利八世登基时给荷兰的伟大人文主义学者伊拉斯谟的信中如此写道。亨利八世有很多缺点，他统治的第二阶段会清楚地表明这一点，但在他在位的早年，很显然，这位统治权比 1422 年之后、他之前的任何一位前任都更强有力的君主，已经恢复了君主的个人权威。所以，亨利八世的登基一下子解决了两个问题：偶然成为国王之人的个人权威的问题，这个问题颇有些模糊性和随机性；血统作为合法性根据的问题，1460 年约克公爵理查决定放弃寻求成为政治领导人而直接索取王位的时候提出了这个问题，并造成了灾难。都铎王权的基本符号和图像将亨利八世展现为红玫瑰与白玫瑰之联合的代表。他理解自己的角色，将其扮演得非常精彩。

当然，这不是说亨利八世可以完全忽视有王室血统的人对他构成的威胁。理查·德·拉·波尔的故事已经表明了这一点。除了亨利八世之外，其他的金雀花和"约克"王室血统已经所剩无几，但仍然存在。1521 年春，亨利八世冷酷无情地以谋逆罪起诉白金汉公爵爱德华·斯塔福德，指控他企图谋害国王或构想国王之死。爱德华·斯塔福德的祖先可以上溯到伍德斯托克的托马斯，即爱德华三世的幼子。而爱德华·斯塔福德的口无遮拦、令人无法忍受的傲慢以及自负的言行举止，很显然都是从他父亲那里遗传来的，即曾起兵反叛理查三世的那个愚蠢的立王者。爱德华的罪行大体上不过是对王室政策发发牢骚、听取关于国王寿命的预言，以及喃喃低语地说，他自己或许有一天能成为更好的君主。但这些就足以扳倒英格兰最强大的贵族了。白金汉公爵在威斯敏斯特厅受到一场作秀式的审判，泪流满面的诺福克公爵将判决书递给他，后来他于1521 年 5 月 17 日在伦敦塔被斩首。针对他的指控总的来讲是捏造的，对他的审判是受到操纵的，判决也是早就内定的。如果白金汉公爵没有令他为之骄傲的金雀花血统，我们很难想象国王会这样大动干戈地对付他。

还有其他一些贵族家庭，也可能给亨利八世带来烦恼，如果他认真去思考的话。但在 16 世纪 20 年代末，他正忙于考虑另一种不同类型的王朝事务。他与自己的寡嫂阿拉贡的凯瑟琳结婚多年，只生下一个女儿玛丽公主；而他迷恋上了一个叫安妮·博林的女人，她后来成为他的第二任妻子。16 世纪 30 年代初从他的离婚案开始的宗教改革问题造成了新的政治鸿沟，这些鸿沟和 15 世纪的兰开斯特、约克、内维尔、都铎等派系之间的分歧一样严重和致命。当然，王朝血统的问题还没有解决，但如今它们与宗教政治问题结合在了一起。对内政的忧虑、亨利八世越来越变态的性心理以及对权力和辉煌的饥渴，都塑造了上述问题。

就是在这样的背景下，他迫害了波尔家族，于 1541 年将年迈的玛格丽特·波尔在伦敦塔处死，在全欧洲诽谤雷金纳德·波尔红衣主教的名誉，并于 1539 年 1 月 9 日将玛格丽特的另一个儿子蒙泰古男爵亨利·波尔与埃克塞特侯爵亨利·考特尼一同处决。蒙泰古男爵和埃克塞特侯爵的主要罪行是反对国王的宗教政策，并反叛（或者说是被怀疑反叛）国王的权威。玛格丽特·波尔是克拉伦斯公爵乔治的女儿，也是当时的英格兰与15世纪时的内战尚存的少数纽带之一。这个事实本身不足以让她于1541年掉脑袋，但这肯定是促使国王决定除掉她的因素之一。

然而不管怎么说，玛格丽特·波尔之死仍然是一道分水岭：她是最后一个有资格声称自己拥有金雀花血统的贵族。约克、博福特、霍兰、德·拉·波尔和波尔这些拥有王室血统的家族几乎已经被消灭殆尽。内维尔家族和斯塔福德家族遭到沉重打击，不得不屈服。旧贵族作为社会的一个单元，远远没有灭亡，但很多历史悠久的豪门世家确实已经绝嗣。"你以不朽上帝的名义，究竟杀了多少人？"雷金纳德·波尔在谴责亨利八世以司法手段谋杀他母亲时这样控诉道。答案很简单：杀得够多了。刺激人们的心灵、促使他们怒火中烧地伸手摸剑的政治因素，已经不再是王朝争霸，而是宗教信仰。亨利八世于1547年驾崩之后，他的孩子们在位时期的大争论不再是兰开斯特和约克对抗，而是福音派与天主教徒对抗、改革与旧风俗对抗，并且最终是新教与天主教对抗。玫瑰战争真正结束了。

*

1559年1月14日，星期六，下午2点，亨利八世的小女儿伊丽莎白骑马穿过伦敦，从伦敦塔到了威斯敏斯特，去参加她自己的加冕礼。和往常一样，为了用多种方式展示新女王的王权是多么正当合法，人们组织了一系列盛大的表演。

在芬丘奇大街和恩典堂大街的拐角处，人们搭起了一座跨街的舞台，"上面有城堞"，共分三层。据此次游行的官方记载所说：

> 最底层是一张王座，上面坐着两个人，象征亨利七世国王和他的妻子伊丽莎白（爱德华四世之女）……亨利七世国王被表现为源自兰开斯特家族，在一朵红玫瑰的中央；伊丽莎白王后作为约克家族的后裔，在一朵白玫瑰的中央……两朵玫瑰分别伸出一根枝丫，缠绕融合为一，向上伸向第二层……那里坐着一个人，代表勇敢和高贵的亨利八世国王。

亨利八世旁边坐着他的第二任妻子安妮·博林。最上面一层坐着最后一个人物，即伊丽莎白一世女王自己，"头戴王冠，穿着打扮和其他君主一样"。这整个景观"装饰着红玫瑰和白玫瑰，正前方有一个美丽的花环，上面写着'兰开斯特与约克家族的联合'"。伊丽莎白女王的名字也大有玩味之处：和约克的伊丽莎白（她通过自己的婚姻，给国家带来统一）一样，新的伊丽莎白将"为她的臣民维护统一"。官方的记载写道，统一是"这整个景观要传达的教育意义"。[1]

站在大街上观看女王游行队伍的伦敦男女市民会立刻明白这个玫瑰景观所代表的一种特定版本的历史观，毕竟这种历史观已经被宣传七十多年了。房屋上装饰着都铎玫瑰和王朝的其他符号。16世纪教堂内安装的大型彩色玻璃窗上也有红色和白色的玫瑰花瓣。[2]有幸翻阅御用图书馆藏书的人会看到，书页上装饰着精美的红玫瑰、白玫瑰和都铎玫瑰。有的时候，从更早的历代国王，尤其是爱德华四世时代留下的图书也会被添加这类图案。还有一些图书上饰有玫瑰战争的王朝故事的简化版。都铎王朝目的论最清晰的表现，是爱德华·霍尔所著编年史的完整标题："兰开斯特与约克这两个高贵显赫家族的联合；他们两家为了这个高贵国度的王位而长期争斗；附有两家君主时期的所有事迹、两家的谱系，从亨利四世国王的时代开始，他是两家纷争的始作俑者；这纷争随后延续到高贵而审慎的亨利八世国王统治时期，他是上述两个家系毋庸置疑的真正继承人"。[3] 如果嫌这还不够清楚，那么出版商理查·格拉夫顿于 1550 年推出的霍尔编年史版本的卷首插图就用视觉形象把这个信息传达得不能更清楚了。在图中，玫瑰花丛的蜿蜒缠绕的枝丫围绕着书名，从底部一直长到顶部；两侧是破碎的金雀花王朝的互相争斗的成员。卷首插图的最顶端当然是亨利八世肥硕的威武形象，他是弥赛亚，是历史的终结。

这幅卷首插图非常流行，常被其他作品照搬借用：1550 年和 1561 年约翰·斯托推出的乔叟作品也用了这样的谱系图，以来介绍《坎特伯雷故事集》的部分内容。[4] 正如贝德福德公爵约翰于 15 世纪 20 年代在法兰西到处张贴宣扬英格兰与法兰西双重王国合法性的谱系图，正如爱德华四世强迫症一般编纂谱系图来追溯他从古代到现今的合法王室血统，都铎王朝也大肆宣传简单的视觉信息，来宣讲他们的合法统治权与他们版本的历史。到伊丽莎白女王统治时期，交缠在一起的红白玫瑰的形象已经足够让人立刻回想起整个 15 世纪的故事：1399 年兰开斯特家族废黜理查二世，从此开始了王位的争议和混乱；这导致两个大家族之间发生了将近一个世纪的战争，它是对废黜合法国王之恶行的神圣惩罚；最后，在 1485 年，都铎王朝联合了两家，挽救了国家。就这么简单。

但到 16 世纪 90 年代伊丽莎白一世年迈之时，她自己的统治在朽坏，新的统治危机即将降临。这时，15 世纪的都铎故事就不仅仅是历史真实的问题，还成了公共娱乐。整整一代戏剧家借用了霍尔及其继承者拉尔夫·霍林斯赫德的史书，去挖掘材料来编织一种新的、极受欢迎的景观：英格兰历史剧。最受欢迎的历史剧题材之一就是 15 世纪，而当中最伟大的戏剧家就非威廉·莎士比亚莫属了。

大约在 1591 年（有争议），莎士比亚创作了（或者说参与创作了）今天称为《亨利六世（上）》的戏剧。这部戏剧的主要情节是玫瑰战争的早期，记述了英格兰在法兰西土地的丧失及其导致的政治动荡。在著名的"玫瑰园"场景中，约克公爵理查（剧中被称为理查·金雀花）和其他一些贵族发生争吵。他们分成两个派系，用红白玫瑰来代表自己：

理查·金雀花

[……]

凡是出身高贵、

维护其门第光荣的人，

如果认为我说的是真理，

就请随我从花丛中摘一朵白玫瑰。

他摘了一朵白玫瑰。

萨默塞特

谁要是不怕危险，不阿谀奉承，

敢于维护真理，

谁就随我摘一朵红玫瑰。

他摘了一朵红玫瑰。

沃里克

我不喜欢颜色；我摘一朵

金雀花的白玫瑰，不带任何

卑劣的谄媚、拍马色彩。

萨福克

我和年轻的萨默塞特一样摘朵红玫瑰，

而且我还要说，他是对的。

[……]

萨默塞特

我会找到朋友戴我血红的玫瑰花……[5]

在伊丽莎白一世晚期戏剧的喧嚣中，看客可能辨别不出政治史的细微之处。但演员扮演的贵族各自选择玫瑰来站队的景象，是为了让观众能够瞬间理解它。《亨利六世（上）》最终成为莎士比亚的两套历史剧四部曲的一部分。一共八部历史剧，按照其中情节的时间顺序，从理查二世一直讲到理查三世，讲述了都铎王朝之前的 15 世纪的整个英格兰历史。[6]将近一百年前亨利七世所炮制的信息已经深入公众的意识，并且自那以后也多多少少一直留在人们的思想深处。

*

如我们所见，玫瑰战争和金雀花家族的灭亡并不是因为两个家族注定要通过战争来救赎当年废黜理查二世的罪孽。理查三世的恶棍形象并没有涵盖 15 世纪的一切邪恶，亨利七世与约克的伊丽莎白的婚姻也没有神奇地一下子就挽救了国家。真相是，玫瑰战争时期是一个凶残的、有时让人无法理解的、政治极不稳定的时期，它的根源是亨利六世治下王室权威的垮台和英格兰在法兰西统治的崩溃。在当时的政治体制中，法律、秩序、公义与和平高度依赖于国王本人和国王这个机构，而亨利六世的统治（以及在他 1461 年被废黜和他死亡之间的十年）是一场灾难。在 15 世纪 20 年代和 30 年代，英格兰的政府体制非常强健，足以支撑将近二十年的幼主统治。但它又不够强健，支撑不了一个完全无法履行职责的成年国王。亨利七世在位期间曾试图恢复亨利六世的名誉。老国王成为圣徒的候选人，传说他曾创造了许多神迹，包括治愈了一个被大车压伤的人，或者一个在踢足球时受伤的小男孩。[7] 但到了亨利八世时期，对亨利六世的推崇很快消失，改为颂扬显然更激励人心的亨利五世的榜样。亨利六世凄凉并且漫长的统治给英格兰王室造成了长期的损害，花了几十年才修复，所以人们很难对这样一个人产生多少兴趣。

爱德华四世医治了亨利六世制造的许多惊人的损害，修复了王国政府肌理的很大一部分，并以超乎寻常的活力和才干来治国理政。但是，他也犯了两个严重的错误。第一个错误是他娶了伊丽莎白·伍德维尔，她的庞大家族很难融入刚刚经历过猛烈动荡的政治体制。第二个错误是他死于 1483 年 4 月。在短期看来，他的英年早逝不是他自己的选择；但我们可以说，他晚年健康的衰败是他自己造成的，因为他耽于饕餮和淫乐。不管怎么说，孩童继位和伍德维尔派系（它不能，或者说不愿意融入体制）的存在，是脆弱且饱经摧残的政治体制所无法承载的。即便如此，理查三世的无情篡位也是任何人都无法预料到的，它开启了一个血腥而绝望的时期。在这个时期里，几乎任何有一星半点儿王室血统、有能耐在外国招兵买马的人都可以去争夺王位。都铎王朝打赢的，是 1483 ~ 1487 年的"热战"和 1487 ~ 1525 年的"冷战"，而不是整个"玫瑰战争"。不过，都铎王朝毕竟是最后的赢家。和历史上所有的胜利者一样，他们有权讲述自己的故事：也就是流传至今的玫瑰战争的故事。

大事年表

一　前史

1399 年 9 月　亨利四世成功篡位，推翻理查二世。

1413 年　亨利四世驾崩，其子亨利五世继位。

1415 年 10 月 25 日　阿金库尔战役，亨利五世大败法军。

1420 年 5 月 21 日　《特鲁瓦条约》签订，亨利五世成为法兰西王位继承人。

1420 年 6 月　亨利五世与法王查理六世之女凯瑟琳·德·瓦卢瓦结婚。

1421 年 12 月 6 日　亨利六世出生。

1422 年 8 月 31 日　亨利五世驾崩。

1424 年 8 月 17 日　韦尔纳伊战役，贝德福德公爵约翰大败法军。

1429 年 4 月　圣女贞德为奥尔良解围，英军战败。

1429 年 6 月 18 日　帕提战役，英军大败。

1429 年 11 月 6 日　亨利六世加冕。

1445 年 4 月 23 日　亨利六世与安茹的玛格丽特结婚。

1453 年 7 月 17 日　卡斯蒂永战役，法军决定性地打败英军。英军名将约翰·塔尔伯特阵亡。英法百年战争结束。英格兰在法兰西的领地只剩下加来。

二　玫瑰战争第一阶段：约克家族 VS 兰开斯特家族

1455 年 5 月 22 日　第一次圣奥尔本斯战役，约克军胜利，俘获亨利六世，杀死第二代萨默塞特公爵埃德蒙·博福特、第二代诺森伯兰伯爵亨利和第八代克利福德男爵托马斯。此后约克公爵理查掌控了政府。

1457 年 1 月 28 日 亨利·都铎（未来的亨利七世）出生。

1458 年 3 月 25 日 "友爱之日"，亨利六世劝约克公爵理查与玛格丽特王后等人和解。

1459 年 9 月 23 日 布洛希思战役，约克军胜利，第五代索尔兹伯里伯爵理查·内维尔杀死第五代奥德利男爵詹姆斯·塔切特。理查·内维尔得以与约克军主力（沃里克伯爵和约克公爵）在拉德洛城堡会师。

1459 年 10 月 12 日 拉德福德大桥战役，兰开斯特军胜利。约克公爵和儿子拉特兰伯爵逃往爱尔兰。内维尔父子和马奇伯爵爱德华逃往加来。

1460 年 1 月 桑威治战役，约克军胜利，沃里克伯爵从加来袭击桑威治，击败一支兰开斯特军舰队，俘获若干船只。

1460 年 7 月 10 日 北安普顿战役，约克军胜利，俘获亨利六世，杀死第一代白金汉公爵汉弗莱·斯塔福德、第二代什鲁斯伯里伯爵约翰·塔尔伯特。此后约克公爵理查掌控了政府。他企图自立为王。

1460 年 12 月 16 日 沃克索普战役，兰开斯特军小胜。

1460 年 12 月 30 日 韦克菲尔德战役，兰开斯特军胜利。索尔兹伯里伯爵理查·内维尔、约克公爵和他的儿子拉特兰伯爵被斩首。

1461 年 2 月 2 日 莫蒂默十字战役，"三轮旭日"的异象，约克军胜利，马奇伯爵爱德华杀死欧文·都铎。贾斯珀·都铎和威尔特郡伯爵詹姆斯·巴特勒逃走。

1461 年 2 月 17 日 第二次圣奥尔本斯战役，兰开斯特军胜利。沃里克伯爵逃走。亨利六世与玛格丽特王后团聚。

1461 年 3 月 4 日 马奇伯爵爱德华自立为王，称爱德华四世。

1461 年 3 月 28 日 费里布里奇战役，不分胜负。约克军杀死第九代克利福德男爵约翰。

1461 年 3 月 29 日 陶顿战役，约克军取得决定性胜利，杀死安德鲁·特罗洛普和第三代诺森伯兰伯爵亨利·珀西。

1461 年 6 月 28 日 爱德华四世在伦敦加冕。

1464 年 4 月 25 日 赫奇利沼泽战役，约克军胜利，蒙泰古男爵约翰·内维尔打败第三代萨默塞特公爵亨利·博福特。

1464 年 5 月 爱德华四世与伊丽莎白·伍德维尔结婚。

1464 年 5 月 15 日 赫克瑟姆战役，约克军胜利，蒙泰古男爵约翰·内维尔杀死第三代萨默塞特公爵亨利·博福特。兰开斯特家族的军事力量彻底瓦解。

三 玫瑰战争第二阶段：约克王朝 VS 沃里克伯爵和兰开斯特家族

1469 年 7 月 26 日 艾吉科特战役，叛变的沃里克伯爵和克拉伦斯公爵胜利。忠于爱德华四世的彭布罗克伯爵威廉·赫伯特及其兄弟理查·赫伯特爵士被斩首。不久之后，爱德华四世被俘。

1469 年 10 月 沃里克伯爵无力控制国家，只得释放爱德华四世。爱德华四世赦免沃里克伯爵和克拉伦斯公爵。

1470 年 3 月 12 日 丢衣战场之役。爱德华四世打败叛军。沃里克伯爵和克拉伦斯公爵被牵连，逃往法兰西，后与玛格丽特王后结盟。

1470 年 10 月 6 日 亨利六世复辟。

1471 年 4 月 14 日 巴尼特战役。爱德华四世取得决定性胜利，杀死沃里克伯爵和蒙泰古侯爵。

1471 年 5 月 4 日 蒂克斯伯里战役。爱德华四世取得决定性胜利，杀死第四代萨默塞特公爵埃德蒙和爱德华王子，俘获玛格丽特王后。

1471 年 5 月 "福肯贝格的私生子"托马斯·内维尔袭击伦敦失败，后被杀。

1471 年 5 月 21 日 亨利六世死亡。

1471 年 9 月中旬 贾斯珀·都铎和亨利·都铎从威尔士逃到布列塔尼，得到庇护。

1475 年 6 月 爱德华四世入侵法兰西，签署《皮基尼条约》，获得大量贡金。

1478 年 2 月 18 日 克拉伦斯公爵乔治（爱德华四世之弟）被处死。

1483 年 4 月 9 日 爱德华四世病逝。爱德华五世即位。

四 玫瑰战争第三阶段：约克王朝 VS 亨利·都铎

1483 年 6 月 26 日 理查三世篡位。

1483 年 9 月？ 爱德华五世与其弟理查（塔楼中的王子）被杀害。

1485 年 8 月 22 日 博斯沃斯战役，亨利·都铎取得决定性胜利，杀死理查三世。亨利·都铎自立为王，称亨利七世。

1487 年 6 月 16 日 斯托克原野战役，亨利七世取得决定性胜利，杀死林肯伯爵约翰·德·拉·波尔，俘虏王位觊觎者兰伯特·西姆内尔。这是玫瑰战争的最后一战。

五 都铎王朝

1491 年 6 月 28 日 亨利七世之子亨利诞生，即未来的亨利八世。

1492 年 11 月 《埃塔普勒条约》，亨利七世停止入侵法兰西。法兰西纳贡，放弃支持英格兰的王位觊觎者珀金·沃贝克。

1497 年 10 月 珀金·沃贝克被捕。

1499 年 11 月 珀金·沃贝克与沃里克伯爵（克拉伦斯公爵乔治的儿子）被处决。

1501 年 11 月 亚瑟王子与阿拉贡的凯瑟琳结婚。

1502 年 4 月 2 日 亚瑟王子在拉德洛去世。

1506 年 王位觊觎者、第六代萨福克伯爵埃德蒙·德·拉·波尔（"白玫瑰"）被勃艮第公爵美男子腓力交给亨利七世。

1509 年 4 月 21 日 亨利七世驾崩。亨利八世继位。

1513 年 5 月 4 日 亨利八世处死"白玫瑰"。

1525 年 2 月 24 日 "白玫瑰"的弟弟，最后的约克家族王位觊觎者理查·德·拉·波尔在帕维亚战役中阵亡。约克家族灭亡。

1547 年 1 月 28 日 亨利八世驾崩。

注　释

注释中使用的缩略词

CCR　*Calendar of Close Rolls*

CPR　*Calendar of Patent Rolls*

CSP Milan　*Calendar of State Papers and Manuscripts in the Archives and Collections of Milan 1385 – 1618*

CSP Spain　*Calendar of State Papers, Spain*

CSP Venice　*Calendar of State Papers Relating to English Affairs in the Archives of Venice*

EHD　*English Historical Documents*

EHR　*English Historical Review*

L&P　Letters and Papers, Foreign and Domestic, Henry VIII (online edition)

POPC　Proceedings and Ordinances of the Privy Council

PROME　Parliament Rolls of Medieval England (online edition)

引言

1. 法兰西驻英格兰大使夏尔·德·马里亚克觉得玛格丽特"大约八十岁";神圣罗马帝国大使尤斯塔斯·沙皮估计她"将近九十岁"。L&P XVI 868; CSP Spain, 1538 – 42, 166.

2. For this and below see H. Pierce, *The Life, Career and Political Significance of Margaret Pole, Countess of Salisbury 1473 – 1541* (University of Wales, Bangor, 1996), chapter 8 passim.

3. CSP Spain, 1538 – 42, 166.

4. D. Seward, *The Last White Rose: Dynasty, Rebellion and Treason— The Secret Wars against the Tudors* (London, 2010), 291.

5. CSP Venice, V (1534 – 54) 104 – 6.

6. Ibid. ，108.

7. M. Callcott，*Little Arthur's History of England* （London，1835），112. For further historical uses and development of the phrase，see OED 'Rose'，6a. Eng. Hist.

8. W. A. Rebhorn （ed. and trans. ），*The Decameron*，*Giovanni Boccaccio* （London／New York，2013），351 n. 3.

9. See for example BL Arundel 66 f. 1v；BL Egerton 1147 f. 71；BL Royal 16 f. 173v.

10. Notably the D'Arcy family. See H. Gough and J. Parker，*A Glossary of Terms Used in Heraldry* （London，1894），500 – 1.

11. Robbins，R. H. （ ed. ），*Historical Poems of the Fourteenth and Fifteenth Centuries* （New York，1959），215 – 18.

12. B. Williams，*Chronique de la traison et mort de Richart Deux roy Dengleterre* （London，1846），151；see below，n. 24 to chapter 18.

13. H. Riley （ ed. ），*Ingulph's Chronicle of the Abbey of Croyland with the Continuations of Peter of Blois and Anonymous Writers* （London，1908 ） （hereafter *Croyland Continuations*），506.

14. 一个很好的例子是 BL 16 F II，尤其是 f. 137：这本书是爱德华四世时期制作的，在他驾崩时还没有完成，后来在亨利七世时代完成。亨利七世的艺术家们给这本书添加了大量红玫瑰和兰开斯特 – 都铎王朝的其他图像。

第一部　序曲

1. 世界之王

1. T. Johnes （ ed. ），*The Chronicles of Enguerrand de Monstrelet*，I，439.

2. T. Rymer，*Foedera*，*conventiones*，*literae*，*et cujuscunque generis acta publica*，*inter reges Angliae*，*et alios quosuis imperatores*，*reges*，... *ab anno 1101*，*ad nostra usque tempora*，*habita aut tractata*；... *In lucem missa de mandato Reginae* （London，1735），IX 907.

3. 查理六世被刺杀的那位朋友是法兰西司厩长奥利维耶·德·克里松 （ Olivier de Clisson）。

4. 关于查理六世之病的全面叙述，可参见 R. C. Gibbons, *The Active Queenship of Isabeau of Bavaria, 1392 - 1417: Voluptuary, Virago or Villainess?* (University of Reading, 1997), 27 - 40。

5. *Henrici Quinti Angliae Regis Gratia*, quoted in *EHD* IV 211 - 18.

6. Ibid.

7. 关于亨利五世在阿金库尔之后的征服行动的简洁叙述，可参见 J. Barker, *Conquest: The English Kingdom of France 1417 - 1450* (London, 2009), 1 - 45。

8. 就是因为这个举动，法国历史上伊莎贝拉王后的声誉一直很差。她被污蔑为当时最淫荡的娼妇和叛徒，有人说她与腓力公爵通奸，太子也不是国王的血脉。对伊莎贝拉王后的辩护，参见 T. Adams, *The Life and Afterlife of Isabeau of Bavaria* (Baltimore, 2010), and Gibbons, *Active Queenship* and 'Isabeau of Bavaria' in *Transactions of the Royal Historical Society* 6 (1996)。

9. Speed quoted in A. Strickland, *Lives of the Queens of England, from the Norman Conquest: With Anecdotes of their Courts* (12 vols, London, 1840 - 8), III 97.

10. Ibid., III 98.

11. J. Shirley (trans. and ed.), *A Parisian Journal 1405 - 1449* (Oxford, 1968), 151.

12. Rymer, *Foedera*, IX 920.

13. J. Watts, *Henry VI and the Politics of Kingship* (Cambridge, 1996), 113.

14. Ibid., 439.

15. Gower, quoted in G. L. Harriss, *Shaping the Nation: England 1360 - 1461* (Oxford, 2005), 588.

16. Ibid., 588 - 94.

17. The 'Agincourt Carol' is printed in *EHD* IV 214 - 15.

18. Quoted in Strickland, *Queens of England*, III 101.

19. D. Preest (trans.), and J. G. Clark (intro.), *The Chronica Majora of Thomas Walsingham (1376 - 1422)* (Woodbridge, 2005), 438.

20. C. L. Kingsford, *Chronicles of London* (Oxford, 1905), 162 - 5.

21. Strecche in *EHD* IV 229.

22. Shirley（ed.）, *Parisian Journal*, 356 n. 1.

23. B. Wolffe, *Henry VI*（2nd edn. , London, 2001）, 28.

24. 对中世纪英格兰所有幼主统治的探讨，参见 C. Beem（ed.）, *The Royal Minorities of Medieval and Early Modern England*（New York, 2008）, passim。

25. Ecclesiastes 10：16.

2. 我此时健康极佳

1. R. A. Griffiths, *The Reign of King Henry VI*（Stroud, 1981）, 51 – 7; Wolffe, *Henry VI*, 29 – 38.

2. 关于这座住宅的历史，参见 R. Brook, *The Story of Eltham Palace*（London, 1960）, passim。

3. H. M. Colvin, *History of the King's Works*（London, 1963）, II, 934 – 35.

4. 对 15 世纪初政府的概念框架与现实的最佳解释，参见 Watts, *Henry VI*, 13 – 101。

5. 亨利五世其实先把法兰西摄政职位交给了勃艮第公爵好人腓力，并规定，如果腓力不接受这个任务，就将法兰西统治权交给贝德福德公爵。查理六世驾崩后，腓力果然不肯受命，于是贝德福德公爵成为法兰西摄政者。

6. Kingsford, *Chronicles of London*, 279 – 80.

7. Ibid. , 281.

8. CCR Henry VI 1422 – 9, 46.

9. Ibid. , 54.

10. POPC III 233.

11. Ibid. , 86 – 7.

12. PROME 1428.

13. J. Gairdner（ed.）, *The Historical Collections of a Citizen of London in the Fifteenth Century*（' *Gregory's Chronicle* '）（1876）, 159. 有关格洛斯特与博福特之间纷争的详细介绍，可参见 Griffiths, *Henry VI*, 73 – 81; G. L. Harriss, *Cardinal Beaufort：A Study of Lancastrian Ascendancy and Decline*（Oxford, 1988）, 134 – 49; and L. Rhymer, ' Humphrey Duke of Gloucester, and the City of London ' in L. Clark（ed.）, *The Fifteenth Century* 8, 47 – 58。

14. Ibid.

15. 科英布拉公爵佩德罗是兰开斯特的菲利帕与其丈夫葡萄牙国王若昂一世的儿子。佩德罗的外祖父是冈特的约翰，所以佩德罗是亨利六世的远方表叔。佩德罗因为在欧洲各地的广泛旅行而闻名，后于 14 世纪 20 年代返回英格兰，参加亨利六世的加冕礼。

16. Kingsford, *Chronicles of London*, 84.

3. 生来为王

1. 关于韦尔纳伊战役的最佳分析，可参见 M. K. Jones, 'The Battle of Verneuil (17 August 1424): Towards a History of Courage' in *War in History* 9 (2002)，此处我有参考他的说法。

2. Shirley (ed.), *Parisian Journal*, 198; Jones, 'Battle of Verneuil', 398.

3. 'Book of Noblesse', quoted in ibid., 407. Worship 是中世纪的概念，最好译为"体面的尊重和文雅"。

4. Shirley (ed.), *Parisian Journal*, 200.

5. BL Add. MS 18850 f. 256v.

6. Jean de Wavrin, quoted in J. Stratford, *The Bedford Inventories: The Worldly Goods of John, Duke of Bedford, Regent of France (1389 – 1435)* (London, 1993), 108 n. 15.

7. Barker, *Conquest*, 74. 贝德福德公爵 1423 年法令的法语文本可参见 B. J. H. Rowe, 'Discipline in the Norman Garrisons under Bedford, 1422 – 35' in *EHR* 46 (1931) 200 – 6 的附录。

8. Barker, *Conquest*, 67 – 9.

9. B. J. H. Rowe, 'King Henry VI's Claim to France in Picture and Poem' in *The Library* s4, 13 (1932), 82.

10. BL MS Royal 15 E VI, reprinted in part in S. McKendrick, J. Lowden and K. Doyle, *Royal Manuscripts: The Genius of Illumination* (London, 2011), 379 and available in full online at bl. uk/catalogues/ illuminatedmanuscripts.

11. 贝德福德公爵不会知道，在随后一个世纪里，海峡两岸互相竞争的国王们都会把这种宣传策略当作蓝本，或至少是效仿的原型。See below pp. 224 – 5.

12. Rowe, 'King Henry VI's Claim', 78.

13. F. W. D. Brie, *The Brut*：or，*The Chronicles of England*（London，1908），II 454. 关于奥尔良围城及圣女贞德在其解围之中所起到的作用，可参见 Barker，*Conquest*，95 – 124。

14. 圣女贞德的最新传记可参见 Helen Castor，*Joan of Arc*（London：Faber & Faber，2014），我在此处的论述有参考该著作。

15. POPC III 340.

16. See n. 15 to chapter 2. 关于此次仪式的细节，可参见 *Brut*，II 454；*Gregory's Chronicle*，161 – 77；被称作"Forma et Modus"的 15 世纪英格兰国王加冕礼的传统顺序，参见 L. G. Wickham Legg（ed.），*English Coronation Records*（London，1901），172 – 90。

17. *Gregory's Chronicle*.

18. *Brut*，II 460.

19. Shirley（ed.），*Parisian Journal*，271.

20. Ibid.，272. 巴黎人对其他民族饮食的势利，似乎是他们的一个永恒特点。

21. H. N. MacCracken，*Minor Poems of John Lydgate*（Oxford，1961 – 2），II 630 – 1；J. G. Nichols，*Chronicle of the Grey Friars of London*（Camden Society，v53，1852），16.

4. 欧文·都铎

1. F. Palgrave，*Antient Kalendars and Inventories of the Treasury of His Majesty's Exchequer*（London，1836），II 172 – 5.

2. POPC V 46 – 7.

3. 关于欧文·都铎祖辈的事迹，可参见 R. A. Griffiths and R. S. Thomas，*The Making of the Tudor Dynasty*（Gloucester，1985），5 – 24，and R. L. Thomas，*The Political Career，Estates and 'Connection' of Jasper Tudor，Earl of Pembroke and Duke of Bedford*（d. 1495）（PhD thesis，University of Wales，Swansea，1971），chapter 1，1 – 29。

4. Letter of Catherine de Valois quoted in *DNB*，'Catherine de Valois'.

5. J. A. Giles（ed.），*Incerti scriptoris chronicon Angliae de regnis trium regum Lancastriensium Henrici IV，Henrici V et Henrici VI*（London 1848），17.

6. 凯瑟琳自己的家史告诉她：她的长姐伊莎贝拉年幼时便嫁给另一

位英格兰国王理查二世。理查二世被废和丧命之后，伊莎贝拉返回法兰西，嫁给了奥尔良公爵查理。

7. PROME February 1426，item 34.

8. Sir John Wynn of Gwydir, quoted in Thomas, *Jasper Tudor*, 13.

9. PROME September 1402，items 88 – 102.

10. Harriss, *Cardinal Beaufort*, 178 – 9 n.34，据其推测，埃德蒙·都铎可能是凯瑟琳与埃德蒙·博福特的儿子。如果真是这样，那么都铎王朝的父系和母系两边都是博福特血统。但我觉得，埃德蒙·博福特就算与埃德蒙·都铎有关系，也是后者的教父，而不是生父。

11. See Thomas，*Jasper Tudor*, 19 – 20.

12. National Archives SC 8/124/6186.

13. 对博门希修道院所在地的墓地的发掘显示，那里的死者当中有很高的比例受过身体创伤，尤其是骨折（后来治愈）。Report by the Centre for Bioarchaeology, museumoflondon. org.

14. *Brut*，II 470 – 1.

15. 御前会议得到的关于欧文·都铎被捕情形的描述，转引自 POPC V 46 – 50。

16. Ibid.，49 – 50. 详细描写欧文被捕情形的议事会会议记录，似乎是一份演讲稿的草稿。这份演讲稿的目标受众是国王本人，其中重复了亨利六世为什么应当对其继父"恶毒的目的"愤慨的所有理由。

17. See M. Bassett，'Newgate Prison in the Middle Ages' in *Speculum* 18 (1943)，passim.

18. Robin Ddu quoted and translated in H. Evans, *Wales and the Wars of the Roses* (Cambridge，1915)，70 n. 3.

19. 要做弥撒，就需要神父。当时和今天一样，女性不可以主持弥撒。关于巴金女修院中世纪生活的最完整介绍，可参见 T. Barnes, *A Nun's Life: Barking Abbey in the Late Medieval and Early Modern Periods* (MA thesis，Portland State University，2004)。

20. Rymer，*Foedera*，X 828.

21. Thomas，*Jasper Tudor*，26；Rymer，*Foedera*，X 828.

第二部 国王是什么？

1. *Brut*，II 516.

5. 萨福克大人的善政

1. 于中世纪的英格兰人开始设想到 15 世纪初时的百年战争的历史连贯性的观点，可参见 W. M. Ormrod，'The Domestic Response to the Hundred Years War' in A. Curry and M. Hughes（eds.），*Arms, Armies and Fortifications in the Hundred Years War*（Woodbridge，1994），83 – 5。

2. C. D. Taylor，'Henry V, Flower of Chivalry' in G. Dodd（ed.），*Henry V: New Interpretations*（York，2013），218. 九位伟人是赫克托耳、亚历山大大帝、尤利乌斯·恺撒、约书亚、大卫、犹大·马加比、亚瑟王、查理曼以及第一次十字军东征中的英雄布永的戈弗雷。

3. *Vita Henrici Quinti*，translated in J. Matusiak，*Henry V*（London，2013），3 – 4.

4. 关于亨利六世的著名"温莎"肖像的年代与出处，见 http：// www. npg. org. uk/collections/search/portraitConservation/mw03075/King-Henry-VI 中的注释。

5. See Griffiths，*Henry VI*，241.

6. POPC IV 134.

7. M. James（ed.），*Henry VI: A Reprint of John Blacman's Memoir, with Translation and Notes*（Cambridge，1919）（hereafter 'Blacman'）.

8. Ibid. ，36 – 8.

9. Harriss，*Cardinal Beaufort*，251.

10. Now catalogued in Stratford，*The Bedford Inventories*.

11. *Brut*，II 573.

12. Wolffe，*Henry VI*，87 – 92；Watts，*Henry VI*，128 – 34.

13. POPC V 88 – 9.

14. John de Wavrin（ed.），and W. Hardy（trans.），*A Collection of the Chronicles and Ancient Histories of Great Britain, Now Called England*（London，1864 – 87），III 178.

15. Ibid.；Barker，*Conquest*，121 – 2.

16. H. Castor, *The King, the Crown and the Duchy of Lancaster: Public Authority and Private Power 1399 – 1461* (Oxford, 2000), 82 – 93.

17. J. Gairdner (ed.), *The Paston Letters* (new edn., 6 vols, London, 1904), IV 75.

6. 代价昂贵的婚姻

1. 对玛格丽特加冕游行最全面的现代叙述可参见 G. Kipling, 'The London Pageants for Margaret of Anjou' in *Medieval English Theatre* 4 (1982); 一个更常见的总结载于 H. Maurer, *Margaret of Anjou: Queenship and Power in Late Medieval England* (Woodbridge, 2003), 17 – 22。

2. *Gregory's Chronicle*, 154.

3. *Brut*, II 486.

4. See above, p. 39.

5. Maurer, *Margaret of Anjou*, 41.

6. Ibid., 21.

7. MacCracken, *Minor Poems of John Lydgate*, II 844 – 7.

8. J. Rosenthal, 'The Estates and Finances of Richard Duke of York (1411 – 1460)' in *Studies in Medieval and Renaissance History* 2 (1965), 118.

9. 关于约克公爵领地的更全面介绍, 参见 ibid., appendix I 194 – 6。

10. Commission transcribed from the original document in Bibliothèque nationale, Paris, in P. Johnson, *Duke Richard of York 1411 – 1460* (Oxford, 1988), 226.

11. T. Pugh, 'Richard Plantagenet (1411 – 60), Duke of York, as the King's Lieutenant in France and Ireland' in J. G. Rowe (ed.), *Aspects of Late Medieval Government and Society: Essays Presented to J. R. Lander* (Toronto, 1986), 122.

12. C. Carpenter, *The Wars of the Roses: Politics and the Constitution in England* c. 1437 – 1509 (Cambridge, 1997), 98 – 103, 其中对约克公爵在 15 世纪 40 年代时是一位孤立且野心勃勃的王位竞争者的论调提供了简洁明了的反驳意见。See also Watts, *Henry VI*, 237 – 8, especially nn. 137 – 40. 一个对此时期更有 "王朝意味" 的解读见于 R. A. Griffiths, 'The Sense of Dynasty in the Reign of Henry VI' in C. Ross (ed.), *Patronage,*

Pedigree and Power in Later Medieval England（Gloucester，1979），passim but especially 23 – 5。

13. 此处的说法参考了 Griffiths，ibid.，20 – 1。

14. Blacman，29 – 30。布莱克曼显然有理由夸大国王的虔诚和贞洁。不过，他对国王的描写——矜持害羞，看到裸体就要晕倒——前后一致，与我们对亨利六世性格的理解也吻合。

15. Maurer，*Margaret of Anjou*，41.

16. 这里的珠宝是 1453 年玛格丽特终于怀孕时国王给她的礼物。J. Stevenson（ed.），*Letters and Papers Illustrative of the Wars of the English in France during the Reign of Henry the Sixth*（1861 – 4），II ii 208.

17. 对玛格丽特在割让曼恩一事中所起作用的探讨，可参见 Maurer，*Margaret of Anjou*，25 – 38；同样可见于 B. M. Cron，'The Duke of Suffolk，the Angevin Marriage，and the Ceding of Maine，1445' in *Journal of Medieval History* 20（1994），77 – 99。

18. *Brut*，II 511.

19. J. David（ed.），*An English Chronicle of the Reigns of Richard II，Henry IV，Henry V and Henry VI*（Camden Society v44，1838），116.

20. Ibid.，62.

21. Ibid.

22. Kingsford，*Chronicles of London*，157.

7. 滚开，叛徒，滚开！

1. C. A. F. Meekings，'Thomas Kerver's Case，1444'，in *EHR* 90（1975），330 – 46. 接下来的叙述参考了此文的说法。

2. *Brut*，II 485.

3. Quoted in Griffiths，*Henry VI*，256.

4. Indictment from King's Bench，reprinted in *EHD* IV 264.

5. PROME February 1449，item 22.

6. "1437 年到 1450 年，在英格兰各郡，国王在司法和执法方面的个人影响，说得好听也是负面的。" Wolffe，*Henry VI*，116 – 17.

7. See M. H. Keen and M. J. Daniel，'English Diplomacy and the Sack of Fougères in 1449' in *History* 59，375 – 91.

8. Griffiths，*Henry VI*，521；Harriss，*Shaping the Nation*，584；Barker，

Conquest, 404.

9. 根据 1450 年的物价做一个粗略的转换，1450 年的 37. 2 万英镑相当于 2005 年的 2. 02 亿英镑。但这还不能显示出亨利六世负债的严重程度。根据议会的数字，他的债务相当于他岁入的 34 倍，并且每年都在增长，这还不算对法战争的开销。

10. 今天我们把这称为"结构性赤字"。PROME November 1449, item 53.

11. 约克公爵理查欠王室的债务大致相当于今天的 1000 万英镑。不过，这同样不能充分反映他的债务的严重程度。

12. 1345 年，爱德华三世光是欠意大利商人与银行家的债务就高达 40 万英镑，大致相当于 2005 年的 2. 62 亿英镑。Cf. E. Russell, 'The Societies of the Bardi and the Peruzzi and Their Dealings with Edward III' in G. Unwin (ed.), *Finance and Trade under Edward III* (Manchester, 1918), 93 – 135.

13. 'A Warning to King Henry' in T. Wright, *Political Poems and Songs Relating to English History* (1859 – 61), II 229 – 31.

14. PROME November 1449, item 15.

15. Watts, *Henry VI*, 244 – 5.

16. PROME November 1449, appendix 1.

17. Ibid. , item 49.

18. Ibid. , items 50 – 2.

19. 弗莱姆斯里在王座法庭受审后被处决。R. Virgoe, 'The Death of William de la Pole, Duke of Suffolk', in *Bulletin of the John Rylands Library* 47 (1965), 491 n. 3.

20. *Paston Letters*, II 146 – 7; *Brut*, II 516; Virgoe, 'Death of William de la Pole', 494, 501.

21. M. Bohna, 'Armed Force and Civic Legitimacy in Jack Cade's Revolt, 1450' in *EHR* 118 (2003), 573 – 4. 关于杰克·凯德叛乱的过程及对其原因的探讨，同样可参见 Griffiths, *Henry VI*, 610 – 65, and I. Harvey, *Jack Cade's Rebellion of 1450* (Oxford, 1991)。

22. Magdalen College, Oxford, Charter Misc. 306, reprinted in Robbins (ed.), *Historical Poems*, 63, and with slight variation in C. L. Kingsford,

Historical Literature in the Fifteenth Century (Oxford, 1913), 359.

23. Stow published this in his *Annals*: it is partly reproduced and summarized in S. B. Chrimes and A. L. Brown, *Select Documents of English Constitutional History 1307 – 1485* (London, 1961), 290 – 1.

24. Kingsford, *Chronicles of London*, 162.

8. 那么，请约克公爵来

1. Bill of the duke of York, reprinted in R. A. Griffiths, 'Duke Richard of York's Intentions in 1450 and the Origins of the Wars of the Roses' in *Journal of Medieval History* 1 (1975). Worship 即 worship，大致可以理解为现代的"尊重"，出身高贵、社会地位高的人有资格得到尊重。

2. Griffiths believes, in ibid. and 'Richard Duke of York and the Royal Household in Wales in 1449 – 50' in *Welsh History Review* 8 (1976 – 7)，其中认为，约克公爵确实是在博马里斯登陆的。Cf. Johnson, *Duke Richard of York*, 78: "约克公爵有没有成功登陆，值得怀疑。"约克公爵本人给亨利六世的书信说，他"计划"的登陆遭到了"阻挡和阻挠"。这一点，再加上约克公爵在书信中写了上述的怨言，有力地暗示了他在博马里斯没有登陆成功。

3. 'John Piggot's Memoranda' in Kingsford, *English Historical Literature*, 372.

4. HMC Eighth Report, 266 – 7, reprinted in modern English in *EHD* 4, 265 – 7.

5. Ibid.

6. Ibid., 371.

7. Carpenter, *Wars of the Roses*, 102.

8. 支持约克公爵王位主张的论点，参见 Griffiths, 'The Sense of Dynasty in the Reign of Henry VI'。但约克公爵在 15 世纪 60 年代的王位主张是在绝望的情况下做出的（参见 pp. 182 – 3），并且当时的情形与 1450 年 9 月时完全不同。

9. 约克公爵给亨利六世的第一份请愿书，收录于 Griffiths, 'Duke Richard of York's Intentions', 300。

10. See Johnson, *Duke Richard of York*, 84 – 5.

11. Ibid., 301 – 4.

12. 对萨默塞特公爵在法兰西行为的比较正面的描写，参见 M. K. Jones, 'York, Somerset and the Wars of the Roses' in *EHR* 104 (1989).

13. PROME November 1450, item 1.

14. 'Bale's Chronicle' in R. Flenley (ed.), *Six Town Chronicles of England* (Oxford, 1911), 137.

15. Kingsford, *Chronicles of London*, 162.

16. 约克公爵在1451年9月曾试图在没有王室授权的情况下解决考特尼和邦维尔两家的冲突。对这场冲突的更详细介绍，参见 M. Cherry, 'The Struggle for Power in Mid-Fifteenth-Century Devonshire' in R. A. Griffiths (ed.), *Patronage, the Crown and the Provinces in Later Medieval England* (New Jersey, 1981)。

17. 'Colleges: St Martin le Grand' in W. Page (ed.), *A History of the County of London* (London, 1909), I 555 - 66.

18. A. Kempe, *Historical Notices of St Martin-le-Grand* (London, 1825), 141.

19. *Paston Letters*, I 97 - 8.

20. Ibid., 103 - 8.

21. Kingsford, *Chronicles of London*, 163. 另外还有好几部编年史对这个故事的记述与此类似。驳斥这种流行观点的有说服力的论据，参见 Johnson, *Duke Richard of York*, 112。

22. Ibid., 101.

9. 陷入疯狂

1. 'Bale's Chronicle' in Flenley (ed.), *Six Town Chronicles*, 140; Kingsford, *Chronicles of London*, 163. 用现代的术语来讲，亨利六世的疾病可能是抑郁症或精神分裂症的严重的、紧张性障碍表现形式。但隔了这么久，不可能给出医学诊断，实际上也没用。联系现代的诊断对亨利六世疾病的讨论，参见 N. Bark, 'Did Schizophrenia Change the Course of English History?' in *Medical Hypotheses* 59 (2002), 416 - 21。不过请注意这位作者对1453年之前亨利六世统治的阐述与本书差别很大。关于亨利六世的疾病，在他自己时代和他的家史的语境内，参见 B. Clarke, *Mental Disorder in Earlier Britain* (Cardiff, 1975), passim but especially 176 - 206。

2. 'Bale's Chronicle', 140.

3. 其他的教父和教母是坎特伯雷大主教坎普（红衣主教）和白金汉公爵夫人安妮。

4. POPC VI 163 - 4.

5. Council minutes transcribed in R. A. Griffiths, 'The King's Council and York's First Protectorate', *EHR* 94 (1984).

6. Newsletter of John Stodeley in *Paston Letters*, I 295.

7. For a full discussion see H. Castor, *She-Wolves: The Women Who Ruled England before Elizabeth* (London, 2010), 339 - 43.

8. PROME March 1453, item 32.

9. Watts, *Henry VI*, 310 n. 220.

10. Stodeley in *Paston Letters*, I 299.

11. *Paston Letters*, III 13.

12. PROME July 1455, item 18.

13. Watts 给了莱斯特会议一个好听的名字："假议会"。Watts, *Henry VI*, 314.

14. C. J. Armstrong, 'Politics and the Battle of St Albans 1455' in *Bulletin of the Institute of Historical Research* 33 (1960), 13 - 14. 这是对第一次圣奥尔本斯战役的权威记述，本书下面的很大一部分内容都遵照它的论点。

15. Letter to the townsmen of Coventry, quoted in ibid., 12.

16. *Paston Letters*, III 25.

17. For Clifford's conduct, ibid. and M. Kekewich et al. (eds.), *The Politics of Fifteenth-Century England—John Vale's Book* (Stroud, 1996), 192.

18. *Paston Letters*, III 27.

19. Blacman, 40.

20. MS Gough London in Flenley (ed.), *Six Town Chronicles*, 158.

21. 'Bale's Chronicle' in ibid., 142.

22. *Gregory's Chronicle*, 198.

23. CSP Milan, I 16 - 17.

第三部　空王冠

1. CSP Milan I, 1471 item 227.

10. 最高贵的公主

1. *Victoria County History*, 'Warwickshire', VIII 418 – 27.

2. Pius II, quoted in P. Lee, 'Reflections of Power: Margaret of Anjou and the Dark Side of Queenship' in *Renaissance Quarterly* 39 (1986), 197.

3. M. Harris (ed. and trans.), *The Coventry Leet Book, or Mayor's Register* (New York, 1971), I – II 287 – 92.

4. Robbins (ed.), *Historical Poems*, 190.

5. The correspondent was John Bocking; *Paston Letters*, III 75.

6. *Brut*, II 526; Davies, *English Chronicle*, 79.

7. *Brut*, II 525.

8. Ibid.

9. MS Gough London in Flenley (ed.), *Six Town Chronicles*, 160; *Paston Letters*, III 130.

10. Davies, *English Chronicle*, 80.

11. *English Heritage Battlefield Report: Blore Heath* (English Heritage, 1995), 8 – 9.

12. Griffiths, *Henry VI*, 821.

13. The letter is preserved in Davies, *English Chronicle*, 81 – 3.

14. Ibid. , 83.

15. *Brut*, II 527.

16. *Gregory's Chronicle*, 206.

17. Davies, *English Chronicle*, 83, 也记载说，约克公爵夫人"被卑鄙、残忍地侵犯"。近来亦有此说的书是 P. Langley and M. Jones, *The King's Grave: The Search for Richard III* (London, 2013), 73, 235。它对此的理解是，在拉德洛，王军当着孩子们的面强奸了塞西莉公爵夫人。这种阐释未免过于耸人听闻了。

11. 王冠突然坠落

1. Davies, *English Chronicle*, 83. On Warwick and Calais see S. Rose,

Calais: *An English Town in France 1347 – 1558*（Woodbridge, 2008）, 81 – 3, also Richmond, 'The Earl of Warwick's Domination of the Channel', passim.

2. PROME November 1459, items 7 – 25.

3. G. Harriss and M. Harriss（eds.）, *John Benet's Chronicle for the Years 1400 to 1462*（Camden Miscellany 44, 1972）, 224.

4. Davies, *English Chronicle*, 86 – 90.

5. Ibid. , 97.

6. CPR Henry VI 1452 – 61, 542.

7. H. Stanford London, *Royal Beasts*（East Knoyle, 1956）, 22 – 3. 我们需要注意，猎鹰和 D 形铁制镣铐都是明显的"兰开斯特"符号。都铎王朝对整个 15 世纪的理解，即两大家族的血仇，不足以解释约克公爵理查在这个阶段的动机。

8. *Gregory's Chronicle*, 208.

9. 官方文书和信函一般从在位国王登基的年份开始纪年。放弃这种做法，暗示着否认君主的权威。

10. Letter to John Tiptoft, earl of Worcester, transcribed in Johnson, *Duke Richard of York*, 213 – 14.

11. Ibid.

12. PROME October 1460, item 11. 这是有史记载的 15 世纪第一次使用"金雀花"这个家族名号，后来这个词就一直被用来指若弗鲁瓦·金雀花（安茹伯爵、诺曼底公爵和英格兰国王亨利二世之父）的所有王室后代。

13. 金雀花王朝历史上一个成功的先例是 1153 年的《沃灵福德条约》，斯蒂芬国王和未来的亨利二世签订了该条约，剥夺斯蒂芬的儿子尤斯塔斯王位继承权，将继承权交给亨利二世。就这样，"无政府时期"的内战结束了。

14. CSP Milan I, item 27.

15. *Brut*, II 530.

16. *Gregory's Chronicle*, 209.

17. Letter reprinted in Kekewich et al. , *John Vale's Book*, 142 – 3.

18. *Brut*, II 530.

19. E. Hall, *Hall's Chronicle containing the History of England during the*

Reign of Henry the Fourth and the Succeeding Monarchs to the End of the Reign of Henry the Eighth（London，1809），250.

20. 至少这是爱德华·霍尔多年后记载的版本。他的记述很精彩，但资料来源是艾斯波尔自己。Hall，*Chronicle*，250 – 1.

21. CSP Venice I，item 92.

12. 灾祸

1. *Paston Letters*，III 250.

2. 这种现象今天称为幻日，是阳光透过大气中的冰晶折射而造成的。Hall，*Chronicle*，251 是这种现象与爱德华的金色太阳徽记之间联系的第一处记载。但这可能搞错了。Stanford London，*Royal Beasts*，30 – 1 认为，"闪耀的太阳"至少早在理查二世时期就是王室符号了。

3. *Gregory's Chronicle*，211.

4. Ibid. 认为这个女人是欧文·都铎的情妇和大卫·欧文的母亲的说法，参见 L. De Lisle，*Tudor：The Family Story*（London，2013），25，这很有可能是真的。

5. 这封信于 1 月 11 日发出，这一天沃里克伯爵还口述了一封给好战的米兰公爵弗朗切斯科·斯福尔扎的信。CSP Milan I，item 55.

6. Ibid.，item 63.

7. Ibid.，item 54.

8. H. Riley（ed.），*Registrum Abbatiae Johannis Whethamstede*（London，1872），390 – 5.

9. Ibid.

10. Ibid.

11. *Brut*，II 531.

12. 马奇伯爵进入伦敦的日期是 1461 年 2 月 26 日，对他驾临与加冕的象征意义的讨论，参见 C. Armstrong，'The Inauguration Ceremonies of the Yorkist Kings and Their Title to the Throne' in *Transactions of the Royal Historical Society* 30（1948），55 n. 2 and passim。

13. *Gregory's Chronicle*，213.

14. Kingsford，*Chronicles of London*，173.

15. MS Gough London in Flenley（ed.），*Six Town Chronicles*，162.

16. CCR 1461 – 8，54 – 5.

17. T. Stapleton （ed.）, *Plumpton Correspondence* （London, 1834）, 1.

18. CCR 1461 – 8, 54 – 5.

19. Pierpoint Morgan Library, New York, M 775 f. 122v, quoted at length in A. Boardman, *The Medieval Soldier in the Wars of the Roses* （Stroud, 1998）, 126 – 7.

20. Hall, *Chronicle*, 255. 史书里对兵力的估计大多是夸大其词，这一次倒比较接近真实情况。

21. 关于这一点，参见 G. Goodwin, *Fatal Colours*：*Towton 1461—England's Most Brutal Battle* （London, 2011）, 157。

22. Ibid. , 165 – 6.

23. CSP Milan I, item 78; CSP Venice I, item 371.

13. 贵与贱

1. C. Armstrong （ed. and trans.）, *The Usurpation of Richard III*：*Dominicus Mancinus ad Angelum de occupatione regni Anglie per Ricardum tercium libellus* （2nd edn. , 1969） （hereafter 'Mancini'）, 65.

2. Mancini, 67; *Croyland Continuations*, 150 – 1.

3. J. Halliwell （ed.）, *A Chronicle of the First Thirteen Years of the Reign of King Edward the Fourth*：*by John Warkworth* （London, 1889） （hereafter 'Warkworth'）, 5.

4. 雷丁修道院还有其他的与王室的联系：该修道院的僧侣收藏的数百件圣物当中有殉道者圣爱德华臂骨的一部分。他是一位撒克逊国王，978 年在科夫城堡被杀害。亨利二世的长子、短命的威廉被安葬在这座修道院。*Victoria County History*, 'Berkshire', II 62 – 73.

5. *Gregory's Chronicle*, p. 226.

6. Wavrin, *Chronicles and Ancient Histories of Great Britain*, III 184.

7. 这里的描述基于留存至今的同时代肖像，它们保存在剑桥大学王后学院和温莎。显然，和这一时期的所有王室肖像一样，它们有一定程度的理想主义和凭空捏造，但可能比手稿中对伊丽莎白的描绘要真实。伊丽莎白被描绘成金发碧眼、虔诚的女王，很像圣母马利亚。对现存伊丽莎白·伍德维尔肖像的介绍，参见 D. MacGibbon, *Elizabeth Woodville* （*1437 – 1492*）：*Her Life and Times* （London, 1938）, appendix 1, 172 – 4。

8. *Paston Letters*, III 204 – 5.

9. Warkworth, 3.

10. See, for example, Mancini, 63.

11. CSP Milan I, item 137.

12. 同时代唯一与爱德华四世和伊丽莎白·伍德维尔婚姻有点像的王室婚姻，是黑太子爱德华与肯特的琼在1361年的婚姻。当时爱德华是王储（非正式的说法是爱德华四世）。琼颇有奥名，结过多次婚。不过琼有无可指摘的王室血统：她的祖父是英格兰国王爱德华一世，外祖父是法兰西国王腓力三世。

13. J. Gairdner (ed.), *Letters and Papers Illustrative of the Reigns of Richard III and Henry VII* (London, 1861), I 32.

14. *Croyland Continuations*, 115.

15. Letter from Lord Wenlock dated 3 October 1464: see J. Lander, 'Marriage and Politics: The Nevilles and the Wydevilles' in *Bulletin of the Institute of Historical Research* 36 (1963) 133 n. 2 (a) and C. Scofield, *The Life and Reign of Edward IV* (London, 1923), I 354 n. 3; CSP Milan I, items 137 – 8.

16. 历史上一个很好的可以与之相比较的例子是亨利八世的第二次婚姻，即与安妮·博林的婚姻。那门婚事导致了政治上的大动荡，主要是因为亨利八世的爱情和挫折。但爱德华四世即便在二十二岁时也不像亨利八世那样自私和以自我为中心，不过他肯定也会从个人欲望的角度来审视政治决定。

17. *Gregory's Chronicle*, 219.

18. *Paston Letters*, III 292.

19. Ibid.

20. Fabyan, More, Hall 等人在作品中对国王追求伊丽莎白做了有趣但纯属虚构的描写，这些故事被有些现代史书信以为真，特别是MacGibbon, *Elizabeth Woodville*, 34 – 40, 其读起来更像小说而不是历史书。

21. Carpenter, *Wars of the Roses*, 170.

22. MacGibbon, *Elizabeth Woodville*, 46.

23. Ibid. , 48 – 51.

24. Scofield, *Edward IV*, 380 – 4.

25. Warkworth, 5.

14. 很多时候

1. Philadelphia Free Library MS Lewis E201, 可 通 过 http：//bancroft. berkeley. edu/digitalscriptorium/的链接看到该文件的高清版本。关于金色太阳及其与理查二世的联系，见上述文件的 n. 11 to chapter 10。其他类似的谱系（虽然没有这么恢宏），包括 BL Harley Roll C. 9 Membrane 19；BL Harley 7353；BL Lansdowne 456。

2. 1352 年伊丽莎白·德·伯格与安特卫普的莱昂内尔的婚姻最早把阿尔斯特的荣誉带到了金雀花家系。See A. Weir, *Elizabeth of York*：*The First Tudor Queen*（London，2013），14.

3. M. Hicks, *Warwick the Kingmaker*（Oxford，1998），254.

4. C. Ross, *Edward IV*（new edn.，London and New Haven，1997），appendix III，437 – 8.

5. *Gregory's Chronicle*，237.

6. Scofield, *Edward IV*，414 – 20.

7. Hicks, *Warwick the Kingmaker*，267.

8. S. Bentley（ed.），*Excerpta Historica*：*or*，*Illustrations of English History*（1831），227 – 8.

9. Warkworth，4.

10. Stevenson（ed.），*Letters and Papers*，II，part 2，783.

11. *Gregory's Chronicle*，237.

12. Ibid.

13. Warkworth，5.

14. PROME June 1467，item 15.

15. *Croyland Continuations*，132 – 3.

16. Mancini，63.

17. 约相当于今日的 225 万英镑。

18. 如莎士比亚后来所说："虚伪、善变、背誓的克拉伦斯。"（*Richard III*，I iv 52）.

19. 对于这一点，以及对 1469 年叛乱（包括证据的问题）的详细讨论，参见 K. Dockray, 'The Yorkshire Rebellions of 1469'，in *The Ricardian* 82（1983），passim.

20. Warkworth, 6; *Croyland Continuations*, 445.

21. *Paston Letters*, V 35.

22. 这封信及宣言书收录于 Warkworth, 46 – 9 的注释中。

23. *Croyland Continuations*, 446.

24. Warkworth, 7.

25. Ibid.

15. 最终的毁灭

1. *Paston Letters*, V 45 – 6.

2. *Croyland Continuations*, 438.

3. ' Chronicle of the Rebellion in Lincolnshire, 1470 ', 18, in K. Dockray (ed.), *Three Chronicles of the Reign of Edward IV* (Gloucester, 1988).

4. Ibid. , 10.

5. CSP Milan I, 1467, item 146.

6. *Paston Letters*, V 83.

7. Warkworth, 11.

8. *Croyland Continuations*, 462.

9. Ibid.

10. Blacman, 41.

11. CSP Milan I, 1471, item 210.

12. ' The Arrival of King Edward IV ', 4, in Dockray (ed.), *Three Chronicles of the Reign of Edward IV.* 当然，博林布罗克的亨利 1399 年自称从法兰西归国，是为了夺回自己被抢走的兰开斯特公国。

13. Ibid. , 7.

14. Ibid. , 10.

15. Cited in Ross, *Edward IV*, 166.

16. A. Scobie (ed.), *The Memoirs of Philip de Commines, Lord of Argenton* (London, 1877) (hereafter ' Commines '), 200.

17. A. Thomas and I. Thornley (eds.), *The Great Chronicle of London* (London, 1938), 215.

18. Ibid.

19. Letter from Margaret of York, printed in Wavrin, *Chronicles and*

Ancient Histories of Great Britain, III 211.

20. J. Bruce（ed.）, *Historie of the Arrivall of Edward IV in England and the Finall Recouerye of His Kingdomes from Henry VI*（London, 1838）, 17.

21. Ibid.

22. *Croyland Continuations*, 464.

23. Bruce, *Arrivall of Edward IV*, 19 – 20.

24. Ibid.

25. Ibid.

26. Commines, 201.

27. Scofield, *Edward IV*, I 579 – 60.

28. Bruce, *Arrivall of Edward IV*, 20.

29. 最新翻译和收录 Von Wesel 1471 年 4 月 17 日所写信件的是 H. Kleineke（ed. and trans.）, 'Gerhard von Wesel's Newsletter from England, 17 April 1471' in *The Ricardian* 16（2006）。

30. Ibid., 10.

31. Ibid. 爱德华四世给了内维尔兄弟体面的葬礼。他们的遗体被转移到毕夏姆修道院，在他们的父亲索尔兹伯里伯爵的墓穴旁安葬。

32. Letter to John Daunt, quoted in P. Hammond, *The Battles of Barnet and Tewkesbury*（1993）, 81.

33. *Croyland Continuations*, 465.

34. CSP Milan I, 1471, item 216.

35. Bruce, *Arrival of Edward IV*, 28.

36. Ibid.

37. *Croyland Continuations*, 466.

38. Bruce, *Arrivall of Edward IV*, 28 – 30, 后续引文，除非特别说明，皆出于此。

39. Warkworth, 18.

40. *Croyland Continuations*, 466.

41. Ibid., 467.

42. Blacman, 44.

43. Bruce, *Arrivall of Edward IV*, 38.

44. Warkworth, 21.

45. W. St John Hope，'The Discovery of the Remains of King Henry VI in St George's Chapel，Windsor Castle' in *Archaeologia* (1911)，541.

46. CSP Milan I，1471，item 220.

47. Ibid. ，39.

48. *Croyland Continuations*，467.

第四部　都铎王朝的崛起

16. 神谶

1. Robbins（ed.），*Historical Poems*，148.

2. H. Ellis（ed.），*Three Books of Polydore Vergil's English History* (London，1844)，154 – 5.

3. Griffiths and Thomas，*Making of the Tudor Dynasty*，86 – 7. 恶劣的天气让都铎叔侄穿越英吉利海峡的过程遭遇危险。

4. *Foedera*，XI 714，quoted in M. Hicks，*Edward V：The Prince in the Tower* (Stroud，2003)，57 – 8.

5. *Paston Letters*，IV 298.

6. The Black Book，or *Liber Niger Domus Regis Edw. IV*，is printed in *A Collection of Ordinances and Regulations for the Government of the Household etc.* (London，1790)，15 – 86.

7. See D. Starkey，'Henry VI's Old Blue Gown：The English Court under the Lancastrians and the Yorkists' in *The Court Historian*，1999，passim but especially 20 – 4.

8. 软弱而多病的彭布罗克伯爵赫伯特于 1479 年被夺去爵位，这个爵位被赐给爱德华王子，而赫伯特不得不接受自己被贬为亨廷顿伯爵。

9. 如果沃里克伯爵是自然死亡，他的弟弟蒙泰古侯爵会继承内维尔家的主要财产；沃里克伯爵的女儿们会继承余下的部分。因为蒙泰古侯爵也死于反对国王的战争，并且在死后被判谋逆罪，于是沃里克伯爵的全部财产转到了王室。

10. Carpenter，*Wars of the Roses*，187.

11. Ibid. ，193 – 4.

12. R. Buckley et al. ，'The King in the Car Park：New Light on the Death

and Burial of Richard III in the Grey Friars Church, Leicester in 1485' in *Antiquity* 87 (2013), 536.

13. Poppelau, quoted in Mancini, 136 – 7.

14. Colvin, *History of the King's Works*, I 499 – 500.

15. 或者, 用詹姆斯钦定版《圣经》更有名也更现代的说法是: "耶和华是我的牧者: 我必不至缺乏。"Psalm 23: 1. 罗瑟拉姆对议会演讲的详细摘选, 参见 PROME January 1478, items 1 – 3。

16. Romans 13: 4.

17. 为了强迫克拉伦斯公爵交出部分土地以便分配给别人（包括格洛斯特公爵）, 爱德华四世不得不在 1473 年议会上发布普遍的"重新占有"的法令, 虽然有长长一串不受该法令影响的人的名单, 但其中不包括克拉伦斯公爵。对克拉伦斯公爵与格洛斯特公爵的地产纠纷, 详见 Hicks, *False, Fleeting, Perjur'd Clarence*: *George Duke of Clarence 1449 – 78* (Gloucester, 1992), 111 – 27。

18. 特文霍案件的细节载于她的"亲戚"（可能是她的内兄）罗杰·特文霍的请愿书, 他于 1478 年请求王室赦免特文霍, 得到了批准。在同一场审判中还绞死了一个叫 John Thursby 的人, 罪名同样可疑, 即谋杀克拉伦斯公爵的儿子理查。PROME January 1478, item 17; Hicks, *False, Fleeting, Perjur'd Clarence*, 137 – 9.

19. *Croyland Continuations*, 478.

20. Ibid.

21. PROME January 1478, appendix 1.

22. 对马姆奇葡萄酒故事的讨论, 可参见 Hicks, *False, Fleeting, Perjur'd Clarence*, 200 – 4。

23. Romans 13: 2.

17. 只剩下最后一个小鬼

1. Commines, I 397.

2. Ellis (ed.), *Polydore Vergil*, 164.

3. Griffiths and Thomas, *Making of the Tudor Dynasty*, 88 – 90.

4. Commines, I 251.

5. Ellis (ed.), *Polydore Vergil*, 164 – 5.

6. Ibid., 135; J. Lewis (ed.), *Life of Dr John Fisher* (London,

1855），II 269.

7. M. Jones and M. Underwood, *The King's Mother*：*Lady Margaret Beaufort*, *Countess of Richmond and Derby*（Cambridge, 1993），58 – 9；MacGibbon, *Elizabeth Woodville*, 108.

8. Jones and Underwood, *King's Mother*, 61, quoting Westminster Abbey Muniments doc. 32378.

9. *Croyland Continuations*, 483.

10. Commines, I 264.

11. 维尔吉利的描述在以下方面与其他史料吻合：赞扬国王的"机智""勇敢"和"极好的记忆力"，勤奋，"对敌人严酷残忍，对朋友和熟人慷慨大方"，以及在战争中运气极佳。Ellis（ed.），*Polydore Vergil*, 172.

12. Mancini, 66 – 7.

13. Thomas Basin quoted in Scofield, *Edward IV*, 365.

14. R. Gottfried, 'Epidemic Disease in Fifteenth-Century England' in *Journal of Economic History* 36（1976），267 – 8，其中提及 15 世纪的流感病例，"不过在 1485 年之前都不算太严重"。

15. Mancini, 70 – 1.

16. W. Crotch, *The Prologues and Epilogues of William Caxton*（London, 1928），39.

17. BL MS Sloane 3479, f. 53v.

18. Ibid. , 69.

19. *Croyland Continuations*, 485.

20. Mancini, 74 – 5.

21. Gairdner（ed.），*Letters and Papers*, I 4.

22. *Croyland Continuations*, 487.

23. Mancini, 82 – 3.

24. *Croyland Continuations*, 487，不过作者这么写是后见之明，并且很可能因为他已经知道后续的事情所以才这么写的。

25. *Great Chronicle*, 230.

26. *Croyland Continuations*, 488.

27. C. Carpenter（ed.），*Kingsford's Stonor Letters and Papers 1290 –*

1483（Cambridge，1996），416.

28. *Croyland Continuations*，489.

29. Mancini，90 – 1.

30. 对爱德华五世（以及爱德华四世）所谓的不合法血统，客观的讨论参见 Hicks，*Edward V*，163 – 6。

31. Mancini，96 – 7.

32. *Croyland Continuations*，489.

33. Noted by Mancini 104 – 5：英格兰人特别喜欢这种类型的晦涩预言。

34. A. Sutton and P. Hammond，*The Coronation of Richard III：The Extant Documents*（Gloucester，1983），77 – 9，294 – 5.

35. *Great Chronicle*，233.

18. 神啊，求你伸我的冤

1. The *Great Chronicle of London*，234，其中记载从 1482 年米迦勒节到 1483 年米迦勒节一直有人在埃德蒙·沙爵士的官邸看见两位王子。不过编年史家把年份写错了一年，所以把王子失踪、安妮王后去世、白金汉公爵叛乱与理查三世打算娶约克的伊丽莎白的时间顺序都搞错了。

2. Horrox and Hammond（eds.），BL Harleian MSS 433，III 2.

3. Ibid.，234.

4. Mancini，92 – 3.

5. Ibid.

6. Ibid.

7. The *Great Chronicle of London* 说公众传播王子失踪的传闻是在"复活节之后"，我们可以算出 1484 年的复活节是 4 月 18 日。关于编年史家记载这一时期事件的时间顺序可能的错误，见第 18 章的注释 3。

8. 这次发掘出的遗骨今天保存在威斯敏斯特教堂。1933 年，为了确定死因，有人对其进行了不是很高明的检验。对此事的讨论，参见 P. Hammond and W. White，'The Sons of Edward IV：A Re-examination of the Evidence on Their Deaths and on the Bones in Westminster Abbey' in Hammond（ed.），*Richard III：Loyalty，Lordship and Law*（London，1986），104 – 47。白金汉宫和威斯敏斯特教堂都反对继续对这些骸骨做检验。前不久有人向英国政府请愿，要求对遗骨做 DNA 测试，但请愿

只得到 408 个签名（www. thepetitionsite. org）。

9. 关于白金汉公爵得到的大量封赏（让他实际上成为整个威尔士和英威边境地带西部的统治者），参见 Horrox and Hammond（eds.），Harleian MS 433，II 3 – 4。

10. As set forth in *Titulus Regius*，PROME January 1484，item 5.

11. Ellis（ed.），*Polydore Vergil*，200（'circumspection and celerity'）and 226 – 7. 2012 年至 2013 年莱斯特大学对理查三世遗骨和牙齿的分析证实，他的脊柱有畸形，白齿有磨损。

12. *Croyland Continuations*，490.

13. Commines，II 64.

14. Ellis（ed.），*Polydore Vergil*，197.

15. 出自白金汉公爵死后发出的镇压他的法令，PROME January 1484，item 3。

16. E. g. Ellis（ed.），*Polydore Vergil*，192 – 3.

17. 或者借用 Carpenter，*Wars of the Roses*，212 中的经常描述："他是个无用之徒，很少有人为他的死哀叹。"

18. Griffiths and Thomas，*Making of the Tudor Dynasty*，102 – 5；Jones and Underwood，*King's Mother*，62 – 3.

19. Ellis（ed.），*Polydore Vergil*，199.

20. Ibid.

21. A. Raine（ed.），*York Civic Records*（Wakefield，1939），I 83.

22. L. Gill，*Richard III and Buckingham's Rebellion*（Stroud，1999），68.

23. Ellis（ed.），*Polydore Vergil*，202.

24. PROME January 1484，item 5.

25. *Croyland Continuations*，496.

26. Text printed in P. Hammond and A. Sutton，*Richard III: The Road to Bosworth Field*（London，1985），151.

27. See ibid. ，151 – 2.

28. PROME January 1484，item 21.

29. PROME January 1484，item 27.

30. R. Horrox，*Richard III: A Study of Service*（Cambridge，1989），325 – 6.

31. 爱德华王子叙述的几段，收录于 Hammond and Sutton，*Richard III*，174 - 5。

32. Ibid.，497. 谢里夫哈顿的圣海伦与圣十字架教堂的一座墓可能就是爱德华王子的，不过另一种说法是，他被埋葬在他的出生地米德勒姆。

33. 米德勒姆的爱德华是理查三世唯一的合法儿子。理查三世可能有两三个私生子：庞蒂弗拉克特的约翰爵士，加来总司令；凯瑟琳·金雀花，她于 1484 年嫁给威廉·赫伯特，但几年后去世；可能还有一个叫理查·金雀花的男孩，生于 1469 年，卒于 1550 年 12 月，一辈子都是伦敦一个默默无闻的砖匠。18 世纪的古物研究者 Francis Peck 记载了自己听说过的一个关于理查·金雀花的家族传奇：据说，理查·金雀花死前声称自己见证了博斯沃斯战役，在战斗前夜还见到了自己的父亲。这个故事无法证实，但肯特郡伊斯特维尔已经毁弃的圣马利亚教堂内有理查·金雀花的墓。

34. Horrox and Hammond（eds.），Harleian MSS 433，III 124 - 5.

35. Ibid.，III 190.

36. *Croyland Continuations*，499. 有证据表明伊丽莎白知道理查三世想娶她，甚至可能还愿意接受，不过这证据不充分。相关的讨论可参见 Weir，*Elizabeth of York*，130 - 8，她在考虑之后给出的结论是 "对于伊丽莎白对理查三世的真实感情，没有证据"。

37. *Paston Letters*，VI 81 - 4.

38. Ellis（ed.），*Polydore Vergil*，204.

39. Commines，II 64.

40. *Great Chronicle*，237.

19. 战争或生命

1. 这一年晚些时候在圣保罗大教堂展示了这三面旗帜。我们估计亨利在抵达英格兰之后就开始使用这三面旗帜。

2. 亨利的书信引文与对其的讨论，参见 Griffiths and Thomas，*Making of the Tudor Dynasty*，159 - 65。

3. *Croyland Continuations*，502.

4. Ellis（ed.），*Polydore Vergil*，221. 维尔吉利这么说是为了证明国王 "因邪恶的罪孽而良心不安"；不过 *Croyland Continuations*，503 同意

此种说法，其也称国王醒来后"宣称自己夜间看见了可怕的幻象，觉得自己被一大群恶魔团团围住"。这两部史料都对理查三世有偏见，不过两位作者都勤勉而消息灵通。

5. Ellis（ed.），*Polydore Vergil*，225.

6. Ibid.，223.

7. Ibid.，224.

8. Ibid.

9. 2012 年至 2013 年莱斯特大学对理查三世遗骨做了分析，对其的很好总结可参见 Dr Jo Appleby at http：//www. le. ac. uk/richardiii/ science/osteology. html。

10. Ellis（ed.），*Polydore Vergil*，224.

11. *Croyland Continuations*，505.

12. *Great Chronicle*，238.

13. Ibid.，239.

14. 对亨利七世登基的记述，参见 Wickham Legg，*English Coronation Records*，198 – 218。

15. Ibid. and S. Anglo，*Spectacle*，*Pageantry and Early Tudor Policy*（Oxford，1969），11.

16. 兰开斯特王朝的第一位国王亨利四世（当时还只是赫里福德公爵博林布罗克的亨利）1398 年 9 月准备在考文垂与诺福克公爵托马斯·莫布雷决斗的时候，他的帐篷"装饰着许多红玫瑰"：Williams，*Chronique de la traison et mort*，153；亨利四世后来接管的王室财宝包括许多饰有不同颜色玫瑰的财物：Palgrave，*Antient Kalendars*，III 313 – 58. 'Rhos cochion mewn rhwysg uchel'：quoted and translated in Evans，*Wales and the Wars of the Roses*，6。

17. PROME November 1485，part I，item 9.

18. Gairdner（ed.），*Letters and Papers*，421.

19. B. André，*The Life of Henry VII*，trans. D. Hobbins（New York，2011），34.

20. Ibid.，35.

21. Raine（ed.），*York Civic Records*，I 156 – 9.

22. 一个有趣的比较是，爱德华二世于 1284 年出生于卡那封城堡，那里也是亚瑟王传奇的重要地点。

23. 这些国王的事迹不仅仅是供娱乐的故事，往往也是政治教育的工具。1457 年，学者 James Hardyng 撰写了一部卷帙浩繁的史书，阐述了历代国王的事迹，从布鲁图斯开始。Hardyng 将自己的作品奉献给亨利六世，不过他似乎没有注意到书中的道德教诲。

24. André, *Life of Henry VII*, 38.

20. 嫉妒永不死

1. 对西姆内尔出身的详细探讨，参见 M. Bennett, *Lambert Simnel and the Battle of Stoke* (Gloucester, 1987), 42 – 55。

2. D. Hay (ed.), *The Anglica Historia of Polydore Vergil, AD 1485 – 1537* (London, 1950), 13.

3. André, *Life of Henry VII*, 47 ('Admirably skilled . . . ').

4. Ibid., 46.

5. Ibid.

6. Hay (ed.), *The Anglica Historia of Polydore Vergil*, 63.

7. PROME November 1485, part I, item 8.

8. 实际上，现在仍有人持此种看法。

9. Hay (ed.), *The Anglica Historia of Polydore Vergil*, 56 – 7.

10. André, *Life of Henry VII*, 60.

11. Hay (ed.), *The Anglica Historia of Polydore Vergil*, 67.

12. Ibid., 75.

13. André, *Life of Henry VII*, 66.

14. Warbeck's Scottish expenses are printed in Gairdner (ed.), *Letters and Papers*, II 326 – 35.

15. André, *Life of Henry VII*, 68.

16. Hay (ed.), *The Anglica Historia of Polydore Vergil*, 67.

21. 白玫瑰

1. Licentiate Alcaraz, quoted in G. Tremlett, *Catherine of Aragon: Henry's Spanish Queen* (London, 2010), 69.

2. G. Kipling (ed.), *The Receyt of the Ladie Kateryne* (Oxford, 1990), 39.

3. J. Guy, *The Children of Henry VIII* (Oxford, 2013), 4; D. Starkey, *Six Wives: The Queens of Henry VIII* (London, 2004), 76 – 7.

4. 第三子埃德蒙生于 1499 年，但 1500 年夭折。

5. Thomas, *Jasper Tudor*, 19 – 20.

6. Hay (ed.), *The Anglica Historia of Polydore Vergil*, 123.

7. Seward, *Last White Rose*, 138.

8. PROME January 1504, item 21.

9. 腓力依靠自己妻子的权利对王位提出主张。胡安娜的母亲，卡斯蒂利亚女王伊莎贝拉在 1504 年 11 月驾崩。伊莎贝拉的另一个女儿就是阿拉贡的凯瑟琳。

10. *Great Chronicle*, 330.

11. Hay (ed.), *The Anglica Historia of Polydore Vergil*, 135.

12. 在佛兰德，这项条约被称为"邪恶条约"，因为它倾向于英格兰的利益。

13. Kingsford (ed.), *The First English Life of Henry V* (Oxford, 1911), 4.

14. See for example BL Royal 8 G. vii; BL Royal 11 E. xi; BL Add MS 88929.

15. 在凯瑟琳监督下，英格兰军队于 1513 年 9 月 9 日打赢了弗洛登战役。

16. Hay (ed.), *The Anglica Historia of Polydore Vergil*, 203.

17. L&P IV nos 1123 and 1131.

18. 这番对话可见于 R. Macquereau, *Histoire générale de l'Europe* (Louvain, 1765), 并在 Scarisbrick, *Henry VIII*, 136 里重复出现。Macquereau 没有给出资料来源，可能是捏造的。官方档案里第一次提到德·拉·波尔之死，可见于 L&P IV no. 1131。这是一名文书在 1525 年 2 月 28 日写给沃尔西的信。然而，Macquereau 记述的逸闻很好地反映了亨利八世在德·拉·波尔家系灭亡之后的如释重负。

尾声

1. J. Osborn (ed.), *The Quenes Maiesties Passage through the Citie of London to Westminster the Day before her Coronacion* (New Haven, 1960), 31 – 3.

2. 例如，莫尔文修道院的彩色玻璃窗上有很大的都铎玫瑰，就在亨利八世和阿拉贡的凯瑟琳的纹章之左侧。温莎圣乔治礼拜堂的阿拉贡的凯瑟琳唱诗座位的窗户上也有。

3. Hall，'Union of the Two Noble and Illustre Famelies'．仿佛这么说还不够，霍尔在写给年轻的爱德华六世国王的引言里还指出："我编纂和收集了许多作者的资料，有外文的也有英文的，从而写出了这部书。我称之为'兰开斯特与约克这两个高贵显赫家族的联合，您尊贵的祖父（即亨利七世）和您高尚的祖母（即约克的伊丽莎白）的神圣婚姻让它们联合起来'。亨利四世国王是纷争与混战的肇始，而这门神圣的婚姻是一切争吵与争斗的最后终结。"Hall，*Chronicle*，vii.

4. Stow's 1550 edition of Chaucer, Trinity College, Cambridge, STC 5075，5076.

5. *Henry VI Part I*，II iv 27 – 73.

6. 按照历史时间顺序，这些历史剧是《理查二世》《亨利四世（上）》《亨利四世（下）》和《亨利五世》（以上称为"第二套四部曲"，指的是创作的时间），然后是《亨利六世（上）》《亨利六世（中）》《亨利六世（下）》和《理查三世》（"第一套四部曲"）。

7. BL Royal 13 C VIII f. 22v，f. 62v，f. 63.

参考文献

网络资料

Froissart, Jean, *The Online Froissart* (hrionline.ac.uk, V1.3/5 May 2012)
Oxford Dictionary of National Biography (oxforddnb.com)
Letters and Papers, Foreign and Domestic, Henry VIII (via british-history.ac.uk)
The Parliament Rolls of Medieval England (via british-history.ac.uk)
Victoria County History (via british-history.ac.uk)

未出版一手资料

Additional MSS 18850 and 88929 (British Library)
Arundel MS (British Library)
Book of the Fraternity of the Assumption CLC/L/SE/A/004A/MS31692 (Guildhall Library/London Metropolitan Archives)
E101 (National Archives)
E361 (National Archives)
E404 (National Archives)
Egerton MS (British Library)
Harley MS 7353 (British Library)
Lansdowne MS (British Library)
MS Lewis E201 (Philadelphia Free Library)
Royal MS 13 C VIII (British Library)
Royal MS 15 E VI (British Library)
Royal MS 16 F 11 (British Library)
Sloane 3479 (British Library)

已出版一手资料

André, Bernard, *The Life of Henry VII*, trans. Daniel Hobbins (New York: Italica Press, 2011)
Armstrong, Charles, ed. and trans., *The Usurpation of Richard III: Dominicus Mancinus ad Angelum de occupatione regni Anglie per Ricardum tercium libellus*, 2nd ed. (Oxford: Clarendon Press, 1969)
Bentley, Samuel, *Excerpta Historica: or, Illustrations of English History* (London, 1831)
Brie, Friedrich W. D., *The Brut: Or, The Chronicles of England*, vol. II (London, 1908)
Brown, Rawdon, ed., *Calendar of State Papers Relating to English Affairs in the Archives of Venice* (1873)

Bruce, John, ed., *Historie of the Arrivall of Edward IV in England and the Finall Recouerye of His Kingdomes from Henry VI* (London: The Camden Society, 1838)

Carpenter, Christine, ed., *Kingsford's Stonor Letters and Papers, 1290–1483* (Cambridge: Cambridge University Press, 1996)

Chrimes, S. B., and A. L. Brown, *Select Documents of English Constitutional History, 1307–1485* (London: Adam and Charles Black, 1961)

Collection of Ordinances and Regulations for the Government of the Household etc., A (London, 1790)

Crotch, Walter, *The Prologues and Epilogues of William Caxton* (London, 1928)

Davies, John, ed., *An English Chronicle of the Reigns of Richard II, Henry IV, Henry V, and Henry VI* (London: Camden Society v44, 1838)

Devon, Frederick, ed., *Issues of the Exchequer* (London: J. Murray, 1837)

Dockray, Keith, ed., *Three Chronicles of the Reign of Edward IV* (Gloucester, UK: Sutton Publishing, 1988)

Ellis, Henry, ed., *Three Books of Polydore Vergil's English History* (London: Longmans, 1844)

Flenley, Ralph, ed., *Six Town Chronicles of England* (Oxford: Clarendon Press, 1911)

Gairdner, James, ed., *The Historical Collections of a Citizen of London in the Fifteenth Century* ("Gregory's Chronicle") (1876)

———, ed., *Letters and Papers Illustrative of the Reigns of Richard III and Henry VII*, 2 vols. (London: Longman, Green, Longman, and Roberts, 1861)

———, ed., *The Paston Letters*, new ed., 6 vols. (London, 1904)

———, ed., *Three Fifteenth-Century Chronicles: With Historical Memoranda by John Stowe* (London: Camden Society, 1880)

Gayangos, Pascual de, ed., *Calendar of State Papers, Spain* (1890)

Gibbs, Vicary, et al., eds., *The Complete Peerage*, 2nd ed., (London: St. Catherine Press, 1910–98)

Giles, John A., ed., *Incerti scriptoris chronicon Angliae de regis trium regum Lancastriensium Henrici IV, Henrici V et Henrici VI* (London 1848)

Grose, Francis, *The Antiquarian Repertory*, 4 vols., (London, 1807–9)

Hall, Edward, *Hall's Chronicle Containing the History of England during the Reign of Henry the Fourth and the Succeeding Monarchs to the End of the Reign of Henry the Eighth* (London, 1809)

Halliwell, James, ed., *A Chronicle of the First Thirteen Years of the Reign of King Edward the Fourth: by John Warkworth* (London: J. B. Nichols and Son, 1889)

Harris, Mary, ed. and trans., *The Coventry Leet Book, or Mayor's Register* (New York: Kraus, 1971)

Harriss, G., and M. Harriss, eds., *John Benet's Chronicle for the Years 1400 to 1462* (London: Royal Historical Society, 1972)

Hay, Denys, ed., *The Anglica Historia of Polydore Vergil, AD 1485–1537* (London: Royal Historical Society, 1950)

Hinds, Allen B., ed., *Calendar of State Papers and Manuscripts in the Archives and Collections of Milan: 1385–1618* (1912)

Hingeston, Francis C., ed., *The Book of the Illustrious Henries* (London: Longman, Brown, Longman, Green & Roberts, 1858)

Horrox, Rosemary, and P. W. Hammond, eds., *British Library Harleian Manuscript 433*, 4 vols. (Gloucester, UK: Sutton Publishing, 1982)

James, M. R., ed., *Henry VI: A Reprint of John Blacman's Memoir, with Translation and Notes* (Cambridge: Cambridge University Press, 1919)

Johnes, Thomas, trans., The Chronicles of Enguerrand de Monstrelet, 2 vols. (London: H. G. Bohn, 1844)

Johnston, Dafydd R., ed., The Poetical Works of Lewys Glyn Cothi (Cardiff: University of Wales Press, 1995)

Kekewich, Margaret, et al. (eds.), The Politics of Fifteenth Century England—John Vale's Book (Stroud, UK: Sutton Publishing, 1996)

Kingsford, Charles L., Chronicles of London (Oxford: Clarendon Press, 1905)

———, English Historical Literature in the Fifteenth Century (Oxford: Clarendon Press, 1913)

———, ed., The First English Life of Henry V (Oxford: Clarendon Press, 1911)

Kipling, Gordon, ed., The Receyt of the Ladie Kateryne (Oxford: Oxford University Press, 1990)

Lewis, John, ed., The Life of Dr. John Fisher, 2 vols. (London: Joseph Lilly, 1855)

Luders, Alexander, et al., The Statutes of the Realm, 11 vols. (London, 1810–28), vol. II

MacCracken, Henry N., Minor Poems of John Lydgate, 2 vols. (Oxford: Oxford University Press, 1961–62)

Macquereau, Robert, Histoire générale de l'Europe (Louvain, 1765)

Malden, Henry, ed., The Cely Papers: Selections from the Correspondence and Memoranda of the Cely Family, 1475–1488 (London: Longmans, Green, & Co. 1900)

McKendrick, Scot, John Lowden and Kathleen Doyle, Royal Manuscripts: The Genius of Illumination (London: British Library, 2011)

Monro, Cecil, ed., Letters of Queen Margaret of Anjou and Bishop Beckington and Others (London: Camden Society, 1863)

Nichols, John G., Chronicle of the Grey Friars of London (London: Camden Society, v53, 1852)

Nichols, John, and Richard Gough, eds., A Collection of All the Wills Now Known to Be Extant of the Kings and Queens of England (London, 1780)

Nicolas, Nicholas H., ed., A Chronicle of London: From 1089–1483 (London: Longman, Rees, Orme, Brown and Green, 1827)

———, ed., Proceedings and Ordinances of the Privy Council of England (1834–37), vols. III–VI

Osborn, James, ed., The Quenes Maiesties Passage through the Citie of London to Westminster the Day before her Coronacion, facsimile ed., (New Haven: Yale University Press, 1960)

Palgrave, Francis, Antient Kalendars and Inventories of the Treasury of His Majesty's Exchequer (London, 1836)

Preest, David, trans., and James G. Clark, intro., The Chronica Majora of Thomas Walsingham (1376–1422) (Woodbridge, UK: Boydell Press, 2005)

Pronay, Nicholas, et al., eds., The Crowland Chronicle Continuations, 1459–1486 (Stroud, UK: Sutton Publishing, 1986)

Raine, Angelo, ed., York Civic Records (Wakefield, 1939), vols. I and II

Riley, Henry, ed., Ingulph's Chronicle of the Abbey of Croyland with the Continuations of Peter of Blois and Anonymous Writers (London: George Bell and Sons, 1908)

———, ed., Registrum Abbatiae Johannis Whethamstede (London: Longman, 1872)

Robbins, Rossell H., ed., Historical Poems of the Fourteenth and Fifteenth Centuries (New York: Columbia University Press, 1959)

Rymer, Thomas, Foedera, conventiones, literae, et cujuscunque generis acta publica, inter reges Angliae, et alios quosuis imperatores, reges, . . . ab anno 1101, ad nostra usque tempora, habita aut tractata; . . . In lucem missa de mandato Reginae (London, 1735)

Scoble, Andrew, ed., The Memoirs of Philip de Commines, Lord of Argenton, 2 vols. (London G. Bell, 1877)

Shirley, Janet, trans. and ed., A Parisian Journal, 1405–1449 (Oxford: Oxford University Press, 1968)

Society of Antiquaries, *Household Ordinances and Regulations, Edward III to William and Mary* (London, 1790)

Stapleton, Thomas, ed., *Plumpton Correspondence* (London, 1834)

Stevenson, Joseph, ed., *Letters and Papers Illustrative of the Wars of the English in France during the Reign of Henry the Sixth* (London: Longman, Green, Longman, and Roberts, 1861–64)

Stow, John, *The Annales, or Generall Chronicle of England* (London, 1615)

Stratford, Jenny, *The Bedford Inventories: The Worldly Goods of John, Duke of Bedford, Regent of France (1389-1435)* (London: Society of Antiquaries of London, 1993)

Thomas, Arthur, and Isobel Thornley, eds., *The Great Chronicle of London* (London: George W. Jones, 1938)

Ursins, Jean Juvenal des, *Histoire de Charles VI, Roy de France* (Paris, 1836)

Wavrin, John de, ed., and William Hardy, trans., *A Collection of the Chronicles and Ancient Histories of Great Britain, Now Called England*, 5 vols. (London, 1864–87)

Wickham Legg, Leopold G., ed., *English Coronation Records* (London: A. Constable & Co., 1901)

Williams, Benjamin, *Chronique de la traison et mort de Richart Deux roy Dengleterre* (London, 1846)

Wright, Thomas, *Political Poems and Songs Relating to English History* (London: Longman, Green, Longman, and Roberts, 1859–61), vol. II

二手资料

Adams, Tracy, *The Life and Afterlife of Isabeau of Bavaria* (Baltimore: Johns Hopkins University Press, 2010)

Allmand, Christopher, *Henry V* (New Haven: Yale University Press, 1997)

———, *The Hundred Years War: England and France at War; c.1300–c.1450* (Cambridge: Cambridge University Press, 1988)

Anglo, Sydney, *Images of Tudor Kingship* (London: Batsford, 1992)

———, *Spectacle, Pageantry and Early Tudor Policy* (Oxford: Oxford University Press, 1969)

Archer, Rowena, *Crown, Government and People in the Fifteenth Century* (Stroud, UK: Sutton Publishing, 1995)

Armstrong, Charles, *England, France and Burgundy in the Fifteenth Century* (London: Hambledon Press, 1983)

Arthurson, Ian, *The Perkin Warbeck Conspiracy, 1491–1499* (Stroud, UK: Sutton Publishing, 1994)

Ashdown-Hill, John, *Richard III's "Beloved Cousyn," John Howard and the House of York* (Stroud, UK: History Press, 2009)

Baldwin, David, *Elizabeth Woodville: Mother of the Princes in the Tower* (Stroud, UK: History Press, 2010)

———, *Stoke Field: The Last Battle of the Wars of the Roses* (Barnsley, UK: Pen and Sword Books, 2006)

Baldwin, James F., *The King's Council in England during the Middle Ages* (Oxford: Clarendon Press, 1913)

Barker, Juliet, *Conquest: The English Kingdom of France, 1417–1450* (Cambridge, MA: Harvard University Press, 2012)

Barron, Caroline, *London in the Later Middle Ages* (Oxford: Oxford University Press, 2004)

Beem, Charles, ed., *The Royal Minorities of Medieval and Early Modern England* (New York: Palgrave Macmillan, 2008)

Bell, Adrian, Anne Curry, Andy King and David Simpkin, *The Soldier in Later Medieval England* (Oxford: Oxford University Press, 2013)

Bennett, Michael, *Lambert Simnel and the Battle of Stoke* (Gloucester, UK: Sutton Publishing, 1987)

Boardman, Andrew, *The Medieval Soldier in the Wars of the Roses* (Stroud, UK: Sutton Publishing, 1998)

Boccaccio, Giovanni, *The Decameron*, Wayne A. Rebhorn, trans. and ed. (New York: W. W. Norton, 2013)

Bramley, Peter, *The Wars of the Roses: A Field Guide and Companion* (Stroud, UK: History Press, 2007)

Brook, Roy, *The Story of Eltham Palace* (London: Harrap, 1960)

Brooke, Richard, *The Battle of Stoke Field* (Liverpool, 1825)

Burley, Peter, et al., *The Battles of St. Albans* (Barnsley, UK: Pen and Sword Books, 2007)

Callcott, Maria, *Little Arthur's History of England*, (London: John Murray, 1835)

Carpenter, Christine, *Locality and Polity: A Study of Warwickshire Landed Society, 1401–1499* (Cambridge: Cambridge University Press, 1992)

———, *The Wars of the Roses: Politics and the Constitution in England, c.1437–1509* (Cambridge: Cambridge University Press, 1997)

Castor, Helen, *The King, the Crown, and the Duchy of Lancaster: Public Authority and Private Power, 1399–1461* (Oxford: Oxford University Press, 2000)

———, *She-Wolves: The Women Who Ruled England before Elizabeth* (London: Harper, 2010)

Cheetham, Anthony, *The Life and Times of Richard III* (London: Weidenfeld & Nicolson, 1972)

Chrimes, S. B., *Henry VII* (London: Routledge, 1972)

———, *Lancastrians, Yorkists and Henry VII*, 2nd ed., (London: Macmillan, 1966)

Clarke, B., *Mental Disorder in Earlier Britain* (Cardiff: University of Wales, 1975)

Colvin, Howard M., *History of the King's Works* (London: H.M. Stationery Office, 1963), vols. I and II

Curry, Anne, and Michael Hughes, eds., *Arms, Armies and Fortifications in the Hundred Years War* (Woodbridge, UK: Boydell & Brewer, 1994)

De Lisle, Leanda, *Tudor: The Family Story* (London: Chatto & Windus, 2013)

Dockray, Keith, *William Shakespeare, the Wars of the Roses and the Historians* (Stroud, UK: Tempus, 2002)

Dodd, Gwilym, ed., *Henry V: New Interpretations* (Woodbridge, UK: York Medieval Press, 2013)

Evans, Howell, *Wales and the Wars of the Roses* (Cambridge: Cambridge University Press, 1915)

Famiglietti, R. C., *Royal Intrigue: Crisis at the Court of Charles VI, 1392–1420* (New York: AMS Press, 1986)

Fiorato, Veronica, et al., eds., *Blood Red Roses*, 2nd ed. (Oxford: Oxbow Books, 2007)

Foard, Glenn, and Anne Curry, *Bosworth 1485: A Battlefield Rediscovered* (Oxford: Oxbow Books, 2013)

Foard, Glenn, and Richard Morris, *The Archaeology of English Battlefields: Conflict in the Pre-Industrial Landscape* (York, UK: Council for British Archaeology, 2012)

Gairdner, James, *History of the Life and Reign of Richard the Third* (Cambridge: Cambridge University Press, 1898)

Gill, Louise, *Richard III and Buckingham's Rebellion* (Stroud, UK: Sutton Publishing, 1999)

Goodman, Anthony, *The Wars of the Roses: The Soldiers' Experience* (Stroud, UK: Tempus, 2005)

Goodrich, Norma Lorre, *Charles Duke of Orleans: A Literary Biography* (New York: Macmillan, 1963)

Goodwin, George, *Fatal Colours: Towton 1461—England's Most Brutal Battle* (London: Phoenix, 2011)

Gough, Henry, and James Parker, *A Glossary of Terms Used in Heraldry* (London: James Parker and Co., 1894)

Griffiths, Ralph A., *The Reign of King Henry VI* (London: A & C Black Publishers, 1981)

———, ed., *Patronage, the Crown and the Provinces in Later Medieval England* (New Jersey: Humanities Press, 1981)

———and Roger S. Thomas, *The Making of the Tudor Dynasty* (Gloucester, UK: The History Press, 1985)

Gristwood, Sarah, *Blood Sisters: The Hidden Lives of the Women behind the Wars of the Roses* (London: Basic Civitas Books, 2012)

Gunn, Steven, and Linda Monckton, eds., *Arthur Tudor, Prince of Wales: Life, Death and Commemoration* (Woodbridge, UK: Boydell Press, 2009)

Guy, John, *The Children of Henry VIII* (Oxford: Oxford University Press, 2013)

Haigh, Philip, *The Military Campaigns of the Wars of the Roses* (Stroud, UK: Sutton Publishing, 1995)

Halsted, Caroline, *Richard III*, 2 vols. (London: Longman, 1844)

Hammond, P. W, *The Battles of Barnet and Tewkesbury* (New York: Palgrave Macmillan, 1993)

———, ed., *Richard III: Loyalty, Lordship and Law* (London: Shaun Tyas, 1986)

———and A. Sutton, *Richard III: The Road to Bosworth Field* (London: Constable, 1985)

Harriss, Gerald L., *Cardinal Beaufort: A Study of Lancastrian Ascendancy and Decline* (Oxford: Clarendon Press, 1988)

———, *Shaping the Nation: England, 1360–1461* (Oxford: Oxford University Press, 2005)

Harvey, Anthony, and Richard Mortimer, *The Funeral Effigies of Westminster Abbey* (Woodbridge, UK: Boydell Press, 1994)

Harvey, I., *Jack Cade's Rebellion of 1450* (Oxford: Clarendon Press, 1991)

Hicks, Michael, *Edward V: The Prince in the Tower* (Stroud, UK: The History Press, 2003)

———, *False, Fleeting, Perjur'd Clarence: George Duke of Clarence, 1449–78* (Gloucester, UK: Sutton Publishing, 1992)

———, *Richard III* (Stroud, UK: The History Press, 2000)

———, *Warwick the Kingmaker* (Oxford: Wiley-Blackwell, 1998)

Hookham, Mary Ann, *The Life and Times of Margaret of Anjou* (London: Tinsley Brothers, 1872)

Horrox, Rosemary, *Richard III: A Study of Service* (Cambridge: Cambridge University Press, 1989)

Hughes, Jonathan, *Arthurian Myths and Alchemy: The Kingship of Edward IV* (Stroud, UK: Sutton Publishing, 2002)

Johnson, P., *Duke Richard of York, 1411–1460* (Oxford: Oxford University Press, 1988)

Jones, Michael, and Malcolm Underwood, *The King's Mother: Lady Margaret Beaufort, Countess of Richmond and Derby* (Cambridge: Cambridge University Press, 1993)

Kempe, Alfred, *Historical Notices of St. Martin-le-Grand* (London, 1825)

Lander, J. R., *Crown and Nobility, 1450–1509* (London: Hodder & Stoughton, 1976)

Langley, Philippa, and Michael Jones, *The King's Grave: The Search for Richard III* (London: John Murray, 2013)

Laynesmith, J., *The Last Medieval Queens: English Queenship, 1445–1503* (Oxford: Oxford University Press, 2004)

Lindsay, Philip, *On Some Bones in Westminster Abbey: A Defence of King Richard III* (Bath, UK: Cedric Chivers, 1969)

Lyle, Helen, *The Rebellion of Jack Cade, 1450* (London: Historical Association, 1950)

McFarlane, K. B., *England in the Fifteenth Century* (London: Bloomsbury Academic, 1981)

————, *The Nobility of Later Medieval England* (Oxford: Clarendon Press, 1973)

MacGibbon, David, *Elizabeth Woodville (1437–1492): Her Life and Times* (London: A. Barker, 1938)

Matusiak, John, *Henry V* (London: Routledge, 2013)

Maurer, Helen, *Margaret of Anjou: Queenship and Power in Late Medieval England* (Woodbridge, UK: Boydell Press, 2003)

Murray, Stephen, *Building Troyes Cathedral: The Late Gothic Campaigns* (Bloomington: Indiana University Press, 1987)

Page, William, ed., *A History of the County of London, Volume I* (London, 1909)

Pollard, A. J., *The Wars of the Roses*, 2nd ed. (Basingstoke, UK: Palgrave Macmillan, 2001)

Ramsay, James, *Lancaster and York* (Oxford: Clarendon Press, 1892)

Richardson, Geoffrey, *The Hollow Crowns: History of the Battles of the Wars of the Roses* (Baildon Books, 1996)

Rose, Susan, *Calais: An English Town in France, 1347–1558* (Woodbridge, UK: Boydell Press, 2008)

Ross, Charles, *Edward IV*, new ed. (New Haven: Yale University Press, 1997)

————, ed., *Patronage, Pedigree and Power in Later Medieval England* (Gloucester, UK: Sutton, 1979)

Rowe, John G., ed., *Aspects of Late Medieval Government and Society: Essays Presented to J. R. Lander* (Toronto: University of Toronto Press, 1986)

Scarisbrick, J. J., *Henry VIII*, new ed. (New Haven: Yale University Press, 1997)

Scofield, Cora, *The Life and Reign of Edward IV*, 2 vols. (London, 1923)

Seward, Desmond, *The Last White Rose: Dynasty, Rebellion and Treason—The Secret Wars against the Tudors* (London: Constable, 2010)

Smith, George, *The Coronation of Elizabeth Woodville* (London: Ellis, 1935)

Spufford, Peter, *Handbook of Medieval Exchange* (London: Royal Historical Society, 1986)

Stanford London, H., *Royal Beasts* (East Knoyle, UK: The Heraldry Society, 1956)

Starkey, David, *Six Wives: The Queens of Henry VIII* (London: Chatto & Windus, 2004)

Steel, Anthony, *The Receipt of the Exchequer, 1377–1485* (Cambridge: Cambridge University Press, 1954)

Strickland, Agnes, *Lives of the Queens of England, from the Norman Conquest: With Anecdotes of their Courts* 12 vols. (London, 1840–48)

Strong, Roy, *Tudor and Jacobean Portraits* (London: Stationery Office Books, 1969)

Sutton, Anne, and P. W. Hammond, *The Coronation of Richard III: The Extant Documents* (Gloucester, UK: Sutton Publishing, 1983)

Tremlett, Giles, *Catherine of Aragon: Henry's Spanish Queen* (London: Faber & Faber, 2010)

Twemlow, Francis, *The Battle of Bloreheath: The First Major Conflict of the Wars of the Roses* (Leonaur, 2011)

Unwin, George, ed., *Finance and Trade under Edward III. By Members of the History School* (Manchester, 1918)

Watts, John, *Henry VI and the Politics of Kingship* (Cambridge: Cambridge University Press, 1996)

————, ed., *The End of the Middle Ages?* (Stroud, UK: Sutton Publishing, 1998)

Weightman, Christine, *Margaret of York, Duchess of Burgundy, 1446–1503* (New York: Palgrave Macmillan, 1989)

Weir, Alison, *Elizabeth of York: The First Tudor Queen* (London: Jonathan Cape, 2013)

Williams, Ethel Carleton, *My Lord of Bedford, 1389–1435: Being a Life of John of Lancaster, First Duke of Bedford, Brother of Henry V and Regent of France* (London: Longmans, 1963)

Wilkinson, B., *A Constitutional History of England in the Fifteenth Century* (London: Longman, Green, 1964)

Wolffe, Bertram, *Henry VI*, 2nd ed. (New Haven: Yale University Press, 2001)

文章

Anglo, Sydney, "The British History in Early Tudor Propaganda," *Bulletin of the John Rylands Library* 44 (1961)

———, "The London Pageants for the Reception of Katherine of Aragon in 1501," *Journal of the Warburg and Courtauld Institutes* 26 (1963)

Archbold, W. A. J., "Sir William Stanley and Perkin Warbeck," *English Historical Review* 14/55 (1899)

Armstrong, C. A. J., "The Inauguration Ceremonies of the Yorkist Kings and Their Title to the Throne," *Transactions of the Royal Historical Society* 30 (1948)

Armstrong, C. J., "Politics and the Battle of St. Albans 1455," *Bulletin of the Institute of Historical Research* 33 (1960)

Autrand, Françoise, "France Under Charles V and Charles VI," *The New Cambridge Medieval History, c.1300–1425* vol. 6, Michael Jones, ed. (Cambridge: Cambridge University Press, 2000)

Bark, N., "Did Schizophrenia Change the Course of English History? The Mental Illness of Henry VI," *Medical Hypotheses* 59, no. 4 (October 1, 2002)

Barnes, Terri, "Work as a Manifestation of Faith in the English Nunnery: Barking Abbey, Essex," *Quidditas* 32 (2011)

Bassett, Margery, "Newgate Prison in the Middle Ages," *Speculum* 18 (1943)

Bennett, Alastair, "A Fifteenth-Century Middle English Sermon on the Decline of the World and the Age of Stone," *Medium Aevum* 80 (2011)

Blaauw, W. H., "On the Effigy of Sir David Owen in Easebourne Church, near Midhurst," *Sussex Archaeological Collections* 7 (1854)

Bohna, Montgomery, "Armed Force and Civic Legitimacy in Jack Cade's Revolt, 1450," *English Historical Review* 118 (2003)

Brown, A. L., "The King's Councillors in Fifteenth-Century England," *Transactions of the Royal Historical Society* (1968)

Brown, Lucy, "Continuity and Change in the Parliamentary Justifications of the Fifteenth-Century Usurpations," *The Fifteenth Century* vol. 7, *Conflicts, Consequences and the Crown in the Late Middle Ages*, Linda Clark, ed. (Woodbridge, UK: Boydell & Brewer, 2007)

Buckley, Richard, et al., "The King in the Car Park: New Light on the Death and Burial of Richard III in the Grey Friars Church, Leicester in 1485," *Antiquity* 87 (2013)

Carpenter, Christine, "The Duke of Clarence and the Midlands: A Study in the Interplay of Local and National Politics," *Midland History* 11 (1986)

Cron, B. M., "The Duke of Suffolk, the Angevin Marriage, and the Ceding of Maine, 1445," *Journal of Medieval History* 20 (1994)

Cussans, John, "Notes on the Perkin Warbeck Insurrection," *Transactions of the Royal Historical Society* (1872)

Davies, Cliff, "A Requiem for King Edward," *The Ricardian* 114 (1991)

Dockray, Keith, "The Battle of Wakefield and the Wars of the Roses," *The Ricardian* 117 (1992)

——, "The Yorkshire Rebellions of 1469," *The Ricardian* 82 (1983)

"English Heritage Battlefield Report: Blore Heath 1459," *English Heritage* (1995)

Gibbons, Rachel C., "Isabeau of Bavaria, Queen of France (1385–1422): The Creation of an Historical Villainess: The Alexander Prize Essay," *Transactions of the Royal Historical Society* 6 (1996)

Gill, Paul, "Politics and Propaganda in Fifteenth-Century England: The Polemical Writings of Sir John Fortescue," *Speculum* 46 (1971)

Gottfried, Robert, "Epidemic Disease in Fifteenth-Century England," *Journal of Economic History* 36 (1976)

Griffiths, Ralph A., "Duke Richard of York's Intentions in 1450 and the Origins of the Wars of the Roses," *Journal of Medieval History* 1 (1975)

——, "Henry Tudor: The Training of a King," *Huntington Library Quarterly* 49 (1986)

——, "The King's Council and York's First Protectorate," *English Historical Review* 94 (1984)

——, "Queen Katherine de Valois and a Missing Statute of the Realm," *Law Quarterly Review* 93 (1977)

——, "Richard, Duke of York, and the Crisis of Henry VI's Household in 1450–1: Some Further Evidence," *Journal of Medieval History* 38 (2012)

——, "Richard Duke of York and the Royal Household in Wales in 1449–50," *Welsh History Review* 8 (1976–77)

——, "The Trial of Eleanor Cobham: An Episode in the Fall of Humphrey Duke of Gloucester," *Bulletin of the John Rylands Library* 51 (1968)

Grummitt, David, "Deconstructing Cade's Rebellion: Discourse and Politics in the Mid-Fifteenth Century," *The Fifteenth Century* vol. 6, *Identity and Insurgency in the Late Middle Ages*, Linda Clark, ed. (Woodbridge, UK: Boydell & Brewer, 2006)

Head, Constance, "Pope Pius II and the Wars of the Roses," *Archivum Historiae Pontificiae* 8 (1970)

Hicks, Michael, "Unweaving the Web: The Plot of July 1483 against Richard III and Its Wider Significance," *The Ricardian* 114 (1991)

Horrox, Rosemary, "Financial Memoranda of the Reign of Edward V," *Camden Miscellany* 29 (1987)

Ives, E., "Andrew Dymmock and the Papers of Anthony, Earl Rivers, 1482–3," *Bulletin of the Institute of Historical Research* 41 (1968)

Jones, Michael, "For My Lord of Richmond, a Pourpoint . . . and a Palfrey: Brief Remarks on the Financial Evidence for Henry Tudor's Exile in Brittany, 1471–1484," *The Ricardian* 13 (2003)

Jones, Michael K., "The Battle of Verneuil (17 August 1424): Towards a History of Courage," *War in History* 9 (2002)

——, "York, Somerset and the Wars of the Roses," *English Historical Review* 104 (1989)

Keen, M. H., and M. J. Daniel, "English Diplomacy and the Sack of Fougères in 1449," *History* 59 (1974)

Kekewich, Margaret, "Edward IV, William Caxton, and Literary Patronage in Yorkist England", *Modern Language Review* 3 (1971)

Khalaf, Omar, "Lord Rivers and Oxford, Bodleian Library MS Bodley 264: A Speculum for the Prince of Wales?" *Journal of the Early Book Society* (2011)

Kipling, G., "The London Pageants for Margaret of Anjou," *Medieval English Theatre* 4 (1982)

Kleineke, Hannes, ed. and trans., "Gerhard von Wesel's Newsletter from England, 17 April 1471," *The Ricardian* 16 (2006)

Lander, J. R., "Attainder and Forfeiture 1453–1509," *The Historical Journal* 4 (1961)

——, "Marriage and Politics: The Nevilles and the Wydevilles," *Bulletin of the Institute of Historical Research* 36 (1963)

Lee, Patricia-Ann, "Reflections of Power: Margaret of Anjou and the Dark Side of Queenship," *Renaissance Quarterly* 39 (1986)

Martin, F., "The Crowning of a King at Dublin, 24 May 1487," *Hermathena* 144 (1988)

McCulloch, D., and E. D. Jones, "Lancastrian Politics, the French War, and the Rise of the Popular Element," *Speculum* 58 (1983)

McKenna, J. W., "Henry VI of England and the Dual Monarchy: Aspects of Royal Propaganda 1422–1432," *Journal of the Warburg and Courtauld Institutes* (1965)

Meekings, C. A. F., "Thomas Kerver's Case, 1444," *English Historical Review* 90 (1975)

Myers, A. R., "The Household of Queen Margaret of Anjou," *Bulletin of the John Rylands Library* 40 (1957)

——, "The Jewels of Queen Margaret of Anjou," *Bulletin of the John Rylands Library* 42 (1959)

Pollard, Graham, "The Bibliographical History of Hall's Chronicle," *Historical Research* 10 (1932)

Ransome, Cyril, "The Battle of Towton," *English Historical Review* 4 (1889)

Rhymer, Lucy, "Humphrey Duke of Gloucester, and the City of London," *The Fifteenth Century* vol. 8, *Rule, Redemption and Representations in Late Medieval England and France*, Linda Clark, ed., (Woodbridge, UK: Boydell & Brewer, 2008)

Richmond, Colin, "The Earl of Warwick's Domination of the Channel and the Naval Dimension to the Wars of the Roses, 1456–60," *Southern History* 20/21 (1998–9)

Rosenthal, Joel, "The Estates and Finances of Richard Duke of York (1411–1460)," *Studies in Medieval and Renaissance History* 2 (1965)

Rowe, B. J. H., "Discipline in the Norman Garrisons under Bedford, 1422–35," *English Historical Review* 46 (1931)

——, "King Henry VI's Claim to France in Picture and Poem," *The Library* series 4, 13 (1932)

Sayles, G. O., "The Royal Marriages Act, 1428," *Law Quarterly Review* 94 (1978)

Scofield, Cora, "The Capture of Lord Rivers and Sir Anthony Woodville, 19 January 1460," *English Historical Review* 37 (1922)

Solon, Paul, "Popular Response to Standing Military Forces in Fifteenth-Century France," *Studies in the Renaissance* 19 (1972)

St. John Hope, W. H., "The Discovery of the Remains of King Henry VI in St. George's Chapel, Windsor Castle," *Archaeologia* (1911)

Starkey, David, "Henry VI's Old Blue Gown: The English Court under the Lancastrians and the Yorkists," *The Court Historian* (1999)

Styles, Dorothy, and C. T. Allmand, "The Coronations of Henry VI," *History Today* 32/5 (1982)

Thomson, J. A. F., "The Arrival of Edward IV: The Development of the Text," *Speculum* 46 (1971)

Virgoe, Roger, "The Death of William de la Pole, Duke of Suffolk," *Bulletin of the John Rylands Library* 47 (1965)

——, "The Parliamentary Subsidy of 1450," *Bulletin of the Institute of Historical Research* 55 (1982)

Winston, Jessica, "A Mirror for Magistrates and Public Political Discourse in Elizabethan England," *Studies in Philology* 101, v4 (2004)

Wolffe, Bertram, "Acts of Resumption in the Lancastrian Parliaments, 1399–1456," *English Historical Review* 73 (1958)

———, "When and Why Did Hastings Lose His Head?" *English Historical Review* 89 (1974)

未出版论文

Barnes, Teresa, "A Nun's Life: Barking Abbey in the Late Medieval and Early Modern Periods" (Portland State University, 2004)

Brown, Alex, "Recession and Recovery in the North-east, 1450–1540" (University of Durham, 2011)

Camidge, Linda M., "The Celebration of Kingship in Fifteenth-Century England" (University of Exeter, 1996)

Gibbons, Rachel C., "The Active Queenship of Isabeau of Bavaria, 1392–1417: Voluptuary, Virago or Villainess" (University of Reading, 1997)

Millard, Frank, "Politics and the Creation of Memory: the Afterlife of Humphrey, Duke of Gloucester" (University College London, 2009)

Pierce, Hazel, "The Life, Career and Political Significance of Margaret Pole, Countess of Salisbury, 1473–1541" (University of Wales, Bangor, 1996)

Rhymer, Lucy, "The Political Career of Humphrey, Duke of Gloucester, c.1413–1447" (University of Cambridge, 2010)

Thomas, R. L., "The Political Career, Estates and 'Connection' of Jasper Tudor, Earl of Pembroke and Duke of Bedford (d. 1495)" (University of Wales, Swansea, 1971)

译名对照表

福德，第三代白金汉公爵（卒于 1521）

Burdet, Thomas 托马斯·伯德特

Burgundy 勃艮第

Butler, James *see* Wiltshire, earl of 詹姆斯·巴特勒，威尔特郡伯爵

Butler (*née* Talbot), Eleanor 埃莉诺·巴特勒（娘家姓塔尔伯特）

C

Cade, Jack 杰克·凯德

Calais 加来

Castile 卡斯蒂利亚

Catherine de Valois, queen consort 凯瑟琳·德·瓦卢瓦，王后

Catherine Plantagenet (b. 1479) 凯瑟琳·金雀花（生于 1479）

Catherine Woodville 凯瑟琳·伍德维尔

Caxton, William 威廉·卡克斯顿

Cecily (*née* Neville) Plantagenet, duchess of York 塞西莉·金雀花（娘家姓内维尔），约克公爵夫人

Cecily Plantagenet (b. 1469) 塞西莉·金雀花（生于 1469）

Charles VI, king of France (*r.* 1380 – 1422) 查理六世，法兰西国王（1380～1422 在位）

Charles VII, king of France (*r.* 1422 – 61) 查理七世，法兰西国王（1422～1461 在位）

Charles VIII, king of France (*r.* 1483 – 98) 查理八世，法兰西国王（1483～1498 在位）

Charles the Bold duke of Burgundy (*r.* 1467 – 77) 勇敢的查理，勃艮第公爵（1467～1477 在位）

Chaucer family 乔叟家族

Chepstow 切普斯托

Clarence, Thomas duke of (d. 1421) 克拉伦斯公爵托马斯（卒于 1421）

Clarence, George Plantagenet duke of (d. 1478) 克拉伦斯公爵乔治（卒于 1478）

Clifford, Thomas 8th baron 第八代克利福德男爵托马斯

Clifford, John 9th baron 第九代克利福德男爵约翰

Clifford, Sir Robert 罗杰·克利福德爵士

Clinton, John, Lord 克林顿男爵约翰

Cobham, Edward Brooke 6th baron

（r. 1461 – 83）爱德华四世，英格兰国王（1461～1483 在位）

Edward V, king of England（r. 1485）爱德华四世，英格兰国王（1485 在位）

Edward of Middleham （b. 1474?）米德勒姆的爱德华（生于 1474?）

Edward prince of Wales（d. 1471）

Egremont, Sir Thomas Percy, Lord 埃格勒蒙特男爵托马斯·珀西

Eleanor of Aquitaine 阿基坦的埃莉诺

Elizabeth I, queen of England 伊丽莎白一世，英格兰女王

Elizabeth （née Plantagenet）de la Pole, duchess of Suffolk 伊丽莎白（娘家姓金雀花）·德·拉·波尔，萨福克公爵夫人

Eltham Palace 埃尔特姆宫

Empson, Sir Richard 理查·恩普森爵士

Essex 埃塞克斯

Essex, Henry Bourchier earl of 亨利·鲍彻，埃塞克斯伯爵

Eton College 伊顿公学

Exeter, Thomas Beaufort duke of 埃克塞特公爵托马斯·博福特

Exeter, John Holland 1st duke of 第一代埃克塞特公爵约翰·霍兰

Exeter, Henry Holland 2nd duke of 第二代埃克塞特公爵亨利·霍兰

Exeter, Henry Courtenay marquess of 埃克塞特侯爵亨利·考特尼

Edward IV 爱德华四世

F

Fauconberg, William Neville, Lord 福肯贝格男爵威廉·内维尔

Fitz Meredith see Tudor, Owen 菲茨梅雷迪思，即欧文·都铎

fleurs-de-lis 鸢尾花

Flint 弗林特

Fortescue, Sir John 约翰·福蒂斯丘爵士

Fox, Richard 理查·福克斯

Francis I king of France （r. 1515 – 47）弗朗索瓦一世，法兰西国王（1515～1547 在位）

Francis II duke of Brittany （r. 1458 – 88）弗朗索瓦二世，布列塔尼公爵（1458～1488 在位）

G

Gascony 加斯科涅

J

Jacqueline of Hainault 埃诺的杰奎琳

Jacquetta of Luxembourg duchess of Bedford (*later* Lady Rivers) 卢森堡的杰奎塔，贝德福德公爵夫人（后来是里弗斯伯爵夫人）

James I, king of Scotland (*r.* 1424 – 37) 詹姆斯一世，苏格兰国王（1424～1437 在位）

James II, king of Scotland (*r.* 1437 – 60) 詹姆斯二世，苏格兰国王（1437～1460 在位）

James III, king of Scotland (*r.* 1460 – 88) 詹姆斯三世，苏格兰国王（1460～1488 在位）

James IV, king of Scotland (*r.* 1488 – 1513) 詹姆斯四世，苏格兰国王（1488～1513 在位）

Joan of Arc 圣女贞德

Joan of Navarre, queen 纳瓦拉的琼，王后

John the Fearless, duke of Burgundy (*r.* 1404 – 19) 无畏的约翰，勃艮第公爵（1404～1419 在位）

John of Pontefract 庞蒂弗拉克特的约翰

K

Katherine of Aragon 阿拉贡的凯瑟琳

Katherine de la Pole 凯瑟琳·德·拉·波尔

Katherine Neville duchess of Norfolk 凯瑟琳·内维尔，诺福克公爵夫人

Kent 肯特

Kerver, Thomas 托马斯·柯福尔

King's Bench 王座法庭

King's College, Cambridge 国王学院，剑桥大学

L

Lancaster, duchy of 兰开斯特公爵领地

Lincoln, John de la Pole earl of 林肯伯爵约翰·德·拉·波尔

Lisle, Arthur Plantagenet, Lord 亚瑟·金雀花，莱尔子爵

Lollards 罗拉德派

Losecoat Field, battle of (1470) 丢衣战场之战（1470）

St Louis IX, king of France (*r.* 1226 – 70) 圣路易九世，法兰西国王（1226～1270 在位）

斯托克（纽瓦克附近）战役
（1487）

Strange, John 8th Baron 约翰，第
八代斯特兰奇男爵

Suffolk, William de la Pole 4th earl
of（d. 1450）威廉·德·拉·波
尔，第四代萨福克伯爵（卒于
1450）

Suffolk, John de la Pole 2nd duke of
（d. 1492）约翰·德·拉·波
尔，第二代萨福克公爵（卒于
1492）

Suffolk, Edmund de la Pole 5th earl
of（d. 1513）埃德蒙·德·拉·
波尔，第五代萨福克伯爵（卒
于 1513）

Suffolk, Richard de la Pole pretender
earl of（d. 1525）理查·德·
拉·波尔，萨福克伯爵的头衔觊
觎者（卒于 1525）

Surrey, Thomas Howard earl of 萨
里伯爵托马斯·霍华德

T

Talbot, Gilbert 吉尔伯特·塔尔伯
特

Talbot, John *see* Shrewsbury, earls
of 约翰·塔尔伯特，什鲁斯伯

里伯爵

Tewkesbury, battle of（1471）蒂克
斯伯里战役（1471）

Tidr 都铎

Tower of London 伦敦塔

treaty of étaples（1492）《埃塔普勒
条约》（1492）

treaty of Medina del Campo（1489）
《梅迪纳德尔坎波条约》
（1489）

treaty of Picquiny（1475）《皮基尼
条约》（1475）

treaty of Troyes（1420）《特鲁瓦条
约》（1420）

Trollope, Andrew 安德鲁·特罗洛
普

Tudor family 都铎家族

Tudor, Edmund earl of Richmond
埃德蒙·都铎，里士满伯爵

Tudor, Jasper earl of Pembroke 贾
斯珀·都铎，彭布罗克伯爵

Tudor, Owen 欧文·都铎

Tutbury Castle 塔特伯里城堡

Twynho, Ankarette 安卡莱特·特
文霍

Tyrell, Sir James 詹姆斯·蒂勒尔
爵士